权威·前沿·原创

皮书系列为
"十二五""十三五""十四五"时期国家重点出版物出版专项规划项目

BLUE BOOK

智库成果出版与传播平台

数字经济蓝皮书
BLUE BOOK OF DIGITAL ECONOMY

全球数字经济竞争力发展报告（2022）

ANNUAL REPORT ON THE DEVELOPMENT OF GLOBAL DIGITAL
ECONOMY COMPETITIVENESS (2022)

主　编／王　振　惠志斌
副主编／徐丽梅　赵付春　王滢波

社会科学文献出版社
SOCIAL SCIENCES ACADEMIC PRESS (CHINA)

图书在版编目(CIP)数据

全球数字经济竞争力发展报告.2022/王振,惠志斌主编.--北京:社会科学文献出版社,2023.5
（数字经济蓝皮书）
ISBN 978-7-5228-1414-8

Ⅰ.①全… Ⅱ.①王…②惠… Ⅲ.①信息经济-经济发展-研究报告-2022 Ⅳ.①F491

中国国家版本馆CIP数据核字（2023）第021824号

数字经济蓝皮书
全球数字经济竞争力发展报告（2022）

主　　编 / 王　振　惠志斌
副 主 编 / 徐丽梅　赵付春　王滢波

出 版 人 / 王利民
责任编辑 / 张　媛
责任印制 / 王京美

出　　版 / 社会科学文献出版社·皮书出版分社（010）59367127
　　　　　 地址：北京市北三环中路甲29号院华龙大厦　邮编：100029
　　　　　 网址：www.ssap.com.cn

发　　行 / 社会科学文献出版社（010）59367028
印　　装 / 天津千鹤文化传播有限公司

规　　格 / 开本：787mm×1092mm　1/16
　　　　　 印张：25.5　字数：383千字
版　　次 / 2023年5月第1版　2023年5月第1次印刷
书　　号 / ISBN 978-7-5228-1414-8
定　　价 / 158.00元

读者服务电话：4008918866

▲ 版权所有 翻印必究

《全球数字经济竞争力发展报告（2022）》
编　委　会

主　编　　王　振　惠志斌

副主编　　徐丽梅　赵付春　王滢波

编委会　　（以姓氏拼音为序）
　　　　　　陈一末　蔡钰佳　冯玲玲　顾　洁　胡　雯
　　　　　　金　琳　李冬雪　李依婕　刘树峰　罗　力
　　　　　　吕斐斐　孟繁瑜　缪　语　倪文卿　宋　澄

主要编撰者简介

王 振 上海社会科学院副院长，兼任信息研究所所长、长三角与长江经济带研究中心常务副主任，区域经济学博士生导师。"长江经济带蓝皮书"主编，"长三角经济蓝皮书"主编，"数字经济蓝皮书"主编。1998年毕业于日本京都大学，获博士学位，荣获全国留学回国人员成就奖、享受国务院政府特殊津贴、上海市领军人才等荣誉。第十五届上海市人大代表、主席团成员。近年研究出版多部著作，主要有《长三角共建世界级产业集群研究》《长三角数字经济高质量发展研究》《上海2050年发展愿景》《新产业革命与上海的转型发展》《全面创新改革：上海建设全球影响力科技创新中心的体制机制问题》《长江经济带创新驱动发展的协同战略研究》《构建人才全球战略与人才发展新格局：上海加快建设具有全球影响力的科技创新中心研究》《长三角协同发展战略研究》等。兼任安徽省、浙江省推动长三角一体化发展专家咨询委员会副主任。

惠志斌 研究员，管理学博士，上海社会科学院互联网研究中心主任，信息研究所信息安全研究室主任。美国南加州大学马歇尔商学院访问学者，主要研究方向为网络安全和数字经济的政策和产业研究。

徐丽梅 管理学博士，上海社会科学院应用经济研究所副研究员，区域经济学硕士生导师，美国南加州大学马歇尔商学院访问学者。主要研究方向为区域经济、数字经济。已出版专著2部，并在《图书情报工作》《情报科学》《科技管理研究》等核心期刊发表学术论文 30 余篇。

赵付春 管理学博士,上海社会科学院信息研究所副研究员,硕士生导师。主要研究方向为数字经济、科创政策、智慧城市。主持国家哲学社会科学基金项目 1 项,上海市级课题多项。出版专著 4 部,在核心期刊发表学术论文 40 余篇。个人专著《企业双元性创新能力的多层次构建》获 2014 年上海市第十一届哲学社会科学优秀成果著作二等奖。

王滢波 经济学博士,上海社会科学院信息研究所,主要研究方向为数字经济和宏观经济,主要作品包括《全球数字经济概述》《美国数字经济研究》《数字经济与收益递增》等。

摘 要

数字经济已经成为全球经济发展的重要驱动力量,也是各国重点关注和发展的核心领域,全球各国在数字经济领域的竞争日趋激烈。为推动中国数字经济发展,上海社会科学院信息研究所联合相关外部研究力量,建立了全球数字经济国家竞争力评价模型、全球数字经济城市竞争力评价模型以及全球数字经济企业竞争力评价模型,从多个维度对全球主要国家、城市和企业在数字经济领域的竞争力进行定量评估与特征分析。

作为聚焦全球数字经济发展的首部蓝皮书,《全球数字经济竞争力发展报告(2022)》以最新的全球数字经济相关的国家、城市和企业数据为基础,全面测评全球数字经济国家层面、城市层面和企业层面的竞争力水平与结构特征,勾勒全球数字经济的发展全景图。

本报告共分为五个部分:总报告、国别篇、城市篇、产业篇和附录。

数字经济国家竞争力层面,疫情下全球数字化革命加速,数字经济领域的大国博弈也从比拼科研实力转向技术标准以及国际规则制定权的竞争,国家间的数字经济竞争力格局正在重构。研究发现,美国是全球数字经济竞争力最强的国家,且在短期内难以被超越。中国的数字经济竞争力排在第2位,与日韩和部分西欧国家处在第二梯队。非洲、南美和中东欧国家的数字经济竞争力依然较弱。数字核心技术的产出、数字基建渗透率的提高和数字标准主导权的争夺是国家数字经济竞争力格局变动的主要因素。

数字经济城市竞争力层面,城市数字经济竞争总体上与城市经济实力和规模存在显著相关性。北美城市综合实力位居前列,欧洲城市自北向南,

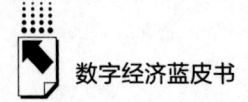

实力依次递减。传统工业城市在数字经济竞争力方面存在薄弱环节。东亚城市在数字化发展方面已经与欧美主要城市并肩，甚至有所超越。东南亚和南亚、非洲、拉美一些新兴国家的城市目前数字化发展水平一般，有较大的提升空间；城市数字化发展呈现强者恒强的趋势。排名前三的城市纽约、伦敦和新加坡地位稳固，其优势是全面的，很难被其他城市所撼动。一些发展中国家的城市，受制于资本投入的约束，难以摆脱这一困境，挑战先进城市的地位。中国的城市北京、上海在部分指标上有显著优势，发展潜力较大。

数字经济企业竞争力层面，2021年全球数字企业继续发展，涌现出众多竞争力良好的企业。从综合竞争力来看，苹果公司、微软公司和亚马逊位列前三；从规模竞争力来看，亚马逊、苹果公司和微软公司位列前三；从效率竞争力来看，VERISIGN、任天堂公司和苹果公司位列前三；从创新竞争力来看，三星公司、脸书和华为公司位列前三；从成长竞争力来看，FORTUM、ZOOM公司和DOORDASH位列前三。美国、中国和日本继续成为2021年全球数字经济企业竞争力的前三强。美国的数字企业无论是在规模、效率，还是创新性以及成长性方面，在世界上都独占鳌头。中国仅次于美国，有着数量众多的优秀数字企业，尤其企业的成长竞争力突出。

关键词： 数字经济　竞争力　数字产业　数字治理　人工智能

目 录

Ⅰ 总报告

B.1 全球数字经济国家竞争力发展报告（2022）
　　…………………………………………… 刘树峰　王　振 / 001
B.2 全球数字经济城市竞争力发展报告（2022）　……… 赵付春 / 023
B.3 全球数字经济企业竞争力发展报告（2022）　……… 徐丽梅 / 042

Ⅱ 国别篇

B.4 美国数字经济发展报告（2022）　…………………… 王滢波 / 081
B.5 中国数字经济发展报告（2022）　…………………… 胡　雯 / 095
B.6 印度数字经济发展报告（2022）　…………………… 陈一末 / 117
B.7 新加坡数字经济发展报告（2022）　………………… 蔡钰佳 / 141
B.8 以色列数字经济发展报告（2022）　………………… 孟繁瑜 / 157
B.9 俄罗斯数字经济发展报告（2022）　………………… 倪文卿 / 173
B.10 乌兹别克斯坦数字经济发展报告（2022）　……… 宋　澄 / 188

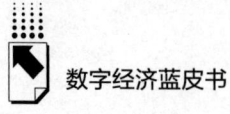

B.11 墨西哥数字经济发展报告（2022）………………… 吕斐斐 / 213
B.12 匈牙利数字经济发展报告（2022）………………… 缪　语 / 231

Ⅲ 城市篇

B.13 纽约数字经济发展报告（2022）………………… 冯玲玲 / 248
B.14 伦敦数字经济发展报告（2022）………………… 李依婕 / 273
B.15 东京数字经济发展报告（2022）………………… 金　琳 / 288
B.16 上海数字经济发展报告（2022）………………… 罗　力 / 303

Ⅳ 产业篇

B.17 全球人工智能发展报告（2022）………………… 顾　洁 / 316

Ⅴ 附　录

B.18 《振兴美国半导体生态系统》报告 ……………… 王滢波 译 / 345

Abstract ……………………………………………………………… / 376
Contents ……………………………………………………………… / 379

总报告
General Reports

B.1
全球数字经济国家竞争力发展报告（2022）

刘树峰　王振*

摘　要： 疫情下全球数字化革命加速，数字经济领域的大国博弈也从比拼科研实力转向技术标准以及国际规则制定权的竞争，国家间的数字经济竞争力格局正在重构。本报告从数字设施竞争力、数字产业竞争力、数字创新竞争力和数字治理竞争力四个方面构建评价指标体系对50个国家的数字经济竞争力进行评估。研究发现，美国是全球数字经济竞争力最强的国家，且在短期内难以被超越。中国的数字经济竞争力排在第2位，与日韩和部分西欧国家处在第二梯队。非洲、南美和中东欧国家的数字经济竞争力依然较弱。数字核心技术的产出、数字基建渗透率的提高和数字标准主导权的争夺是国家数字经济竞争力格局变动

---

* 刘树峰，上海社会科学院信息研究所助理研究员；王振，上海社会科学院副院长、信息研究所所长、研究员。

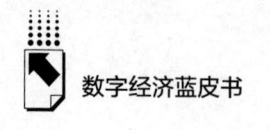

的主要因素。

关键词： 数字经济　数字产业　数字创新　数字治理　数字基础设施

一　前言

2020年和2021年新冠肺炎疫情全球大流行的背景下，数字技术得到广泛应用，居家办公、线上会议、网上授课、电子购物、远程医疗等防疫手段减缓了疫情蔓延。一方面，疫情对全球经济和社会的正常运转造成严重的冲击；另一方面，数字技术推动经济社会运行方式发生转变，数字经济新业态和新模式持续涌现，数字经济表现出强劲发展韧性。根据中国信通院统计，2021年，全球47个国家数字经济增加值规模达到38.1万亿美元，同比增长15.6%，占GDP比重为45.0%，增速和GDP占比分别比上年提高12.6个和1.3个百分点。[①] 在全球健康危机、经济衰退和地缘政治风险加剧等多方压力下，数字经济成为全球应对经济下行压力的稳定器和大国战略竞争的新高地。

疫情下全球数字化革命加速，也加剧了各国应对这一进程的紧迫性。数字经济正在成为重组全球要素资源、重塑全球经济结构和治理体系的关键力量。数字技术、数字规则、数字主权等正在成为大国博弈的新焦点。[②] 世界知识产权组织发布的《2022年全球创新指数报告》指出，人工智能、大数据、云计算和物联网等数字技术的迅速崛起正在深刻改变全球经济面貌，过去5年中，数字技术领域的专利创新比所有领域专利快

---

① 中国信通院：《全球数字经济白皮书（2022年）》，http://www.caict.ac.cn/kxyj/qwfb/bps/202212/t20221207_412453.htm。
② 联合国贸易和发展会议（UNCTAD）：《2021年数字经济报告》，https://unctad.org/webflyer/digital-economy-report-2021。

172%。① 2021年1月，美国信息技术和创新基金会发布的《美国全球数字经济大战略》指出，数字技术是当今世界的关键技术，美国必须制定一项全面而宏大的战略来指导美国的IT和数字政策，占据全球数字经济的主导地位。② 2021年6月，美国参议院通过《2021年美国创新和竞争法案》，该法案涉及数字技术和网络空间的条款众多，主要从全球技术设施、通信技术以及信息内容角度做出战略部署，提出建构数字通信技术和网络安全合作伙伴以及主导5G技术的标准制定等。欧盟积极争夺全球数字规则制定的领导权，先后发布了《通用数据保护条例》《塑造欧洲的数字未来》《欧洲数据战略》《2030数字指南针：欧洲数字十年之路》等法规和战略文件。③ 2021年4月，欧盟通过《人工智能法》，提出发展"可信赖的基于欧洲价值观和规则"的人工智能。日本于2021年6月发布《综合数据战略》，该战略旨在建设日本打造世界顶级数字国家所需的数字基础，明确了数据战略的基本思路，制定了社会愿景以及实现该愿景的基本行动指南。同年9月，日本专门成立数字厅，旨在迅速且重点推进数字社会进程。2021年10月，韩国通过《数据产业振兴和利用促进基本法》，为发展数据产业和振兴数据经济奠定了基础，实施重点推动大数据、5G网络和人工智能（AI）发展的韩国数字新政。2021年10月，新加坡发布《网络安全战略2021》，提出建设弹性的基础设施、创建安全的网络空间、强化国际网络空间规范与合作等战略举措。中国在国民经济"十四五"规划纲要中提出，将人工智能、集成电路等数字经济关键技术作为国家重大科技项目，支持其率先发展。2021年，中国正式发布《中华人民共和国数据安全法》《中华人民共和国个人信息保

---

① 世界知识产权组织（WIPO）：《2022年全球创新指数报告》，https：//www.wipo.int/pressroom/zh/articles/2022/article_0011.html。

② Atkinson R.D.，"A US Grand Strategy for the Global Digital Economy"，Policy Report，Information Technology and Innovation Foundation（ITIF），2021.

③ 欧盟：《2022年数字经济与社会指数（DESI）》，https：//digital-strategy.ec.europa.eu/en/policies/desi。

护法》，对数据安全和个人信息保护加强了规范。① 在全球数字经济合作方面，2021年6月，美国与日本建立"美日全球数字互联互通伙伴关系"，促进数字经济发展和新一代通信技术开发；同月，美国与欧盟发起成立"贸易和技术委员会"，致力于贸易壁垒消除、技术标准制定和关键技术创新，推动美欧在数字领域的协同发展。欧盟发布的《欧盟印太合作战略报告》提出，与日本、新加坡等国家达成新的数字伙伴协定，与印度在人工智能和5G网络开发方面开展合作，推动数字合作伙伴关系规范化、制度化、稳固化。2021年11月1日，中国正式申请加入《数字经济伙伴关系协定》，积极对接全球数字经贸规则。②

综上所述，数字经济在疫情中表现出的强大发展韧性加快了各国制定数字经济发展战略和法规的步伐，加剧了数字技术标准和数字贸易准则主导权的争夺，加深了大国间对数据主权、国家安全的认知鸿沟。基于此，本报告根据全新可得数据，构建全球数字经济国家竞争力评价指标体系，运用最新数据对全球50个主要国家的数字经济竞争力进行定量评估和特征分析。

二　全球数字经济国家竞争力综合评价结果与分析

本研究团队自2017年起便研究构建了全球数字经济国家竞争力评价指标体系，并选择全球50个国家对其数字经济竞争力进行定量评估和特征分析。本年度在前期指标体系的基础上，结合底层数据的可得性和及时性，进一步加以更新和完善，本年度全球数字经济国家竞争力评价指标体系如表1所示。

---

① 《数字全球化与G20国家数字竞争力指数研究》，载连玉明主编《中国大数据发展报告No.6》，社会科学文献出版社，2022。
② 张茉楠：《全球数字治理博弈与中国的应对》，《当代世界》2022年第3期；IMD，《2022年世界数字竞争力排名》，https：//www.imd.org/centers/world‐competitiveness‐center/rankings/worlddigital‐competitiveness/；Gierten, D. and Lesher, M.，"Assessing National Digital Strategies and Their Governance"，OECD Digital Economy Papers, 2022, No. 324, OECD Publishing, Paris, https：//doi.org/10.1787/baffceca‐en。

表 1　全球数字经济国家竞争力评价指标体系构成

最终指标	一级指标	得分权重	二级指标	三级指标	
数字经济竞争力	数字设施竞争力	25%	网络设施	互联网普及率	国际电信联盟数据库
				移动蜂窝订阅率	国际电信联盟数据库
			通信设施	5G基站渗透率	www.ookla.com
				电信基础设施指数	联合国-电子政务指数
			终端设备	智能手机普及率	www.statista.com
				智能家居终端市场规模	www.statista.com
	数字产业竞争力	25%	经济产出	数字产业总量	www.statista.com
			产业增速	数字产业增速	www.statista.com
			国际贸易	数字(跨境)贸易总量	世界银行WDI数据库
	数字创新竞争力	25%	创新产出	数字技术相关专利、期刊数量	世界知识产权组织WIPO数据库
				知识产权收入占贸易总额的百分比	世界银行WDI数据库
			人才投入	人力资本指数	联合国-电子政务指数
			研发投入	数字研发投入水平	世界银行WDI数据库
	数字治理竞争力	25%	安全保障	网络安全	国际电信联盟全球网络安全指数
				安全设施	世界银行WDI数据库
			服务管理	技术支持	联合国-电子政务指数
				政府电子服务指数	联合国-电子政务指数
				数据开放水平	联合国-电子政务指数
			市场环境	监管法规	WIPO全球创新指数
				营商政策	WIPO全球创新指数

全球数字经济国家竞争力评价指标体系仍以数字设施、数字产业、数字创新和数字治理为主要框架。数字设施竞争力从网络设施、通信设施和终端设备三个方面展开，为重点突出新一代数字技术和设备的普及应用，加入了5G基站渗透率、智能手机普及率、智能家居终端市场规模三个指标，数字产业竞争力和数字创新竞争力基本保留原有指标，数字治理竞争力方面为反映国家数据透明度、数据安全性和数据隐私性更新了数据开放水平、监管法规和营商政策指标的数据源。经过本次调整完善，全球数字经济国家竞争力评价指标体系在保留基本框架的基础上，数据更新更为及时，数据来源则更为权威和稳定，评估结果更加真实可靠。

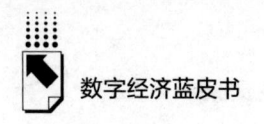

（一）数字经济国家竞争力综合排名

根据表1所构建的全球数字经济国家竞争力评价指标体系，基于最新数据，定量评估全球50个主要国家的数字经济竞争力水平，最终评价结果如表2所示。

表2　2022年全球数字经济国家竞争力排名

单位：分

排序	国家	数字设施竞争力	数字产业竞争力	数字创新竞争力	数字治理竞争力	总得分
1	美国	89.99	52.21	72.16	86.11	75.12
2	中国	67.80	52.25	55.59	69.25	61.22
3	瑞士	70.94	28.09	58.34	83.84	60.30
4	荷兰	75.60	14.69	59.79	88.18	59.56
5	日本	66.15	31.94	58.89	77.94	58.73
6	韩国	79.97	22.36	55.26	75.45	58.26
7	丹麦	70.49	21.00	44.37	93.30	57.29
8	爱尔兰	58.53	50.62	42.18	76.36	56.92
9	瑞典	61.61	31.13	54.34	78.41	56.37
10	以色列	60.61	39.63	51.00	68.93	55.04
11	德国	63.35	29.53	46.70	80.57	55.04
12	芬兰	65.77	24.06	48.94	80.93	54.92
13	英国	67.33	25.92	40.34	76.01	52.40
14	新加坡	63.45	17.29	36.08	89.58	51.60
15	法国	59.29	29.58	40.32	76.46	51.41
16	挪威	61.81	28.96	35.30	78.04	51.03
17	奥地利	58.97	22.99	39.40	79.04	50.10
18	加拿大	64.34	20.21	35.21	78.75	49.63
19	澳大利亚	65.60	19.83	34.46	78.08	49.49
20	比利时	57.03	26.19	43.01	68.49	48.68

续表

排序	国家	数字设施竞争力	数字产业竞争力	数字创新竞争力	数字治理竞争力	总得分
21	西班牙	62.79	24.42	31.45	74.54	48.30
22	爱沙尼亚	59.29	13.98	31.65	85.13	47.51
23	捷克	56.65	21.06	33.26	70.15	45.28
24	意大利	53.39	25.66	31.29	70.75	45.27
25	斯洛文尼亚	56.71	17.54	34.12	71.60	44.99
26	泰国	61.93	29.22	25.28	61.59	44.50
27	沙特阿拉伯	67.35	10.09	24.07	74.30	43.96
28	阿根廷	53.26	33.80	28.28	59.94	43.82
29	立陶宛	55.98	15.21	28.77	74.70	43.66
30	马来西亚	58.50	23.34	23.90	67.94	43.42
31	塞尔维亚	51.48	28.31	25.65	68.16	43.40
32	俄罗斯	60.94	17.14	28.81	66.25	43.29
33	波兰	54.82	22.35	29.97	64.94	43.02
34	葡萄牙	51.89	16.01	29.44	70.50	41.96
35	匈牙利	52.17	19.68	32.16	63.15	41.79
36	拉脱维亚	53.58	13.55	26.78	71.25	41.29
37	保加利亚	58.46	16.52	25.46	63.86	41.07
38	格鲁吉亚	49.95	22.18	23.84	65.93	40.48
39	罗马尼亚	53.89	21.49	22.72	61.28	39.84
40	巴西	48.86	17.99	26.42	64.77	39.51
41	斯洛伐克	55.88	16.14	25.61	60.24	39.46
42	克罗地亚	50.71	15.32	27.64	63.14	39.20
43	土耳其	48.36	13.76	27.17	65.64	38.73
44	越南	50.93	21.98	19.70	59.93	38.13
45	南非	53.93	16.02	22.49	59.88	38.08
46	印度	35.82	29.90	18.26	67.61	37.90
47	菲律宾	48.96	27.36	20.56	53.00	37.47

续表

排序	国家	数字设施竞争力	数字产业竞争力	数字创新竞争力	数字治理竞争力	总得分
48	印度尼西亚	46.59	19.73	19.89	62.63	37.21
49	墨西哥	45.72	19.01	21.07	62.79	37.15
50	哥伦比亚	48.16	15.16	21.64	59.88	36.21

从评估结果来看，美国是全球数字经济综合竞争力最强的国家，位居第1，且连续6年排在榜首，美国数字经济优势地位依然稳固，也遥遥领先于第2位。从四个分项指标来看，美国在数字设施和数字创新方面位居世界第1，数字产业竞争力位居第2，且分值较其他三个分项指标得分偏低，数字治理竞争力位居第4，但与前三位差距不大。整体而言，美国各项指标均位居前列，数字经济发展相对均衡，体现了较强的全球竞争力。

中国位居全球数字经济国家竞争力第2，且与美国的差距较大，相较于上年4.25分的差距，2022年差距扩大至3.3倍。从背景分析来看，美国已将中国列为最重要的战略竞争对手，出台的一系列竞争法案均将打压中国经济和科技发展作为重点，这极大地限制了中国数字经济的正常发展，致使中国数字经济整体竞争力得分有所下降。从分项指标看，中国在数字产业、数字创新和数字设施方面均位居前6，其中数字产业竞争力延续上年优势，位居榜单第1，但与美国的数字产业竞争力仅有0.04分的微弱差距。并且中国数字治理竞争力得分相对落后，处于中游水平，严重影响了中国数字经济国家竞争力的整体得分。

瑞士和荷兰位居榜单第3、第4，两者在数字设施、数字治理方面的得分均位居前6，但由于市场规模较小且增速不高，荷兰的数字产业竞争力位居末端。日本和韩国位居第5、第6，两国的数字设施和数字创新竞争力均位居前10，数字治理竞争力与瑞士和荷兰有10分左右的差距，在全球位居中上游水平，日本的数字产业竞争力得分较高，位居全球第6。

丹麦、爱尔兰、瑞典和以色列位居榜单第7到第10，这些国家在四个分项指标上往往只有两项能够位居世界前列，数字经济发展相对不平衡。其中丹麦的数字治理竞争力位居世界第 1，数字设施竞争力位居第 5，而数字设施竞争力是其他三个国家的短板，均处于中游水平。

从总得分情况来看，除美国得分超过 75 分，中国和瑞士略超 60 分，第 4 至第 10 排位的国家得分均在 55~60 分，彼此间差距并不大，这一方面说明美国的数字经济竞争力短期内难以超越，另一方面也说明数字经济是当前竞争最为激烈的领域，未来的数字经济竞争格局仍将处在剧烈变动之中。

从榜单后 10 位来看，哥伦比亚依然位居末尾，克罗地亚、越南、南非、菲律宾、印尼、墨西哥依然位居此列，在数字技术加速迭代、数字新业态大量涌现的背景下，数字经济基础落后的国家将呈现明显的"马太效应"。

（二）全球数字经济国家竞争力内部结构分析

本报告对全球数字经济国家竞争力的四个一级指标继续进行组合，将数字产业竞争力和数字创新竞争力归纳为数字市场竞争力，将数字治理竞争力和数字设施竞争力归纳为数字环境竞争力，采用均等加权法求和算得两项分值，并制作散点图。从图 1 可以看出，各国的数字环境竞争力与数字市场竞争力之间整体呈现正相关关系，即数字环境与数字市场是相辅相成的，只有两者实现均衡发展，国家才能获得较强的全球竞争力。

从图 1 来看，仅有美国处于散点图右上角，其他国家呈相对椭圆状分布在左侧。由此可以看出，美国在数字环境和数字市场上具有绝对领先的优势，处于数字经济竞争力的第一梯队，且与其他国家拉开了较大差距。将数字市场竞争力得分大于 80 分且数字环境竞争力大于 100 分的国家归为第二梯队，这些国家是全球数字经济的主要竞争者，具体有中国、瑞士、荷兰、日本、韩国、丹麦、爱尔兰、瑞典、以色列、德国、芬兰、英国、新加坡、法国、挪威、奥地利、加拿大、澳大利亚、比利时、西班牙这 20 个国家。其中中国是数字市场竞争力明显强于数字环境竞争力的国家，荷兰、瑞士、丹麦等国则是数字环境竞争力强于数字市场竞争力。而墨西哥、印尼、南非和哥伦比亚等国的数字市场竞争力和数字环境竞争力均处于末尾，难以在全球数字经济竞争中取得优势。总结来看，美国在数字经济竞争力领域的领先优势短期内不会被超越，中国是其最大的挑战者，但需着重加强数字环境方面的竞争力。

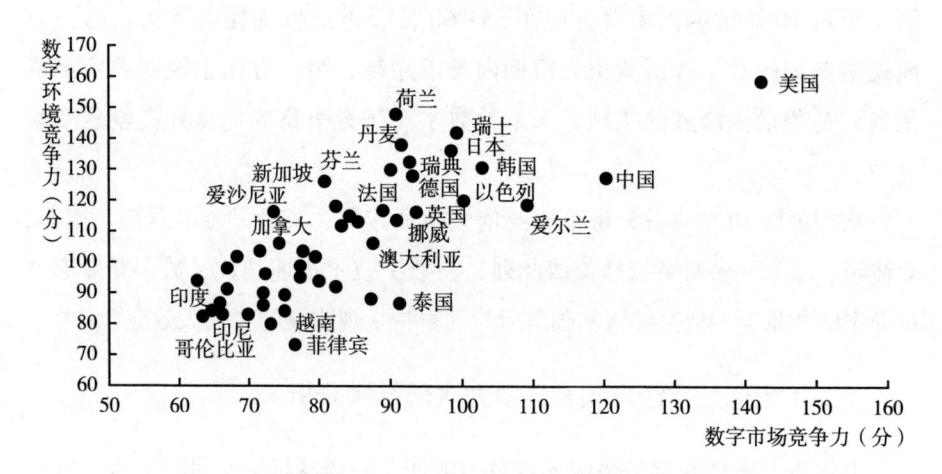

图 1　主要国家数字环境竞争力和数字市场竞争力散点图

根据本报告构建的全球数字经济国家竞争力评价指标体系来看，一国数字经济竞争力是由数字设施竞争力、数字产业竞争力、数字创新竞争力、数字治理竞争力这四个分项指标的得分所决定的，任何一项指标出现较大短板，便会导致该国在全球数字经济竞争中丧失优势。从各指标发展平衡性角度来分析各国数字经济竞争力内部结构，如图 2 所示，中国是四个分项指标得分最均衡的国家，由于这种均衡性，中国在新冠肺炎疫情与美国经济、贸易和科技全方位打压的背景下依然表现出较强的数字经济发展韧性。美国在三项指标上得分相对均衡，但数字产业竞争力得分相对较低，这也是美国加速实体产业回流、重塑全球高科技产业链、抢夺数字经贸规则主导权的重要原因。榜单前 6 位的其余国家，大多表现出数字产业竞争力得分较低，而数字治理竞争力得分较高的结构，这说明这些国家在数字安全、个人隐私等方面的治理走在了数字产业发展的前面，这也反映了一个事实，国家在数字经济领域很难做到面面俱到，数字经济全球化发展依然是大势所趋。

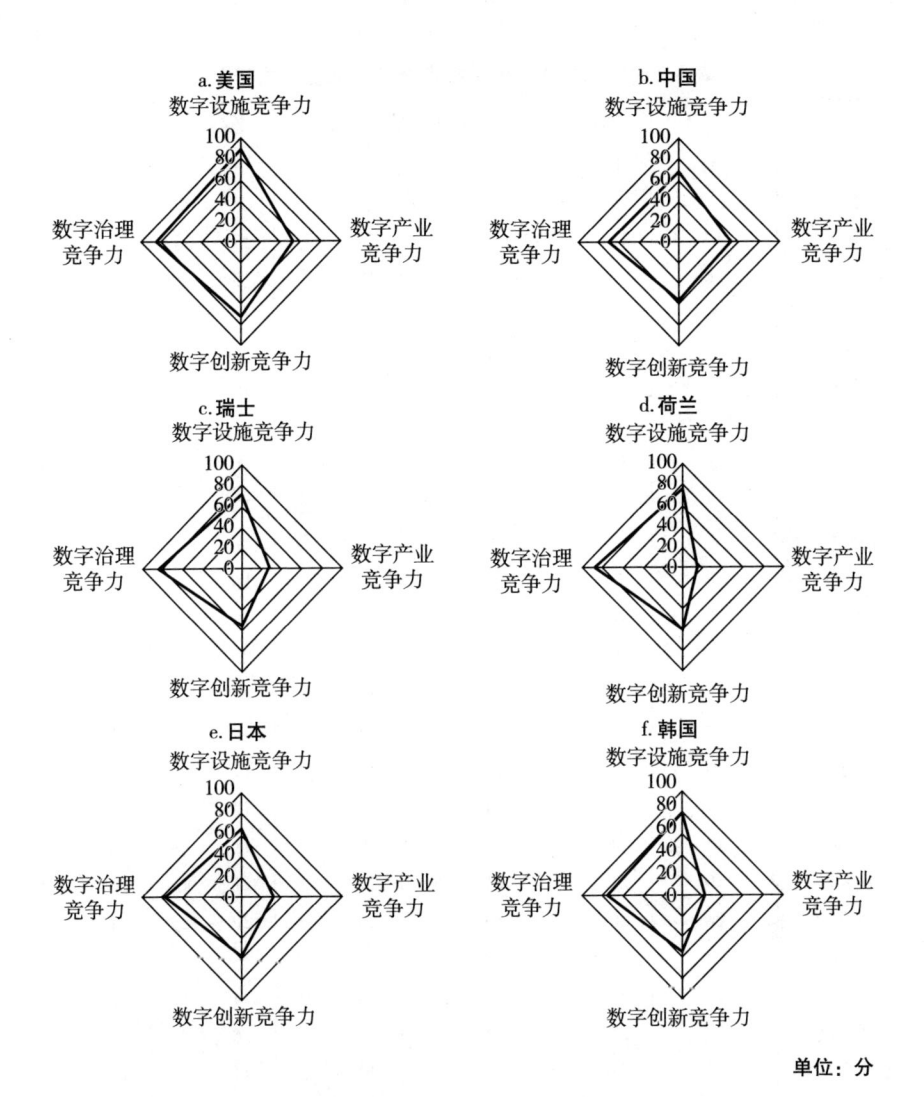

图 2 数字经济国家竞争力前 6 名竞争力内部结构

单位：分

（三）全球数字经济国家竞争力各国历年排名及变动趋势

本报告从 2017 年开始对全球 50 个国家（地区）的数字经济综合竞争力进行评估和排名，自 2018 年将越南加入榜单后，参与评估的国家便固定下来。各国历年排名及位次变动趋势如表 3 所示。

011

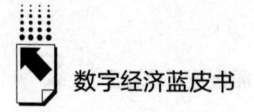

表3 2017~2022年全球数字经济国家竞争力排名

国家	2017年	2018年	2019年	2020年	2021年	2022年
美国	1	1 ⇨	1 ⇨	1 ⇨	1 ⇨	1 ⇨
中国	2	2 ⇨	3 ⇩	3 ⇨	2 ⇧	2 ⇨
瑞士	17	16 ⇧	18 ⇩	18 ⇨	17 ⇧	3 ⇧
荷兰	10	5 ⇧	8 ⇩	10 ⇩	15 ⇩	4 ⇧
日本	5	8 ⇩	7 ⇧	6 ⇧	7 ⇩	5 ⇧
韩国	6	9 ⇩	6 ⇧	4 ⇧	8 ⇩	6 ⇧
丹麦	15	12 ⇧	12 ⇨	13 ⇩	18 ⇩	7 ⇧
爱尔兰	24	24 ⇨	22 ⇧	23 ⇩	5 ⇧	8 ⇩
瑞典	9	10 ⇩	11 ⇩	8 ⇧	10 ⇩	9 ⇧
以色列	16	18 ⇩	15 ⇧	12 ⇧	12 ⇨	10 ⇧
德国	8	7 ⇧	10 ⇩	11 ⇩	3 ⇧	11 ⇩
芬兰	7	6 ⇧	5 ⇧	7 ⇩	16 ⇩	12 ⇧
英国	4	4 ⇨	4 ⇨	5 ⇩	4 ⇧	13 ⇩
新加坡	3	3 ⇨	2 ⇧	2 ⇨	6 ⇩	14 ⇩
法国	11	11 ⇨	16 ⇩	17 ⇩	9 ⇧	15 ⇩
挪威	12	15 ⇩	13 ⇧	14 ⇩	13 ⇧	16 ⇩
奥地利	14	17 ⇩	17 ⇨	16 ⇧	19 ⇩	17 ⇧
加拿大	18	13 ⇧	14 ⇩	15 ⇩	14 ⇧	18 ⇩
澳大利亚	13	14 ⇩	9 ⇧	9 ⇨	11 ⇩	19 ⇩
比利时	19	21 ⇩	21 ⇨	21 ⇨	21 ⇨	20 ⇧
西班牙	20	20 ⇨	19 ⇧	20 ⇩	20 ⇨	21 ⇩
爱沙尼亚	23	23 ⇨	23 ⇨	26 ⇩	25 ⇧	22 ⇧
捷克	26	27 ⇩	29 ⇩	30 ⇩	24 ⇧	23 ⇧
意大利	22	25 ⇩	24 ⇧	25 ⇩	26 ⇩	24 ⇧
斯洛文尼亚	45	38 ⇧	37 ⇧	40 ⇩	41 ⇩	25 ⇧
泰国	31	31 ⇨	30 ⇧	24 ⇧	40 ⇩	26 ⇧
沙特阿拉伯	32	32 ⇨	32 ⇨	34 ⇩	39 ⇩	27 ⇧
阿根廷	38	39 ⇩	40 ⇩	37 ⇧	47 ⇩	28 ⇧
立陶宛	42	42 ⇨	41 ⇧	45 ⇩	27 ⇧	29 ⇩
马来西亚	21	19 ⇧	20 ⇩	19 ⇧	22 ⇩	30 ⇩
塞尔维亚	50	50 ⇨	50 ⇨	50 ⇨	36 ⇧	31 ⇧
俄罗斯	29	29 ⇨	26 ⇧	27 ⇩	23 ⇧	32 ⇩
波兰	27	28 ⇩	28 ⇨	32 ⇩	31 ⇧	33 ⇩
葡萄牙	25	26 ⇩	27 ⇩	33 ⇩	37 ⇩	34 ⇧

续表

国家	2017年	2018年	2019年	2020年	2021年	2022年
匈牙利	35	33 ⇧	31 ⇧	29 ⇧	30 ⇩	35 ⇩
拉脱维亚	34	45 ⇩	43 ⇧	48 ⇩	38 ⇧	36 ⇧
保加利亚	44	44 ⇨	45 ⇩	42 ⇧	29 ⇧	37 ⇩
格鲁吉亚	49	41 ⇧	44 ⇩	31 ⇧	42 ⇩	38 ⇧
罗马尼亚	46	49 ⇩	49 ⇨	47 ⇧	28 ⇧	39 ⇩
巴西	33	34 ⇩	36 ⇩	39 ⇩	33 ⇧	40 ⇩
斯洛伐克	37	48 ⇩	47 ⇧	49 ⇩	35 ⇧	41 ⇩
克罗地亚	43	46 ⇩	46 ⇨	46 ⇨	43 ⇧	42 ⇧
土耳其	30	30 ⇨	34 ⇩	28 ⇧	34 ⇩	43 ⇩
越南		43	42 ⇧	44 ⇩	45 ⇩	44 ⇧
南非	36	36 ⇨	35 ⇧	41 ⇩	48 ⇩	45 ⇧
印度	28	22 ⇧	25 ⇩	22 ⇧	32 ⇩	46 ⇩
菲律宾	39	37 ⇧	39 ⇩	36 ⇧	44 ⇩	47 ⇩
印度尼西亚	40	47 ⇩	48 ⇩	43 ⇧	49 ⇩	48 ⇧
墨西哥	47	35 ⇧	33 ⇧	35 ⇩	46 ⇩	49 ⇩
哥伦比亚	48	40 ⇧	38 ⇧	38 ⇨	50 ⇩	50 ⇨

注：箭头分别表示位次，⇨ 不变，⇩ 下降，⇧ 上升。

从整体排名来看，美国一直位居榜单第1，除美国之外，再未有哪个国家的数字经济综合竞争力水平如此稳固。中国、日本、韩国、瑞典、挪威、奥地利、比利时、西班牙、爱沙尼亚、捷克、意大利等国的位次变动不大且处在排行榜的中上游位置，说明这些国家的数字经济发展已步入正轨，有了一定的数字经济规模，形成了相对完善的治理体系，且抵御外部冲击的韧性较强。荷兰、爱尔兰、新加坡等国，虽然数字经济综合实力较强，但这些国家数字经济整体体量较小，数字经济严重依靠国际市场，极易受到大国竞争等外部环境的影响，综合竞争力位次难以稳固。印度尼西亚、墨西哥、哥伦比亚等国的位次虽然稳固，但长期位居榜单末尾，葡萄牙、巴西等国的位次长期来看呈下降趋势。从背景分析来看，世界主要经济体为发展数字经济密集出台了一系列法规和战略文件，长期位居榜单末尾或位次持续下滑的国家亟须出台相应的战略规划，带动数字经济发展。从整体格

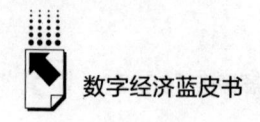

局来看,美国和中国是数字经济领域的主要竞争者,虽然两者存在一定差距,但只有中国具备一定经济体量和实力追赶美国。日韩和部分欧洲国家长期位居榜单中上游,这些国家是全球数字经济的主要参与者,也是中国在数字经济领域的主要竞争者。

三 全球数字经济国家竞争力分项评估结果与分析

(一)数字设施竞争力排名分析

数字设施竞争力排名从网络设施、通信设施和终端设备三个方面进行评估,从表4可以看出,数字设施竞争力得分最高的是美国,其次为韩国和荷兰。美国的数字设施竞争力常年占据榜首位置,其在通信设施和终端设备方面得分最高,在网络设施方面居于中游水平。相对于往年的数字设施竞争力指标,2022年报告重点考察了5G设施和智能终端设备渗透率,其更能反映数字经济新特征,其中韩国是部署第一个5G网络的国家,预计到2025年,韩国近60%的移动用户将使用5G网络。根据中国国家统计局的报告,截至2021年底,中国5G基站数量占全球总数的60%以上,中国已经建成世界上最大的5G网络。根据VIAVI统计,5G网络覆盖城市最多的两个国家是中国(376个)和美国(284个)。根据中国电子信息产业发展研究院统计,截至2021年底,全球共有大型及以上数据中心近700个,较2016年增加1倍以上,其中近40%位于美国,中美两国数据中心数量占全球一半以上。从上述数据可以看出,中国数字设施竞争力排名从上年的第15位提升至第6位,主要原因在于指标重点考察了中国在数字技术和数字设备方面的应用,但由于中国幅员辽阔、人口基数大,在新技术渗透率或人均率上难以同韩国、荷兰、瑞士和丹麦等面积较小且人口相对集中的国家相比。欧洲是5G等数字技术和设备部署率较高的地区,其整体的数字设施竞争力得分较高。

表4 数字设施竞争力综合排名

单位：分

排序	国家	网络设施	通信设施	终端设备	数字设施竞争力
1	美国	78.31	95.30	96.37	89.99
2	韩国	90.58	93.89	55.44	79.97
3	荷兰	84.17	94.94	47.68	75.60
4	瑞士	86.33	80.45	46.03	70.94
5	丹麦	86.91	75.71	48.86	70.49
6	中国	71.80	61.52	70.07	67.80
7	沙特阿拉伯	87.25	68.27	46.54	67.35
8	英国	83.37	58.78	59.84	67.33
9	日本	92.38	54.42	51.65	66.15
10	芬兰	85.66	64.78	46.86	65.77
11	澳大利亚	78.09	70.00	48.72	65.60
12	加拿大	75.28	63.75	54.01	64.34
13	新加坡	90.33	52.73	47.29	63.45
14	德国	84.36	49.99	55.69	63.35
15	西班牙	83.34	58.52	46.50	62.79
16	泰国	89.77	55.34	40.68	61.93
17	挪威	81.81	55.00	48.63	61.81
18	瑞典	86.31	50.43	48.09	61.61
19	俄罗斯	92.52	47.21	43.11	60.94
20	以色列	88.59	49.37	43.86	60.61
21	法国	76.78	56.23	44.86	59.29
22	爱沙尼亚	89.07	48.73	40.06	59.29
23	奥地利	80.43	52.05	44.44	58.97
24	爱尔兰	78.82	52.67	44.11	58.53
25	马来西亚	86.30	43.61	45.60	58.50
26	保加利亚	70.16	71.45	33.78	58.46
27	比利时	76.62	50.47	44.01	57.03
28	斯洛文尼亚	81.07	50.59	38.47	56.71
29	捷克	77.99	53.43	38.54	56.65
30	立陶宛	82.92	48.15	36.88	55.98
31	斯洛伐克	86.01	44.54	37.07	55.88
32	波兰	81.63	49.22	33.59	54.82
33	南非	84.32	37.71	39.76	53.93
34	罗马尼亚	75.33	48.22	38.13	53.89
35	拉脱维亚	78.06	44.80	37.87	53.58
36	意大利	74.52	47.54	38.12	53.39

续表

排序	国家	网络设施	通信设施	终端设备	数字设施竞争力
37	阿根廷	80.05	38.95	40.78	53.26
38	匈牙利	75.41	42.82	38.27	52.17
39	葡萄牙	74.88	43.90	36.89	51.89
40	塞尔维亚	76.12	42.18	36.13	51.48
41	越南	78.75	37.12	36.92	50.93
42	克罗地亚	72.00	40.38	39.74	50.71
43	格鲁吉亚	75.43	39.85	34.57	49.95
44	菲律宾	66.41	42.30	38.18	48.96
45	巴西	70.62	35.60	40.38	48.86
46	土耳其	68.91	35.86	40.33	48.36
47	哥伦比亚	75.57	34.29	34.62	48.16
48	印尼	66.47	33.77	39.54	46.59
49	墨西哥	65.38	33.68	38.10	45.72
50	印度	47.06	22.22	38.19	35.82

（二）数字产业竞争力排名分析

数字产业竞争力的评估主要从经济产出、国际贸易和产业增速三个方面展开，考虑到数据的连贯性和可获得性，经济产出和产业增速的数据来源于Statista数据库，经济产出包括电子商务、数字媒体服务和电子服务三个方面的产出，与中国信通院统计的数字经济产出规模略有差异。表5展示了评估结果及排名情况，从中可以看出，中国以领先美国0.04分的微弱优势占据榜单首位，但国际贸易和产业增速得分相对较低。与上年相比，中美间的经济产出差距大幅缩小，并且美国的产业增速已经超越中国，以此趋势，美国与中国在数字产业竞争力上的差距将越来越小，且有超过中国的可能。凭借在国际贸易上的优势，爱尔兰依然位居榜单前4，紧随其后的是以色列、阿根廷、日本、瑞典、印度、法国和德国，由于中美两国在数字经济体量上的巨大优势，其他国家主要通过提高产业增速获得竞争力。

表5　数字产业竞争力综合排名

单位：分

排名	国家	经济产出	国际贸易	产业增速	数字产业竞争力
1	中国	100.00	25.25	31.51	52.25
2	美国	84.64	28.94	43.06	52.21
3	爱尔兰	0.40	100.00	51.45	50.62
4	以色列	0.38	20.52	98.00	39.63
5	阿根廷	0.34	1.07	100.00	33.80
6	日本	20.23	5.18	70.40	31.94
7	瑞典	0.93	8.61	83.83	31.13
8	印度	7.34	59.50	22.87	29.90
9	法国	4.08	11.12	73.55	29.58
10	德国	7.29	20.39	60.92	29.53
11	泰国	0.91	0.16	86.58	29.22
12	挪威	0.57	1.35	84.97	28.96
13	塞尔维亚	0.07	1.09	83.78	28.31
14	瑞士	1.00	6.55	76.70	28.09
15	菲律宾	0.86	3.14	78.10	27.36
16	比利时	0.87	8.85	68.83	26.19
17	英国	14.33	21.01	42.41	25.92
18	意大利	2.63	4.59	69.75	25.66
19	西班牙	2.20	7.15	63.92	24.42
20	芬兰	0.45	7.45	64.27	24.06
21	马来西亚	0.37	1.68	67.97	23.34
22	奥地利	0.77	4.82	63.38	22.99
23	韩国	13.68	5.66	47.73	22.36
24	波兰	0.76	5.77	60.52	22.35
25	格鲁吉亚	0.01	0.06	66.48	22.18
26	越南	0.51	0.00	65.43	21.98
27	罗马尼亚	0.18	4.11	60.18	21.49
28	捷克	0.30	3.08	59.80	21.06
29	丹麦	0.63	3.68	58.67	21.00
30	加拿大	5.90	6.49	48.24	20.21
31	澳大利亚	3.73	2.23	53.52	19.83
32	印尼	1.29	0.87	57.04	19.73
33	匈牙利	0.10	1.46	57.47	19.68
34	墨西哥	1.75	0.03	55.25	19.01
35	巴西	2.40	1.62	49.96	17.99
36	斯洛文尼亚	0.04	0.44	52.15	17.54
37	新加坡	0.37	9.28	42.22	17.29
38	俄罗斯	2.60	3.60	45.21	17.14
39	保加利亚	0.06	1.35	48.14	16.52
40	斯洛伐克	0.09	0.97	47.35	16.14

续表

排名	国家	经济产出	国际贸易	产业增速	数字产业竞争力
41	南非	0.66	0.41	47.00	16.02
42	葡萄牙	0.31	1.94	45.77	16.01
43	克罗地亚	0.07	0.64	45.26	15.32
44	立陶宛	0.06	0.73	44.84	15.21
45	哥伦比亚	0.49	0.30	44.68	15.16
46	荷兰	2.17	10.14	31.77	14.69
47	爱沙尼亚	0.02	1.03	40.90	13.98
48	土耳其	0.65	1.28	39.34	13.76
49	拉脱维亚	0.02	0.56	40.06	13.55
50	沙特阿拉伯	2.17	0.73	27.38	10.09

位于榜单尾部的有南非、葡萄牙、克罗地亚、立陶宛、哥伦比亚、荷兰、爱沙尼亚、土耳其、拉脱维亚和沙特阿拉伯，其中荷兰和南非的下滑幅度较大，从中东欧国家在榜单尾部长期占比较大的情况来看，中东欧地区数字经济在短期内仍将处于落后状态。

（三）数字创新竞争力排名分析

人工智能、大数据、云计算和物联网等数字技术的蓬勃发展，为企业特别是初创企业带来新的增长机会，是全球数字经济增长的主要驱动力。数字创新竞争力主要从创新产出、人才投入和研发投入三个方面评估，各国的数字创新竞争力得分和排名如表6所示。

表6　数字创新竞争力综合排名

单位：分

排序	国家	数字创新竞争力	排序	国家	数字创新竞争力
1	美国	72.16	6	韩国	55.26
2	荷兰	59.79	7	瑞典	54.34
3	日本	58.89	8	以色列	51.00
4	瑞士	58.34	9	芬兰	48.94
5	中国	55.59	10	德国	46.70

续表

排序	国家	数字创新竞争力	排序	国家	数字创新竞争力
11	丹麦	44.37	31	阿根廷	28.28
12	比利时	43.01	32	克罗地亚	27.64
13	爱尔兰	42.18	33	土耳其	27.17
14	英国	40.34	34	拉脱维亚	26.78
15	法国	40.32	35	巴西	26.42
16	奥地利	39.40	36	塞尔维亚	25.65
17	新加坡	36.08	37	斯洛伐克	25.61
18	挪威	35.30	38	保加利亚	25.46
19	加拿大	35.21	39	泰国	25.28
20	澳大利亚	34.46	40	沙特阿拉伯	24.07
21	斯洛文尼亚	34.12	41	马来西亚	23.90
22	捷克	33.26	42	格鲁吉亚	23.84
23	匈牙利	32.16	43	罗马尼亚	22.72
24	爱沙尼亚	31.65	44	南非	22.49
25	西班牙	31.45	45	哥伦比亚	21.64
26	意大利	31.29	46	墨西哥	21.07
27	波兰	29.97	47	菲律宾	20.56
28	葡萄牙	29.44	48	印度尼西亚	19.89
29	俄罗斯	28.81	49	越南	19.70
30	立陶宛	28.77	50	印度	18.26

美国以72.16分位居榜首，比位居第2的荷兰高12.37分，日本、瑞士、中国、韩国、瑞典和以色列紧随其后，数字创新竞争力得分均在50分以上，且差距不太大，墨西哥、菲律宾、印度尼西亚、越南和印度位居榜单末尾。从分项指标得分来看，美国各项指标得分均较高，相对均衡。荷兰在知识产权收入方面得分较高，从世界银行发布的2021年各国知识产权出口看，荷兰以371.6亿美元位居第4，是中国（117.4亿美元）的3倍多。从数字技术专利产出来看，根据德国专利局（DPMA）公布的2021

年重要技术领域专利申请量，中国在"数字通信技术"领域（包括5G标准在内的移动通信）申请专利4308件，超过美国的4115件，中国移动通信和网络技术最重要的专利申请企业是华为；在计算机技术方面，美国以5943件遥遥领先，中国以2017件位居第2，德国以1814件位列第3；但在半导体和芯片领域，日本以1020件专利申请独占榜首，其次是美国（884件）、韩国（820件）、中国台湾（695件）和德国（646件），中国大陆未能跻身前5。由此可以看出，虽然中国以专利为代表的创新成果产出较多，但在一些数字经济关键领域缺乏核心专利，难以获得较高的知识产权收益。此外，中国的人才投入和研发投入位居中游水平，这也严重影响了中国数字创新竞争力的综合排名。位居榜单末尾的国家，虽然有一定的人才和研发投入，但在数字经济领域创新成果产出较少，致使其竞争力较低。

（四）数字治理竞争力排名分析

数字经济的快速发展衍生出数据安全、隐私保护、算法歧视、平台垄断、避税逃税等一系列问题，不正当竞争、侵害用户权益、危害国家安全等现象不断涌现。数字经济领域的大国博弈也从比拼科研实力转向数字技术标准以及国际规则制定权的竞争。当前，大国竞争博弈态势日益升级，各国争夺数字主权的"新赛道"将深刻改变全球经济格局、利益格局和安全格局，构建全球数字经济治理体系已成为各国关注的焦点。本报告将数字治理竞争力作为评定数字经济国家竞争力的分项指标，并用安全保障、服务管理和市场环境三个二级指标来全面、准确地评定。服务管理主要从数据开放水平和联合国发布的政府电子服务指数两方面评估，数字经济的发展离不开市场的土壤，一国市场监管政策的公平性、灵活性和稳定性都决定了该国数字经济的发展前景。此外，本报告从监管法规和营商政策两方面对市场环境进行评估。数字治理竞争力评估结果及排名如表7所示。

表7 数字治理竞争力综合排名

排序	国家	数字治理竞争力	排序	国家	数字治理竞争力
1	丹麦	93.30	26	捷克	70.15
2	新加坡	89.58	27	中国	69.25
3	荷兰	88.18	28	以色列	68.93
4	美国	86.11	29	比利时	68.49
5	爱沙尼亚	85.13	30	塞尔维亚	68.16
6	瑞士	83.84	31	马来西亚	67.94
7	芬兰	80.93	32	印度	67.61
8	德国	80.57	33	俄罗斯	66.25
9	奥地利	79.04	34	格鲁吉亚	65.93
10	加拿大	78.75	35	土耳其	65.64
11	瑞典	78.41	36	波兰	64.94
12	澳大利亚	78.08	37	巴西	64.77
13	挪威	78.04	38	保加利亚	63.86
14	日本	77.94	39	匈牙利	63.15
15	法国	76.46	40	克罗地亚	63.14
16	爱尔兰	76.36	41	墨西哥	62.79
17	英国	76.01	42	印度尼西亚	62.63
18	韩国	75.45	43	泰国	61.59
19	立陶宛	74.70	44	罗马尼亚	61.28
20	西班牙	74.54	45	斯洛伐克	60.24
21	沙特阿拉伯	74.30	46	阿根廷	59.94
22	斯洛文尼亚	71.60	47	越南	59.93
23	拉脱维亚	71.25	48	南非	59.88
24	意大利	70.75	49	哥伦比亚	59.88
25	葡萄牙	70.50	50	菲律宾	53.00

丹麦以93.30分位居数字治理竞争力的榜首，新加坡、荷兰和美国紧随其后，国家间的数字治理竞争力得分差距不大。位居前10的国家以欧洲国家为主，中国仅排在第27位，与丹麦有着20多分的差距。越南、南非、哥伦比亚和菲律宾处在榜单末尾，但与其他国家差距不太大，这说明数字经济

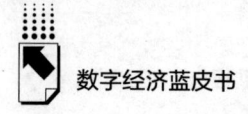

的发展明显快于数字治理体系的构建这一现象在全球具有普遍性。整体而言，欧洲国家的数字治理能力全球持续领先，亚洲国家政治、经济、社会环境差异较大，各国政府开展数字治理进程各异，数字政府发展分化较为明显。

B.2 全球数字经济城市竞争力发展报告（2022）

赵付春*

摘　要： 基于城市数字经济竞争力框架和数据，本文分析了全球30个重要城市数字经济竞争力排名情况。具体分析：①各大城市数字经济竞争力总体得分、排名及其变动情况；②城市数字经济竞争力与GDP、人均GDP等宏观指标的关系，分组比较重点城市的得分情况；③各城市分指标的排名情况呈现的特征和变化；④城市数字投入产出比较和数字生产率分析。最后提出加大数字经济与基础设施投入、培育市民数字技能、加强数字创新等相关政策建议。

关键词： 全球城市　数字经济　竞争力　数字创新　数字生产率

一　概述

城市数字经济竞争力是国家数字经济竞争力的重要组成部分，也是城市竞争力的最新关注点。与数字产业竞争力相比，城市数字经济发展排名提供了一个面上的观察结果，它不仅涉及数字相关产业的发展，还涉及城市治理、社会发展，如数字鸿沟和包容性问题。

城市竞争力是一个相对的概念，可以纵向与自身相比，也可以横向与其

---

* 赵付春，管理学博士，上海社会科学院信息研究所副研究员，主要研究方向为数字经济、科创政策、智慧城市。

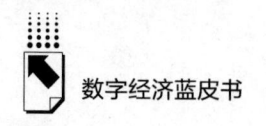

他城市相比。对于数字经济这样的新经济形态而言，很多纵向数据没有太大的参考性，更加适合横向比较。本文沿用之前对"城市数字经济竞争力"的界定，将其定义为"城市在数字经济的基础、应用和产出等方面的综合绩效，对外表现出的竞争力"。

相比于传统经济形态，数字经济以数据为最重要的生产要素，围绕数据开展产业组织，推动虚拟和现实世界日益融合。这种全新的经济形态对于地理空间和时间敏感度不高，可以在尽量减少人员流动的基础上，开展经济、社交活动，因而能够在相当程度上适应类似疫情防控这样的极端情况。

与此同时，经历这几年的疫情，我们也发现，数字经济的助力是一项复杂的系统工程，需要外部的互补性资产，如制度和流程变革以及经济结构转型相配合。在不改变现有经济和社会结构的前提下，它能发挥的作用是有限的。整个社会对于数字技术的依赖具有双刃剑的性质，可能带来意想不到的负面冲击。

数字经济使城市变得更具韧性。这种韧性反映在城市面对外来灾害冲击之时，能够以一种更加快速、更具承受力的方式应对，并且减轻灾难带来的破坏，迅速恢复。但是，如果紧急情况下的城市关闭时间过长，各项经济活动停滞，很多经济主体可能被迫停业倒闭。这时候，再讨论数字经济对城市韧性的支持就显得不合时宜了。

疫情发生以来，各国的城市明显加快了数字经济发展步伐。在一个充满不确定性的社会中，探讨城市数字经济竞争力仍然具有非常强的实践意义，毕竟数字技术给城市带来的机遇远远大于挑战。基于此，本文试图探讨以下问题：世界各大城市在数字经济基础设施、人才和创新方面有何种表现？哪些城市数字产业发展更具效率和潜力？对于北京、上海这样的新兴国家城市而言，如何进一步推动数字科技研发进步，机会在哪儿，有无可以超越的可能？在2021年全球城市数字经济竞争力排名的基础上，本文将结合这三个重要问题，对原有指标体系作更加细致的划分。在此基础上，对各大城市分项指标排名、数字投入产出进行分析，以便综合考察全球城市在数字生产率方面的不同表现。

二 现有城市数字经济发展排名

越来越多的学者和研究机构加强了对城市数字经济发展的研究，以下对此作简要的回顾。

Economist Impact 在 2022 年首次发布《数字城市指数 2022》（DCI），考虑了连通性、服务、文化和可持续性四个关键支柱，基于 48 个定性和定量指标构建动态基准模型，评估全球 30 个城市的数字化程度和影响力。连通性评估一个城市实现数字连接的基础设施能力，包括物理基础设施、基础设施的质量和可负担性三个关键方面，评估公民是否能够负担得起并合理地连接到互联网。服务衡量城市居民从数字服务中获益的程度，并体验数字服务提供的效率和便利，体现了数字平台上不同服务的集成，以及数字服务提供商之间的开放性和互操作性。文化衡量技术融入人们生活的程度，通过考察法律和制度支持、技术能力以及公民对使用数字工具的接受程度等因素，评估生态系统允许新技术发展和扩散的适宜程度，同时评估城市数据安全和隐私保护的程度。可持续性评估数字技术通过有效的资源管理、减排、污染管理和采用循环经济方式来实现对环境友好的经济增长的程度。体现城市利用新的先进数字技术的能力，如建筑领域的"数字双胞胎"、空气污染治理和农业领域的智能传感器。2022 年的排名结果显示，哥本哈根、阿姆斯特丹和北京全球领先。

日本森纪念财团推出的全球城市实力指数（GPower Cities Index，2021）根据主要城市对来自世界各地的人才、资本和企业的吸引力，从经济、研究和发展、文化互动、宜居性、环境和可达性这 6 个方面分析 48 个城市的实力排名。2021 年前 3 名分别是伦敦、纽约和东京，其中与数字经济直接有关的指标，主要体现在经济、研究和发展、宜居性方面。

智慧城市是与城市数字经济竞争力关系最为密切的概念之一。在联合国公共行政网的支持下，上海社会科学院与复旦大学研究团队持续对全球智慧城市进行跟踪排名，针对 5 个定量指标，即智慧基础设施、智慧经济、智慧服务、智慧治理、智慧创新，以及 1 个定性指标"智慧声誉"开展评估。

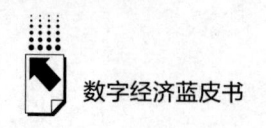

2021年第6次排名结果显示，伦敦、纽约、新加坡排名前3，中国的上海和北京在智慧经济和智慧服务方面表现突出。①

瑞士IMD世界竞争力中心的智慧城市指数通过对各城市120名市民进行问卷调研，从结构和技术两个维度进行评估，结构支柱指的是城市现有的基础设施，技术支柱描述的是可供居民使用的技术设施和服务。每个支柱都在五个关键领域开展评估：健康和安全、流动性、活动、机会、治理。根据联合国人类发展指数（HDI）对城市所在地区经济水平的评分，这些城市被分为四组，在此基础上，对全球118个城市进行排名。2021年的结果显示，新加坡、苏黎世和奥斯陆排名前3。北京和上海均为B组（最高为AAA），分别排第69位和第71位。而珠海、重庆、天津等城市则划归BB组。不得不说，这一城市分组的确存在明显的偏差。

国内外各类智慧城市指数报告包含各大城市在数字经济发展方面的指标，为本研究提供丰富的城市数据。但是智慧城市与数字经济关注点不同，数字经济更加偏重于经济和技术领域，而智慧城市既包括经济和技术，还包括社会治理、文化等方面，涉及面更广。

除了这些以数字经济为对象的排名，还有以科创、可持续、安全等专项指标为对象的排名，它们与数字经济发展关系密切。

清华大学产业发展与环境治理研究中心联合自然科研（Nature Research），发布《国际科技创新中心指数2021》（Global Innovation Hubs Index，GIHI），跟踪全球50个城市（都市圈）的创新表现，监测国际科技创新中心的发展动态。该报告从科学中心、创新高地、创新生态三个维度综合评估国际科技创新中心指数。2021年综合排名前20的城市（都市圈）中旧金山—圣何塞、纽约、伦敦排名前3，北京、粤港澳大湾区进入前10。

Arcadis公司发布的《2022年可持续发展城市指数》（Sustainable Cities Index，SCI）提出，为了实现真正的可持续发展，城市必须超越经济发展，关注自然环境的健康和居民的生活质量。该报告从星球（环境）、人（社会）和

---

① 上海社会科学院、复旦大学：《全球智慧之都报告2021：疫情中的智慧城市》，2022年10月。

利润（经济）三个方面对100个全球城市进行排位，其中与数字技术有关的主要体现在"人"这一支柱上。最终奥斯陆、斯德哥尔摩、东京、哥本哈根和柏林排名前5，可以看出北欧城市表现突出，而中国城市在可持续方面表现平平。

经济学人智库发布的《2021年安全城市指数》（Safe Cities Index 2021）报告认为，随着越来越多的工作和商业活动转移到网上，数字安全变得前所未有的重要。负责基础设施安全的人需要适应市民新的出行模式；负责个人安全的机构需要应对由封禁导致的犯罪模式的重大转变；随着COVID-19突发危机带来的严峻警告，城市居民和官员对环境安全的重视程度明显提高。基于此，报告提出城市安全包括五个方面：人员、健康、基础设施、数字和环境安全。结果显示，哥本哈根、多伦多和新加坡三大城市位列前3；北京排名第36位，处于60个大城市的中游水平。

三 城市数字经济竞争力评价方法

（一）城市数字经济竞争力评价指标体系构建思路

本次竞争力评价指标体系保持2021年的框架。在权重上，由于所有指标均为3个，所以统一使用各1/3的平均分配方式（见表1）。

表1 全球城市数字经济竞争力评价指标体系

二级指标	权重	指标意义	三级指标	权重	数据来源
经济与基础设施竞争力（M1）	1/3	软硬件发展基础	城市经济活跃度	1/3	世界城市综合实力排名
			ICT普及度	1/3	全球人才竞争力指数报告
			数据开放度	1/3	全球数字开放报告
数字人才竞争力（M2）	1/3	人力资源基础	主要大学指数	1/3	QS排名
			高等教育入学率	1/3	世界银行
			人口高等教育比例	1/3	OECD教育概览
数字创新竞争力（M3）	1/3	数字应用和产出	城市研发强度	1/3	世界城市综合实力排名
			专利申请数量	1/3	世界城市综合实力排名
			典型数字应用深度	1/3	智慧城市报告

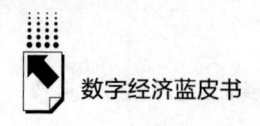

此外，在统一量纲方面，将三级指标原始数据折算成百分制，具体折算方法是：

$$F_{i,j} = \frac{X_{i,j}}{X_{max,j}} \times 100 \quad (i = 1,2,3,\cdots,30; \quad j = 1,2,3)$$

式中，i表示城市，j表示特定指标，$X_{i,j}$表示城市i的j指标的实际数值，$X_{max,j}$表示j指标上所有城市数值中的最大值。通过这一转换，表现最优的城市得分为100分，其他城市以其为标杆，分别得到100分以内的分值。

进一步可以得到三个二级指标的加权分值（λ为权重）：

$$M_{i,j} = \frac{1}{3}\sum_{j=1}^{3}\lambda_{i,j}F_{i,j} \quad (j = 1,2,3)$$

城市数字经济竞争力加权得分（μ为权重）：

$$D_i = \frac{1}{3}\sum_{k=1}^{3}\mu_{i,k}M_{i,k} \quad (k = 1,2,3)$$

对于一些城市存在个别数据欠缺的情况，利用其余可获得指标的数据进行加权平均计算。

（二）城市数字经济竞争力评价指标与目标城市

表2 数字经济竞争力城市入选名单

单位：个

区域	城市	数量
欧洲	伦敦、巴黎、斯德哥尔摩、哥本哈根、阿姆斯特丹、柏林、马德里、维也纳、法兰克福、米兰、莫斯科	11
亚洲	新加坡、东京、北京、上海、首尔、迪拜、雅加达、香港、孟买	9
北美洲	纽约、波士顿、旧金山、洛杉矶、芝加哥、墨西哥城、多伦多	7
南美洲	圣保罗	1
非洲	约翰内斯堡	1
大洋洲	悉尼	1
合计		30

四 全球主要城市数字经济竞争力评价结果总体分析

（一）全球主要城市数字经济竞争力总体排名结果分析

表3显示了30个城市数字经济竞争力的整体排名情况。纽约、首尔、伦敦、洛杉矶和波士顿处于领先的位置。其中纽约得分最高，为81.8分（2021年为77.1分），成功卫冕。首尔、洛杉矶和波士顿均有较大的进步。而新加坡和东京两大亚洲城市排名下降。前10名共有11个城市，其中中国北京相比于2021年有所进步。美国城市仍然保持强势，在前10名中占了五席，整体竞争力超强。

表3 全球主要城市数字经济竞争力总体排名情况

单位：分

排名	城市	经济与基础设施竞争力	数字人才竞争力	数字创新竞争力	总得分	上年排名	国家
1	纽约	93.2	67.5	84.8	81.8	1	美国
2	首尔	79.7	78.2	67.3	75.1	5	韩国
3	伦敦	75.8	70.3	75.7	73.9	2	英国
4	洛杉矶	82.0	63.0	74.1	73.0	8	美国
5	波士顿	80.7	64.1	70.8	71.9	6	美国
6	新加坡	89.5	58.2	66.7	71.5	3	新加坡
7	东京	80.3	55.7	76.8	70.9	4	日本
8	旧金山	84.7	60.8	66.9	70.8	7	美国
9	北京	81.4	52.7	74.8	69.6	12	中国
10	芝加哥	80.7	63.0	62.0	68.6	11	美国
10	香港	86.8	57.5	61.6	68.6	9	中国
12	悉尼	63.6	84.8	54.0	67.5	10	澳大利亚
13	巴黎	82.2	53.5	62.5	66.1	13	法国
13	上海	77.9	50.5	69.8	66.1	14	中国

续表

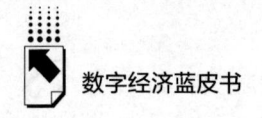

排名	城市	经济与基础设施竞争力	数字人才竞争力	数字创新竞争力	总得分	上年排名	国家
15	马德里	74.3	57.6	47.9	59.9	18	西班牙
16	多伦多	77.1	48.6	53.3	59.7	15	加拿大
17	阿姆斯特丹	76.6	50.1	50.5	59.1	19	荷兰
18	哥本哈根	81.4	47.1	46.4	58.3	17	丹麦
19	斯德哥尔摩	75.6	46.9	51.3	57.9	16	瑞典
20	莫斯科	52.2	65.8	52.7	56.9	21	俄罗斯
21	维也纳	59.6	63.0	47.3	56.6	20	奥地利
22	柏林	68.1	49.6	50.6	56.1	22	德国
23	法兰克福	68.7	44.0	41.9	51.5	24	德国
24	迪拜	75.9	29.4	44.8	50.0	25	阿联酋
25	米兰	57.6	44.8	46.9	49.8	23	意大利
26	圣保罗	51.6	34.9	38.6	41.7	26	巴西
27	孟买	36.2	29.3	46.1	37.2	28	印度
28	墨西哥城	40.7	26.7	33.8	33.8	27	墨西哥
29	雅加达	40.3	26.5	33.3	33.4	29	印度尼西亚
30	约翰内斯堡	40.1	17.2	33.2	30.2	30	南非

排名靠后的几个城市均分布在亚非拉等发展中国家，表明数字经济竞争力与实体经济之间存在关联性。

中国两大龙头城市北京和上海，分别名列第9和第13，相比于2021年排名均有提升。从指标数据考察，其主要原因有二：一是高等教育人口占比偏低，拉低了其整体分数；二是相比于发达国家城市，中国城市研发强度排名不高。

（二）全球主要城市数字经济竞争力排名变动情况分析

与上年相比，2022年城市排名波动幅度不大。仅有一个城市（洛杉矶）排名提升4位，提升3位的有首尔、北京、马德里三个城市，值得关注。排名下降3位的有新加坡、东京、斯德哥尔摩三座城市（见表4）。

表4 城市数字经济竞争力排名变动情况

单位：个

变动类型	城市（变动位次）	数量
排名上升	首尔(3)、洛杉矶(4)、波士顿(1)、北京(3)、芝加哥(1)、上海(1)、马德里(3)、阿姆斯特丹(2)、莫斯科(1)、法兰克福(1)、迪拜(1)、孟买(1)	12
排名下降	伦敦(-1)、新加坡(-3)、东京(-3)、旧金山(-1)、香港(-1)、悉尼(-2)、多伦多(-1)、哥本哈根(-1)、斯德哥尔摩(-3)、维也纳(-1)、米兰(-2)、墨西哥城(-1)	12
排名不变	纽约、巴黎、柏林、圣保罗、雅加达、约翰内斯堡	6

资料来源：笔者整理。

首尔在上年排名第5的基础上，排名再次大幅提升。韩国5G通信、芯片的发展举世瞩目，无论是世界知识产权组织还是OECD的统计数据，在数字人才领域，韩国均处于世界前列。

马德里，作为西班牙首都和最重要的大都会，近年来在数字化转型方面进行了大量投资，表现可圈可点，已经成为整个南欧的重要数字中心城市。其各项指标相对均衡，而且相比于最先进的城市差距不大。

五 全球主要城市数字经济竞争力结构及效率分析

（一）全球主要城市数字经济竞争力分项指标分析

基于上述评分结果，求得主要城市数字经济竞争力得分平均值 μ 为59.6分，标准方差 σ 为13.4。以正负一个标准方差为界，可以将城市区分为三组：得分高于73.0分（含）为高分组，共有4个城市；介于46.2分与73.0分之间为中间组，共有21个城市；位于46.2分以下为低分组，有5个城市。

由表5可知，高分组和中间组城市在经济与基础设施竞争力维度得分相对接近，但另外两个维度存在差距，尤其是数字创新竞争力。低分组的各项分数远低于前两组，其中数字人才竞争力的差距更加明显，得分仅为高分组的34%，而经济与基础设施竞争力的差距相对较小。

数字经济蓝皮书

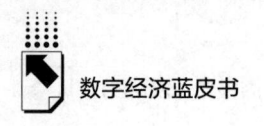

表5 三组城市分项指标平均得分比较

单位：分

分组	经济与基础设施	数字人才	数字创新	总得分
高分组	72.5	71.3	75.1	73.0
中间组	62.3	57.3	58.0	59.2
低分组	45.0	23.9	39.1	36.0
总平均	59.4	50.7	55.8	55.3
低分/高分	0.62	0.34	0.52	0.49
中间/高分	0.86	0.80	0.77	0.81

以下从30个城市中选择9个较具代表性的城市，将其与本组和所有城市的平均值进行比较分析。

先来看排前4名的第一组城市，反映世界城市在数字经济方面的领先组（见图1）。将其与本组各项指标的平均值进行对照，可以发现经济与基础设施方面，纽约和洛杉矶表现较为突出。在数字人才方面，首尔和伦敦表现更优。在数字创新方面，则由纽约和伦敦保持领先。纽约、伦敦、首尔在三项指标上表现较为均衡，而洛杉矶只在一项指标上表现突出，另外两项与本组平均分存在一定的差距。

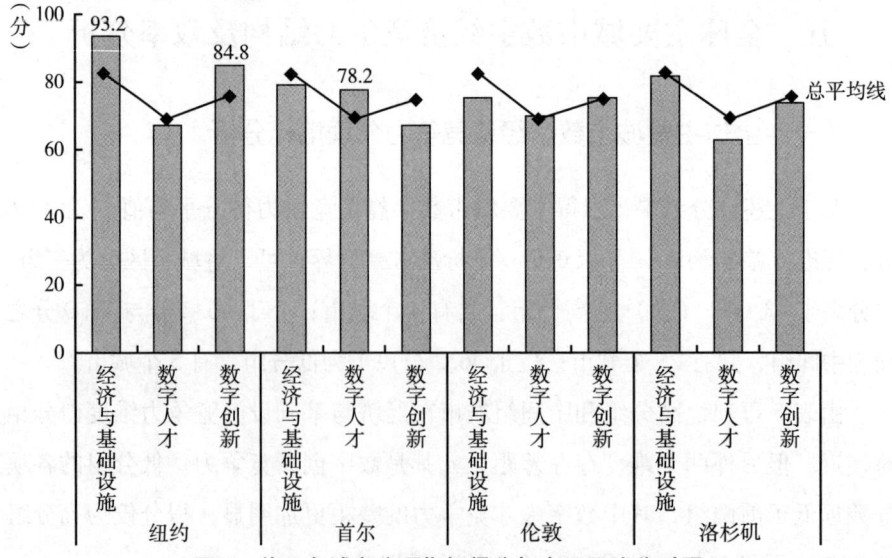

图1 前4名城市分项指标得分与本组平均分对照

第二组的 5 个城市，我们仍选择北京（第 9 名）、巴黎（第 13 名）、上海（第 13 名）、莫斯科（第 20 名）、孟买（第 27 名）作为重点关注对象，将它们的分值与 30 个城市的平均分进行比较。

由图 2 可以看出，北京、巴黎和上海在经济与基础设施方面得分高于平均水平，莫斯科和孟买低于平均水平。在数字人才方面，莫斯科、巴黎高于平均水平，其他 3 个城市低于平均水平。在数字创新方面，北京、上海和巴黎相对占优，尤其北京和上海处于较高水平。孟买三项指标得分均低于平均水平，在数字经济发展上存在不同程度的差距，其中数字创新表现相对较好。

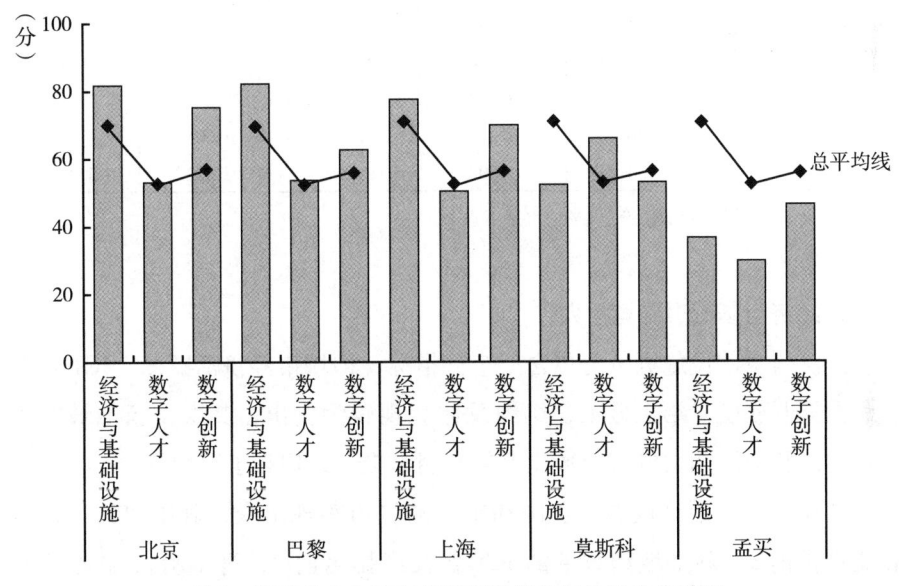

图 2 选定的 5 个城市分项指标得分与总平均分对照

（二）全球主要城市数字经济竞争力分项指标与经济指标相关性分析

针对三个分项指标，本文首先考察它们与城市 GDP、人均 GDP 等不同变量之间的关联性。

由表 6 可知，经济与基础设施仅与人均 GDP 显著相关；数字创新与

GDP、人均GDP均显著相关；数字人才与三者均无相关性。可知经济与基础设施的投入主要受到人均GDP这一体现经济实力，但与城市规模不直接相关的指标影响。数字创新与人均GDP和GDP均显著相关，主要是由于创新既需要大量投入，也需要人群之间密切互动，因此它更偏好于规模。与上年相比发现，数字人才与相关宏观指标的相关性存在不稳定性，这可能是由于城市样本数量不高。

表6 城市数字经济竞争力分项指标与经济人口指标相关性

指标	经济与基础设施	数字人才	数字创新	GDP	人均GDP
经济与基础设施	1				
数字人才	0.603**	1			
数字创新	0.770**	0.698**	1		
GDP	0.349	0.337	0.563**	1	
人均GDP	0.440*	0.210	0.417*	0.208	1
人口	-0.258	-0.008	0.027	0.472**	-0.371*

注：*、**分别表示在5%、1%的水平下显著。

1. 经济与基础设施竞争力

经济与基础设施竞争力包含三个分指标，即城市经济活跃度、ICT普及度和数据开放度。结果显示，纽约总体表现较为突出，其次是新加坡和香港。北京和上海两大城市分数比上年有明显提升，均高于平均值。

从城市经济活跃度看，美国和中国的城市表现出众，其中纽约、伦敦和北京排前3。新加坡和香港的ICT普及度排名前2，哥本哈根排名第3。北京和上海此项指标排名中游。在数据开放度方面，美国和欧洲城市排在前列。

从欧洲城市看，仍然是西欧和北欧城市（英、法、瑞、丹）的表现优于中欧和南欧城市（德、意、西）。在亚洲城市中，东京、首尔、迪拜等高于平均值，但雅加达、孟买等城市显著低于平均值（见图3）。

2. 数字人才竞争力

数字人才是数字经济发展的关键要素。数字人才是城市适应数字经济发

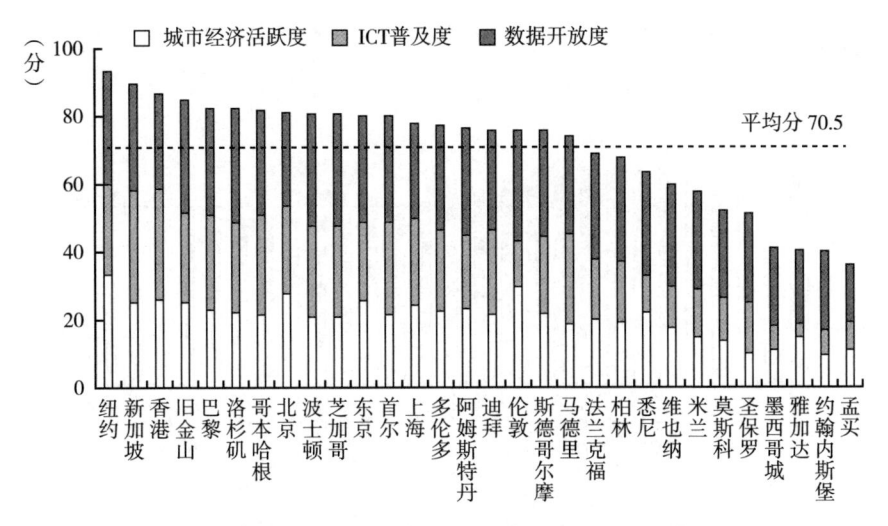

图3 全球城市经济与基础设施竞争力指标得分情况

注：图中将三项分指标乘以权重0.333，体现其在此项指标上的贡献。

展并不断创新的主体，体现在主要大学指数、高等教育入学率、人口高等教育比例三个方面。

从排名结果看，悉尼在数字人才方面排名第1，其胜在人口高等教育比例和高等教育入学率上。韩国首尔排名第2，三项指标较为平均。伦敦的主要大学指数则更胜一筹，在30个城市中排名第1，但总分仅排名第3。

在数字人才指标上，除了美国几个城市普遍排名中上，值得注意的是莫斯科表现较佳，排名第5，这得益于其人口的高素质。

北京和上海在这三项指标上均表现平平，既没有突出的优势，也没有明显的短板（见图4）。基于最新一次人口普查，北京和上海市民接受高等教育的比例得到了明显的提升，但是由于低学历人群基数太高，改善状况仍不算明显。

3. 数字创新竞争力

相比于前两项分指标偏重于数字方面的投入，数字创新更偏重于数字方面的应用。它包括城市研发强度、专利申请数量和典型数字应用（医疗、交通、教育、就业等）深度。

数字经济蓝皮书

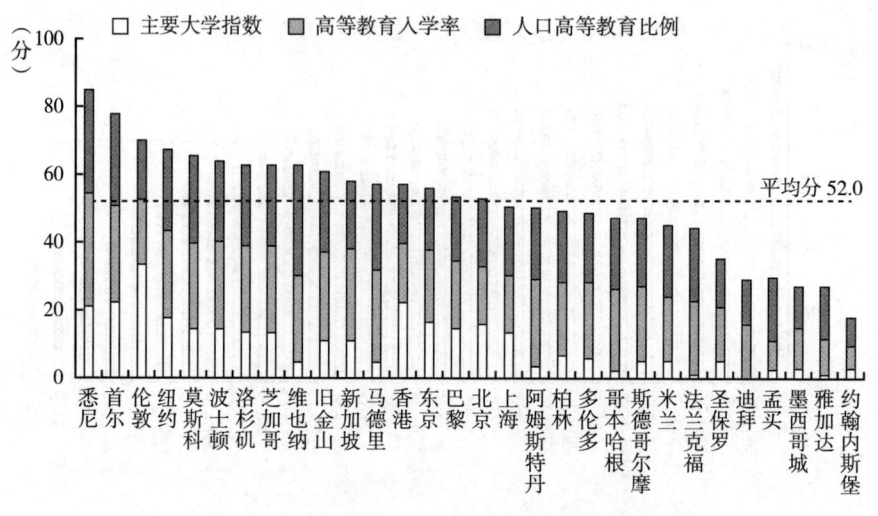

图 4　全球城市数字人才竞争力指标得分情况

注：图中将三项分指标乘以权重0.333，体现其在此项指标上的贡献。

此项指标上，2022年的排名与上年变动不大。纽约仍以84.8分的总分排名第1，排在东京和伦敦之前。北京和上海在这一单项上表现不俗，分别排第4位和第7位。尤其在典型数字应用深度方面，北京表现最佳，表明这座新兴城市在数字化应用和智慧城市建设方面获得突飞猛进的发展，北京近年来推出了多个与数字化应用相关的规划，如智慧城市建设、人工智能、大数据建设三年行动计划等，在数字化基础设施上加大投入，有效地推动了民生方面的应用。在城市研发强度方面，2021年北京总研发投入约占GDP的6%，其中基础研究经费422.5亿元，约占全国的1/4，但相比于很多发达国家城市，其研发强度仍不占优势。

欧洲城市在这项指标上分布比较分散，伦敦和巴黎排名靠前，其他城市表现中等，德国的法兰克福是欧洲大陆的中心城市之一，但在数字创新方面表现不尽如人意（见图5）。

（三）城市数字投入与产出的情况比较

随着数字经济时代的到来，数字生产率，即数字的投入和产出比，将成为

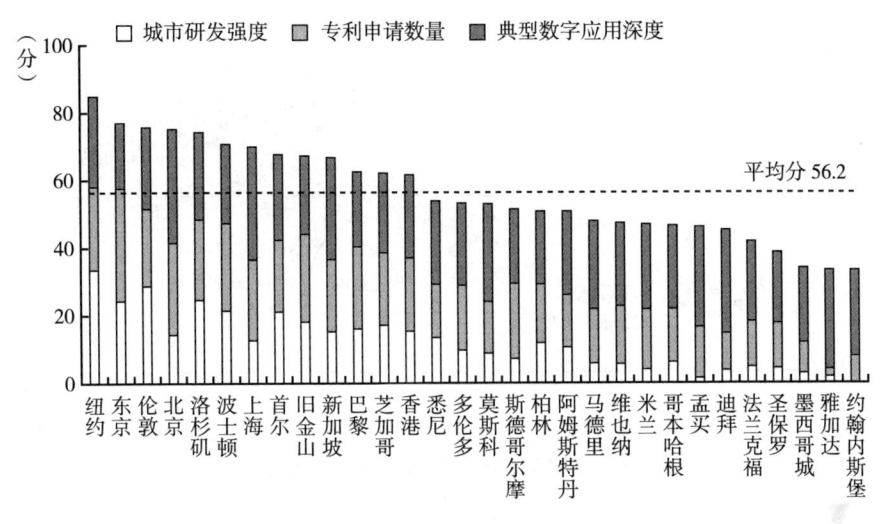

图 5　全球城市数字创新竞争力指标得分情况

注：图中将三项分指标乘以权重 0.333，体现其在此项指标上的贡献。

未来城市竞争的关键。从上年此项分析看，存在四种不同的情况。通过对这一指标的更新，2022 年按同样的方法，将前两项指标的平均值作为投入，而将数字创新作为产出，对现有城市作进一步分析，发现其存在一些新的趋势。

总体而言，数字投入和数字产出存在统计上的显著正向相关性，其相关系数达到 0.8204。线性拟合函数为：

$$y = 0.8204x + 5.9566 \quad (R^2 = 0.6723)$$

如图 6 所示，基于投入和产出的组合，可以将 30 个城市分为三类：右上角为投入和产出均高的城市，有 13 个；右下角为投入高、产出低的城市，有 7 个；左下角为投入和产出均低的城市，有 10 个；不存在投入低、产出高的个案（左上角）。

右上角的城市均为高投入、高产出并存，这与数字技术的蓬勃发展密切相关。没有哪个城市愿意错过数字技术发展的好机遇。与上年相比，北京和上海从左上角转入投入和产出均高的右上角，表明中国两大城市的数字投入产出比有所下降。

右下角城市，如多伦多、悉尼、马德里等，产出与投入不相匹配，生产

数字经济蓝皮书

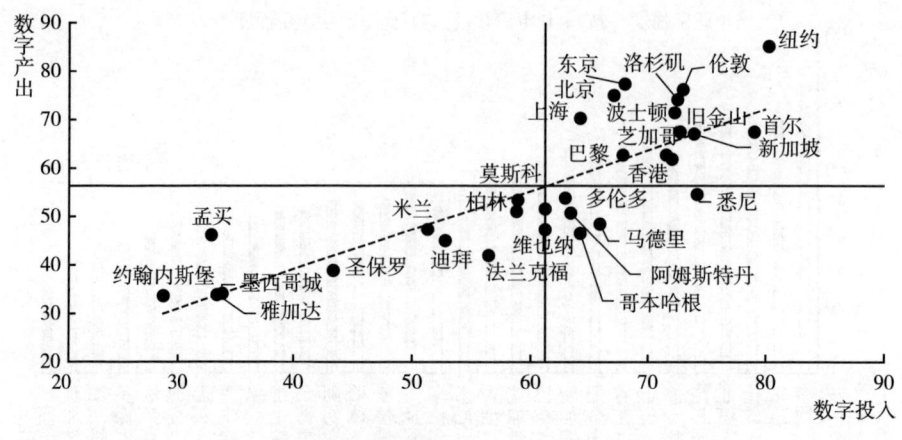

图6 各城市数字投入—产出相关度

效率较低，这与城市的体量密切相关。

左下角的城市在数字投入和产出上均低于右上角，但是仍然有几座城市，如孟买、约翰内斯堡等位于回归线的上方，其产出高于投入不少，值得关注。

进一步基于投入产出的概念，本文运用以下公式计算各城市的数字生产率：

$$城市数字生产率\ P_i = \frac{数字产出\ O_i}{数字投入\ I_i}(i\ 为城市)$$

其中数字产出用数字创新指标数据代替，数字投入用经济与基础设施、数字人才的平均值代替。P_i越大，表明投入产出效果越好。

计算结果如图7所示。以数值1为边界，可以看出"两头高，中间低"的现象。即总体排名靠前和相对落后的城市，如孟买、约翰内斯堡等，在生产率的表现上相对突出，而排名中间的城市普遍生产率不高。其原因可能是，数字化水平较高的城市，在数字化创新应用方面较为广泛，更加了解数字投入的领域和范围，从而产生更高的数字产出；对于数字化水平不高的城市，只需给予少量的投入，数字产出边际效应相对较高。反而是处于中间位置的城市，其开展数字化转型时，一方面不具有技术优势，另一方面历史包袱较重，在数字化转型中遇到较大的困难。

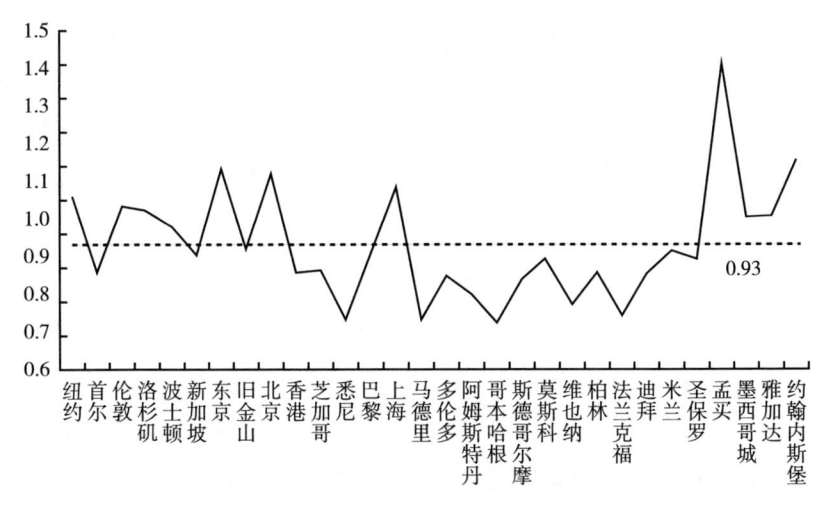

图7 各城市数字生产率对比

值得注意的是，东京、纽约、洛杉矶和巴黎等城市呈现投入和产出均较高，同时生产率较高的现象，表明这几个城市在全球城市数字经济方面的显赫地位，可以预期，未来其数字经济发展仍将保持领先地位。

上海和北京处于数字生产率排名靠前的方阵，充分表明两大城市在数字方面的投资是物超所值的，未来可以进一步加大投资力度，向先进城市看齐，享受数字化红利。

相反，一些城市虽然目前数字产出尚可，但其数字生产率表现一般，例如首尔、新加坡和香港。因此它们的数字经济发展潜力有限，未来存在一定的隐忧，需要更加重视数字投入的领域和效率。

那些数字生产率较高但投入水平不高的城市，发展潜力较大，但其瓶颈在于资本的缺乏。对于它们来说，需要在吸引资本方面加大力度，从而提升数字经济竞争力。

六 主要结论和政策建议

基于城市数字经济竞争力理论框架，本文从经济与基础设施、数字人才和数字创新三大支柱的角度，综合分析了全球30个重要城市的数字经济竞争力情况。具体包括：①各大城市数字经济竞争力总体得分、排名及其变动情况；②城市数字经济竞争力与GDP、人均GDP的关系，并分组比较重点城市的得分情况；③各城市分指标的排名情况及其特征和变化；④城市数字投入产出比较和数字生产率情况。

基于上述分析，本文得出以下主要结论。

第一，城市数字经济竞争力总体上与城市经济实力和规模存在显著相关性。北美城市综合实力位居前列，欧洲城市自北向南实力递减。传统工业城市在数字经济竞争力方面存在薄弱环节。东亚城市在数字化发展方面已经与欧美主要城市并肩，甚至有所超越。东南亚和南亚、非洲、拉美一些新兴国家的城市目前数字化发展水平一般，有较大的提升空间。

第二，城市数字化发展呈现强者恒强的趋势。排名前3的城市纽约、伦敦等地位稳固，它们的优势是全面的，很难被其他城市所撼动。一些发展中国家城市，受制于资本投入的约束，难以摆脱这一困境。中国的城市，北京、上海在部分指标上有显著优势，发展潜力较大。

第三，从分项指标情况看，纽约、悉尼分别在经济与基础设施、数字创新和数字人才方面各占优势。亚洲城市的数字化发展重在基础设施投入和人才教育方面，而欧美城市重在创新。

第四，数字投入产出方面，全球城市呈现"两端较为突出、中间较低"的情况。竞争力排名靠前和靠后的城市数字生产率较高，排名中间的城市数字生产率较低。这体现出不同城市处于数字化转型的不同阶段。随着基础设施等硬件方面的投入增加，其回报呈现递减的现象。未来城市之间的竞争更多会受到数字创新能力的影响。

第五，在全球城市中，北京和上海处于中上水平。受惠于中国新型基础设施建设和科创投入政策，两个城市在经济与基础设施和数字创新方面有长足的进步。在数字人才方面，它们是国内人才密集度最高的两座城市，其数字生产率排名非常靠前，达到了发达国家城市的水平。但是其短板也非常明显，例如人均受教育水平、数字技术研发转化率方面。

基于本文的分析，对于国内其他城市来说，可以得到以下启示。

首先，进一步加大数字经济与基础设施投入，特别关注投资效率问题。近年来中国相关政策出现较大调整，民间投资热情有所下降，投资日益转向以政府为主，因此在基础设施建设方面中国的投资有增无减。目前，5G、云计算、物联网等方面基础设施投入都有明显增长，但是对其投资回报率、效率等指标没有一个合理的测算，因此未来各大城市需要加强此方面的评估。

其次，加强数字人才培养。优秀和顶级数字人才的数量是有限的，他们多以高校和科研院所为依托或平台。国内城市如果不具备此类高水平平台，可减少这方面的引才努力，不直接与一线城市竞争，而更为关键的任务是培育市民的数字技能。只要市民的整体数字素养得到提升，城市数字应用和创新的推广就会更加顺畅，从需求端拉动数字产业发展。

最后，数字创新与企业家和营商氛围分不开。把数字创新作为营商环境建设的主要内容，将数字监管与营商环境有机结合起来，做到既有合适的监管，又不挫伤企业家的积极性，这是摆在各级政府面前较为迫切的任务。

参考文献

上海社会科学院、复旦大学：《全球智慧之都报告2021：疫情中的智慧城市》，2022年10月。

Economist Impact, Digital Cities Index 2022: Making Digital Work for Cities: A Global Benchmark of Urban Technology, 2022.

The Mori Memorial Foundation, Global Power City Index 2021, 2021.

Arcadis, The Arcadis Sustainable Cities Index 2022 Report: Prosperity Beyond Profit, 2022.

World Trade Organization, World Trade Statistical Review. 2021, http://www.wto.org/statistics.

B.3
全球数字经济企业竞争力发展报告（2022）

徐丽梅*

摘　要： 2021年全球数字企业继续发展，涌现出众多竞争力良好的企业。本课题组继续关注全球数字经济企业的发展，延续往年的研究方法，对2021年全球数字企业的竞争力进行新的评价和排名。结果显示，从综合竞争力来看，苹果公司、微软公司和亚马逊位列前三；从规模竞争力来看，亚马逊、苹果公司和微软位列前三；从效率竞争力来看，VERISIGN、任天堂公司和苹果公司位列前三；从创新竞争力来看，三星公司、脸书和华为位列前三；从成长竞争力来看，FORTUM、ZOOM公司和DOORDASH位列前三。美国、中国和日本继续成为2021年全球数字经济企业竞争力的前三强。美国的数字企业无论是规模、效率，还是创新性以及成长性，在世界上都独占鳌头。中国仅次于美国，有着数量众多的优秀数字企业，尤其企业的成长竞争力突出。

关键词： 数字经济　数字企业　企业竞争力

世界数字技术不断进步，数字企业和数字经济继续发展。在过去的2021年，众多数字企业获得进一步发展，无论是在规模、效率，还是在创新性、成长性方面都有新的表现。

---

* 徐丽梅，上海社会科学院应用经济研究所副研究员，主要研究方向为区域经济、数字经济。

本课题组继续关注全球数字经济企业的发展，延续往年对数字经济企业竞争力研究和排名的方法，对2021年全球数字经济企业进行新的评价和排名。评价方法和指标体系沿袭了往年的基本做法，以求客观展示全球数字经济企业的发展状况，并且使得前后年份的比较与研究具有连续性。

一 全球数字经济企业竞争力评价方法

（一）数字经济企业的定义

数字经济企业简称"数字企业"，对"数字企业"的定义，我们继续沿用本报告往年的界定：该企业处于与数字技术高度融合的行业，是能够把数字技术与企业生产经营融合在一起、创造竞争力的企业，它们构成当代数字经济发展的基础或主战场，能够反映出全球或一国的数字经济发展水平。数字企业遍布国民经济多个行业，不同的机构或组织有不同的界定。我们对数字企业的确定主要以全球上市公司数据库（BVD-OSIRIS）的全球行业分类标准（GICS）为参照，归纳为以下几个行业：①软件与服务；②技术硬件与设备；③半导体产品与设备；④消费电子产品；⑤互联网与直销零售；⑥电信业务；⑦公用事业（电力等）；⑧电气设备与机械制造。这些行业集中了大部分的数字企业，很典型地反映了数字技术的进步和数字产业的升级。

（二）数字企业竞争力评价指标体系

我们根据哈佛大学教授、战略管理专家迈克尔·波特的"钻石五力模型"[①]，将企业竞争力定义为："能让企业超越竞争对手、带来竞争优势的能

---

① 企业相对于业内竞争对手、供应商、用户、替代品、潜在进入者五方面的优势地位和讨价还价能力。

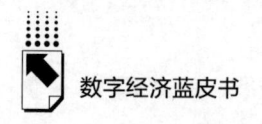

力"。我们对全球数字企业竞争力的评价，也是基于这个概念和含义。

企业竞争力可以利用数量化的方法进行评价，我们对全球数字企业竞争力的评价，通过构建一个指标体系来反映，遵循科学性、系统性和可行性的原则。根据"数字企业"的定义和特征，并考虑"企业竞争力"的内涵和本质，本报告从四个方面构建了全球数字企业竞争力评价指标体系，这个指标体系包括4个一级指标、9个二级指标和15个三级指标。

4个一级指标中，一是规模竞争力，主要从企业规模大小的角度来衡量一个企业的竞争能力。在规模竞争力之下包含"市场规模"和"企业规模"两个二级指标，前者是指上市公司的市值规模；后者主要通过主营业务收入、净利润、员工数量等财务指标来反映。

二是效率竞争力，反映企业的运营效率，主要通过"企业效率"和"人员效率"两个二级指标来衡量，前者包括总资产回报率和净资产回报率两个指标；后者以销售利润率和劳动生产率两个指标来衡量。

三是创新竞争力，以"创新规模"和"创新强度"两个二级指标来反映企业的创新竞争力，二级指标下包括四个三级指标：研发投入总量、专利总量和研发投入强度（研发费用/员工规模）以及研发费用增长率。

四是成长竞争力，从时间维度考察一个企业成长与发展的趋势。包括三个二级指标："营收增长""资产增长""销售增长"，营业收入增长率、总资产增长率和销售增长率是其三级指标。数字企业竞争力评价指标体系如表1所示。

表1 数字企业竞争力评价指标体系

一级指标	权重	二级指标	三级指标
规模竞争力	25%	市场规模	市值
		企业规模	主营业务收入
			净利润
			员工数量

续表

一级指标	权重	二级指标	三级指标
效率竞争力	25%	企业效率	总资产回报率
			净资产回报率
		人员效率	销售利润率
			劳动生产率
创新竞争力	25%	创新规模	研发投入总量
			专利总量
		创新强度	研发投入强度
			研发费用增长率
成长竞争力	25%	营收增长	营业收入增长率
		资产增长	总资产增长率
		销售增长	销售增长率

（三）数字企业竞争力评价方法

本报告主要采用综合指数评价和专家咨询相结合的方法。首先将各个企业的三级指标数值进行标准化，消除量纲影响；然后按照一定的权重进行分级加权综合，最后得出各个数字企业竞争力的综合评价指数。考虑到100强都是非常优秀的企业以及数据的可比较性，我们将指数得分区间调整为60~100分。

在权重设置上，我们采取了专家咨询法。专家的一致意见是从"规模竞争力""效率竞争力""创新竞争力""成长竞争力"四个方面平均分配权重，即各占25%。每个二级指标内的权重分配，除了规模竞争力的两个二级指标（市场规模占40%，企业规模占60%）之外，其他指标均按照平均原则确定。

数字企业的样本库主要是基于《财富》500强、《福布斯》全球上市公司2000强以及欧盟工业研发投资2500强。企业的具体指标数据主要来源于全球上市公司数据库（BVD-OSIRIS）；非上市公司的数据则来源于其公司年度报告以及网站公开资料。

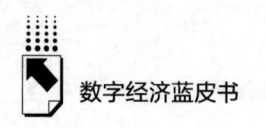

二 全球数字企业综合竞争力100强排名及分析

1. 综合竞争力排名

按照前述方法，我们得到2021年全球数字企业综合竞争力排名100强，如表2所示。

表2 2021年全球数字企业综合竞争力100强

单位：分

排名	公司名称	地区	行业	综合竞争力	规模竞争力	效率竞争力	创新竞争力	成长竞争力
1	苹果公司	美国	技术硬件与设备	77.65	91.24	84.51	71.93	62.93
2	微软	美国	软件与服务	76.93	90.41	81.94	71.64	63.74
3	亚马逊	美国	互联网与直销零售	76.39	92.06	74.29	73.89	65.32
4	FORTUM	芬兰	公用事业	74.87	62.09	82.41	61.53	93.44
5	脸书	美国	电信业务	73.89	71.62	82.88	76.94	64.13
6	ALPHABET	美国	电信业务	73.07	73.46	80.47	74.57	63.77
7	三星公司	韩国	技术硬件与设备	72.61	72.34	76.30	78.17	63.62
8	ZOOM公司	美国	软件与服务	71.51	61.39	77.51	65.20	81.95
9	腾讯	中国	电信业务	70.42	71.61	79.49	65.00	65.57
10	阿里巴巴集团	中国	互联网与直销零售	70.10	71.76	76.38	66.66	65.62
11	英特尔	美国	半导体产品与设备	70.04	66.44	79.23	70.97	63.52
12	任天堂公司	日本	电信业务	70.01	61.98	87.38	66.09	64.58
13	英伟达	美国	半导体产品与设备	69.97	64.49	79.08	69.82	66.49
14	华为	中国	技术硬件与设备	69.72	65.78	74.97	75.62	62.51
15	NETFLIX	美国	电信业务	69.72	63.62	82.65	68.51	64.08
16	富途控股	中国	软件与服务	69.46	60.58	76.16	64.73	76.36
17	思摩尔国际	中国	互联网与直销零售	69.43	61.10	77.88	62.74	75.99
18	DOORDASH	美国	互联网与直销零售	69.25	60.97	70.83	67.47	77.74
19	VERISIGN	美国	软件与服务	69.09	60.87	88.04	64.60	62.84

续表

排名	公司名称	地区	行业	综合竞争力	规模竞争力	效率竞争力	创新竞争力	成长竞争力
20	台积电	中国台湾	半导体产品与设备	69.06	68.06	81.67	61.80	64.73
21	SQUARE 公司	美国	软件与服务	68.99	61.54	77.41	67.56	69.47
22	高通公司	美国	半导体产品与设备	68.99	62.90	79.34	70.25	63.47
23	Lam Research Corp.	美国	半导体产品与设备	68.81	62.15	82.83	65.79	64.49
24	甲骨文	美国	软件与服务	68.78	65.41	80.88	65.41	63.44
25	MATCH GROUP	美国	电信业务	68.45	60.87	84.12	64.64	64.19
26	AMD 半导体公司	美国	半导体产品与设备	68.28	62.09	77.44	67.87	65.72
27	德州仪器	美国	半导体产品与设备	68.21	62.93	82.41	64.33	63.15
28	博通	美国	半导体产品与设备	68.19	62.67	76.30	70.33	63.46
29	INTUIT	美国	软件与服务	68.11	62.39	78.74	66.38	64.95
30	思科系统	美国	技术硬件与设备	68.10	65.07	78.09	66.22	63.02
31	东方财富	中国	软件与服务	68.07	60.98	77.41	63.97	69.93
32	ADOBE	美国	软件与服务	68.06	63.63	78.96	65.79	63.87
33	贝宝控股	美国	软件与服务	68.01	64.13	77.22	66.04	64.66
34	威讯通讯	美国	电信业务	67.94	67.37	77.62	63.69	63.10
35	格力电器	中国	消费电子产品	67.92	62.21	75.30	71.37	62.80
36	ARISTA NETWORKS	美国	技术硬件与设备	67.83	60.86	79.50	67.75	63.21
37	拼多多	中国	互联网与直销零售	67.76	60.76	72.82	67.50	69.95
38	小米	中国	技术硬件与设备	67.76	62.48	79.09	64.25	65.20
39	东京电子	日本	半导体产品与设备	67.74	61.68	80.05	65.39	63.83
40	ASML 控股	荷兰	半导体产品与设备	67.70	63.41	78.39	64.28	64.72
41	应用材料	美国	半导体产品与设备	67.68	61.82	79.20	65.75	63.96
42	海力士	韩国	半导体产品与设备	67.67	62.38	77.59	66.56	64.15
43	EBAY	美国	互联网与直销零售	67.61	61.62	80.97	64.65	63.19
44	京东	中国	互联网与直销零售	67.57	66.00	75.26	62.69	66.31
45	动视暴雪	美国	电信业务	67.56	61.63	78.59	65.92	64.12
46	软银集团	日本	电信业务	67.54	67.84	77.09	62.88	62.37
47	唯品会	中国	互联网与直销零售	67.52	61.04	80.80	63.91	64.33

047

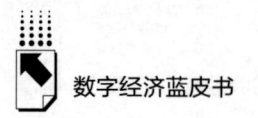

续表

排名	公司名称	地区	行业	综合竞争力	规模竞争力	效率竞争力	创新竞争力	成长竞争力
48	特斯拉	美国	消费电子产品	67.39	68.11	73.27	62.82	65.35
49	索尼	日本	消费电子产品	67.33	64.72	75.66	65.49	63.44
50	美光科技	美国	半导体产品与设备	67.31	62.44	76.97	65.79	64.04
51	思爱普	德国	软件与服务	67.29	63.77	76.73	65.33	63.34
52	联发科	中国台湾	半导体产品与设备	67.28	61.35	75.80	67.26	64.71
53	中国移动	中国	电信业务	67.25	67.24	74.97	63.19	63.61
54	CDW公司	美国	技术硬件与设备	67.23	61.16	80.79	63.48	63.50
55	NAVER公司	韩国	电信业务	67.22	61.15	79.28	63.22	65.23
56	海尔智家	中国	消费电子产品	67.22	61.93	74.13	69.05	63.76
57	神州数码	中国	软件与服务	67.13	60.81	81.97	62.10	63.65
58	埃森哲公司	爱尔兰	软件与服务	67.08	65.99	76.39	62.20	63.75
59	SK电讯	韩国	电信业务	67.08	61.11	80.55	63.45	63.21
60	韦尔股份	中国	半导体产品与设备	66.99	60.91	77.98	63.37	65.70
61	康卡斯特	美国	电信业务	66.92	66.49	75.29	63.01	62.89
62	NETAPP	美国	技术硬件与设备	66.92	60.91	78.44	64.47	63.85
63	中联重科	中国	电气设备与机械制造	66.88	61.02	75.09	65.62	65.78
64	美的集团	中国	消费电子产品	66.85	63.40	74.85	65.13	64.04
65	鸿海精密	中国台湾	技术硬件与设备	66.81	67.94	72.89	62.80	63.60
66	网易	中国	电信业务	66.76	61.68	76.13	64.25	64.95
67	KEYENCE	日本	技术硬件与设备	66.72	61.96	79.78	62.12	63.02
68	KDDI	日本	电信业务	66.69	62.83	77.93	62.86	63.15
69	SALESFORCE.COM	美国	软件与服务	66.69	63.63	73.99	64.91	64.24
70	德国电信	德国	电信业务	66.68	64.98	74.32	61.25	66.18
71	日立	日本	电气设备与机械制造	66.64	64.38	74.11	64.60	63.45
72	ENEL	意大利	公用事业	66.61	63.61	76.68	63.00	63.17
73	CHECK POINT SOFTWARE TECHNOLOGIES	以色列	软件与服务	66.61	60.85	79.33	63.21	63.05
74	分众传媒	中国	电信业务	66.58	60.86	79.67	61.96	63.82

续表

排名	公司名称	地区	行业	综合竞争力	规模竞争力	效率竞争力	创新竞争力	成长竞争力
75	希捷科技	爱尔兰	技术硬件与设备	66.57	61.22	79.57	62.62	62.86
76	传音控股	中国	技术硬件与设备	66.52	60.88	75.65	63.15	66.40
77	百度	中国	电信业务	66.52	61.84	75.44	65.13	63.66
78	LARGAN PRECISION COMPANY	中国台湾	技术硬件与设备	66.51	60.83	79.64	62.20	63.38
79	韩国电力公司	韩国	公用事业	66.51	61.88	79.15	61.67	63.35
80	立讯精密	中国	技术硬件与设备	66.50	62.43	74.49	62.90	66.19
81	日本电信电话公司	日本	电信业务	66.48	65.58	74.82	62.71	62.80
82	爱立信	瑞典	技术硬件与设备	66.47	62.01	75.20	64.94	63.74
83	VMWARE	美国	软件与服务	66.47	61.24	75.65	65.49	63.48
84	印孚瑟斯	印度	软件与服务	66.46	61.91	78.10	61.91	63.91
85	DISH 网络公司	美国	电信业务	66.46	61.12	77.58	63.15	63.98
86	NEXON	日本	电信业务	66.45	60.92	77.80	62.67	64.42
87	沙特电信公司	沙特阿拉伯	电信业务	66.45	61.72	77.64	63.21	63.23
88	AT&T	美国	电信业务	66.41	65.80	73.24	63.98	62.61
89	软银公司	日本	电信业务	66.38	62.59	77.32	61.85	63.76
90	汇川技术	中国	电气设备与机械制造	66.34	60.86	75.60	63.06	65.86
91	海康威视	中国	技术硬件与设备	66.31	61.71	77.11	62.18	64.23
92	浪潮信息	中国	技术硬件与设备	66.27	60.80	76.65	62.62	65.01
93	思佳讯	美国	半导体产品与设备	66.27	60.95	77.60	63.46	63.06
94	联想集团	中国	技术硬件与设备	66.26	62.17	75.77	63.08	64.04
95	IBERDROLA	西班牙	公用事业	66.25	62.73	76.91	62.19	63.19
96	纳斯帕斯	南非	互联网与直销零售	66.24	61.57	80.38	61.04	61.98
97	京东方	中国	技术硬件与设备	66.23	61.28	72.60	66.38	64.65
98	歌尔股份	中国	技术硬件与设备	66.22	61.28	73.25	63.65	66.72
99	瑞典 RVICE-NOW	美国	软件与服务	66.20	61.74	72.83	65.06	65.18
100	惠普	美国	技术硬件与设备	66.19	62.23	76.74	62.86	62.92

注：这里的得分，是原始指标数据经过标准化后进行指数综合，其测算区间分布在 0~100 分，以便于比较和衡量。

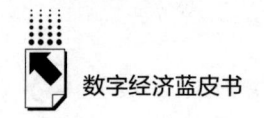

在综合竞争力100强企业中，苹果公司以综合竞争力得分77.65分排名第1。苹果曾是全球首个市值突破1万亿美元的公司，目前苹果的市值已突破2万亿美元，与微软公司都是"全球市值最高公司"之一。美国IDC的数据显示，2021年苹果在全球智能手机供货量中的占比达到17.4%，比2020年提高1.5个百分点。尤其是2021年10~12月，苹果超过韩国三星电子，重新夺回了份额首位宝座。

排在第2名的是微软公司，它也有较强的规模竞争力和效率竞争力，分别得分90.41分和81.94分。2021年，微软公司营业收入达1680.88亿美元，同比增长17.53%；第四季度其营业收入同比增长21%，更是近三年来最快的增速。其Xbox部门收入为162.8亿美元，是有史以来收入最好的年度。

排在第3名的是亚马逊公司，其规模竞争力得分较高，为92.06分。受疫情影响，近几年电商行业呈现爆发式增长。2021年亚马逊公司净销售额为4698亿美元，与2020年的3861亿美元相比增长22%；净利润增长至334亿美元，比2020年的213亿美元增长57%。亚马逊公司凭借不俗实力名列综合竞争力的第3位。

排名第4的是芬兰的FORTUM（富腾公司），是2021年的"一匹黑马"，第一次进入综合竞争力前10名。其成长竞争力得分突出，达到93.44分，可见该公司成长性良好。FORTUM是欧洲主要能源公司之一，业务遍及全球40多个国家，拥有近20000名专业人员。2021年，该公司营业收入达558.5亿美元，年增816.1%，利润年增25.2%。

排名第5的是脸书公司，2021年10月改名为Meta。脸书公司的效率竞争力得分较高，为82.88分。2021年其营业收入为1179.29亿美元，与2020年的859.65亿美元相比增长37%；净利润增长35%，且用户数量持续增长，用户活跃度不减，可见脸书的效率和成长性都不错。这使它继续排在综合竞争力100强的第5位。

排名第6的是ALPHABET，ALPHABET是谷歌的控股母公司，谷歌则是其下属全资子公司。ALPHABET的绝大多数营业收入来自谷歌的广告业务，尤其在新冠疫情期间，越来越多的消费者涌入网络和移动搜索、地图和

YouTube 视频，谷歌的云计算基础设施也因为远程办公的广泛应用而越做越大。而且 ALPHABET 在 2021 年股价全年上涨 68%，成为涨幅最大的科技巨头。

排名第 7 的是韩国的三星公司。三星公司的创新能力一直比较突出，仅电子申报的 5G 核心标准专利就多达 1400 多件，位居世界前列。同时三星的高端智能产品市场规模持续扩大。2021 年，三星的折叠手机、电视和家用电器等智能终端销量增长显著，连续三个季度蝉联全球智能手机出货量第一。第四季度，三星半导体业务营收达 26.01 万亿韩元（约 1373.33 亿元），营业利润 8.84 万亿韩元（约 466 亿元），晶圆代工业务创下历史新高。

排在第 8~10 位的分别是美国的 ZOOM 公司、中国的腾讯公司以及阿里巴巴集团，中国的华为公司仅排在第 14 位。在前 10 名企业当中，有 6 家是美国企业，有 2 家是中国企业，另有 1 家韩国企业和 1 家芬兰企业。可见，美国企业不仅在 100 强中占据绝对优势的份额，而且在前 10 名中也占了绝大多数。

2. 地域分布

2021 年数字企业综合竞争力 100 强分布在 16 个国家或地区，各个国家或地区所包含的企业数量如表 3 所示。

表 3　2021 年数字企业综合竞争力 100 强的地域分布

单位：家

地区	企业数量	地区	企业数量
美国	40	以色列	1
中国	28	西班牙	1
日本	10	沙特阿拉伯	1
韩国	5	瑞典	1
中国台湾	4	南非	1
德国	2	荷兰	1
爱尔兰	2	芬兰	1
意大利	1	印度	1

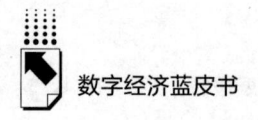

从表3中可以看到，2021年综合竞争力100强企业中，美国的企业数量最多，达到40家；其次是中国，有28家企业；排名第3的是日本，有10家企业；美国、中国和日本这三个国家囊括了全球百强的78%。另外，韩国有5家企业，中国台湾地区有4家企业，德国和爱尔兰各有2家企业；其他如意大利、西班牙、沙特阿拉伯、瑞典等分别有1家企业。从数字企业百强的地域分布可以看出，美国的数字企业竞争力占绝对优势，远远超过第2名的中国和第3名的日本。值得注意的是，中国数字企业在过去的2021年表现不俗，从以往的世界第3上升到世界第2，远远超过了日本。

3. 行业分布

2021年全球数字企业综合竞争力100强主要分布在8个行业，从图1中我们可以看出，电信业务、技术硬件与设备这两个行业的企业数量最多，都在20家以上，这两个行业的企业数量合计占了全部企业的45%。其次是软件与服务行业，有18家企业；半导体产品与设备行业有16家企业；另外4个行业的企业数量较少，包括互联网与直销零售、消费电子产品、公用事业和电气设备与机械制造，分别只有9家、5家、4家、3家企业。

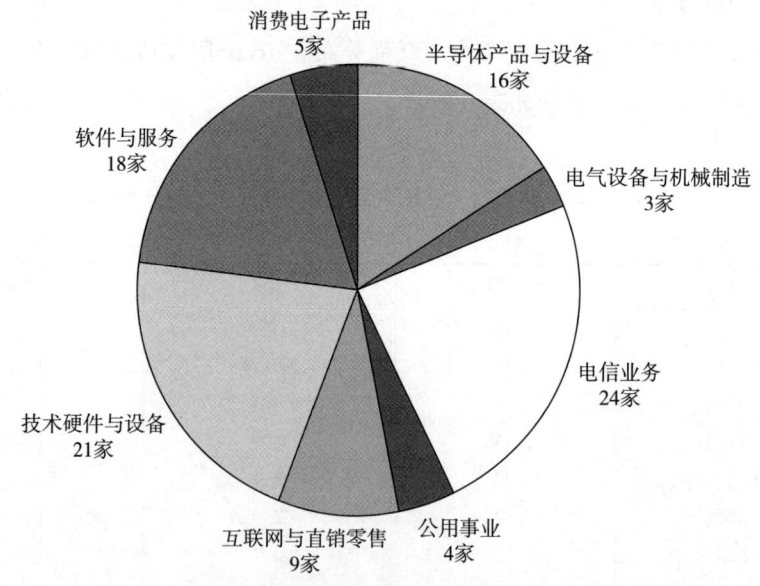

图1　2021年数字企业综合竞争力100强的行业分布

三 全球数字企业分项竞争力排名及分析

（一）规模竞争力排名

1. 排名情况

规模竞争力代表了企业的规模效应，它通过"市场规模"和"企业规模"两个方面来反映。表4是2021年数字企业规模竞争力100强。

表4　2021年数字企业规模竞争力排名

单位：分

排名	公司名称	地区	行业	规模竞争力	市场规模	企业规模
1	亚马逊	美国	互联网与直销零售	92.06	92.04	92.09
2	苹果公司	美国	技术硬件与设备	91.24	99.36	83.12
3	微软	美国	软件与服务	90.41	99.98	80.81
4	ALPHABET	美国	电信业务	73.46	70.33	76.60
5	三星公司	韩国	技术硬件与设备	72.34	68.71	75.96
6	阿里巴巴集团	中国	互联网与直销零售	71.76	72.02	71.49
7	脸书	美国	电信业务	71.62	72.87	70.38
8	腾讯	中国	电信业务	71.61	73.67	69.55
9	特斯拉	美国	消费电子产品	68.11	73.11	63.11
10	台积电	中国台湾	半导体产品与设备	68.06	69.45	66.68
11	鸿海精密	中国台湾	技术硬件与设备	67.94	60.87	75.00
12	软银集团	日本	电信业务	67.84	63.45	72.23
13	威讯通讯	美国	电信业务	67.37	64.76	69.97
14	中国移动	中国	电信业务	67.24	62.28	72.20
15	康卡斯特	美国	电信业务	66.49	64.69	68.28
16	英特尔	美国	半导体产品与设备	66.44	64.00	68.88
17	京东	中国	互联网与直销零售	66.00	62.29	69.72
18	埃森哲公司	爱尔兰	软件与服务	65.99	63.12	68.86
19	AT&T	美国	电信业务	65.80	64.01	67.58
20	华为	中国	技术硬件与设备	65.78	64.80	66.76

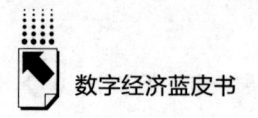

续表

排名	公司名称	地区	行业	规模竞争力	市场规模	企业规模
21	日本电信电话公司	日本	电信业务	65.58	61.96	69.21
22	甲骨文	美国	软件与服务	65.41	64.45	66.37
23	思科系统	美国	技术硬件与设备	65.07	64.57	65.56
24	德国电信	德国	电信业务	64.98	61.72	68.25
25	索尼	日本	消费电子产品	64.72	62.58	66.85
26	英伟达	美国	半导体产品与设备	64.49	66.30	62.67
27	日立	日本	电气设备与机械制造	64.38	60.85	67.91
28	TWDC	美国	电信业务	64.33	64.34	64.33
29	贝宝控股	美国	软件与服务	64.13	65.37	62.88
30	思爱普	德国	软件与服务	63.77	63.17	64.37
31	ADOBE	美国	软件与服务	63.63	64.49	62.76
32	SALESFORCE.COM	美国	软件与服务	63.63	64.04	63.21
33	NETFLIX	美国	电信业务	63.62	64.69	62.55
34	ENEL	意大利	公用事业	63.61	62.02	65.20
35	霍尼韦尔	美国	电气设备与机械制造	63.44	62.92	63.96
36	ASML 控股	荷兰	半导体产品与设备	63.41	64.01	62.81
37	美的集团	中国	消费电子产品	63.40	62.01	64.78
38	特许通讯公司	美国	电信业务	63.32	62.51	64.13
39	美团	中国	互联网与直销零售	63.24	63.83	62.66
40	中国电信	中国	电信业务	63.09	60.07	66.11
41	戴尔	美国	技术硬件与设备	63.08	60.37	65.79
42	LG 电子	韩国	消费电子产品	63.04	60.39	65.68
43	松下	日本	消费电子产品	63.03	60.61	65.45
44	德州仪器	美国	半导体产品与设备	62.93	62.95	62.92
45	橙子电信	法国	电信业务	62.91	60.62	65.21
46	高通公司	美国	半导体产品与设备	62.90	62.60	63.21
47	KDDI	日本	电信业务	62.83	61.38	64.28
48	美洲电信	墨西哥	电信业务	62.81	60.65	64.98
49	工业富联	中国	技术硬件与设备	62.79	60.11	65.47
50	高知特	美国	软件与服务	62.78	60.85	64.70
51	施耐德电气	法国	电气设备与机械制造	62.74	61.61	63.88
52	IBERDROLA	西班牙	公用事业	62.73	61.78	63.68

续表

排名	公司名称	地区	行业	规模竞争力	市场规模	企业规模
53	中国联通香港公司	中国	电信业务	62.71	60.34	65.09
54	博通	美国	半导体产品与设备	62.67	62.77	62.57
55	Capgemini 瑞典	法国	软件与服务	62.61	60.51	64.71
56	软银公司	日本	电信业务	62.59	61.21	63.96
57	比亚迪	中国	消费电子产品	62.55	60.66	64.43
58	小米	中国	技术硬件与设备	62.48	61.71	63.25
59	美光科技	美国	半导体产品与设备	62.44	61.63	63.26
60	立讯精密	中国	技术硬件与设备	62.43	61.17	63.69
61	INTUIT	美国	软件与服务	62.39	62.83	61.94
62	海力士	韩国	半导体产品与设备	62.38	61.55	63.22
63	沃达丰集团	英国	电信业务	62.34	61.00	63.68
64	西班牙电信	西班牙	电信业务	62.28	60.41	64.16
65	三菱电机	日本	电气设备与机械制造	62.28	60.63	63.93
66	和硕公司	中国台湾	技术硬件与设备	62.26	60.12	64.40
67	惠普	美国	技术硬件与设备	62.23	60.48	63.99
68	三星 SDS	韩国	软件与服务	62.22	60.24	64.20
69	格力电器	中国	消费电子产品	62.21	61.10	63.31
70	联想集团	中国	技术硬件与设备	62.17	60.33	64.01
71	佳能	日本	技术硬件与设备	62.15	60.49	63.82
72	Lam Research Corp.	美国	半导体产品与设备	62.15	61.81	62.48
73	WIPRO 公司	印度	软件与服务	62.13	60.60	63.67
74	ADP	美国	软件与服务	62.12	61.65	62.59
75	FORTUM	芬兰	公用事业	62.09	60.41	63.77
76	富士通	日本	软件与服务	62.09	60.58	63.60
77	AMD 半导体公司	美国	半导体产品与设备	62.09	62.16	62.01
78	NIDEC	日本	电气设备与机械制造	62.08	61.41	62.74
79	联想控股	中国	技术硬件与设备	62.07	60.03	64.11
80	RECRUIT 控股	日本	电气设备与机械制造	62.03	61.62	62.44
81	意大利电信	意大利	电信业务	62.02	60.13	63.91
82	爱立信	瑞典	技术硬件与设备	62.01	60.71	63.31
83	任天堂公司	日本	电信业务	61.98	61.43	62.52
84	法国威立雅	法国	公用事业	61.97	60.27	63.66

续表

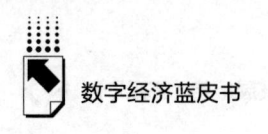

排名	公司名称	地区	行业	规模竞争力	市场规模	企业规模
85	KEYENCE	日本	技术硬件与设备	61.96	62.27	61.65
86	捷普	美国	技术硬件与设备	61.94	60.17	63.72
87	海尔智家	中国	消费电子产品	61.93	60.55	63.32
88	印孚瑟斯	印度	软件与服务	61.91	61.55	62.27
89	富达民国民信息公司	美国	软件与服务	61.89	61.71	62.07
90	韩国电力公司	韩国	公用事业	61.88	60.31	63.45
91	广达电脑	中国台湾	技术硬件与设备	61.86	60.21	63.51
92	英国电信	英国	电信业务	61.86	60.41	63.30
93	MURAT 制造	日本	技术硬件与设备	61.85	61.05	62.64
94	HCL 技术	印度	软件与服务	61.84	60.71	62.98
95	百度	中国	电信业务	61.84	60.99	62.68
96	应用材料	美国	半导体产品与设备	61.82	61.05	62.59
97	费哲金融服务公司	美国	软件与服务	61.81	61.49	62.13
98	东京电力公司	日本	公用事业	61.81	60.10	63.51
99	NEC	日本	软件与服务	61.78	60.31	63.25
100	艾默生电气	美国	电气设备与机械制造	61.76	60.76	62.75

从表4中我们看到，在2021年规模竞争力的排名中，亚马逊公司排在第1位。亚马逊公司无论是市场规模还是企业规模都比较突出，其得分都在90分以上。根据其2021年年报，亚马逊公司净销售额增长22%，净利润增长56%。截至2021年底，亚马逊全球员工数量超过160万名，同比增长24%。因此，亚马逊公司以各项指标的强大规模优势，成为2021年全球数字企业规模竞争力的第1名。

排在第2位的是苹果公司，其市场规模较为突出，达到99.36分。同时其企业规模表现也不俗，2021年苹果公司的财报显示，其销售额同比增长11%，达到1239.45亿美元；净利润增长20%，达到346.3亿美元。从产品体系来看，在总体中占比近6成的手机销售额稳步增长，达到716.28亿美元。

排在第3位的是微软公司，其市场规模尤为突出，接近100分。从微软公司的财务数据来看，其市值接近2.5万亿美元，超越苹果成为全球市值最高的科技股。其财报显示，2021年微软公司的销售额达到517.28亿美元，净利润达到187.65亿美元，规模显著。疫情防控而催生的在线工作方式，使得微软的团队协作App"Teams"等云服务的使用规模也持续扩大。

排在第4位的是ALPHABET，2021年其总营收为2576.4亿美元，比上年同期增长41%；运营利润为787亿美元，比上年同期暴增91%；净利润为760亿美元，比上年同期增长89%；每股收益112美元，较上年同期的58.6美元增长91.1%，可见ALPHABET的规模增长非常显著。

排在第5位的是韩国三星公司，其规模竞争力得分比前3名亚马逊、苹果公司和微软低了很多，但是其企业规模增长较为显著。2021年三星公司收入增长31.6%，尤其内存收入增长明显，达到34.2%；营业利润（430亿美元）增长43.5%，而且数据显示，三星公司的销售额已经多年居韩国公司首位。

此外，脸书公司排在第7位，特斯拉排在第9位；中国大陆的阿里巴巴集团和腾讯都进入了10强，分别排在第6位和第8位；中国台湾的台积电位居第10。从中可以看到，在前10名企业中，美国仍然占了多数，有6家企业；其次是中国大陆，有2家企业；另外韩国和中国台湾地区各有1家企业。

我们分别以企业的市场规模得分和企业规模得分为横坐标和纵坐标作图，如图2所示，从中可以看到，百强企业中有3家企业的规模效应较为突出，这三家企业分别是微软公司、苹果公司和亚马逊，它们位于坐标系的右上方；还有小部分企业位于坐标系的（70~80分，70~80分）区域，表明这些企业的规模竞争力也是比较突出的；另外，有更多企业集中在坐标系的左下方区域，而且在这里企业重叠，数量较多，可见有很多数字企业之间的规模竞争力差距并不是很大，但与顶尖企业的差距却非常大。

2. 地域分布

2021年数字企业规模竞争力100强主要分布在16个国家或地区，其中美国占了大多数，有36家企业；其次是中国，有18家企业；日本有17家企业；

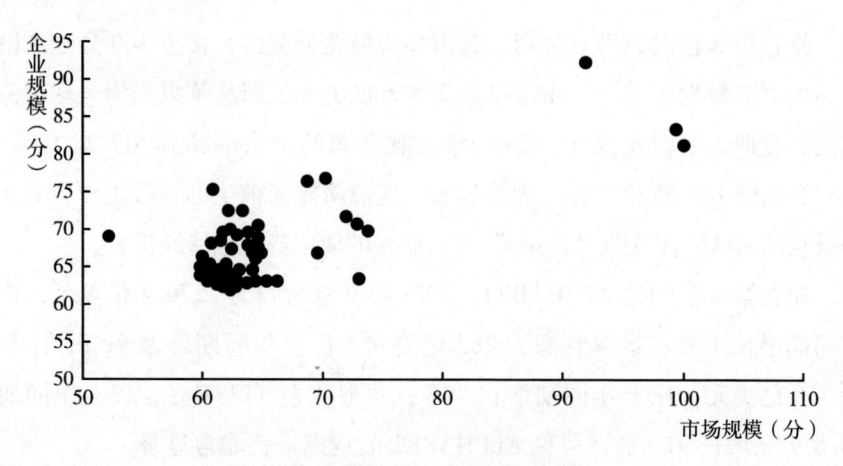

图 2 2021年数字企业百强的规模分布

然后是韩国，有5家企业；法国和中国台湾地区各有4家企业，印度有3家企业；德国、西班牙、意大利和英国各有2家企业；爱尔兰、芬兰、荷兰、墨西哥和瑞典各有1家企业。在企业的规模竞争力排名上，美国、中国和日本占了前三强，这三个国家占据了规模竞争力百强企业中的71%。

表 5 2021年数字企业规模竞争力百强的地域分布

单位：家

地区	企业数量	地区	企业数量
美国	36	西班牙	2
中国	18	意大利	2
日本	17	英国	2
韩国	5	爱尔兰	1
法国	4	芬兰	1
中国台湾	4	荷兰	1
印度	3	墨西哥	1
德国	2	瑞典	1

3. 行业分布

从2021年数字企业规模竞争力100强的行业分布看，电信业务占据了优势地位，共有 25 家企业；其次是技术硬件与设备行业和软件与服务行业，各有 19 家企业；半导体产品与设备行业有 12 家企业；另外，消费电子产品、电气设备与机械制造、公用事业、互联网与直销零售行业的企业数量较少，分别只有 8 家、7 家、6 家、4 家。

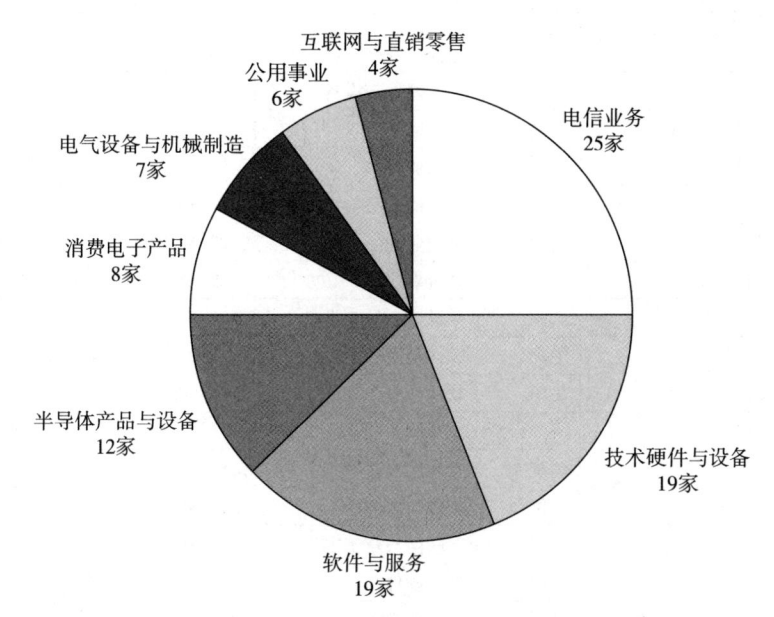

图 3　2021 年数字企业规模竞争力百强的行业分布

（二）效率竞争力排名

1. 排名情况

效率竞争力体现的是一个数字企业的经营效率即"企业效率"和员工的劳动生产率即"人员效率"。表 6 是 2021 年数字企业效率竞争力的百强排名。

在效率竞争力百强排名中，处于第 1 名的是 VERISIGN，它是美国一家提供智能信息基础设施服务的上市公司。2021 年其企业效率得分高达 91.85 分，其实际总资产回报率和净利润率都超过了 90%，突出的表现使得它排在效率竞争力的第 1 名。

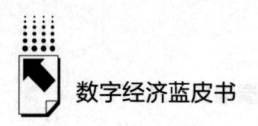

表6　2021年数字企业效率竞争力排名

单位：分

排名	公司名称	地区	行业	效率竞争力	企业效率	人员效率
1	VERISIGN	美国	软件与服务	88.04	91.85	84.24
2	任天堂公司	日本	电信业务	87.38	87.04	87.73
3	苹果公司	美国	技术硬件与设备	84.51	87.07	81.95
4	MATCH GROUP	美国	电信业务	84.12	89.96	78.28
5	脸书	美国	电信业务	82.88	84.23	81.52
6	Lam Research Corp.	美国	半导体产品与设备	82.83	88.27	77.38
7	NETFLIX	美国	电信业务	82.65	79.98	85.32
8	FORTUM	芬兰	公用事业	82.41	77.93	86.89
9	德州仪器	美国	半导体产品与设备	82.41	89.25	75.56
10	神州数码	中国	软件与服务	81.97	77.69	86.25
11	微软	美国	软件与服务	81.94	85.30	78.58
12	台积电	中国台湾	半导体产品与设备	81.67	84.57	78.77
13	EBAY	美国	互联网与直销零售	80.97	85.57	76.37
14	甲骨文	美国	软件与服务	80.88	88.80	72.96
15	唯品会	中国	互联网与直销零售	80.80	81.09	80.51
16	CDW公司	美国	技术硬件与设备	80.79	82.68	78.89
17	SK电讯	韩国	电信业务	80.55	76.88	84.22
18	ALPHABET	美国	电信业务	80.47	82.08	78.87
19	纳斯帕斯	南非	互联网与直销零售	80.38	79.93	80.82
20	东京电子	日本	半导体产品与设备	80.05	84.91	75.20
21	KEYENCE	日本	技术硬件与设备	79.78	81.56	78.00
22	分众传媒	中国	电信业务	79.67	85.21	74.13
23	LARGAN PRECISION COMPANY	中国台湾	技术硬件与设备	79.64	83.30	75.99
24	希捷科技	爱尔兰	技术硬件与设备	79.57	89.44	69.70
25	ARISTA NETWORKS	美国	技术硬件与设备	79.50	82.29	76.71
26	腾讯	中国	电信业务	79.49	81.61	77.38
27	高通公司	美国	半导体产品与设备	79.34	85.15	73.52
28	CHECK POINT SOFTWARE TECHNOLOGIES	以色列	软件与服务	79.33	82.86	75.79

续表

排名	公司名称	地区	行业	效率竞争力	企业效率	人员效率
29	NAVER 公司	韩国	电信业务	79.28	80.23	78.33
30	英特尔	美国	半导体产品与设备	79.23	82.89	75.56
31	应用材料	美国	半导体产品与设备	79.20	83.98	74.42
32	韩国电力公司	韩国	公用事业	79.15	76.76	81.53
33	小米	中国	技术硬件与设备	79.09	79.68	78.51
34	英伟达	美国	半导体产品与设备	79.08	82.34	75.82
35	ADOBE	美国	软件与服务	78.96	83.19	74.74
36	INTUIT	美国	软件与服务	78.74	82.73	74.75
37	动视暴雪	美国	电信业务	78.59	80.64	76.55
38	NETAPP	美国	技术硬件与设备	78.44	84.89	72.00
39	ASML 控股	荷兰	半导体产品与设备	78.39	82.14	74.64
40	CATCHER TECHNOLOGY COMPANY	中国台湾	技术硬件与设备	78.25	82.55	73.95
41	印孚瑟斯	印度	软件与服务	78.10	85.85	70.35
42	思科系统	美国	技术硬件与设备	78.09	81.98	74.20
43	TELENOR	挪威	电信业务	78.02	81.80	74.24
44	韦尔股份	中国	半导体产品与设备	77.98	81.61	74.35
45	KDDI	日本	电信业务	77.93	80.22	75.65
46	思摩尔国际	中国	互联网与直销零售	77.88	84.30	71.47
47	NEXON	日本	电信业务	77.80	80.97	74.62
48	沙特电信公司	沙特阿拉伯	电信业务	77.64	80.29	75.00
49	威讯通讯	美国	电信业务	77.62	80.02	75.22
50	思佳讯	美国	半导体产品与设备	77.60	82.90	72.29
51	海力士	韩国	半导体产品与设备	77.59	79.56	75.62
52	DISH 网络公司	美国	电信业务	77.58	79.11	76.05
53	ZOOM 公司	美国	软件与服务	77.51	81.16	73.86
54	AMD 半导体公司	美国	半导体产品与设备	77.44	81.81	73.08
55	东方财富	中国	软件与服务	77.41	78.44	76.39
56	SQUARE 公司	美国	软件与服务	77.41	77.15	77.67
57	软银公司	日本	电信业务	77.32	79.63	75.00

续表

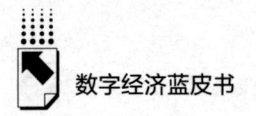

排名	公司名称	地区	行业	效率竞争力	企业效率	人员效率
58	贝宝控股	美国	软件与服务	77.22	79.52	74.93
59	海康威视	中国	技术硬件与设备	77.11	83.07	71.14
60	软银集团	日本	电信业务	77.09	82.13	72.04
61	美光科技	美国	半导体产品与设备	76.97	80.26	73.67
62	IBERDROLA	西班牙	公用事业	76.91	77.91	75.91
63	阿联酋电信	阿联酋	电信业务	76.86	79.87	73.85
64	惠普	美国	技术硬件与设备	76.74	79.62	73.86
65	思爱普	德国	软件与服务	76.73	81.25	72.21
66	ENEL	意大利	公用事业	76.68	77.72	75.63
67	浪潮信息	中国	技术硬件与设备	76.65	78.03	75.27
68	HCL 技术	印度	软件与服务	76.53	83.41	69.65
69	埃森哲公司	爱尔兰	软件与服务	76.39	83.83	68.94
70	阿里巴巴集团	中国	互联网与直销零售	76.38	80.20	72.56
71	福禄克公司	美国	电气设备与机械制造	76.38	79.95	72.80
72	舜宇光学科技	中国	技术硬件与设备	76.34	82.83	69.85
73	Constellation Software	加拿大	软件与服务	76.34	82.99	69.68
74	WIPRO 公司	印度	软件与服务	76.32	82.79	69.86
75	三星公司	韩国	技术硬件与设备	76.30	79.91	72.68
76	博通	美国	半导体产品与设备	76.30	77.58	75.01
77	东京电力公司	日本	公用事业	76.25	76.86	75.64
78	富途控股	中国	软件与服务	76.16	77.44	74.88
79	网易	中国	电信业务	76.13	80.43	71.83
80	瑞士电信	瑞士	电信业务	76.09	79.35	72.83
81	ADP	美国	软件与服务	75.95	80.68	71.21
82	芒果超媒	中国	互联网与直销零售	75.84	80.34	71.33
83	联发科	中国台湾	半导体产品与设备	75.80	79.63	71.97
84	联想集团	中国	技术硬件与设备	75.77	79.54	72.01
85	霍尼韦尔	美国	电气设备与机械制造	75.75	80.58	70.92
86	MURAT 制造	日本	技术硬件与设备	75.71	81.13	70.28
87	索尼	日本	消费电子产品	75.66	78.44	72.89
88	传音控股	中国	技术硬件与设备	75.65	81.47	69.83
89	VMWARE	美国	软件与服务	75.65	79.90	71.39

续表

排名	公司名称	地区	行业	效率竞争力	企业效率	人员效率
90	汇川技术	中国	电气设备与机械制造	75.60	81.21	69.98
91	百度	中国	电信业务	75.44	78.93	71.94
92	大华股份	中国	技术硬件与设备	75.43	80.88	69.99
93	AMPHENOL	美国	技术硬件与设备	75.43	81.41	69.45
94	TECH MAHINDRA	印度	软件与服务	75.42	82.14	68.71
95	VIVENDI	法国	电信业务	75.34	78.56	72.11
96	ENBW ENERGIE BADEN	德国	公用事业	75.32	77.33	73.31
97	格力电器	中国	消费电子产品	75.30	80.18	70.42
98	康卡斯特	美国	电信业务	75.29	78.44	72.13
99	ANALOG DEVICES	美国	半导体产品与设备	75.26	78.60	71.92
100	京东	中国	互联网与直销零售	75.26	81.09	69.43

排在第 2 位的是日本的任天堂公司，任天堂是日本一家主要从事电子游戏软硬件开发的公司，电子游戏业三巨头之一，现代电子游戏产业的开创者。2021 年任天堂共销售 2306 万台 Switch 游戏主机，其效率竞争力比较显著，企业效率和人员效率得分都达到了 87 分以上。

排在第 3 位的是苹果公司，其企业效率得分较高，达到 87.07 分。2021 年，苹果年度营收达 3658.17 亿美元，毛利率高达 41.8%，净利率为 25.8%。除了 iPhone 等主打产品，苹果的 Apple Watch 是市场上最受欢迎的智能手表，市场份额为 28%，远高于华为、三星等竞争对手。另外，Mac、iPad、智能家居与配件产品等也收入可观。

排在第 4 位的是 MATCH GROUP，其企业效率得分较高，为 89.96 分。它是全球最大的一家约会服务公司，旗下有老牌约会网站 MATCH.COM、相亲网站 OKCUPID 等，其产品覆盖超过 190 个国家，经营利润率接近 30%。

排在第 5 位的是脸书公司，其企业效率和人员效率得分都在 80 分以上。2021 年，脸书的毛利率超过 80%，经营利润率超过 30%，可见其企业经营效益不错。

排在第6~10位的分别是Lam Research Corp.、NETFLIX、FORTUM、德州仪器和神州数码。在数字企业效率竞争力前10名当中，美国占了7席，另外还有1家中国企业、1家日本企业和1家芬兰企业。可见，美国的数字企业在效率竞争力方面仍然遥遥领先。

从效率竞争力100强的坐标分布来看，如图4所示，在横坐标上，有一部分企业分布在85~95分区间，这些企业的运营效率比较突出；在纵坐标上，一部分企业分布在80~90分区间。由此可见，这些企业的经营效率更为突出。大部分企业分布在（75~85分，70~80分）这一区域，显示出这部分企业之间的效率竞争力差距并不是很大。

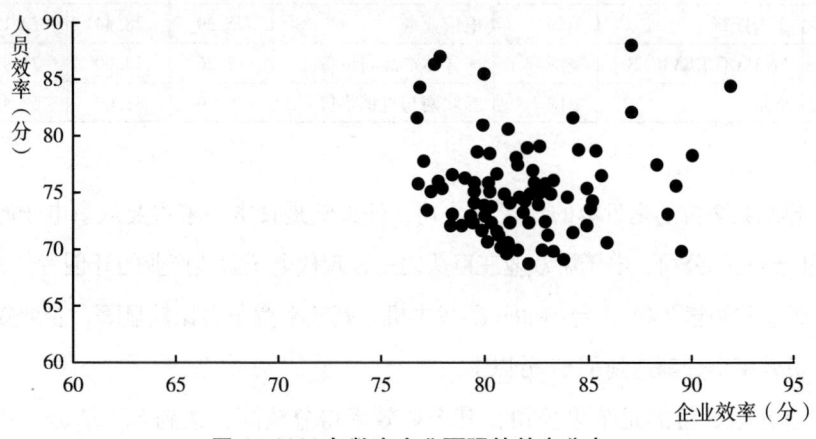

图4 2021年数字企业百强的效率分布

2. 地域分布

2021年数字企业效率竞争力100强分布在20个国家或地区。企业数量最多的是美国，有39家；其次是中国，有22家；排名第3的是日本，有10家；另外，韩国有5家，中国台湾地区和印度分别有4家，德国和爱尔兰各有2家，其他国家如意大利、以色列、西班牙等只有1家。如表7所示，超过70%的企业分布在美国、中国和日本三国。

3. 行业分布

从效率竞争力百强的行业分布来看，电信业务行业的企业数量最多，有

表7 2021年数字企业效率竞争力百强的地域分布

单位：家

地区	企业数量	地区	企业数量
美国	39	西班牙	1
中国	22	沙特阿拉伯	1
日本	10	瑞士	1
韩国	5	挪威	1
中国台湾	4	南非	1
印度	4	加拿大	1
德国	2	荷兰	1
爱尔兰	2	芬兰	1
意大利	1	法国	1
以色列	1	阿联酋	1

24家；其次是软件与服务行业，有21家；然后是技术硬件与设备行业，有20家；半导体产品与设备行业有17家。企业数量较少的行业是互联网与直销零售、公用事业、电气设备与机械制造以及消费电子产品行业，分别只有7家、6家、3家和2家企业（见图5）。

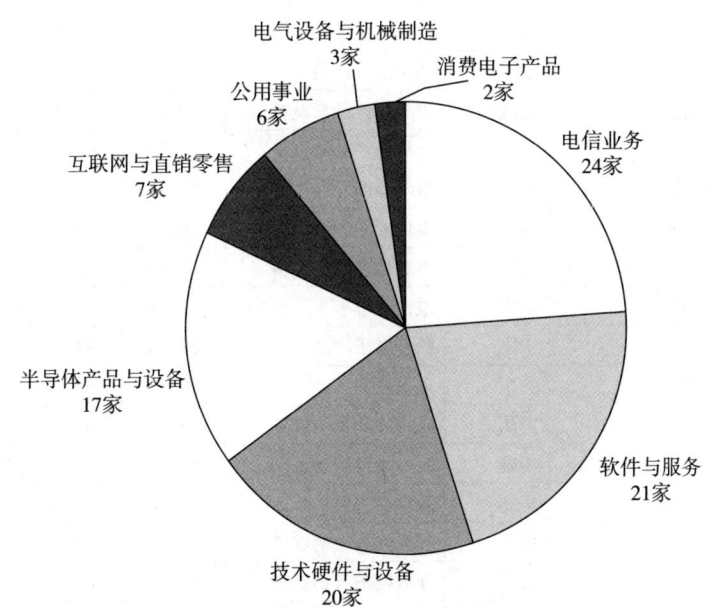

图5 2021年数字企业效率竞争力百强的行业分布

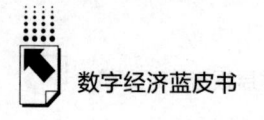

（三）创新竞争力排名

1. 排名情况

创新竞争力反映了数字企业的创新能力，本报告通过"创新规模"和"创新强度"两个二级指标来体现。表8是全球数字企业创新竞争力排名情况。

表8　2021年数字企业创新竞争力排名

单位：分

排名	公司名称	地区	行业	创新竞争力	创新规模	创新强度
1	三星公司	韩国	技术硬件与设备	78.17	89.08	67.26
2	脸书	美国	电信业务	76.94	69.58	84.29
3	华为	中国	技术硬件与设备	75.62	80.86	70.39
4	ALPHABET	美国	电信业务	74.57	72.90	76.24
5	亚马逊	美国	互联网与直销零售	73.89	81.96	65.82
6	苹果公司	美国	技术硬件与设备	71.93	72.14	71.72
7	微软	美国	软件与服务	71.64	72.66	70.62
8	格力电器	中国	消费电子产品	71.37	79.36	63.37
9	英特尔	美国	半导体产品与设备	70.97	71.01	70.93
10	博通	美国	半导体产品与设备	70.33	62.34	78.32
11	高通公司	美国	半导体产品与设备	70.25	67.80	72.71
12	特利亚电信	瑞典	电信业务	70.05	60.03	80.07
13	英伟达	美国	半导体产品与设备	69.82	62.10	77.53
14	ROBLOX	美国	电信业务	69.75	60.12	79.39
15	海尔智家	中国	消费电子产品	69.05	73.54	64.55
16	NETFLIX	美国	电信业务	68.51	60.94	76.08
17	AMD半导体公司	美国	半导体产品与设备	67.87	61.71	74.04
18	ARISTA NETWORKS	美国	技术硬件与设备	67.75	60.40	75.10
19	SQUARE公司	美国	软件与服务	67.56	60.74	74.38
20	拼多多	中国	互联网与直销零售	67.50	60.49	74.51
21	DOORDASH	美国	互联网与直销零售	67.47	60.16	74.79
22	推特	美国	电信业务	67.34	60.56	74.12

续表

排名	公司名称	地区	行业	创新竞争力	创新规模	创新强度
23	联发科	中国台湾	半导体产品与设备	67.26	61.84	72.68
24	阿里巴巴集团	中国	互联网与直销零售	66.66	66.55	66.76
25	海力士	韩国	半导体产品与设备	66.56	63.22	69.89
26	WORKDAY	美国	软件与服务	66.55	60.89	72.21
27	京东方	中国	技术硬件与设备	66.38	68.09	64.68
28	INTUIT	美国	软件与服务	66.38	61.07	71.68
29	佳能	日本	技术硬件与设备	66.35	68.83	63.87
30	派拓网络	美国	软件与服务	66.22	60.81	71.64
31	思科系统	美国	技术硬件与设备	66.22	64.00	68.43
32	SPLUNK	美国	软件与服务	66.19	60.72	71.67
33	任天堂公司	日本	电信业务	66.09	60.65	71.53
34	贝宝控股	美国	软件与服务	66.04	61.76	70.32
35	动视暴雪	美国	电信业务	65.92	60.54	71.29
36	美光科技	美国	半导体产品与设备	65.79	64.48	67.11
37	ADOBE	美国	软件与服务	65.79	61.87	69.71
38	Lam Research Corp.	美国	半导体产品与设备	65.79	61.11	70.47
39	应用材料	美国	半导体产品与设备	65.75	62.20	69.30
40	中联重科	中国	电气设备与机械制造	65.62	62.19	69.05
41	VMWARE	美国	软件与服务	65.49	62.24	68.75
42	索尼	日本	消费电子产品	65.49	65.03	65.95
43	甲骨文	美国	软件与服务	65.41	64.32	66.49
44	东京电子	日本	半导体产品与设备	65.39	61.88	68.90
45	思爱普	德国	软件与服务	65.33	63.72	66.93
46	COUR 瑞典 RA	美国	互联网与直销零售	65.30	60.04	70.57
47	ZOOM 公司	美国	软件与服务	65.20	60.08	70.32
48	美的集团	中国	消费电子产品	65.13	66.36	63.90
49	百度	中国	电信业务	65.13	62.08	68.18
50	瑞典 RVICENOW	美国	软件与服务	65.06	60.82	69.30
51	腾讯	中国	电信业务	65.00	64.99	65.02
52	诺基亚	芬兰	技术硬件与设备	64.95	63.31	66.59
53	爱立信	瑞典	技术硬件与设备	64.94	63.18	66.70
54	SALESFORCE.COM	美国	软件与服务	64.91	61.68	68.14

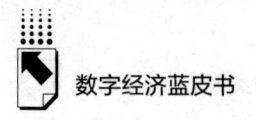

续表

排名	公司名称	地区	行业	创新竞争力	创新规模	创新强度
55	新思科技	美国	软件与服务	64.87	60.83	68.92
56	富途控股	中国	软件与服务	64.73	60.03	69.44
57	EBAY	美国	互联网与直销零售	64.65	60.88	68.41
58	MATCH GROUP	美国	电信业务	64.64	60.11	69.16
59	日立	日本	电气设备与机械制造	64.60	65.70	63.51
60	VERISIGN	美国	软件与服务	64.60	60.12	69.09
61	东芝	日本	电气设备与机械制造	64.52	65.44	63.59
62	NETAPP	美国	技术硬件与设备	64.47	60.63	68.31
63	DAST	法国	软件与服务	64.36	60.64	68.07
64	松下	日本	消费电子产品	64.35	65.07	63.63
65	德州仪器	美国	半导体产品与设备	64.33	62.37	66.30
66	ASML 控股	荷兰	半导体产品与设备	64.28	61.36	67.21
67	网易	中国	电信业务	64.25	60.77	67.73
68	小米	中国	技术硬件与设备	64.25	60.71	67.79
69	ANALOG DEVICES	美国	半导体产品与设备	64.00	60.95	67.05
70	AT&T	美国	电信业务	63.98	63.63	64.34
71	东方财富	中国	软件与服务	63.97	60.04	67.90
72	比亚迪	中国	消费电子产品	63.91	62.99	64.82
73	唯品会	中国	互联网与直销零售	63.91	60.22	67.59
74	微博	中国	电信业务	63.89	60.16	67.62
75	三菱电机	日本	电气设备与机械制造	63.88	64.25	63.52
76	英飞凌科技	德国	半导体产品与设备	63.83	61.90	65.76
77	中兴	中国	技术硬件与设备	63.73	61.55	65.92
78	威讯通讯	美国	电信业务	63.69	62.53	64.85
79	西部数据	美国	技术硬件与设备	63.69	62.14	65.24
80	歌尔股份	中国	技术硬件与设备	63.65	61.38	65.92
81	恩智浦半导体	荷兰	半导体产品与设备	63.61	60.68	66.54
82	华虹半导体	中国	半导体产品与设备	63.60	60.50	66.69
83	STMICROELECTRONICS	荷兰	半导体产品与设备	63.58	61.69	65.46
84	CDW 公司	美国	技术硬件与设备	63.48	60.26	66.69
85	思佳讯	美国	半导体产品与设备	63.46	60.56	66.36
86	NEC	日本	软件与服务	63.46	62.45	64.47

续表

排名	公司名称	地区	行业	创新竞争力	创新规模	创新强度
87	SK 电讯	韩国	电信业务	63.45	60.23	66.67
88	LG 电子	韩国	消费电子产品	63.43	64.52	62.35
89	慧与科技	美国	技术硬件与设备	63.41	61.67	65.15
90	韦尔股份	中国	半导体产品与设备	63.37	60.04	66.70
91	美团	中国	互联网与直销零售	63.31	60.77	65.85
92	富士胶片	日本	技术硬件与设备	63.23	62.35	64.10
93	NAVER 公司	韩国	电信业务	63.22	60.13	66.30
94	CHECK POINT SOFTWARE TECHNOLOGIES	以色列	软件与服务	63.21	60.12	66.30
95	沙特电信公司	沙特阿拉伯	电信业务	63.21	61.37	65.05
96	康宁公司	美国	技术硬件与设备	63.20	61.45	64.95
97	南亚科技	中国台湾	半导体产品与设备	63.20	60.23	66.16
98	中国移动	中国	电信业务	63.19	62.96	63.43
99	传音控股	中国	技术硬件与设备	63.15	60.45	65.86
100	DISH 网络公司	美国	电信业务	63.15	60.31	65.98

排在2021年创新竞争力100强首位的是韩国的三星公司，这家公司多年来一直排在首位。其创新规模得分突出，达到89.08分，是所有公司中得分最高的，2021年其专利数量超过10000件，仅此一个指标就超出其他公司很多。

排在第2名的是脸书公司。2021年，脸书投资5000万美元与相关机构合作建立"元宇宙"，扩展硬件领域，开发虚拟现实设备。"智慧芽"数据显示，脸书及其关联公司在126个国家/地区中，共有1.1万余件"元宇宙"领域的专利申请，可见脸书的创新竞争力潜力巨大。

排在第3位的是中国的华为，其创新规模得分超过了80分。2021年，华为研发投入高达1427亿元，占全年收入的22.4%。另据欧盟委员会公布的《2021年欧盟产业研发投入记分牌》榜单，2020~2021年度研发投入前

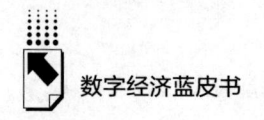

10的企业中，华为公司以174.6亿欧元排名第2，仅次于谷歌母公司ALPHABET。可见，华为与世界级科技公司相比，科研实力也不落后。

排在第4位的是ALPHABET，它是一家非常注重研发投入的公司，其投入规模超过中国的华为，更超过特斯拉若干倍。旗下的谷歌在科技方面，更是一直保持在行业前沿。

排在第5位的是亚马逊公司，亚马逊其实不仅仅是一家零售公司，它的云计算业务已经超越了传统的零售范畴，更需要持续的研发投入。仅2021年，其研发投入就超过了200亿美元，更是远远超过了苹果公司和微软公司。

创新竞争力排在第6~10位的分别是苹果公司、微软、格力电器、英特尔和博通公司。这些企业也是行业的龙头，每年针对科研都有较大的投入，保持了较高的创新水平。

从2021年数字企业创新竞争力百强的坐标分布来看，如图6所示，有部分企业的创新规模比较突出，分布在横坐标80~90分的区域内，表明这些企业研发投入较多、专利发明丰富。从纵坐标来看，只有很少的企业超过80分，表明这些企业人均投入和创新成果不够丰富。大多数企业分布在（60~75分，60~75分）的区域内，反映出除了一部分创新能力卓尔不群的企业之外，大多数企业的创新能力并没有太大差距。

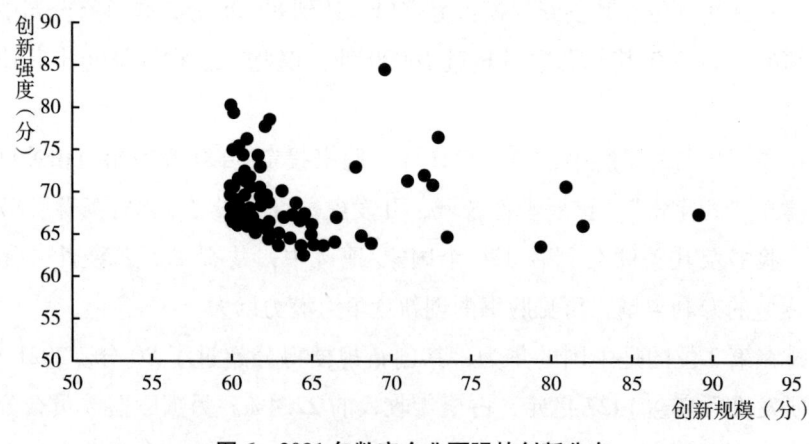

图6　2021年数字企业百强的创新分布

2. 地域分布

2021年数字企业创新竞争力百强主要分布在12个国家或地区。美国企业数量最多，有48家，接近百强的一半，反映出美国企业强大的创新能力；其次是中国，有24家企业；排名第3的是日本，有10家企业；另外，韩国有5家企业，荷兰有3家企业，德国、瑞典和中国台湾地区各有2家企业；其他如法国、芬兰、沙特阿拉伯和以色列等国各有1家企业。综合来看，超过80%的企业分布在美国、中国和日本三个国家（见表9）。

表9　2021年数字企业创新竞争力百强的地域分布

单位：家

地区	企业数量	地区	企业数量
美国	48	瑞典	2
中国	24	中国台湾	2
日本	10	法国	1
韩国	5	芬兰	1
荷兰	3	沙特阿拉伯	1
德国	2	以色列	1

3. 行业分布

从创新竞争力百强的行业分布看，半导体产品与设备、软件与服务行业的企业最多，各有21家；其次是电信业务行业的企业，有20家，技术硬件与设备行业的企业有19家；另外三个行业，包括互联网与直销零售、消费电子产品、电气设备与机械制造的企业较少，分别只有8家、7家和4家（见图7）。可见，数字技术的创新主要还是集中在半导体、软件服务、技术硬件等领域。

（四）成长竞争力排名

1. 排名情况

所谓成长竞争力主要是从时间维度来考察企业的成长性，这里我们选择了企业2019~2021年度的财务数据，评估相关指标的增长情况。希望通过

数字经济蓝皮书

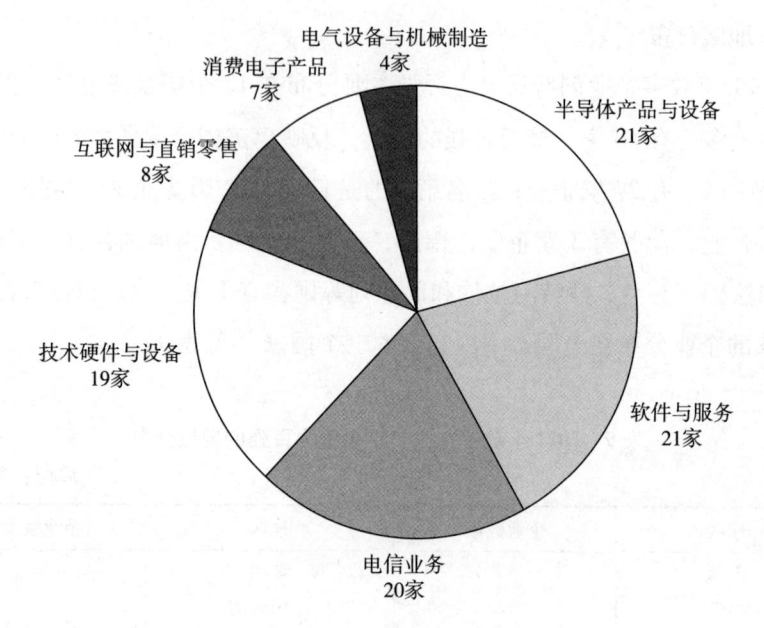

图7 2021年数字企业创新竞争力百强的行业分布

短期趋势的评估，大致看出企业在未来的成长性。表10是2021年数字企业成长竞争力排名情况。

表10 2021年数字企业成长竞争力排名

单位：分

排名	公司名称	地区	行业	成长竞争力	营收成长	资产成长	销售成长
1	FORTUM	芬兰	公用事业	93.44	99.98	80.13	99.99
2	ZOOM公司	美国	软件与服务	81.95	76.19	93.54	76.30
3	DOORDASH	美国	互联网与直销零售	77.74	71.98	89.34	72.06
4	富途控股	中国	软件与服务	76.36	71.44	86.29	71.51
5	思摩尔国际	中国	互联网与直销零售	75.99	64.17	99.98	64.17
6	拼多多	中国	互联网与直销零售	69.95	67.12	75.65	67.16
7	东方财富	中国	软件与服务	69.93	69.10	72.54	68.21
8	ROBLOX	美国	电信业务	69.74	65.88	77.53	65.92
9	SQUARE公司	美国	软件与服务	69.47	66.71	75.03	66.76

续表

排名	公司名称	地区	行业	成长竞争力	营收成长	资产成长	销售成长
10	UIPATH	美国	软件与服务	67.42	65.84	70.60	65.88
11	COUR 瑞典 RA	美国	互联网与直销零售	67.01	64.92	71.20	64.96
12	歌尔股份	中国	技术硬件与设备	66.72	65.63	68.79	65.76
13	英伟达	美国	半导体产品与设备	66.49	64.65	70.20	64.68
14	中芯国际	中国	半导体产品与设备	66.44	63.37	72.51	63.52
15	传音控股	中国	技术硬件与设备	66.40	64.95	69.27	65.02
16	京东	中国	互联网与直销零售	66.31	64.00	70.92	64.07
17	蓝思科技	中国	技术硬件与设备	66.30	63.69	71.59	63.70
18	立讯精密	中国	技术硬件与设备	66.19	64.91	68.80	64.91
19	德国电信	德国	电信业务	66.18	64.07	70.51	64.01
20	ZALANDO	德国	互联网与直销零售	65.90	63.89	69.95	63.91
21	汇川技术	中国	电气设备与机械制造	65.86	65.22	67.11	65.27
22	中联重科	中国	电气设备与机械制造	65.78	65.11	67.22	65.02
23	北方华创	中国	半导体产品与设备	65.74	64.93	67.34	64.98
24	英飞凌科技	德国	半导体产品与设备	65.73	63.06	71.16	63.07
25	AMD 半导体公司	美国	半导体产品与设备	65.72	64.33	68.52	64.36
26	韦尔股份	中国	半导体产品与设备	65.70	64.77	67.55	64.80
27	阿里巴巴集团	中国	互联网与直销零售	65.62	64.63	67.61	64.66
28	环旭电子	中国	技术硬件与设备	65.59	63.99	68.80	64.02
29	腾讯	中国	电信业务	65.57	64.16	68.59	64.00
30	特斯拉	美国	消费电子产品	65.35	63.62	68.83	63.64
31	亚马逊	美国	互联网与直销零售	65.32	64.01	67.94	64.04
32	TCL	中国	消费电子产品	65.29	62.81	70.29	62.85
33	NAVER 公司	韩国	电信业务	65.23	63.67	68.38	63.70
34	小米	中国	技术硬件与设备	65.20	63.59	68.42	63.62
35	瑞典 RVICENOW	美国	软件与服务	65.18	63.72	68.14	63.74
36	VESTAS WIND SYSTEMS	丹麦	电气设备与机械制造	65.07	63.85	67.54	63.86
37	浪潮信息	中国	技术硬件与设备	65.01	63.71	67.62	63.74
38	科大讯飞	中国	软件与服务	64.99	63.99	66.93	64.07
39	海信家电	中国	消费电子产品	64.97	64.05	66.88	64.02
40	网易	中国	电信业务	64.95	63.82	67.24	63.84

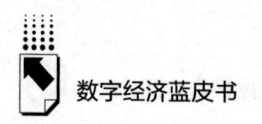

续表

排名	公司名称	地区	行业	成长竞争力	营收成长	资产成长	销售成长
41	INTUIT	美国	软件与服务	64.95	63.50	67.87	63.52
42	乐天株式会社	日本	互联网与直销零售	64.89	63.32	68.06	63.34
43	美团	中国	互联网与直销零售	64.77	63.52	67.20	63.62
44	士兰微	中国	半导体产品与设备	64.74	64.33	65.59	64.32
45	台积电	中国台湾	半导体产品与设备	64.73	63.79	66.61	63.81
46	ASML控股	荷兰	半导体产品与设备	64.72	63.66	66.85	63.68
47	联发科	中国台湾	半导体产品与设备	64.71	64.03	66.06	64.06
48	贝宝控股	美国	软件与服务	64.66	63.30	67.41	63.32
49	京东方	中国	技术硬件与设备	64.65	63.45	67.04	63.50
50	三安光电	中国	半导体产品与设备	64.63	63.29	67.73	62.93
51	任天堂公司	日本	电信业务	64.58	63.78	66.18	63.80
52	Capgemini 瑞典	法国	软件与服务	64.58	63.42	66.95	63.40
53	Lam Research Corp.	美国	半导体产品与设备	64.49	64.35	64.74	64.38
54	NEXON	日本	电信业务	64.42	63.47	66.37	63.44
55	唯品会	中国	互联网与直销零售	64.33	63.15	66.71	63.17
56	WORKDAY	美国	软件与服务	64.33	63.23	66.53	63.25
57	TELKOM SA SOC LIMITED	南非	电信业务	64.30	63.25	66.32	63.35
58	中天科技	中国	电气设备与机械制造	64.29	63.30	66.26	63.35
59	LEIDOS HOLDINGS	美国	电气设备与机械制造	64.27	62.88	67.07	62.90
60	SALESFORCE.COM	美国	软件与服务	64.24	63.45	65.80	63.47
61	海康威视	中国	技术硬件与设备	64.23	63.19	66.34	63.20
62	比亚迪	中国	消费电子产品	64.19	63.85	64.81	63.92
63	MATCH GROUP	美国	电信业务	64.19	63.12	66.32	63.15
64	鹏鼎控股	中国	技术硬件与设备	64.19	63.27	66.03	63.29
65	芒果超媒	中国	互联网与直销零售	64.17	63.32	65.84	63.37
66	大华股份	中国	技术硬件与设备	64.16	62.79	66.96	62.79
67	海力士	韩国	半导体产品与设备	64.15	63.51	65.40	63.54
68	脸书	美国	电信业务	64.13	63.34	65.73	63.36
69	动视暴雪	美国	电信业务	64.12	63.46	65.44	63.49
70	Constellation Software	加拿大	软件与服务	64.10	63.00	66.30	63.02

续表

排名	公司名称	地区	行业	成长竞争力	营收成长	资产成长	销售成长
71	费哲金融服务公司	美国	软件与服务	64.09	64.36	63.51	64.39
72	NETFLIX	美国	电信业务	64.08	63.44	65.36	63.46
73	联想集团	中国	技术硬件与设备	64.04	63.26	65.61	63.28
74	美光科技	美国	半导体产品与设备	64.04	63.66	64.79	63.68
75	美的集团	中国	消费电子产品	64.04	62.83	66.50	62.81
76	派拓网络	美国	软件与服务	64.02	63.48	65.11	63.50
77	创维集团	中国	消费电子产品	63.99	63.06	65.85	63.08
78	新思科技	美国	软件与服务	63.98	62.83	66.29	62.85
79	和硕公司	中国台湾	技术硬件与设备	63.98	62.77	66.42	62.79
80	DISH 网络公司	美国	电信业务	63.98	63.31	65.31	63.33
81	应用材料	美国	半导体产品与设备	63.96	63.17	65.54	63.20
82	恒通光电	中国	技术硬件与设备	63.96	62.81	66.32	62.78
83	纬创集团	中国台湾	技术硬件与设备	63.95	62.49	66.88	62.51
84	印孚瑟斯	印度	软件与服务	63.91	62.99	65.76	63.01
85	中兴	中国	技术硬件与设备	63.90	63.24	65.21	63.27
86	ADOBE	美国	软件与服务	63.87	63.07	65.49	63.09
87	清华紫光	中国	技术硬件与设备	63.87	63.22	65.16	63.24
88	舜宇光学科技	中国	技术硬件与设备	63.86	62.74	66.11	62.75
89	NETAPP	美国	技术硬件与设备	63.85	62.68	66.20	62.70
90	东京电子	日本	半导体产品与设备	63.83	63.35	64.77	63.37
91	华虹半导体	中国	半导体产品与设备	63.82	62.54	66.39	62.57
92	分众传媒	中国	电信业务	63.82	62.63	66.15	62.72
93	工业富联	中国	技术硬件与设备	63.82	62.97	65.52	62.99
94	ENBW ENERGIE BADEN	德国	公用事业	63.81	63.00	65.39	63.06
95	南亚科技	中国台湾	半导体产品与设备	63.79	63.46	64.44	63.48
96	闻泰科技	中国	技术硬件与设备	63.79	63.82	63.71	63.84
97	微博	中国	电信业务	63.79	62.24	66.91	62.26
98	STMICROELECTRONICS	荷兰	半导体产品与设备	63.78	62.83	65.82	62.73
99	ALPHABET	美国	电信业务	63.77	62.96	65.38	62.98
100	TDK	日本	技术硬件与设备	63.76	62.70	65.91	62.72

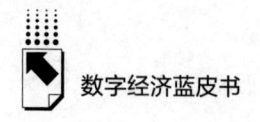

排在第1位的是FORTUM，即富腾公司，它是一家芬兰国有能源企业，业务范围涵盖北欧国家、波罗的海国家、波兰、俄罗斯和印度等。2021年其总资产达到1701.646亿美元，比上年增长140%，成长性突出。

排在第2位的是ZOOM公司，其主要业务是以云计算为基础的远程会议软件服务。新冠疫情发生以来，人们对线上产品和服务的需求增加，促进了ZOOM的快速发展。ZOOM公司2021年第四季度总营收为10.714亿美元，比上年同期增长21%；净利润为4.906亿美元，比上年同期增长88%，可见其发展速度比较快。

排在第3位的是DOORDASH，它是一家美国的餐饮外卖公司，疫情期间DOORDASH的市场规模快速增长，2020~2021年DOORDASH更是获得了超过50%的新增收入来源。

排在第4位的是中国的富途控股，它是香港的一家证券公司。2021年，富途控股实现营收9.1亿美元，同比增长115%，净利润3.7亿美元，同比增长113.3%，成长性显著。

排在第5位的是思摩尔国际，它是一家中国的投资控股公司，主要从事电子雾化设备及组件和自有品牌高级进阶私人电子烟设备（APV）研究、设计、制造和销售业务。其在2021年总收益达到52.87亿元，同比增长120.3%，同年在全球范围内新增专利申请1187件，较前一年增长60%。

排在第6~10位的有2家中国企业，分别是拼多多和东方财富；还有3家美国公司，分别是ROBLOX、SQUARE公司和UIPATH。在前10名企业中，有5家美国企业和4家中国企业，可见中美企业在成长性方面比较突出。

2. 地域分布

2021年数字企业成长竞争力百强主要分布在13个国家或地区。其中中国数量最多，有46家企业；其次是美国，有30家企业，日本和中国台湾地区各有5家企业，德国有4家企业，韩国和荷兰分别只有2家企业，其他如丹麦、法国、芬兰等只有1家企业（见表11）。可见，中国的数字企业成长潜力非常突出，已经超过了美国，而其他国家则比中国和美国弱很多。

表11　2021年数字企业成长竞争力百强的地域分布

单位：家

地区	企业数量	地区	企业数量
中国	46	丹麦	1
美国	30	法国	1
日本	5	芬兰	1
中国台湾	5	加拿大	1
德国	4	南非	1
韩国	2	印度	1
荷兰	2		

3. 行业分布

从成长竞争力百强的行业分布看，企业数量最多的是技术硬件与设备行业，有22家企业；其次是半导体产品与设备行业，有19家企业；软件与服务行业有18家企业；电信业务行业有16家企业，互联网与直销零售行业有12家企业；其他行业各有不足10家企业（见图8）。目前看来，成长性最好的还是技术硬件与设备行业。

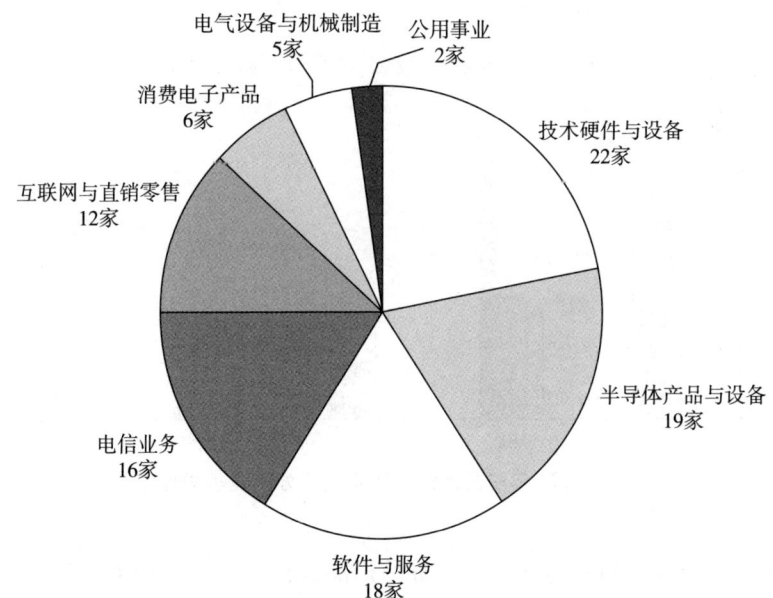

图8　2021年数字企业成长竞争力百强的行业分布

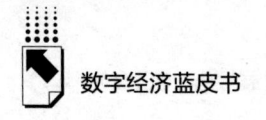

（五）分项竞争力比较

通过前面的分析我们知道，美国、中国、日本、韩国和中国台湾地区的数字企业发展快速，涌现出很多全球100强。由于篇幅所限，这里我们只选择上述5个地区，对各分项竞争力下数字企业的数量进行比较，这种比较基于100强榜单。

从图9可以看出，在5个地区中，美国的数字企业在规模竞争力、效率竞争力、创新竞争力和成长竞争力四个方面都比较突出，尤其创新竞争力优势更为明显，这与往年的情况类似，美国一直是世界数字技术创新的领头羊。中国企业在四个方面的竞争力明显超过了日本，尤其是成长竞争力，在5个地区中是最为突出的，可见在过去的2021年中国数字企业发展快速，成长性表现突出。而日本数字企业的各项竞争力明显弱于美国和中国，排在世界第3的位置。另外，韩国和中国台湾地区数字企业的各项竞争力不相上下，相对而言，韩国企业的创新竞争力比较突出，而中国台湾地区企业的成长竞争力比较突出。但无论是韩国还是中国台湾地区，其数字企业的竞争力明显弱于美国、中国和日本。

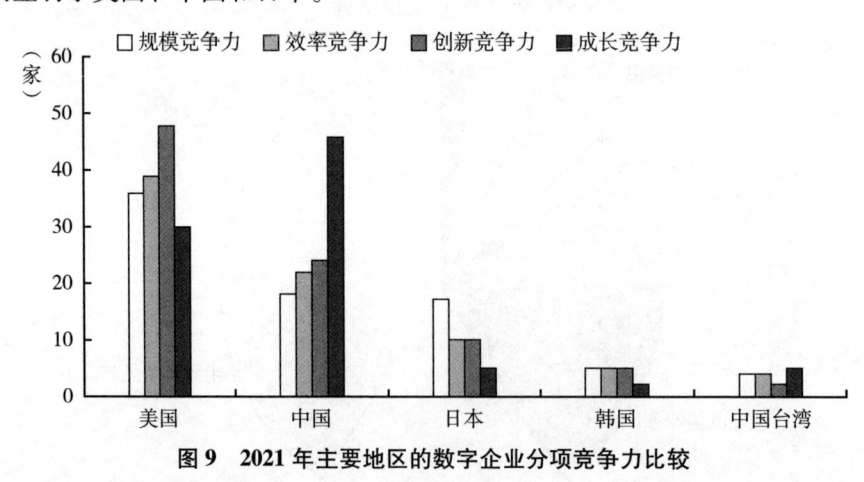

图9 2021年主要地区的数字企业分项竞争力比较

从数字企业的行业分布看，半导体产品与设备、电信业务、技术硬件与设备、软件与服务4个行业的数字企业分布最多，其中电信业务的规模竞争力和效率竞争力比较突出，半导体产品与设备行业的创新竞争力比较突出，技术硬件与设备行业的成长竞争力比较突出，软件与服务行业的效率竞争力和创新竞争力比较突出。而电气设备与机械制造、公用事业、互联网与直销零售、消费电子产品4个行业的竞争力较弱，尤其明显的是，公用事业的创新竞争力较弱，消费电子产品的效率竞争力较弱。可见，不同的行业有着不同的特点，传统行业如电信业务，其规模竞争力更为突出；新兴行业如半导体产品与设备、技术硬件与设备以及软件与服务等行业的成长竞争力较强（见图10）。

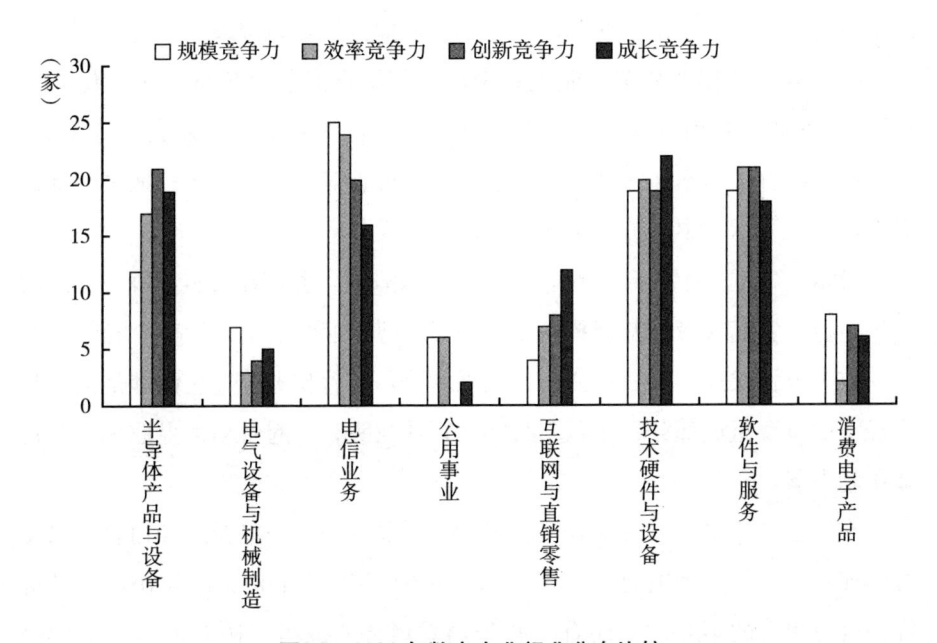

图10　2021年数字企业行业分布比较

四　结论

在过去的2021年，世界数字技术得到不断突破，一些数字龙头企业实现新的发展，也有一些数字企业遇到一些困难，从而出现发展变缓的趋势，这使得2021年世界数字企业100强排行榜也发生了一些变化。本报告延续往年的方法，对世界各国或地区数字企业2021年的竞争力水平进行评价和排名，并选择前100名列示于文中，力图通过竞争力排名，显示出它们在过去一年的发展特色和排名变动情况。通过前述研究与分析，我们可以得出一些结论。

美国、中国和日本继续成为2021年世界数字企业竞争力的前三强，包括综合竞争力和各分项竞争力。美国的数字企业竞争力在世界上仍然独占鳌头，无论是规模、效率，还是创新性和成长性方面，美国数字企业的优势都非常明显。一些企业如苹果公司、微软公司、亚马逊、脸书等表现出非常强的竞争力，连续多年位于榜单前列，其行业地位短期内难以被撼动。

2021年，中国的数字企业表现突出，其综合竞争力超越日本，位居世界第2。无论是规模竞争力、效率竞争力，还是创新竞争力和成长竞争力，其水平都超过了日本；尤其中国数字企业的成长竞争力，在所有地区中都是最突出的，显示了中国数字企业良好的成长性。

日本、韩国、中国台湾地区、印度、德国等，也有着众多竞争力良好的数字企业，它们或者具有规模优势，或者运营效率较高，或者注重科研实力，或者成长快速，如三星公司、任天堂公司、台积电等，它们都是世界数字经济的重要组成部分，是名副其实的行业龙头，一起带动世界数字经济行业蓬勃发展。

在过去一年里，数字企业领域出现了明显分化。一些新兴公司表现出良好的成长性，例如美国的ZOOM公司，它于2019年上市，成长快速，已排在综合竞争力的第8位。还有一些公司发展势头放缓，例如中国的华为公司，虽然其创新竞争力仍然突出，在100强中排第3位，但是综合竞争力水平有所下降。

国 别 篇
Regional Reports

B.4 美国数字经济发展报告（2022）

王滢波[*]

摘　要： 2021年，美国的数字经济在名义总产值和附加值方面都与美国整体经济一样强劲增长。与美国整体经济不同，数字经济的实际增长几乎与名义增长一样强劲，表明其数字经济没有受到通货膨胀的影响。主要数字经济类别都实现了强劲增长，包括基础设施、电子商务和收费数字服务。美国数字经济呈现显著的极化效应，财富高速向头部公司集中。

关键词： 数字经济　马太效应　通货膨胀　美国经济

一　美国数字经济发展概况

2022年11月，美国商务部下属的经济分析局（BEA）公布了2005~

---

[*] 王滢波，经济学博士，上海社会科学院信息研究所，主要研究方向为数字经济和宏观经济。

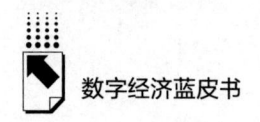

2021年数字经济数据。数据显示，2021年美国数字经济的总产出为3.7万亿美元（2020年为3.31万亿美元），2021年数字经济的增加值为2.41万亿美元（相当于美国国内生产总值的10.3%），2021年数字经济行业的薪酬接近1.24万亿美元（2020年为1.09万亿美元），创造了800万个工作岗位（2020年为780万个工作岗位）。2021年，经价格调整的数字经济产值（也称数字经济"实际"产值）增长了9.8%（2020年的同比增速为4.0%），远远超过了整体经济5.9%的增长速度。这些新的数字经济统计数据表明，数字经济领域基本上没有受到疫情对其他经济领域所造成的衰退的影响。

（一）数字经济各类别的总产出

BEA将数字经济分为以下三个商品和服务类别进行统计分析：①基础设施，即支撑计算机网络和数字经济存在及使用的基本实物材料和组织安排，主要包括信息与通信技术商品和服务。基础设施产品分为硬件和软件两类。②电子商务，即通过计算机网络远程销售商品和服务。电子商务产品分为B2C电子商务（即零售贸易）和B2B电子商务（即批发贸易）两类。③收费数字服务，即向消费者收费的与计算和通信相关的服务。收费数字服务领域包括云服务、电信服务、互联网和数据服务以及其他收费数字服务。

2021年，以当前美元计，美国数字经济的总产出为3.7万亿美元，2020年为3.31万亿美元，2019年为3.17万亿美元。2021年美国数字经济总产出较2020年增长了10%（扣除通胀因素）。2016～2021年，美国数字经济实际总产出的年平均增长率为5.6%，远高于同期1.9%的整体经济增长率，其中收费数字服务在2021年数字经济总产出中占比最高，达到43.0%（上年同期为43.9%），其次是基础设施（31.5%，上年同期为30.9%）和电子商务（25.4%，上年同期为25.2%）（见图1）。

2021年，收费数字服务以当前美元计的总产出为1.59万亿美元，上年同期为1.45万亿美元，同比实际增长9.7%，上年同期的增幅为1.3%，大

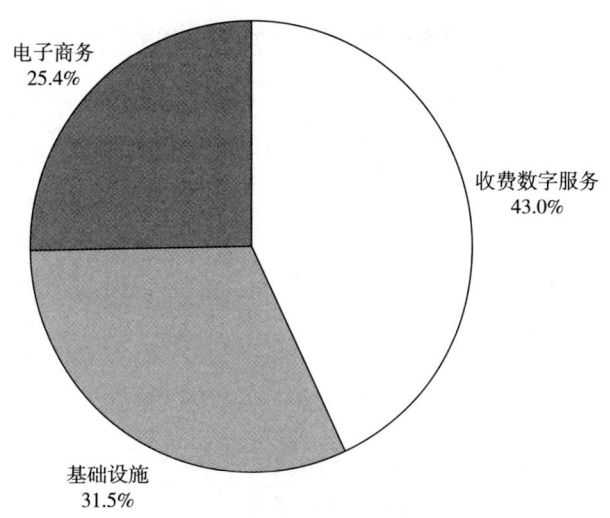

图 1 2021年美国数字经济各类别产出占比

幅高于2012~2020年4.3%的年均复合增长率。增速最高的业务为云服务（增速为21.8%）以及互联网和数据服务（增速为17.5%），电信服务增长最为缓慢（增速为5.7%）。电信服务占该领域整体产出的一半略多。

2021年，数字经济基础设施的实际总产出为1.17万亿美元，较2020年的1.02万亿美元增长11.1%（扣除通胀因素）。2019~2020年，得益于硬件和软件产出的增长，数字经济基础设施的实际总产出增长了6.5%。2012~2020年，数字经济基础设施实际总产出的年均复合增长率为5.0%。2021年软件和硬件产出都大幅增长。软件产出增长了12.1%，硬件产出增长了9.5%。

2021年，电子商务的实际总产出为9420亿美元，较2020年的8310亿美元增长了8.7%（扣除通胀因素），2020年较2019年增长了5.2%。B2B和B2C电子商务产出强劲增长，分别增长了7.6%和11.1%。2016~2021年，电子商务类别的实际总产出年均增长率为5.1%，低于数字经济5.6%的年均增速。

2021年联邦非国防数字服务的实际产出为42000万美元（见表1）。过去6年，这一领域的产出持续收缩，年均增长率为-1.4%。

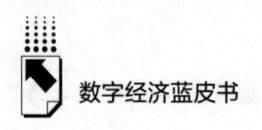

表1 2021年美国数字经济各类别的总产出

单位：百万美元

数字经济	细分市场	总产出
基础设施	软件	722027
	硬件	445089
	合计	1167116
电子商务	B2B电子商务	642998
	B2C电子商务	298272
	合计	941970
收费数字服务	云服务	186589
	电信服务	802139
	互联网和数据服务	213890
	其他收费数字服务	390200
	合计	1592217
联邦非国防数字服务		420

（二）数字经济的行业总产出

2021年，数字经济的总产出中有80%以上来自以下三个行业：信息行业占比43.2%（上年同期为43.6%）、批发贸易行业占比21.4%（上年同期为21.5%）、专业和商业服务行业占比16.6%（上年同期为16.3%）（见表1、表2）。

表2 2021年美国主要行业的数字经济总产出

单位：百万美元

数字经济主要行业	总产出
信息	1600191
批发贸易	792532
专业和商业服务	615714
制造业	303349
零售贸易	308818
其他行业	81118
合计	3701722

表3 2020年美国主要行业的数字经济总产出

单位：百万美元

数字经济主要行业	总产出
信息	1440992
批发贸易	711661
专业和商业服务	539781
制造业	280046
零售贸易	261212
其他行业	72202
合计	3305894

2021年，信息行业产出的实际增速为12.4%，高于数字经济整体10%的实际增速。2019~2020年，信息行业的实际总产出增长了4.2%，2012~2020年的年均增长率为5.6%，2016~2021年的年均复合增长率为6.3%。广播和电信业在该行业中占比最高，为46.6%，但增长最慢，增速为4.3%。增速最高的行业为数据处理、互联网出版和其他信息服务行业，同比大幅增长21.9%。2021年，美国信息行业近3/4（73.5%，2020年为71.8%）的总产出来自数字经济。

（三）数字经济的增加值来源

2021年，以当前美元计，数字经济的增加值为2.41万亿美元（2020年为2.14万亿美元，2019年为2.05万亿美元）。2020~2021年，数字经济增加值的实际增速为9.8%，2019~2020年，数字经济增加值实际增长了4.0%。2012~2020年实际数字经济增加值的平均年增长率为6.3%。

2021年，数字经济基础设施的增加值为9110亿美元，2020年为7710亿美元，同比实际增长11.1%，超出数字经济增加值9.8%的整体实际增速，其中硬件增速为7.8%，软件增速为12.9%。2019~2020年，数字经济基础设施的实际增加值增长了6.6%，其中硬件（7.2%）和软件（6.3%）均实现了强劲增长。2016~2021年，数字经济基础设施增加

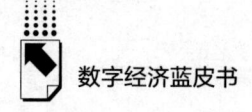

值的年均复合增长率为9.1%，超过数字经济整体6.7%的年均复合增长率。

2021年，电子商务的实际增加值为5590亿美元，2020年为5000亿美元，同比实际增长6.9%，低于数字经济整体9.8%的实际增速，但仍大幅高于美国整体经济5.9%的增速。2016~2021年，电子商务类别的实际增加值年均增长率为4.2%，增长最快的行业是B2C，年均复合增速高达11.2%。

2021年，收费数字服务的实际增加值为9390亿美元，较2020年的8690亿美元大幅增长（见图2）。2020年云服务的实际增加值快速增长（15.3%），但份额更高的电信服务则大幅收缩（-1.7%），降低了这一大类的整体增长率。2021年云服务增加值增长了19.3%，电信服务增长了6.3%。2016~2021年，收费数字服务增加值的年均复合增长率为5.9%。

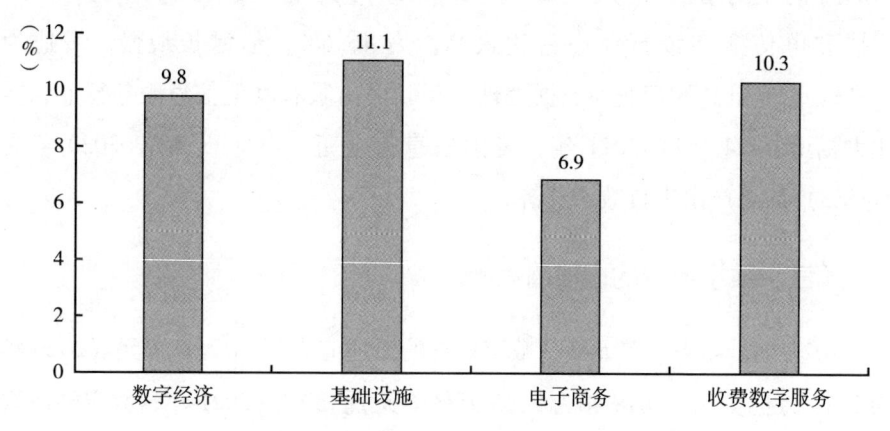

图2　2021年数字经济及各子类的增加值增长率

（四）数字经济行业的就业和薪资

2021年，数字经济领域雇佣了超过800万名（2020年为780万名）全职和兼职员工，薪酬总额接近1.24万亿美元（2020年为1.09万亿美元）。2016~2021年数字经济就业人口的平均年增长率为2.0%，2019~2020年仅增长1.2%，2021年增长2.6%。薪酬增长强劲，2016~2021年的平均年增速为8.1%，2020~2021年增长13.2%，2021年的人均薪酬达到15.4万美元。

2020年，专业和商业服务行业占数字经济就业人口（30.8%）和薪酬（32.1%）的近1/3。计算机系统设计和相关服务是该行业的主导部分。2019~2020年，专业和商业服务业的就业人口增长率为0.2%，薪酬增长率为6.2%。2012~2020年，其就业人口的年均复合增长率为3.6%，薪酬的年均复合增长率为6.7%。

信息行业在数字经济就业人口中的占比为22.2%，在薪酬中的占比为28.9%。除互联网（包括软件）外，出版领域的薪酬占该行业薪酬的46.6%。2019~2020年，信息行业的就业人口仅增长0.1%，薪酬增长7.9%。2012~2020年，该行业的就业人口和薪酬平均年增长率分别为1.3%和6.4%。

批发贸易行业占数字经济就业人口的近1/4（23.6%），占薪酬的1/5（19.1%）。2019~2020年，该行业的就业人口下降0.6%，薪酬增长4.5%。2012~2020年，该行业的就业人口和薪酬年均增长率分别为2.3%和4.9%。2020年，美国批发贸易部门33%的就业归因于数字经济。

与整体经济不同，数字经济在2020年经历了相对强劲的增长。硬件对整体增长做出了巨大贡献，这是由半导体相关制造业的大幅增长推动的，该行业在COVID-19大流行期间变得至关重要，没有受到导致许多其他行业停工的不利因素的影响。相反，由于远程工作机会增加，大量活动转至线上，对于半导体的需求大幅上升。同样，软件在2020年经历了相对强劲的增长，云服务和B2C电子商务也是如此。相关数据显示，2019~2020年，B2C电子商务销售额增长了42.8%，其中大部分增长来自非店铺零售商。

二 美国数字经济呈现强者恒强的态势

从BEA发布的数据可以看出，最近10年，美国数字经济的增速是美国整体经济增速的3倍以上，资本市场的数据也验证了这一趋势，而且美国数字经济呈现显著的极化趋势，利润持续向头部公司集中。

目前，美国上市公司市值最高的前10大公司几乎都是数字经济公司。比较不同公司的市值占比就可以发现，财富正在高速向头部数字经济公司集中。头部数字经济公司市值占整体股市市值的比例不断提高（见表4）。

表4 不同市值公司的占比变化（2010~2021年）

单位：百万美元，%

年度	美国股市市值	前500大美国公司市值	500强占比	前10大美国公司市值	10强占比	前5大美国公司市值	5强占比
2021	53366436	42368175	79.4	13697050	25.7	11047640	20.7
2020	40736558	33388391	82.0	10619256	26.1	7531453	18.5
2019	33905977	28125589	83.0	7367523	21.7	4931653	14.5
2018	30449359	22065655	72.5	4932350	16.2	3493050	11.5
2017	31774585	23938149	75.3	5502082	17.3	3332130	10.5
2016	27362568	20222192	73.9	3946225	14.4	2411388	8.8
2015	25076924	18774070	74.9	3682100	14.7	2231150	8.9
2014	26338839	19331041	73.4	3552717	13.5	2122141	8.1
2013	24041485	17482339	72.7	3139901	13.1	1861684	7.7
2012	18673959	13499872	72.3	2781255	14.9	1643919	8.8
2011	15645564	11982408	76.6	2572175	16.4	1524371	9.7
2010	17288140	11928434	69.0	2208327	12.8	1296561	7.5

2010~2021年，美国股市市值从17.29万亿美元增长到53.37万亿美元，年均复合增速为10.79%；同期前500大美国公司的市值从11.93万亿美元增长到42.37万亿美元，年均复合增速为12.21%，500强公司市值占总市值的比例从69.0%提高到79.4%[1]；同期前10大美国公司的市值从

---

[1] https://web.archive.org/web/20080828204144/http://specials.ft.com/spdocs/FT3BNS7BW0D.pdf，年度数据截止时间为每年的12月31日。

2.21万亿美元增长到13.70万亿美元,年均复合增速为18.05%;前5大美国公司的市值从1.30万亿美元增长到11.05万亿美元,年均复合增速为21.50%(见表5)。收益递增导致的马太效应非常明显。

表5 美国资本市场不同组别公司的增长率比较

单位:%

时间跨度	组别	市值年均复合增长率
2010~2021年	整体资本市场	10.79
2010~2021年	前500大公司	12.21
2010~2021年	前10大公司	18.05
2010~2021年	前5大公司	21.50

以2010年为基准点,初始值设为100,对上述表格进行标准化处理后,可以得到表6。

表6 标准化处理后的美国不同组别公司市值走势(2010~2021年)

年度	标准化处理后的美国股市市值	标准化处理后的前500大美国公司市值	标准化处理后的前10大美国公司市值	标准化处理后的前5大美国公司市值
2021	308.6881	355.1864	620.2456	852.0725
2020	235.633	279.9059	480.8733	580.8792
2019	196.1228	235.7861	333.6246	380.3641
2018	176.1286	184.9837	223.3523	269.4088
2017	183.7941	200.6814	249.1516	256.9975
2016	158.2736	169.5293	178.6975	185.9834
2015	145.0528	157.3892	166.7371	172.0821
2014	152.3521	162.0585	160.8782	163.6746
2013	139.0635	146.5602	142.1846	143.5863
2012	108.016	113.1739	125.944	126.7907
2011	90.49883	100.4525	116.4762	117.5703
2010	100	100	100	100

如果你在2010年同样投资100万美元购买不同组别的美股股票，那么11年后的收益会有非常大的不同。如果购买美股指数，2021年将收获308万美元；如果购买前500大公司的股票，那么2021年将收获355万美元；如果购买前10大公司的股票，那么2021年将收获620万美元；如果购买前5大公司的股票，那么前期投资的100万美元将增长700%以上，获得852万美元（见图3）。

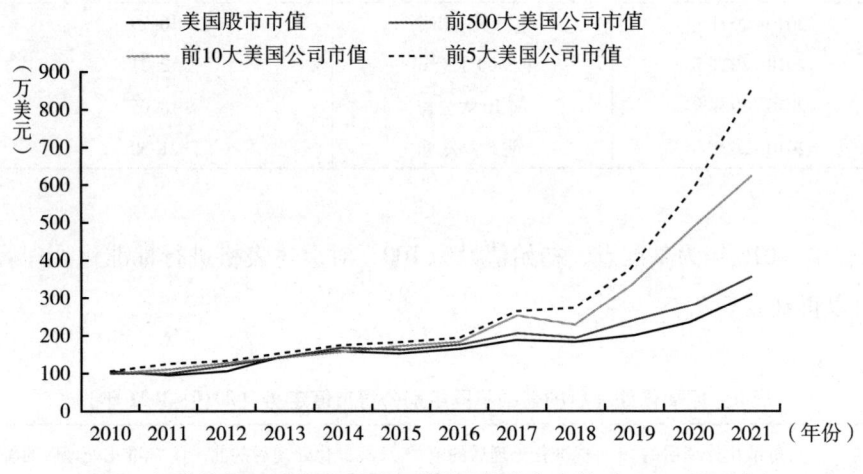

图3 标准化处理后美国不同组别股票的股市走势（2010~2021年）

注：以2010年为标准值。

截至2021年12月31日，美股前10大公司中除了伯克希尔哈撒韦之外，已经全部被数字经济企业占据，其中苹果的市值已经接近3万亿美元。苹果、亚马逊、谷歌、微软和特斯拉是全球股市市值最高的5家企业，总市值达到了10.11万亿美元，占美股总市值（53.37万亿美元）的约19%（见表7）。①

五大科技公司的市值增长速度远高于同期的美股指数，强者恒强的态势异常明显（见表8）。

---

① 各公司年报，https://www.sec.gov。

表7 2021年美股市值10强

单位：百万美元

排名	名称	总部	所属行业	市值
1	苹果	美国	手机	2913000
2	微软	美国	软件	2525000
3	谷歌	美国	网络搜索	1922000
4	亚马逊	美国	电子商务	1691000
5	特斯拉	美国	电动汽车	1061000
6	Meta（脸书）	美国	在线社交	935640
7	英伟达	美国	GPU	732920
8	伯克希尔哈撒韦	美国	保险	668630
9	台积电	中国台湾	芯片	623930
10	腾讯	中国	在线社交	623930

表8 2013~2018年美国五大科技公司市值数据

公司	2013年	2014年	2015年	2016年	2017年	2018年
苹果	3631.579	5315.789	5157.895	5842.105	8789.474	11000
亚马逊	1941.226	1512.01	3297.157	3653.211	5701.741	9363
谷歌	3882.188	3652.597	5280.611	5371.056	7277.364	8641.696
微软	2377.063	3163.794	3953.592	4577.763	6494.749	8401
Facebook	1600	2262	3000	3345	5212	5229
道琼斯指数	16576	18038	17603	19762	24837	25300
纳斯达克指数	3980	4547	5007	5383	6903	7871

注：年度数据截至12月31日，2018年数据截至2018年8月15日，公司数据单位为亿美元，指数数据单位为点。

如果将2013年的数据设定为100，可以更直观地看出美国五大科技股对于美股的贡献度（见表9）。

2013~2018年，五大科技公司的平均涨幅高达237%，而同期道琼斯指数的涨幅只有52%，纳斯达克指数的涨幅只有97.7%（见图4）。

市值中包括预期因素。如果不考虑预期因素导致的估值波动，只考虑五大科技公司的收入增幅，我们也能发现数字经济持续成为美国经济发动机的事实。

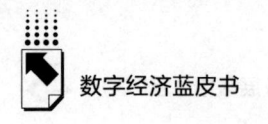

表 9 2013~2018 年标准化后的美国五大科技公司市值数据

公司	2013年	2014年	2015年	2016年	2017年	2018年
苹果	100	146.3768	142.029	160.8696	242.029	302.8986
亚马逊	100	77.88945	169.8492	188.191	293.7186	482.3241
谷歌	100	94.08602	136.0215	138.3513	187.4552	222.5986
微软	100	133.0968	166.3226	192.5806	273.2258	353.4194
Facebook	100	141.375	187.5	209.0625	325.75	326.8125
道琼斯指数	100	108.82	106.1957	119.2206	149.8371	152.6303
纳斯达克指数	100	114.2462	125.804	135.2513	173.4422	197.7638

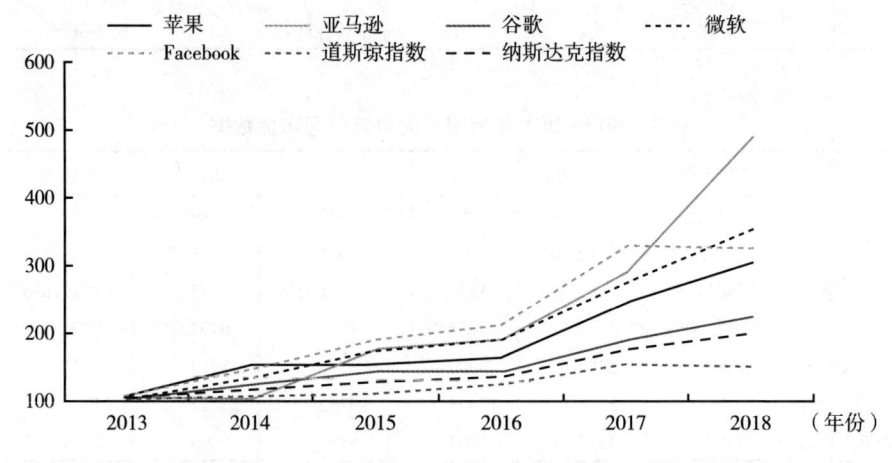

图 4 五大科技公司市值走势与美股指数走势对比（2013~2018 年）

5 家公司 2017 年的收入达到 6683 亿美元，较 2013 年的 3956 亿美元增长 69%（见表 10）。为了便于比较，我们对这些数据进行标准化处理，参见表 11。

表 10 美国科技五巨头的收入数据（2013~2017 年）

单位：百万美元

公司	2013年	2014年	2015年	2016年	2017年
苹果	170910	182795	233715	215639	229234
亚马逊	74452	88988	107006	135987	177866
谷歌	55519	66001	74989	90272	110855

续表

公司	2013 年	2014 年	2015 年	2016 年	2017 年
微软	86833	93580	85320	89950	110360
Facebook	7872	12466	17928	27638	39942

表 11　标准化后的美国科技五巨头收入数据（2013~2017 年）

公司	2013 年	2014 年	2015 年	2016 年	2017 年
苹果	100	106.954	136.7474	126.1711	134.1256
亚马逊	100	119.524	143.7248	182.6506	238.9002
谷歌	100	118.88	135.0691	162.5966	199.6704
微软	100	107.7701	98.25757	103.5896	127.0945
Facebook	100	158.3587	227.7439	351.0925	507.3933

资料来源：笔者自制。

对这些数据进行标准化处理后，可以发现，Facebook 的增速最快，2017 年的收入是 2013 年的 5 倍多，年均增幅高达 60%以上。增幅最小的是微软，营收增长了 27%（见图 5）。

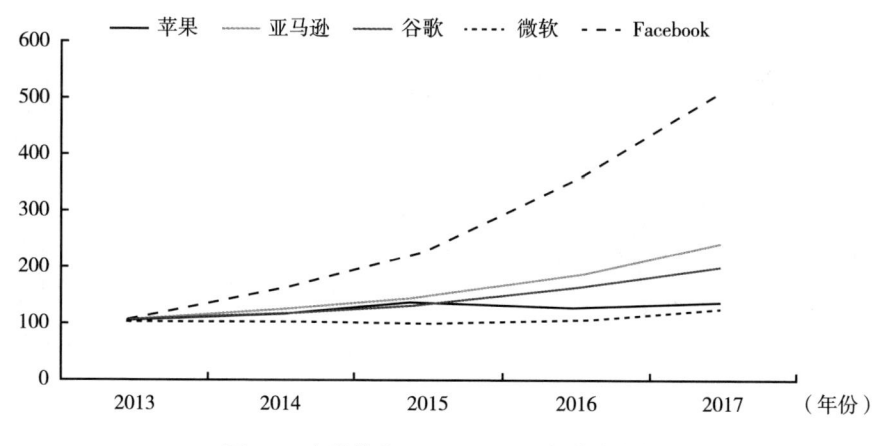

图 5　5 家科技公司 2013~2017 年营收走势

如果考察细分市场，这种强者恒强的效应就会更加明显。以云计算市场为例，亚马逊、谷歌和微软所占的市场份额持续攀升。三者合计的云收入占

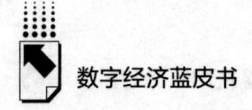

比从2015年的不足25%上升到2018年第一季度的接近75%。三者之中，同样呈现强者恒强的局面，亚马逊占据的市场份额从2015年的20%左右上升到2018年第一季度的53%左右。作为后起之秀的微软和谷歌虽然整体上也在增长，但是增幅显著低于亚马逊。搜索市场同样如此，谷歌一家就占据了90%以上的全球互联网搜索市场份额。

三　结论

美国数字经济的增速持续高于美国整体经济的增速，大型数字经济公司的增速又持续高于美国数字经济的整体增速。显然，财富正在高速向头部数字经济公司集中。这一方面推动了美国经济的蓬勃发展，另一方面也带来了巨大的财富分化。技术进步具有自我加速的趋势，在可预见的未来，美国的数字经济仍将蓬勃发展，随之而来的分化也很难避免。

B.5
中国数字经济发展报告（2022）

胡雯*

摘　要： 得益于宏观经济的缓慢复苏，2021年中国数字经济总体增速明显加快，占GDP比重进一步提升至39.8%，同时数字经济质量与规模同步发展，智能制造产业出现新增长点，电子商务交易额增速创近年新高。此外，核心城市群数字化外溢效应显著，一线城市引领效应不减。在创新成果方面，创新投入和PCT专利申请量保持持续增长，头部企业在国际创新领域的排名有所上升。在数字治理方面，《数据安全法》和《个人信息保护法》相继实施，数字治理法律法规体系进一步完善。受到拜登政府科技战略布局和新冠疫情影响，中国数字经济供应链面临严峻挑战，同时新兴技术应用场景将成为未来提升经济效应转化率的关键，数字经济治理体系的研究完善刻不容缓。

关键词： 数字经济　数字基础设施　数字创新　数字治理

一　概况

受新冠疫情的持续影响，国际竞争中的不稳定性、不确定性更加突出，全球经济复苏缓慢且不均衡性加剧。2021年是中国"十四五"规划的开局之年，在内外环境深刻复杂变化的背景下，中国数字经济保持了良好的增长

* 胡雯，上海社会科学院信息研究所助理研究员，主要研究方向为科技发展与管理。

势头，为稳定宏观经济做出了重要贡献，也仍然面临诸多挑战。

首先，2021年全球经济在疫情影响下仍然呈现较高的不确定性，特别是主要国家通胀率大幅度上升，使2022年全球经济复苏前景越发暗淡。图1描述了2021年主要国家的通货膨胀水平。从总体趋势来看，主要经济体通胀率均呈现快速上升态势，尤其是美国、英国和德国，2021年12月通胀率分别达到7%、5.4%和5.3%，处于历史高位。这主要是受到疫情复苏需求增加、供应链断裂风险飙升、各国财政和货币政策宽松等因素的综合影响，致使核心商品价格持续上涨，全球经济下行压力巨大，复苏前景不容乐观。

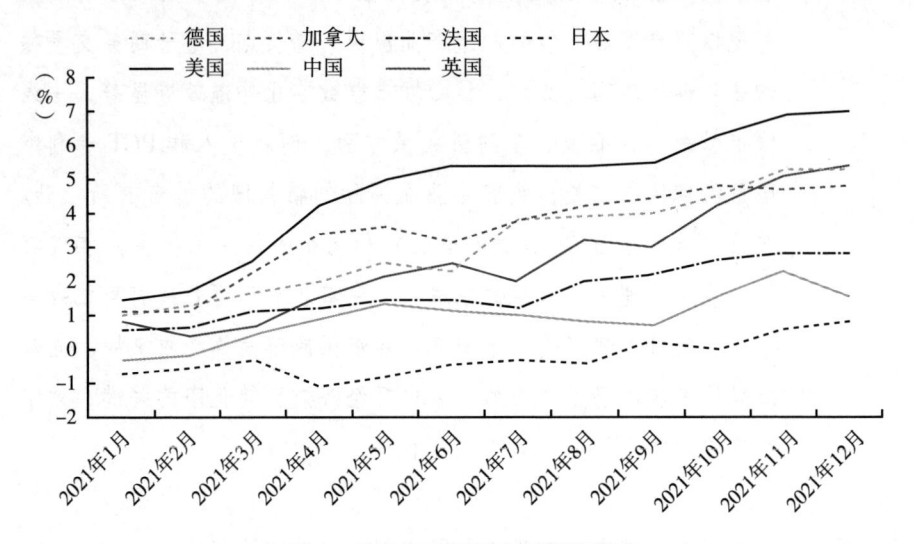

图1 2021年主要国家通货膨胀率

资料来源：OECD。

根据国际货币基金组织于2022年7月更新的预测数据（见图2），受中国和俄罗斯经济下行、美国经济增速放缓、乌克兰冲突溢出效应的影响，经济增速将从2021年的6.1%放缓至2022年的3.2%，较2022年4月的预测值下调0.4个百分点。预计2022年发达经济体的通胀率将达到6.6%，新兴市场和发展中经济体将达到9.5%，二者分别被上调了0.9个和0.8个百分点。

其次，拜登政府采取"小院高墙"科技竞争战略，通过使用一种更趋中间派的话语体系，推行"技术民主"计划，旨在制定和塑造关键技术使

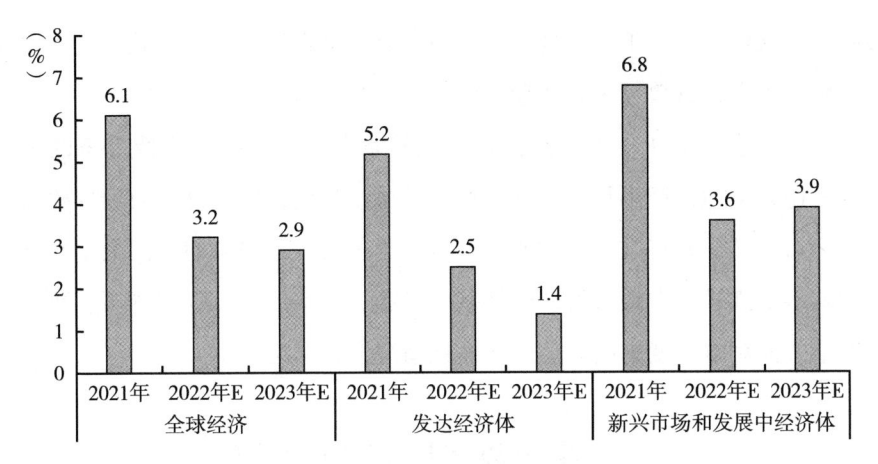

图 2 IMF 世界经济增速预测

数据来源：IMF。

用规则，与欧洲和亚洲盟友建立技术同盟，抵制中国、俄罗斯和伊朗等所谓"技术独裁国家"。与特朗普时期的"全面脱钩"模式相比，拜登政府的"小院高墙"战略具有更精准的打击目标和策略，并且正在通过修复核心盟友关系、拓展亚太同盟等途径，围绕技术权力博弈维系美国的技术领先地位。自中美贸易争端以来，美国通过技术出口管制手段，在芯片、EUV 光刻机等关键技术产品上仍然采取强硬的封锁手段。2022 年 8 月，拜登正式签署了《芯片与科学法案》，旨在鼓励芯片制造回流本土，降低美国在关键产品上对海外供应链的依赖程度。该法案的实施将进一步增加中国集成电路产业的供应链风险。据统计，2020 年中国大陆本土芯片自给率仅为 5.9%，进口依赖程度极高，存在严峻的贸易逆差，不利于中国数字经济未来发展，实现科技自立自强是当前面临的首要任务。

最后，中国数字经济在数字技术应用拓展的基础上持续释放数字经济红利，伴随数字基础设施建设的全面推进，围绕数据要素的流通服务创新正在加速，虚拟经济与实体经济的融合更加深入，数字经济新业态新模式持续涌现，出现了一批具有原创领先商业模式的新兴企业，并在量子通信、量子计算等前沿技术领域取得突破。然而，中国关键数字技术基础仍然薄弱，精密

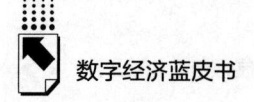

传感器、操作系统、工业软件、数据库、开源平台等核心技术缺乏自主可控性，亟须集中力量攻克短板弱项。

综上所述，2021年世界经济形势仍然复杂严峻，新冠疫情带来的不确定因素持续增加，经济复苏中的不均衡性持续深化，同时拜登政府构建的排他性多边主义框架将进一步加剧中美科技竞争紧张态势，使中国数字经济发展面临多重挑战。本报告将从数字基础设施、数字产业、数字创新、数字治理四个方面对本年度中国数字经济发展情况进行总结。

二 中国数字基础设施发展

2021年度中国新型基础设施建设继续保持加速发展态势。以5G基站为例，根据工信部的统计结果，2021年中国累计建成开通5G基站142.5万个，较2020年增加70.7万个，同比增长98.47%（见图3）。根据国家网信办发布的《数字中国发展报告（2021年）》，截至2021年底，中国5G基站数量占全球总量的60%以上，IPv6地址资源总量位居世界第1，算力规模排名世界第2，在数字基础设施建设规模上处于世界领先地位。

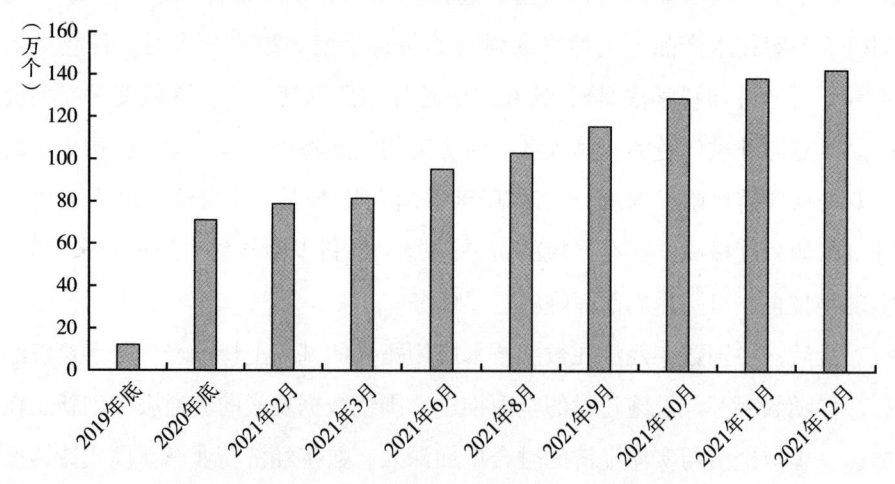

图3 2019年以来中国累计建成开通的5G基站数量

数据来源：工信部。

在云计算领域，云计算行业市场规模增速略有放缓，但总体仍保持高速增长态势。2021年市场规模达到3229亿元，其中公有云市场规模约为2181亿元，同比增长70.8%，与2020年相比增速有所下降；私有云市场规模约为1048亿元，同比增长28.7%（见图4）。总的来说，在政策指引和市场需求的加持下，国内云计算市场仍有较大发展潜力。一方面，"十四五"规划提出实施上云用云行动，鼓励企业进一步应用云计算能力；另一方面，企业上云程度持续加深，行业应用由互联网拓展至政务、金融、工业、医疗、交通等传统行业，需求规模进一步增加、安全性要求进一步提升。

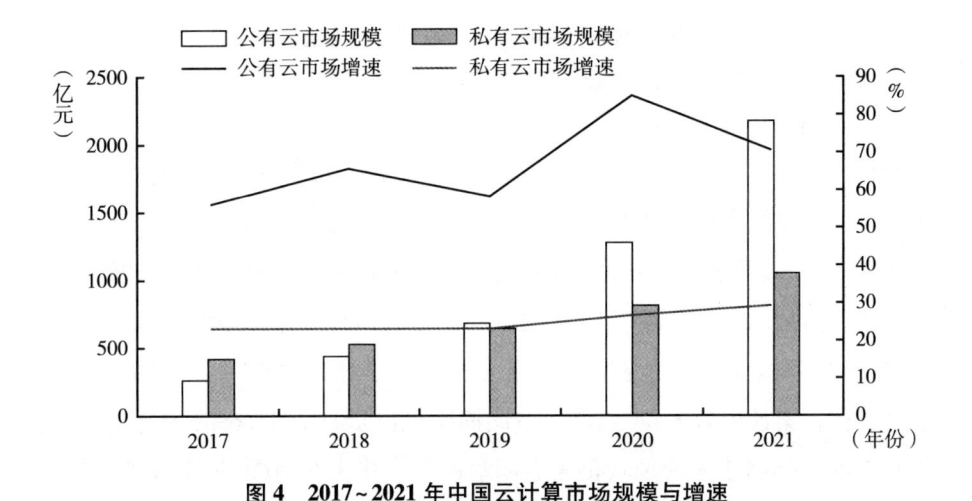

图4 2017~2021年中国云计算市场规模与增速

数据来源：中国信通院，《云计算白皮书（2022年）》。

在移动互联网领域，疫情的长期影响使个人线上消费生活模式、企业和政府线上办公模式、教育在线教学模式等生活工作学习的线上模式成为基本常态，促使移动互联网应用端需求保持高速发展态势。根据工信部《2021年通信业统计公报》，2021年移动互联网接入流量达到2216亿GB，较2020年增长33.82%，增速略有放缓，但仍处于快速增长阶段；同时，全年月户均移动互联网接入流量再创新高，达到13.36GB，较2020年增长29.08%（见图5）。

伴随中国5G基础设施的快速发展，5G移动终端在2021年度实现了快

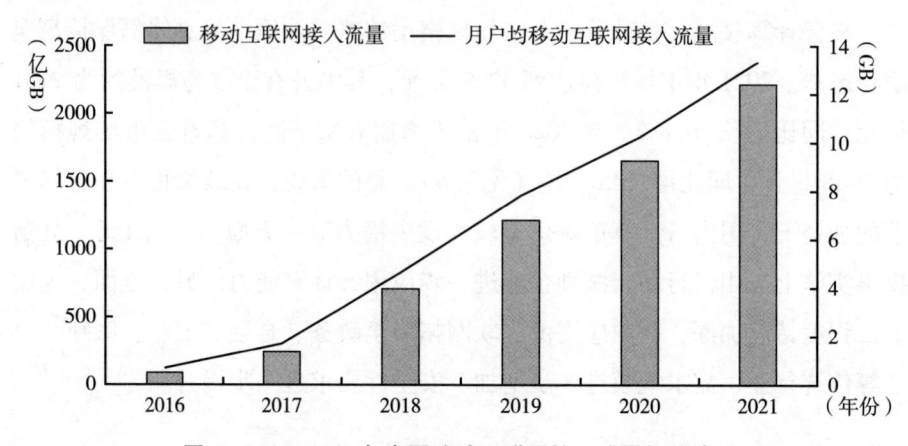

图5 2016~2021年中国移动互联网接入流量相关情况

数据来源：工信部，《2021年通信业统计公报》。

速增长，5G手机出货量显著超过4G手机出货量，市场占有率超过7成。根据中国信通院发布的《2021年12月国内手机市场运行分析报告》，2021年全年，中国5G手机累计出货2.66亿部，占同期手机出货量的75.9%，4G手机累计出货约0.8亿部（见图6）。移动手机出货量数据表明，5G手机已经取代4G手机成为移动终端市场的主力机型。同时，2021年国产品牌手机表现不俗，累计出货3.04亿部，占同期手机出货量的86.6%，但移动终端核心零部件受制于人的现状仍未有明显改善。华为在2021年4月受到美国第四轮制裁后，无法再使用5G射频模块，因而最新发布的P50旗舰机没有5G功能，可见移动终端领域存在较高的供应链风险。

此外，数据中心作为新基建体系中的信息基础设施，以标准化的专业级机房环境和设备平台，用于在Internet网络基础设施上传递、加速、展示、计算、存储数据信息，是互联网、云计算和人工智能等领域的通用支撑技术。根据机柜规模可以将数据中心划分为超大型、大型、中型、中小型四种类型，其中超大型和大型数据中心以存储型数据等冷数据为主，中型和中小型数据中心以需要实时运算数据为主，表1对不同类型的数据中心特点进行了总结。根据服务对象可以将数据中心划分为互联网数据中心（IDC）、国家数据中心（NDC）、企业数据中心（EDC）三种类型。

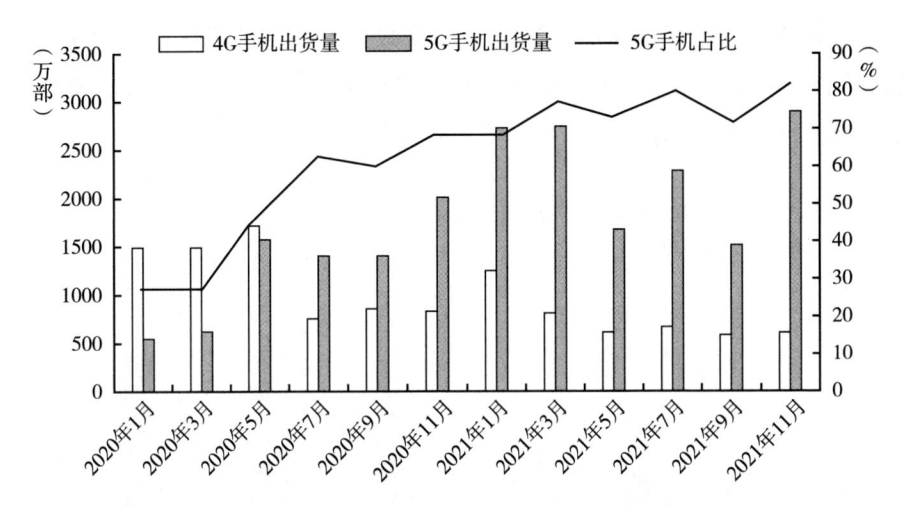

图6 2020年以来中国4G/5G手机出货量情况

数据来源：中国信通院，《2021年12月国内手机市场运行分析报告》。

表1 数据中心的规模等级和主要特点

类型	机柜规模	数据类型	特点
超大型数据中心	大于10000个	以存储型数据等冷数据为主，对数据延迟不敏感	气候和能源供应是最重要的影响因素；主要包括对服务要求较低的数据中心
大型数据中心	5000~10000个	存储型数据等冷数据运算型数据，对数据延迟不较敏感	气候和能源供应是最重要的影响因素
中型数据中心	3000~5000个	以需要实时运算数据为主，对数据延迟较为敏感	市场需求和能源供应是重要影响因素
中小型数据中心	3000个		市场需求和能源供应是重要影响因素；主要服务于实时应用

资料来源：Savills，《2021中国数据中心报告》，http://www.199it.com/archives/1342926.html。

近年来，数据中心建设受到了各级政府的高度重视和产业政策的重点扶持，2021年国家先后出台《新型数据中心发展三年行动计划（2021—2023年）》《贯彻落实碳达峰碳中和目标要求推动数据中心和5G等新型基础设施绿色高质量发展实施方案》等相关政策举措，推动数据中心规模稳步增

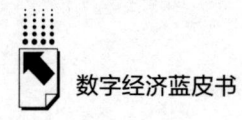

长。根据中国信通院的预测，2021年中国数据中心总机架数量达到429万架，同比增长17.21%，大型规模以上机架数量达到362万架，IDC机柜数量达到324万个，同比增长14.08%（见图7）。

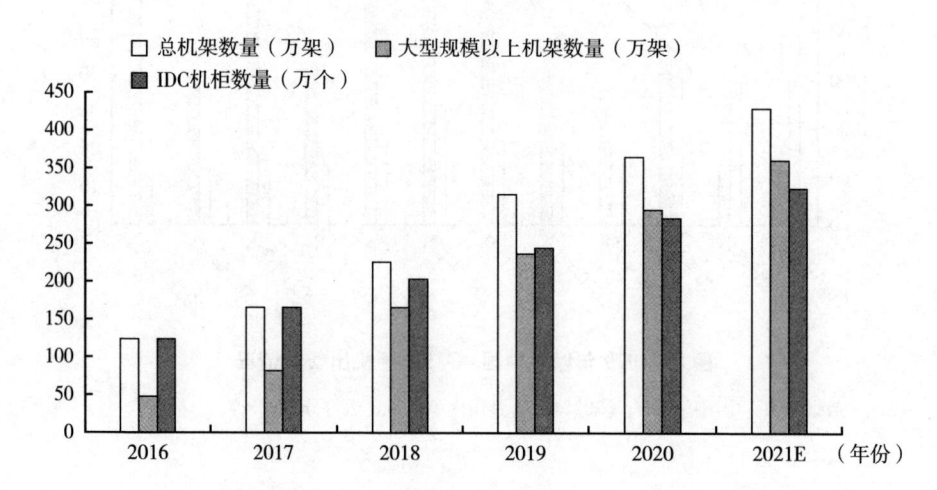

图7　2016~2021年中国数据中心机架和IDC机柜发展情况

数据来源：中国信通院、中商产业研究院。

三　中国数字产业发展

本年度中国数字经济产业总体规模增速明显加快，总量约为45.5万亿元，占GDP比重提升到39.8%，数字经济规模和质量同步发展。智能制造方面，产值规模持续增长，新能源汽车制造业表现抢眼，同时国产工业软件迎来投资风口。电子商务方面，交易额增速创近年新高，以直播为代表的新业态发展呈现竞争加剧态势。网络支付方面，得益于经济缓慢复苏和电商增长势头，业务规模保持稳步增长。从空间分布情况来看，一线城市引领效应不减，核心城市群数字化外溢效应显著，新一线城市和二、三线城市数字经济高质量发展。

（一）产业规模

从2021年的总体情况来看，根据中国信通院的统计测算，中国数字经济总量约为45.5万亿元，较2020年增长16.07%，规模增速重回两位数，占GDP比重约为39.8%，同比提高1.2个百分点（见图8），为2021年中国经济发展做出了重要贡献。

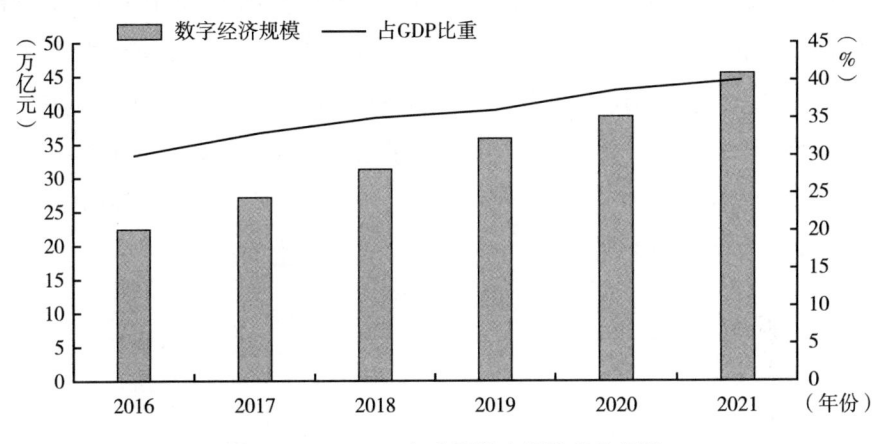

图8　2016~2021年中国数字经济总体规模

数据来源：中国信通院，《中国数字经济发展白皮书（2022年）》。

2021年中国数字经济总体规模增速回归两位数增长阶段，且高于GDP总体增速，有效带动了经济复苏势头，较好地扮演了中国经济发展的稳定器和加速器角色。在新冠疫情的长期影响下，国际经济在2021年开始缓慢复苏，但主要国家通胀水平的快速提升仍然带来了巨大的经济下行压力。在此背景下，在新型基础设施不断完善的基础上，中国数字经济在各行各业的深度渗透有望为经济复苏和高质量发展提供更多动能。根据中国信通院的测算，2021年中国数字产业化规模达到8.4万亿元，同比名义增长11.9%，产业数字化规模达到37.2万亿元，同比名义增长17.2%，两者均保持快速增长，表明数字化发展仍处于加速阶段。

从智能制造产业的情况来看，2020年中国智能制造业的产值规模达到2.51万亿元，2021年将超过2.8万亿元（见图9）。2021年中国智能制造业发展展现出若干新特点：一是"双碳"目标要求制造业加强能源管理实现绿色转型，鉴于碳达峰碳中和逐渐成为中国经济运行的底层逻辑，2021年夏季拉闸限电、工业错峰用电的情况有所增加，可以预见未来"双碳"目标将对制造业产生深远影响；二是新能源市场由政策驱动向市场拉动转变，尤其是新能源汽车2021年销量再创新高，以比亚迪为代表的国产汽车品牌市场表现抢眼，互联网科技企业入局造车形成新势力，未来或可成为智能制造的重要部分；三是国产工业软件迎来投资风口，工业软件作为制造业数字化转型的关键要素，国内市场长期以来一直被国际大厂垄断，近年来在计算机辅助设计软件（CAD）领域，中望软件、华大九天、广立微等国内企业正在崛起，有望在未来进一步补齐中国在工业软件上的短板。

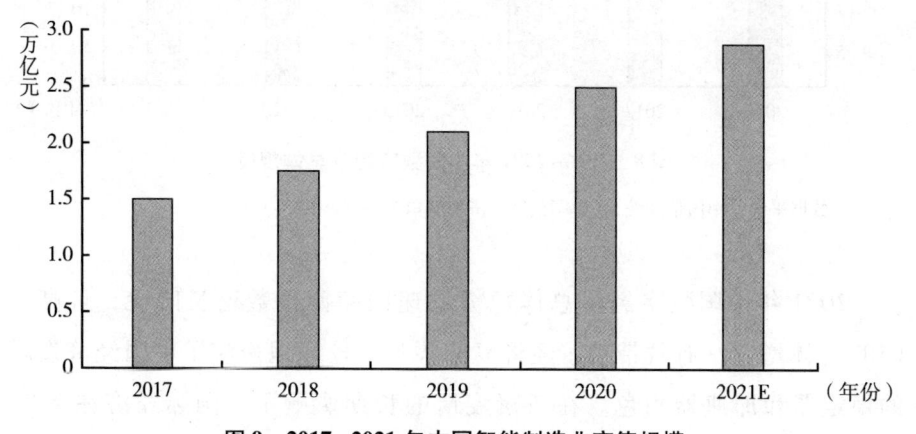

图9　2017~2021年中国智能制造业产值规模

数据来源：中商产业研究院，https：//www.askci.com/news/chanye/20220429/1512211840827.html。

从电子商务产业的情况来看，2021年中国电子商务交易总额达到42.3万亿元，较2020年增长13.7%，增速达到近5年高位（见图10），在新业态加持下重回快速发展阶段。在疫情的长期影响下，全球消费模式和零售格局加速变革，线上消费模式成为消费者的主要购买模式，整体消费形成稳步复苏态势。从网络购物情况来看，中国网络购物用户规模逐渐扩大，截至2021年6月用户规模达到8.12亿人，约占整体网民的80.3%。其中，头部电商的用户规模仍有较大增长，尤其是拼多多的用户规模增速显著高于阿里巴巴和京东，这主要得益于农村市场电商需求释放、社交电商蓬勃发展、地域网络消费鸿沟缩小等综合因素的影响。

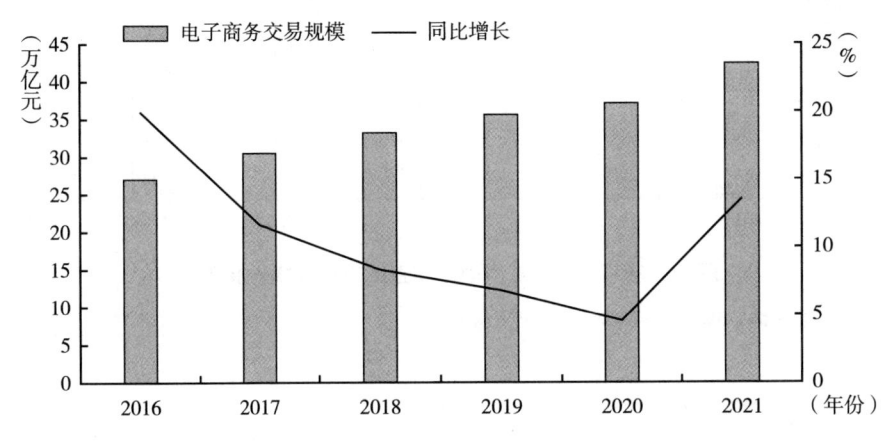

图10 2016~2021年中国电子商务交易规模和增长情况

数据来源：商务部。

此外，电商新业态也呈现纷繁复杂的发展态势。以直播新业态为例，伴随抖音、快手等短视频直播平台大力扶持品牌商家入驻，品牌自播成为直播业态的新增长点，使业内竞争进一步加剧。同时，2021年末头部主播偷税漏税事件曝光后，头部主播格局被打破，监管部门提出了更加严格的规范要求，使直播业态向更加均衡的竞争态势发展。据统计，2021年中国电商直播市场规模已经超过1.2万亿元，较2020年增长25%左右，继续保持高速增长态势（见图11）。从竞争格局来看，淘宝在用户规模和转化率上仍然具有较大优势，但抖音直播、快手直播等后发企业的增长潜力也不容小觑。

从网上支付的发展情况来看，得益于国内经济复苏和电子商务发展的良好态势，2021年中国网上支付业务金额超过2353万亿元，同比增长8.25%，增速创近年新高（见图12）。

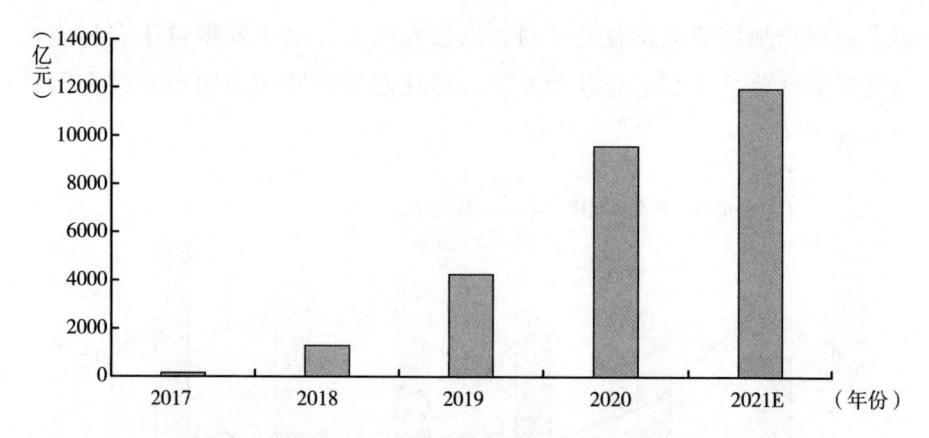

图 11　2017~2021年中国电商直播市场规模发展情况

数据来源：iiMediaResearch、中商产业研究院。

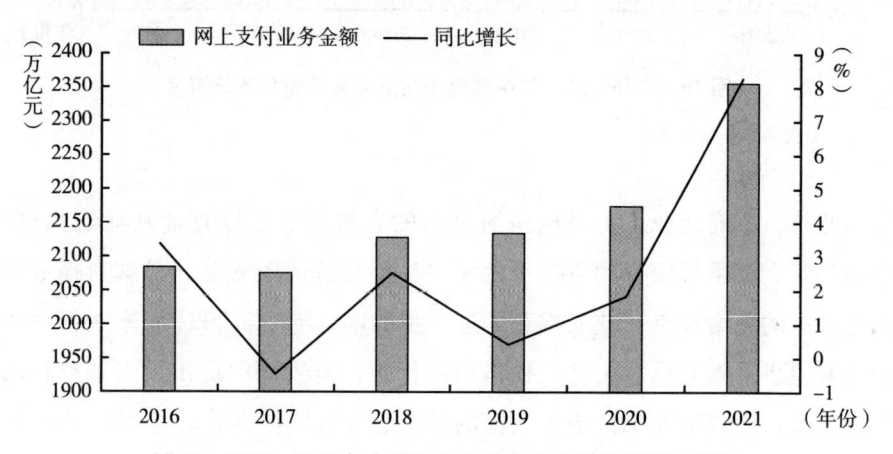

图 12　2016~2021年中国网上支付业务金额及其增长情况

数据来源：智研咨询，《2021年中国网上支付交易规模分析》。

（二）空间分布

2021年各省区市数字经济发展态势良好，一线城市继续保持引领，新一线城市在部分重点领域实现突破，并逐步成为新的区域增长极。根据新华三集团·数字中国研究院发布的《城市数字化发展指数（2022）》，2021年数字化水平排名前10的城市分别是北京、上海、杭州、深圳、成都、广州、南京、重庆、苏州、无锡（见图13）。其中，北京、上海、杭州、深圳等一线城市继续保持领先地位。

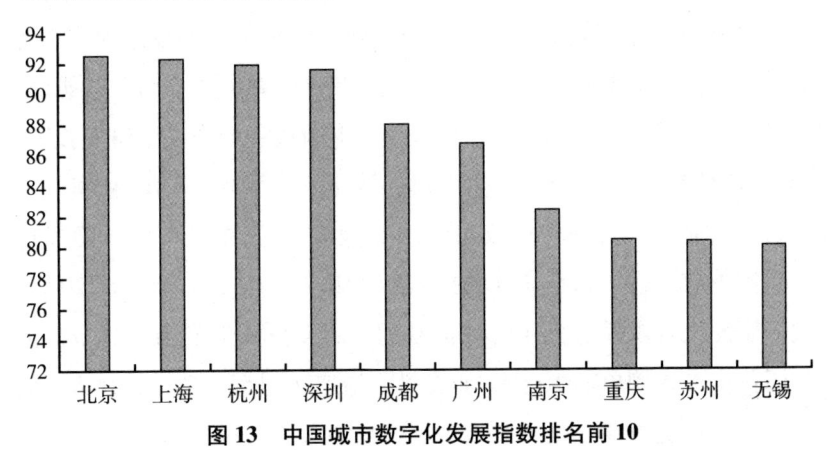

图 13 中国城市数字化发展指数排名前 10

数据来源：新华三集团·数字中国研究院，《城市数字化发展指数（2022）》。

从区域层面来看，粤港澳大湾区、京津冀、长三角和成渝都市群的数字化发展指数评分高于全国平均水平。一方面，城市群内部的数字化水平和创新能级进一步提升，数字产业化和产业数字化协同高质量发展，电子政务服务水平明显提高；另一方面，四大城市群数字化发展对周边城市也形成了辐射效应，在产业流通、交通连接等渠道的影响下，周边城市数字化进程加快发展，尤其是山东半岛城市群、中原城市群、武汉都市圈等城市群的数字化发展水平较上一年有显著提升。

四 中国数字创新发展

在创新成果方面，中国数字经济头部企业的研发创新投入和PCT专利申请量均保持增长态势，在国际创新领域的排名有所上升。在人才发展方面，上海、北京、深圳仍然是数字经济人才的重要集聚地，人才平均年薪显著高于城市中高端人才平均年薪，紧缺急需岗位主要集中在产品经理、电商运营、数据分析师方面，同时数字化营销人才需求量增长较快。

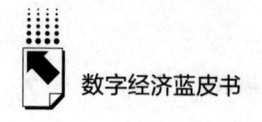

（一）创新成果

2021年中国数字经济领域企业的研发创新仍然保持了较好的增长势头。在创新投入方面，头部企业研发投入普遍保持两位数增长态势。根据欧盟发布的《2021年欧盟产业研发投入记分牌》，中国数字经济领域研发投入排名前10的企业依次是：华为、阿里巴巴、腾讯、台积电、鸿海精密、百度、联发科、中兴通讯、网易、蚂蚁集团（见表2）。其中，华为、阿里巴巴、腾讯蝉联榜单前三，华为在全球的排名由2020年的第3位上升至2021年的第2位，研发投入规模达到174.6亿欧元，研发投入强度为15.7%。此外，蚂蚁集团首次进入榜单前10位，研发投入增速达到53.6%，并在人工智能、风险管理、区块链等核心技术领域开展了战略布局。在全球经济下行压力巨大的背景下，中国数字经济头部企业仍保持了较高的研发创新活力，但在研发投入强度上未来尚有一定的上升空间。

表2　2021年中国数字经济领域研发投入排名前10的企业

单位：亿欧元，%

排名	企业	研发投入	研发投入增速	研发投入强度
1	华为	174.6	6.7	15.7
2	阿里巴巴	71.3	32.9	8.0
3	腾讯	48.6	28.3	8.1
4	台积电	31.3	19.8	8.2
5	鸿海精密	26.9	2.8	1.8
6	百度	24.3	6.4	18.2
7	联发科	22.1	22.7	24.0
8	中兴通讯	18.6	14.7	14.7
9	网易	13.4	23.4	14.6
10	蚂蚁集团	13.2	53.6	8.8

数据来源：欧盟，《2021年欧盟产业研发投入记分牌》。

在PCT专利申请方面，根据世界知识产权组织（WIPO）的最新统计，中国PCT专利申请量已连续三年蝉联世界第1，2021年申请量达到69540

件，同比增长0.9%，增速较2020年大幅度下降。从企业PCT专利的申请情况来看，全球排名前10的企业中有3家来自中国，分别是华为、OPPO和京东方，其中华为2021年PCT专利申请量为6952件，排名全球首位；OPPO和京东方的申请量分别为2208件和1980件，OPPO的专利申请量增速高于京东方，但与全球排名前5的企业相比仍有一定差距。表3描述了2021年中国PCT专利申请量排名前10的企业，平安科技、中兴通讯、vivo、大疆、瑞声科技、华星光电、腾讯进入榜单，其中瑞声科技的增长速度最快，在声学、光学、电磁传动方面形成了较好的专利储备。

表3 2021年中国PCT专利申请量排名前10的企业

单位：件

排名	企业	2020年申请量	2021年申请量
1	华为	5464	6952
2	OPPO	1801	2208
3	京东方	1892	1980
4	平安科技	1304	1564
5	中兴通讯	1316	1493
6	vivo	955	1336
7	大疆	1075	1042
8	瑞声科技	298	679
9	华星光电	872	648
10	腾讯	470	511

数据来源：WIPO，《PCT年度回顾2022》。

（二）人才发展

伴随中国数字化进程在各行各业的渗透持续深入，数字化人才需求正在由虚拟经济向实体经济延伸。根据猎聘大数据研究院的研究结论，互联网行业的数字化新发职位在行业新发职位中的占比小幅下降，同时机械制造、制药医疗、能源化工等行业的数字化新发职位占比呈现上升态势（见表4），表明实体经济对数字化人才的需求规模正在增长。

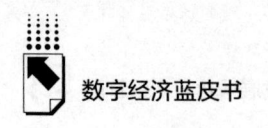

表4 数字化新发职位在各大行业的占比变化情况

单位：%

行业	2020Q1	2020Q2	2020Q3	2020Q4	2021Q1	2021Q2	2021Q3
互联网	43.37	45.37	44.31	42.68	40.26	41.30	41.70
电子通信	13.52	10.79	10.97	11.20	12.08	12.02	12.69
机械制造	8.91	8.08	8.84	9.85	10.51	11.55	12.90
消费品	7.04	8.79	7.56	7.43	7.25	6.34	6.14
服务外包	5.44	5.48	5.26	4.94	4.52	4.80	5.19
制药医疗	4.28	4.39	4.50	4.38	4.69	4.86	5.13
能源化工	2.89	2.58	2.68	2.67	2.79	3.06	3.23
房地产	3.36	3.64	3.26	3.09	3.05	3.04	2.65
文教传媒	3.24	4.07	3.40	3.12	3.03	3.10	2.53
金融	3.77	2.81	2.53	2.57	2.49	2.38	2.15
交通贸易	1.47	1.44	1.61	1.51	1.59	1.48	1.49
其他	2.70	2.56	5.10	6.56	7.73	6.05	4.21

数据来源：华为，《泛行业数字化人才转型趋势与路径蓝皮书》。

从数字化人才的区域分布情况来看，上海、北京、深圳仍是数字化人才的主要集聚地。根据华为发布的《泛行业数字化人才转型趋势与路径蓝皮书》，上海、北京、深圳的数字化人才占比分别达到12.94%、10.88%、6.8%，其中北京数字化人才的平均年薪最高，达到29.32万元，比北京中高端人才平均年薪高出0.82万元；上海数字化人才的平均年薪排名第2，达到28.01万元，比上海中高端人才平均年薪高出1.15万元；深圳数字化人才的平均年薪达到25.59万元，与北京和上海相比仍有一定差距（见图14）。

从岗位需求情况来看，部分数字经济岗位仍有较大人才缺口，同时市场容量和企业竞争压力增加所导致的需求同质化加剧，运营和技术人才的流动呈现增长态势。根据猎聘大数据研究院的数据研究结果，数字经济的紧缺急需岗位主要包括Java、产品经理、电商运营、WEB前端开发工程师、新媒体运营、运维工程师等，其中产品经理、电商运营、数据分析师等岗位的需求同比分别增长56.5%、48.4%、76.8%，增速均超过40%。此外，受疫情

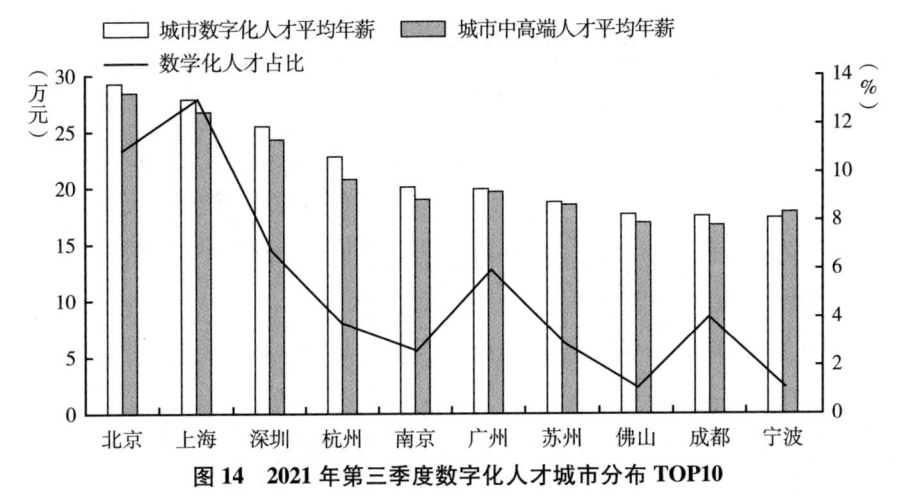

图 14　2021 年第三季度数字化人才城市分布 TOP10

数据来源：华为，《泛行业数字化人才转型趋势与路径蓝皮书》。

影响，企业营销活动向线上发展，数字化营销人才需求增长较快，并持续维持高位。

五　中国数字治理发展

（一）数字规范

2021 年是中国数字治理法律法规体系进一步完善的关键年份。在《国家安全法》《网络安全法》的基础上，2021 年颁布并实施的《数据安全法》《个人信息保护法》使中国数据安全保护的法律体系初现雏形，表 5 对目前国家层面出台的数字规范法律文件进行了总结。其中，《个人信息保护法》作为中国首部保护个人信息的法律，于 2021 年 11 月 1 日正式实施，受到了社会各界的广泛关注。《个人信息保护法》采用了类似于欧盟《通用数据保护条例》的综合立法模式，但在地域适用范围上更加克制，同时在个人信息处理的合法性基础、同意规则、死者个人信息保护、数据本地化要求、数据出境安全评估、跨境证据调取、信息主体的知情权、行政监管等方面提出了更为严格的要求。

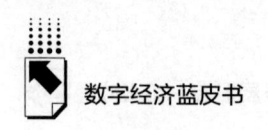

表5 中国国家层面的数字规范体系

规范名称	颁布时间	实施时间	主要内容
《国家安全法》	2015年7月1日	2015年7月1日	维护国家安全,涉及政治安全、国土安全、军事安全、文化安全、科技安全、信息安全、生态安全、资源安全、核安全等11个领域
《网络安全法》	2016年11月7日	2017年6月1日	保障网络安全,维护网络空间主权,促进信息化健康发展
《数据安全法》	2021年6月10日	2021年9月1日	规范数据处理活动,保障数据安全,促进数据开发利用,保护个人、组织合法权益,维护国家主权安全和发展利益
《个人信息保护法》	2021年8月20日	2021年11月1日	保护个人信息权益,规范个人信息处理活动,促进个人信息合理利用

资料来源：根据公开资料整理。

在《数据安全法》和《个人信息保护法》的指导下，各地纷纷出台地方数字规范，旨在引导数据依法有序自由流动，以促进数字经济更好地融入新发展格局。从时间发展顺序来看，早期地方数字规范主要集中在大数据领域，侧重规范大数据开发应用活动，促进大数据产业发展（见表6）。近年来，伴随数据要素重要性的提升，地方数字规范多以数据条例的形式出现，例如《深圳经济特区数据条例》《上海市数据条例》《浙江省公共数据条例》等，为数据要素市场的建立和数据要素的自由流动奠定了良好基础。

表6 地方层面的数字规范发展情况

关键词	名称	实施时间
数据/公共数据	重庆市数据条例	2022年7月1日
	浙江省公共数据条例	2022年3月1日
	上海市数据条例	2022年1月1日
	深圳经济特区数据条例	2022年1月1日
数字经济促进	浙江省数字经济促进条例	2021年3月1日
	广东省数字经济促进条例	2021年9月1日

续表

关键词	名称	实施时间
大数据发展应用	辽宁省大数据发展条例	2022年8月1日
	黑龙江省促进大数据发展应用条例	2022年7月1日
	福建省大数据发展条例	2022年2月1日
	山东省大数据发展促进条例	2022年1月1日
	安徽省大数据发展条例	2021年5月1日
	吉林省促进大数据发展应用条例	2021年1月1日
	山西省大数据发展应用促进条例	2020年7月1日
	海南省大数据开发应用条例	2019年11月1日
	天津市促进大数据发展应用条例	2019年1月1日
	贵州省大数据发展应用促进条例	2016年3月1日

资料来源：根据公开资料整理。

（二）数字战略

2021年是"十四五"规划的开局之年，以《"十四五"数字经济发展规划》为核心，中国数字经济战略持续深入发展，各级地方政府依托国家战略开展了积极布局，使"十四五"期间的数字经济发展目标更加明确。从国家战略层面来看，《"十四五"数字经济发展规划》提出到2025年中国数字经济核心产业增加值占GDP的比重达到10%左右（2020年为7.8%），并对数据要素市场建设、产业数字化转型、数字产业化发展、数字化公共服务水平提升、数字经济治理体系完善提出了若干新要求。其中，数据要素作为新兴生产要素的重要性日益凸显，数据要素市场培育将成为未来一个阶段的重要战略内容。此外，如何在推动数字产业化和产业数字化快速发展的同时，实现数字经济的有效治理、防范信息安全风险和监管领域垄断行为、降低新兴技术负向外部性，是当前亟待厘清的核心问题。

在国家数字经济战略的指引下，各级地方政府围绕自身发展需求，加大了对数字经济的布局力度，据统计2021年中国各省区市共出台216项数字经济相关政策，涉及数据价值化、数字产业促进、产业数字化赋能、数字化治理等多个领域。其中，北京、上海、深圳等一线城市依托区域优势提出了差异化的战略目标。例如，北京提出建设全球数字经济标杆城市实施方案，旨在打造城市数字智能转型示范高地、国际数据要素配置枢纽高地、新兴数字产业孵化引领高地、全球数字技术创新策源高地、数字治理中国方案服务高地、数字经济对外合作高地；上海率先提出城市数字化转型方案，围绕数字城市底座、数字经济创新体系、数字生活应用场景、数字治理综合能力开展布局工作，并积极探索以"元宇宙"为代表的新兴赛道，为数字经济发展挖掘新动能；深圳依托产业优势着力扶持数字经济前沿细分领域发展，聚焦高端软件、人工智能、区块链、大数据、云计算、信息安全、互联网、工业互联网、智慧城市、金融科技、电子商务、数字创意开展政策布局。

六 未来展望

综合本年度中国数字经济的整体趋势和外部环境，预计未来数字经济发展将有以下几个方面的趋势。

1. 双重风险对中国数字经济供应链韧性提出严峻挑战

中国数字经济供应链当前仍然面临两大风险因素。一是拜登政府试图通过"技术民主"计划协调核心盟友和新兴伙伴的对华科技政策，先后与欧盟成立美欧贸易和技术委员会，与日本、印度、澳大利亚形成四方对话机制（QUAD），力图确保美国在科技领域的领导地位，同时持续推动与中国的科技脱钩。尤其是在半导体产业领域，为了确保美国供应链的韧性，已成功吸引台积电和三星在美投资建厂，并通过QUAD进一步加强美国在亚太地区的技术标准话语权。相较而言，中国半导体产业的对外依赖度仍处于高位，核心技术受制于人的局面没有根本性改善，供应链安全缺乏有效保障。二是国内疫情反复已经严重威胁供应链安全，投资、生产、贸易活动备受干扰，部分外资企业受此影响，已经开始重新考虑全球供应链的布局问题，计划依托东南亚国家比较优势弥补近年供应链韧性不足的短板，这种供应链转移的持续将使中国面临系统性挑战，进一步削弱中国供应链的全球地位。

2.数字经济新兴技术应用场景缺失问题突出

近年来，区块链、元宇宙、大数据、人工智能等新兴概念层出不穷，部分新技术、新业态缺乏具体有效的应用场景，使得技术产品与市场需求格格不入，无法形成可持续的商业模式，导致新兴技术向经济效益的转化效率十分有限。以人工智能为例，受限于算法领域瓶颈，人工智能在技术应用上仍需消耗大量的数据和算力，因而产生了巨大的能耗和成本。此外，物联网、区块链等技术的应用场景仍然较少，这表明数字经济领域的大量新兴技术仍处于创新扩散的前中期阶段，距离技术革命的经济繁荣阶段尚远。因此，中国数字经济发展实际上正在经历新旧动能转换的痛苦时期，如何有效加快创新扩散，推动技术创新向经济效益转变是当前亟待讨论的重要议题。因此，加快应用场景建设、赋能创新高质量发展将成为数字经济发展中的核心策略。2022年科技部等六部门联合发布《关于加快场景创新以人工智能高水平应用促进经济高质量发展的指导意见》，为落实场景赋能策略提供了基础。

3.数字经济治理是未来发展的重点内容

回顾中国数字经济发展的整体历程，政府主管部门对数字经济初期阶段涌现的大量新模式、新业态给予了相对宽容的政策和监管环境，这种包容审慎、鼓励创新的基调为中国数字经济快速发展提供了机遇。近年来，随着虚拟经济与实体经济的深度融合，政策法规支撑体系不断完善，《网络安全法》《个人信息保护法》相继实施，为规范数字经济发展提供了法律依据，也为解决日益突出的数字经济治理问题提供了基础。特别是以元宇宙为代表的新兴概念出现之后，数字空间的治理问题将涉及更加复杂的国际国内互动，要求更好地协调政府、网民、平台、各类虚拟组织等多元主体之间的多维度、多目标、多视角、多手段治理行为，在推动数字经济健康发展的同时，有效控制数字空间内的潜在社会风险。

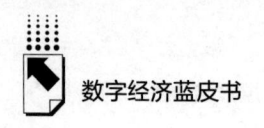

参考文献

工业和信息化部：《2021中国经济年报》，https://economy.gmw.cn/2022-01/20/content_35461769.htm。

中国信通院：《云计算白皮书（2022年）》，2022。

工业和信息化部：《2021年通信业统计公报》，https://wap.miit.gov.cn/gxsj/tjfx/txy/art/2022/art_e8b64ba8f29d4ce18a1003c4f4d88234.html。

中国信通院：《2021年12月国内手机市场运行分析报告》，2022。

Savills：《2021中国数据中心报告》，http://www.199it.com/archives/1342926.html。

中国信通院、中商产业研究院：《2021年中国数据中心产业链上中下游市场剖析》，https://new.qq.com/rain/a/20210706A06QYW00。

中国信通院：《中国数字经济发展白皮书（2022年）》，2022。

中商产业研究院：《2022年中国智能制造业产值规模及领域布局预测分析》，https://www.askci.com/news/chanye/20220429/1512211840827.shtml。

iiMediaResearch、中商产业研究院：《2022年中国电商直播市场规模预测及行业发展前景分析》，https://new.qq.com/rain/a/20211118A02BBP00。

智研咨询：《2021年中国网上支付交易规模分析》，2022。

新华三集团·数字中国研究院：《城市数字化发展指数（2022）》，2022。

European Union, The 2021 EU Industrial R&D Investment Scoreboard, 2021.

WIPO, PCT Yearly Review 2022, 2022.

华为：《泛行业数字化人才转型趋势与路径蓝皮书》，2022。

B.6 印度数字经济发展报告（2022）

陈一末*

摘　要： 在印度政府"数字印度"计划的主导下，印度的产业数字化、金融包容性和数字包容性明显扩大。再加上新冠疫情和全国封锁对人们生活和工作方式带来的影响，金融科技、电子商务、信息技术等产业加速发展，人工智能等前沿科技的应用日益普遍。本文简要介绍了印度数字经济的发展历程和现状，总结了金融科技、电信业、电子系统设计与制造、IT和业务流程管理、电子商务五大产业的发展态势，并分析了印度数字经济发展的未来趋势。

关键词： 印度　数字经济　数字产业

一　印度数字经济发展现状

"数字印度"是印度莫迪政府2015年启动的一项旗舰计划，旨在将印度转变为数字化社会，发展知识经济。该计划由电子与信息技术部主导，多个政府部门联动，从高速宽带、移动接入、公共接入、电子政务、电子服务、全民信息、电子制造、IT产业和早期项目九大方面着手，自上而下形成了众多可落地的小项目，从而全面发展数字经济和电子政务。

---

* 陈一末，上海社会科学院信息研究所数据中心南亚板块负责人、编译。

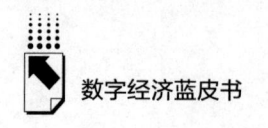

（一）发展历程

在新冠疫情和多次全国大封锁的影响下，远程办公和数字支付日益普及，这进一步推动了印度数字经济的发展。虽然印度数字经济的体量在全球范围内并不算大，但它是数字化转型速度最快的国家之一。在印度数字经济计划、电子政务计划、印度制造4.0等国家战略联合推动下，印度的数字包容性、金融包容性，以及金融科技业和电子制造业都取得了显著的进步，相关行业的初创企业如雨后春笋般涌现，IT行业更是成为全球投资的热土。

印度数字经济的腾飞始于2006年启动的电子政务计划（The National e-Governance Plan），该计划旨在改善并简化公共服务的提供和获取。该计划一直延续至今，并不断扩大深化，为未来数字技术与经济社会的融合打下坚实的基础。

2006年，印度政府推出了一项重要举措，即唯一身份识别项目（UID），为每个国民颁发12位的UID编号（亦称阿德哈尔，Aadhaar），该编号与生物特征和人口信息相关联，是印度数字堆栈的底层基础。阿德哈尔编号、PMJDY普惠金融计划和手机形成"三位一体"的果酱计划（JAM），让政府得以将补贴直接发放至公民的银行账户。截至2022年11月，已有13.49亿人申请阿德哈尔编号。在阿德哈尔编号的基础上，政府开始了电子政务与电子交易的全方位部署。许多政府在线服务都与阿德哈尔编号相关联，例如客户身份电子审查（eKYC）、国家认证服务（e-Pramaan）、电子签名（e-Sign）、安全文档钱包服务（DigiLocker）等。

2016年，印度国家支付委员会（NPCI）推出了统一支付界面（UPI），进一步加速了印度数字交易的发展。UPI将多个银行账户整合到一个移动应用程序中，用户可以通过该应用随时随地向他人转账/索取付款。截至2022年10月，已有365家银行采用UPI，总交易量已达73.05亿笔。[①] NPCI已

[①] National Payment Corporation of India, https://www.npci.org.in/what-we-do/upi/product-statistics, Nov. 4, 2022.

与英国、法国等多个国家的支付企业签署协议，推出海外版 UPI，方便海外印度人使用 UPI 进行跨境结算。

2019 年后，"数字印度"进入 2.0 时代。政府在现有平台的基础上，升级数字服务交付平台，提升国民的数字素养，加强以电子制造和人工智能为主的数字经济发展，进一步建设超级计算、公共 Wi-Fi 等基础设施，并完善网络安全方面的法案。印度的目标是到 2024 年实现 1 万亿美元的数字经济规模。

（二）数字经济规模

随着印度网络普及度和人均收入的提升，其数字经济规模持续扩大，2022 财年已占印度 GDP 的 9%。得益于数字技术的发展，印度企业得以在疫情期间继续正常运营，工作模式从线下转为线上，产品和服务也能在变化的环境中适应新的需求。2022 财年，印度除电商以外的科技行业实现破纪录的 15.5% 的增长，收入达到 2270 亿美元。其中，国内收入增长 10%，达到 490 亿美元，出口收入增长 17.2%，达到 1780 亿美元，直接劳动力超过 500 万人，净增 44.5 万，是史上最高的增量。在电商领域，收入从 2021 财年的 570 亿美元激增至 2022 财年的 790 亿美元。如今，印度企业的数字化业务占总收入的比例为 30%~32%，每 3 名员工中就有 1 人具备数字技能，这使得印度在全球采购市场的份额升至 59%。

2022 财年亦是印度科技企业里程碑式的一年，新增 78 家独角兽企业，初创企业总数达到 25000 余家，形成了多样而有活力的数字生态系统。这些企业带来了 45 万个新增就业岗位，让印度成为世界第三大科技初创中心。

（三）基础设施现状

在数字经济中，移动设备、网络和电子支付是进行数字交易的基础。印度电信用户总量大，但通过手机进行数字交易的比例较低，且城乡差异较大。近年来，政府聚焦于通过数字金融扩大农村的金融包容性，从而为印度经济发展提供源源不断的新动力。

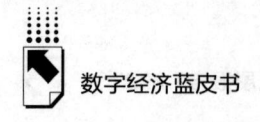

1. 电信网络基础

印度的数字经济拥有庞大的电信用户基础。在电话普及度上，印度有世界第二大电话用户群体。截至2022年8月，印度电话接入总数达11.7亿。[①] 手机用户占电信用户的98%。城乡的电话密度差异较大，前者达135%，而后者仅58.3%。[②]

在网络普及度上，印度政府非常重视互联网和宽带的发展，将其写入了"数字印度"计划。互联网接入的主要媒介是手机。凭借广覆盖和低成本的优势，手机有助于提升网络的普及度，缩小数字鸿沟。近年来，印度的网民数量持续攀升。截至2022年3月底，印度互联网用户为8.2亿，其中有8.0亿用户通过移动设备上网。农村地区的网络密度（每100人中的网络用户数量）较低，仅37.25%，但是较2020年有7.66个百分点的增长。城市地区的网络密度则为103.95%[③]。4G网络占总使用流量的98.03%。

近年来，印度用户对网络的需求持续增加，2021年无线数据使用总量较2020年增加了31.04%。平均每个用户每月花费834分钟看手机，每月消耗14.04GB的无线数据流量。[④] 与此同时，印度的移动宽带资费逐年降低。网络资费占国民总收入的比例已从2013年的13%降低至2021年的1.1%，每GB移动流量仅需0.086美元。

虽然印度的移动设备和网络覆盖率在过去几年中已经有了数倍的提升，但其网络质量在世界范围内仍处于中低水平，网络基础设施仍有很大的提升空间。根据VPN服务公司Surfshark发布的数字生活质量指数，印度在全球排名第59位，电子基础设施是其最薄弱的一环。[⑤] 此外，根据Speedtest Global Index于2022年9月给出的全球网速排名，印度在139个经济体中排名第118

---

① "Monthly Telecom Scenario August 2022", Department of Telecommunications.
② "Annual Report 2021-22", Department of Telecommmunications, Ministry of Communications, Government of India.
③ 此为截至2021年底的数据。
④ "Yearly Performance Indicators 2021", Telecom Regulatory Authority of India.
⑤ "India Ranks 59th on Digital Quality of Life, e-infra Weakest Spot", IANS English, Sep. 12, 2022.

位，在南亚国家中屈居于马尔代夫、尼泊尔、巴基斯坦和斯里兰卡之后。私营公司Local Circles的一项调查更表明，有2/3的人每月至少有一次数字交易因3G或4G网络质量差而中断，超过九成的手机用户抱怨无线网络连接不佳。

因此，印度政府正在大力建设电信基础设施。截至2022年1月，印度移动基站收发台的数量达231.3万个，同比增长2.53%；移动信号塔的数量达69.8万座，同比增长9.04%。

印度在网络技术领域已取得了可观的进步。根据Portulans研究所于2021年12月发布的"2021年网络就绪指数"，印度在130个经济体中排名第67位，上升了21位。在中低收入国家中，印度排名第3位。在国际电信联盟于2021年6月发布的"全球网络安全指数"中，印度排名前10。

2. 数字支付基础

印度数字支付的发展仍处于早期阶段。事实上，仍有大量印度人习惯于现金交易，没有银行账户。根据2021年全球Findex数据库，印度有银行账户的人占总人数的77.53%，而能够无须帮助、独立使用手机进行交易的人口占比仅9.87%，农村地区则更少，仅7.03%。

2021年，印度的数字交易占所有交易①的约40%，总金额达3万亿美元。其中，通过UPI进行的交易数量不断增加。截至2022年9月，已有358家银行加入了UPI，实现了约68亿笔、总价值超过1350亿美元的交易。在数字支付的普及工作中，二维码的使用起到了重要作用。目前，印度有超过3000万商人接受二维码支付。这使得通过UPI进行的P2M交易占比不断提升，预计将在2026年增长至65%。然而，KYC标准、诈骗和UPI交易失败是阻碍数字支付发展的三大瓶颈。约1.4%的UPI交易面临系统故障和网络问题。②

为扩大印度的金融包容性，政府引入了央行数字货币（CBDC），并于2022年11月开始在部分零售业进行试点。该货币是法定货币的数字形式，

---

① 不包括对金融服务的支付、企业商务支付和政府支付。
② "India's Digital Payments Market will Triple to ＄10 trillion by 2026：Phonepe-BCG Study"，the Economic Times，Jun. 3，2022.

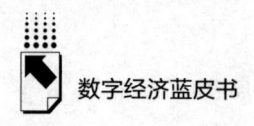

可存放在央行的账户中，也可作为移动设备、预付卡或其他形式的数字钱包中的电子代币。央行推出CBDC一方面是出于对加密货币的谨慎态度，另一方面是为了监管资金流动。

此外，政府还对农村地区广泛使用的Kisan信用卡（KCC）进行了数字化试点，从而缩短周转时间，提高流程效率，并且只要是拥有手机的农民都可以通过消息服务验证交易。

二　产业发展

就市场规模而言，金融科技、电信业、电子系统设计与制造、IT和业务流程管理（IT-BPM）以及电子商务是印度数字经济中发展最快的几大细分领域，也是政府和投资者重点关注的领域。

（一）金融科技

由于正规银行信贷在印度民众和企业中的渗透率都比较低，金融科技成为扩大印度金融包容性、提升贷款便利度的利器。印度是世界上增长最快的新兴金融科技市场，也是世界上第三大金融科技生态系统。该生态系统涵盖广泛，包括支付、借贷、财富科技、个人金融管理、保险科技、监管科技等。印度金融科技的采用率已达87%，远超64%的世界平均水平。到2030年，印度金融科技市场预计将达到1万亿美元的资产管理规模和2000亿美元的收入水平。[1]

印度大部分初创企业都涉足金融科技。2022年，印度已有6300家金融科技企业，企业价值达1000亿美元，其中28%聚焦投资科技，27%聚焦支付科技，16%聚焦借贷科技，9%聚焦银行基础设施，剩余20%聚焦其他科技领域。据印度财政部长西塔拉曼估计，到2030年印度的数字经济规模有望扩大到8000亿美元，其中金融科技产业的总估值将在未来三年攀升至

---

[1] "The Winds of Change: Trends Shaping India's FinTech Sector: Edition Ⅱ", EY, Oct. 31, 2022.

1500亿美元。

该行业允许在自动路径下100%的外国直接投资（FDI）。风险投资、私募股权和机构投资者投入的大量资金推动了该行业的创新。2021年，印度金融科技市场规模达到500亿美元，并预计将于2025年达到1500亿美元。2017年1月至2022年7月，印度金融科技市场共吸引了290亿美元的融资，占全球融资总量的14%。2022财年，该行业通过278笔交易，实现85.3亿美元的融资。2022财年第三季度，财富科技是最活跃的投资板块，有15笔交易，占总交易量的23%。紧随其后的是市场借贷部门，有12笔交易。截至2022年7月，该行业共有23家初创企业成为估值超过10亿美元的独角兽企业。在2022年新晋的20家独角兽企业中，有4家是金融科技企业，分别为CredAvenue（借贷）、Oxyzo（借贷）、Open（支付）和OneCard（信用卡）。

印度最大的金融科技企业是支付领域的Paytm，融资总量达50亿美元（见表1）。该企业是印度首个也是最受欢迎的移动支付和金融服务公司，为消费者和商户提供支付、银行、借贷、保险等服务。其母公司OCL于2021年11月在印度股票交易所上市。

表1 印度前五大金融科技公司

序号	名称	细分领域	融资总量
1	Paytm	支付	50亿美元
2	Lendingkart	借贷	2.15亿美元
3	MoneyTap	借贷	8240万美元
4	Instamojo	支付	1400万美元
5	Razorpay	支付	3850万美元

随着金融科技企业的迅速发展，央行开始对该领域加大监管力度。2022年初，央行允许由印度人注册并控制的金融科技公司访问居民的征信数据。2022年6月，央行宣布预付费支付工具（PPI）不能通过非银行贷款机构的信贷额度进行支付，此举是为了避免产生大量无担保信贷额度，减少金融系统的风险。2022年8月，央行又发布了数字借贷平台指导方针。该方针确

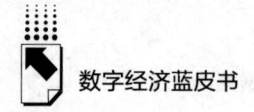

立了一个原则,即贷款业务只能由受央行监管的实体,或其他法律允许的实体开展。新规定将加强数字借贷领域对消费者的保护。在加密货币领域,政府从2022年4月起,对出售虚拟数字资产的收益征收30%的税,并对超过一定阈值的此类资产转让征收1%的源头扣除税,但对此类资产的估值很难确定。2021年,已有7.3%的印度人拥有加密货币资产,但印度仍未出台有关加密货币的法规。

(二)电信业

印度的电信行业包含电信基础设施、电信设备、移动虚拟网络、空白频谱、5G、电话和宽带服务。电信业所提供的信息网络是数字经济得以运行的基础。电信可以降低获取信息的成本,从而降低交易成本,创造新的交易机会,为印度的经济增长做出了重要贡献。更高速度的经济增长对现有的电信服务提出了更多的要求,也为电信业带来更多的投资。2021财年,印度电信业的收入达373.6亿美元,较2020年下降了2.05%。其2022年第一季度的收入为87.4亿美元。

同时,电信业是印度第三大外资流入部门,占总外资流入量的6.43%。为鼓励私有资本进入电信市场,印度政府将对外国直接投资的限制从74%提高至100%,形成了百舸争流、欣欣向荣的局面。

1. 电信业运营现状

印度有8家移动服务运营商,其中4家包揽了超过99%的用户,分别是信实集团旗下的Jio(市场占比35.73%)、巴蒂电信(Bharti Airtel Ltd.,市场占比30.66%)、沃达丰印度公司(Vodafone Idea Ltd.,市场占比22.58%)和BSNL(市场占比10.25%),前三者的蜂窝手机服务覆盖整个印度。

就网络服务而言,印度99%的用户被10家运营商包揽。Jio的市场份额最大,为50.68%,其次是巴蒂电信(27.81%)和沃达丰印度公司(16.43%)。在无线网络领域,Jio占据了半壁江山,其用户达4.16亿,市场份额达51.79%,其次是巴蒂电信(28.21%)(见图1)。在有线网络服务方面,Jio同样独占鳌头，占有 17.18%的市场份额，其次是巴蒂电信（15.8%）、Bharat Sanchar Nigam（15.32%）、Atria Convergence（7.55%）和 Hathway（4.05%）。绝大多数无线网络所使用的技术是 LTE/FW_ LTE，其次是 GPRS/EDGE；有线网络的主流技术是光纤，其次是以太网/LAN 和 DSL。印度于 2016 年引入了 4G 技术，如今 4G 已成为无线网络的主流，占数据总使用量的 97.9%。

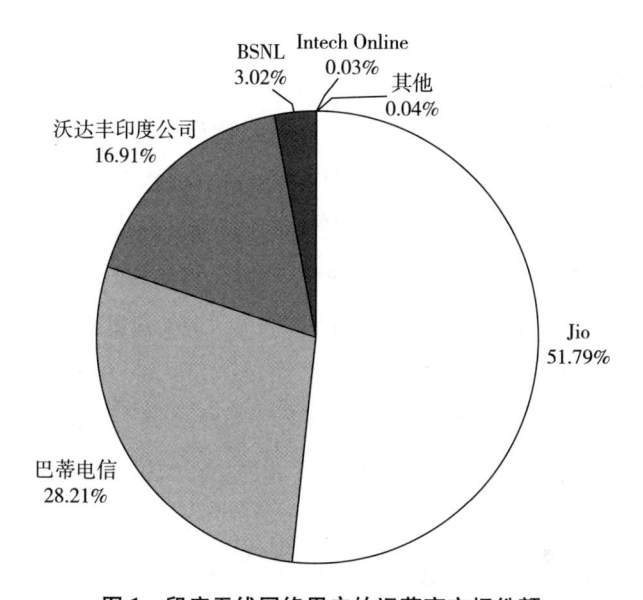

图 1　印度无线网络用户的运营商市场份额

2016 年以来，印度的无线网络使用量已经翻了数倍，2020 年和 2021 年的同比增长均逾 30%，现已趋于稳定。无线网络为运营商带来的收入也翻了数倍，2021 年达到 13517.5 亿卢比，同比增长 19.46%。

印度农村的电信收入仍有较大的提升空间。不论哪个电信运营商，农村电信用户的市场份额均远低于其用户占比，这说明农村用户的电信消费非常低。

自 2021 年所有电信运营商都提高资费以来，SIM 卡出现整合趋势，部分用户取消了多余的电话接入。此外，运营商也对不活跃的用户进行了清理。因此，2022 年电话连接数量和网络接入数量都略有下降（见表 2）。

125

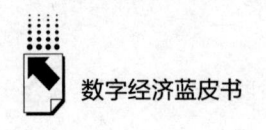

表2　印度电信数据概览

电话用户:11.7亿	电话密度:85.14%	网络用户:8.2亿	宽带用户:7.9亿
无线数据使用量(季度):35885PB	用户月度平均消费:127.17卢比	电讯塔数量:730750个	电信覆盖村落:182018个(72.8%)
Wi-Fi热点数量:100440个	自力更生计划下的投资:65.1亿卢比	外资流入:835.7亿美元(2021~2022财年)	电信从业人数:400万人

2. 5G的发展

根据DSMA Intelligence的数据，5G预计将在未来20年为印度经济贡献约4550亿美元，到2040年占GDP的0.6%以上。从5G中获益最大的部门是制造业，占总获益的20%，其次是零售、信息通信技术和农业部门。

印度政府打算在两年内实现全国的5G覆盖。移动和网络测试公司Ookla发现，印度的5G测试网络下载速度达到500Mbps，最高速度超过800Mbps。而运营商电信网络的5G速度差异很大，从16.27Mbps到809.94Mbps不等。运营商仍在网络调试中，预计进入商业阶段后网速将更加稳定。

在印度政府于2022年8月举行的有效期20年5G频谱使用执照的拍卖中，4家参与拍卖的企业——信实Jio、巴蒂电信、沃达丰印度公司和阿达尼集团共花费1.5亿卢比（190亿美元）购买了700MHz、800MHz、900MHz、1800MHz、2100MHz、3300MHz和26GHz频段的频谱。Jio获得了最大份额，以8810亿美元收购了逾1/3的可用频谱，其中包括覆盖范围和网速都较好的C波段频谱，而且Jio是唯一获得700MHz频段的运营商。700MHz作为低频谱具备更好的穿透性，也可以更好地覆盖农村地区；其次是巴蒂电信以4310亿美元的价格收购了逾1/4的频谱，沃达丰印度公司收购了近9%的频谱。阿达尼集团也拍下了20亿卢比的频谱，但仅用于电力和制造等工业领域，而非消费者移动网络。在此次拍卖中，只有71%的72GHz可用电波被拍出，且其中大部分以最低价格出售。

2022年10月，爱立信宣布与Jio签署了一项5G长期战略合同，在印度推出独立研发的5G。爱立信无线系统的节能5G无线接入网（RAN）的产品和解决方案，以及E频段微波移动传输解决方案将部署在Jio的5G网络中。Jio宣布，将在2022年排灯节前在德里、孟买、加尔各答和金奈等多个主要城市推出高速5G电信服务。随后，将在2023年12月之前将5G网络扩展到全国的每个城镇、tesil或talukas[①]。

巴蒂电信也已经与爱立信、诺基亚和三星签约，于2022年8月部署5G服务。截至目前，巴蒂电信已经在德里、孟买、金奈、班加罗尔、海得拉巴、西里古里、那格浦尔和瓦拉纳西这8个城市推出"Airtel 5G+"服务，并将在2023年覆盖印度所有城市。

Ookla比较了Jio和巴蒂电信的5G服务所覆盖的4个城市自6月以来的5G中位下载速度，总体而言，Jio的下载速度高于巴蒂电信。在德里，巴蒂电信达到了中位数近200Mbps的下载速度，而Jio几乎突破了600Mbps。在加尔各答，巴蒂电信的中位下载速度为33.83Mbps，而Jio则快得多，达到482.02Mbps。在人口最稠密的城市孟买，巴蒂电信的中位下载速度达到271.07 Mbps，而Jio为515.38 Mbps。在瓦拉纳西，Jio和巴蒂电信速度相近，中位数分别为485.22 Mbps和516.57 Mbps。

从消费者的准备程度来看，2021年印度5G智能手机的市场份额仅为18%，其余皆为4G手机。Counterpoint Research预测，到2022年底，印度5G手机的份额将达到40%。到2023年第一季度，5G智能手机的出货量可能会突破1亿台。2021年以来，支持5G的设备数量不断上升，其中Jio的5G设备增幅最大（67.4%），其次是巴蒂电信（61.6%）和沃达丰印度公司（56%）。根据Ookla的调研，印度51%的受访者手机已经支持5G。印度手机市场份额最大的品牌是三星（31%），其次是小米（23%）、真我和vivo。

虽然印度政府将频谱拍卖给电信公司，但允许私营企业租赁电信公司的频谱，并开发专属非公用网络（CNPN），这将刺激工业4.0应用领域的新一波创新，如机器对机器通信、物联网、汽车领域的人工智能、医疗保健、农业、能源和其他部门。电信运营商对政府此举感到不满。印度电信业的整体财务状况较为脆弱。较低的单位用户平均收益和较高的监管成本对运营商

---

① 区以下的城镇。

投资升级网络的能力产生了负面影响。而5G网络的推出需要密集的资本投入。因此，政府此举可能会限制运营商的5G收入。

然而，换个角度来看，运营商可以通过CNPN吸引制造企业对数字化转型的兴趣。利用现有资质，与供应商建立合作伙伴关系，可以为运营商打造新的竞争力、开辟新的市场。例如，巴蒂电信与马欣德拉科技公司合作，建立了一个联合5G创新实验室，为当地和全球市场开发"印度制造"案例，包括定制的企业及专用网络；沃达丰印度公司也与A5G网络公司合作，实现工业4.0和智能移动边缘计算。

（三）电子系统设计与制造

印度的电子市场可大致分为电子系统和电子设计，后者占绝大多数，份额达78%，前者占22%。印度电子制造业最大的细分领域是手机，其次是工业电子和消费电子（见表3）。

表3 2020~2021年印度电子制造业各细分领域的产值

单位：亿美元

细分领域	产值
手机	300
工业电子	105
消费电子（电视、音响、配件）	95
电子元器件	90
汽车电子	60
战略电子	40
IT硬件（笔记本电脑、平板电脑）	30
LED照明	22
印刷电路板	5
总计	747

资料来源：印度电子与信息技术部。

印度政府高度重视电子硬件制造，该行业是印度政府颁布的"印度制造"和"数字印度"计划的重要支柱之一。政府希望摆脱对进口的依赖，增加国内制造，并减少印度对服务业的依赖。印度政府希望在 2025~2026 年建立一个 3000 亿美元的电子制造业。目前，该行业规模仅 750 亿美元，以进口为主。2021~2022 财年，该行业出口 156.7 亿美元，进口 733 亿美元，其最大进口来源国是中国，占进口总量的 27.8%。

在 2012 年国家电子政策（NPE 2012）的支持下，印度的电子系统设计与制造价值链得以夯实基础、发扬优势。同时，出于对国家安全的考虑，印度开始专注于集成电路或芯片级别的电子硬件制造。2019 年出台的 NPE 2019 将印度定位为电子系统设计与制造的全球中心，通过鼓励和推动该国开发核心组件（包括芯片组），扩大生产，推动出口，为打造全球竞争力创造有利的环境。在政府的多项举措下，国内电子产品产值从 2015~2016 年的 370 亿美元大幅增加到 2021 年的 747 亿美元，2020~2021 年复合增长率达 17.9%。

电子制造业最大的细分市场是手机。印度是世界第二大手机制造国，2020~2021 年手机产量达 2.9 亿部，国内蜂窝手机及其零部件制造已经成为"印度制造"的重要部分。国内外大多数主流品牌都在印度建立了制造工厂，或将制造业务分包给印度的电子制造服务公司。2021 年第二季度，印度智能手机出货量为 3300 万部，以小米领先，占 28.4% 的市场份额，随后是三星（17.7%）。5G 设备出货量预计将从 2021 财年的 2800 万台增长 129% 至 2022 财年的约 6400 万台。印度的目标是到 2025 年生产 10 亿部手机，其中 6 亿用于出口。

工业电子是印度电子制造业的第二大领域，包括电力电子、DC/AC 转换器、物料搬运和工业机器人。其关键应用领域是过程控制设备、测试和测量设备、电力电子设备、自动化和分析仪器。随着工业 4.0 时代的到来，数字化和机器人技术的应用不断增加。此外，智能城市和物联网将推动智能和自动化电子产品的发展。由于需求巨大而渗透率低，电力电子技术在印度仍有较大的发展空间，尤其是在电动汽车和消费电子产品领域。此外，逆变器、UPS、太阳能光伏及相关设备也有很大的市场潜力。

在电子制造领域，政府出台的最大激励措施之一是生产相关激励计划

（PLI），该计划包括促进手机及其零部件的国内制造（包括组装、测试、标记和包装）。约57亿美元将被用于对本地制造商品的增量销售给予4%~6%的激励，为期5年（截至2024~2025财年）。同时，PLI还将促进本土IT硬件（包括手提电脑、平板电脑、一体式电脑和服务器）的生产，对净销售增量给予1%~4%的激励，为期4年（截至2024~2025财年）。

在消费电子领域，政府提高了集中消费电子产品的基本关税，允许100%的FDI通过直接路径进入市场，并提供资本支出补贴，以此促进进口替代，并鼓励外国公司在国内设厂。

在电子元器件领域，半导体和光电显示是印度政府主推的重要领域。政府于2020年4月启动了促进电子组件和半导体生产计划（SPECS），确定了处于电子产品下游价值链的电子产品清单，并为这些产品的资本支出提供25%的财务激励。政府还出台了关税合理化、阶段性制造计划（PMP）和公共采购印度制造优先等政策。2022年，印度对一项用于发展印度半导体和显示器制造生态系统的综合计划（EMC）进行了修改，提供建厂成本50%的财政支持，鼓励高科技集群的设立。同时，政府推出为期5年的设计挂钩激励（DLI）计划，支持100家国内集成电路、芯片组、片上系统、系统和IP核以及半导体相关设计公司，并发布"印度半导体使命"（India Semiconductor Mission）这一长期战略来建设一个可持续的半导体和显示器生态系统。2022年，政府为促进建立半导体生态系统计划拨款94.8亿美元。截至2021年12月，已批准了19个电子集群制造项目、3个公共设施中心（Common Facility Centre）项目。印度电子制造领域激励措施如表4所示。

（四）IT和业务流程管理（IT-BPM）

IT和业务流程管理（不包括电子商务）是印度传统的重点行业，包括IT服务、业务流程管理、软件产品和工程服务及硬件（见图2）。该行业以出口为主，出口收入逐年递增，其业务占全球外包市场的55%。2022财年，

表4　印度电子制造领域激励措施

总计划	子计划	核心措施
生产相关激励计划（PLI）	大规模电子制造生产计划	对增量销售给予3%~5%的激励
	IT硬件生产计划	
半导体和光电显示工厂生态系统计划修订版	半导体工厂和光电显示工厂建设计划	项目成本50%的财政支持
	复合半导体/硅光子学/传感器晶圆厂/分立半导体晶圆厂和半导体组装、测试、标记和封装（ATMP）/OSAT单元的建设计划	项目成本50%的财政支持
	半导体设计公司发展计划	项目支出50%的激励、产品净销售4%~6%的激励
	半导体实验室计划	
	印度半导体使命	
	设计相关激励计划	
促进电子组件和半导体生产计划（SPECS）		
电子产品制造集群计划修订版（EMC 2.0）		
特别激励一揽子计划修订版（M-SIPS）		对特别经济区的投资给予20%的资本补贴
电子产品发展基金		

该行业收入达2270亿美元，同比增长15.5%[①]，其中有一半以上的收入来自出口。同时，印度服务业一半以上的出口收入都来自该部门。就业务流程管理领域而言，2022财年该领域收入达440亿美元，同比增长超过14%。[②]就印度的软件产品而言，2022财年该部门的收入达到133亿美元，增量主要来自软件即服务（SaaS）、企业数字化和中小企业。

该行业也是整个私有部门中劳动力规模最大的部门。截至2022财年，IT行业共有500万人从业，2022年新增就业岗位44.5万个。2021年，接受过数字培训的员工占全国劳动力总量的12%。

---

① "IT & BPM Industry Report（June 2022）"，India Brand Equity Foundation.
② "The Evolution of BPM Services I Cost, Outcomes and Growth"，NASSCOM.

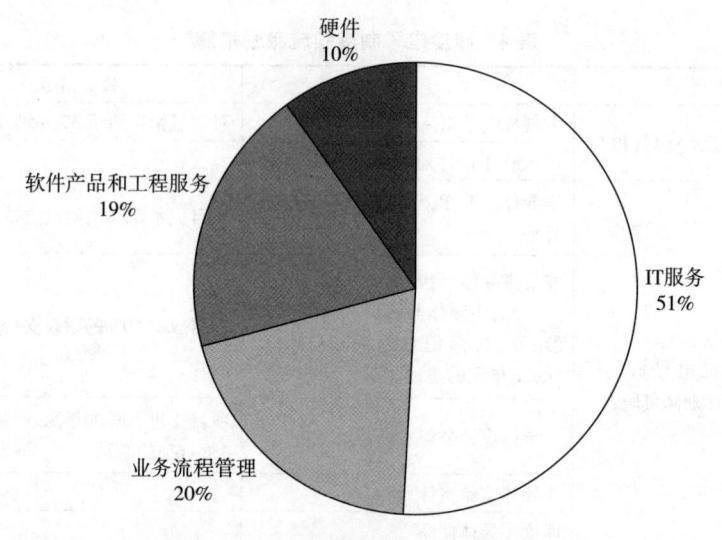

图2 IT-BPM领域细分行业收入占比

资料来源：印度品牌资本基金会。

印度的IT-BPM出口以物美价廉著称，美国一直以来都是印度IT出口的最大目的地，2021财年占印度IT-BPM出口的61.73%，与英国一起合计占近79%，非英美国家仅占出口的21.38%。

从FDI流入情况来看，计算机软件和硬件是印度第二大吸引外资的领域。在数据处理、软件开发和计算机咨询服务、软件供应服务、企业管理咨询服务、市场调研服务、技术测试和分析服务方面允许自动路径下100%的外国直接投资。2021~2022财年，印度FDI资本流入最多的部门是计算机软件及硬件，占总流入量的24.6%。

IT-BPM行业的关键细分领域是银行、金融服务和保险，这些构成了IT部门的主要收入。这些细分领域主要由六大巨头掌握，其中收入占比最高的企业是Infosys（31.3%），其次是Wipro（29.77%）、L&T Infotech（27.6%）、Mindtree（20.46%）和Tech Mahindra（15.3%）。

大中型企业是印度IT行业的主体。11家大型企业占IT-BPM领域出口总收入的47%~50%，占行业员工总数的35%~38%。大型企业的业务范围不断拓展，从简单维护供应商进化为全服务类型供应商，提供基础设施、系统集成和咨询服务，业务覆盖全球 60 多个国家。具有代表性的大型企业有塔塔咨询服务、Infosys、HCL 等。

如今，印度的 IT-BPM 已不再是 20 年前以呼叫中心著称的行业，而是将帮助企业实现数字化转型放在首位。云计算、社交媒体和数据分析等颠覆性技术正在为 IT 公司带来新的增量。随着这些技术的普及，到 2022 年印度的云市场规模预计将增长 3 倍，达到 71 亿美元。如今，印度 BPM 业务已有超过 1/3 的收入来自人工智能运营和分析，以及先进的智能系统。

印度 IT 行业的一个重要组成部分是全球能力中心（GCC），为跨国企业提供运营支持（包括后台功能、呼叫中心等）和 IT 支持（包括应用开发与维护、远程 IT 基础设施、帮助台等）。GCC 有着运营成本低、生产率高、基础设施完善等优点。到 2022 年 6 月，印度共有 1500 余个 GCC，市场规模达 359 亿美元。2022 年第二季度，新设立的 GCC 多数关于人工智能、自然语言处理、数据科学、Web 3.0 和机器人学。①

在新冠疫情的影响下，GCC 被越来越多的企业采用，并逐渐演变为提供创新解决方案的卓越中心。印度各个行业新成立的 GCC 规模正在迅速增长。班加罗尔和海得拉巴是 GCC 最常见的选址。2022 年 9 月，房地产咨询公司 JLL 与 Aeka 咨询公司合作，帮助全球实体在印度建立自己的 GCC。其预计，在未来 3~4 年内，印度各个行业都将设立 GCC，GCC 的面积将从目前的 1.45 亿平方英尺增至 1.95 亿平方英尺，为超过 200 万人提供就业岗位。

新冠疫情影响下，全球对线上工作的需求增加，互联网已经成为人们工作和生活的生命线。这种需求加速了对超大规模数据中心的投资。印度主要的数据中心位于孟买、金奈、班加罗尔、海得拉巴和德里。

在城市布局上，除了传统的中心城市之外，政府正在推动二、三线城市成为新的 IT 发展中心。20 世纪 90 年代，印度政府就开始发展软件技术园

---

① "India GCC Trends Quarterly Analysis Q2CY2022", NASSCOM.

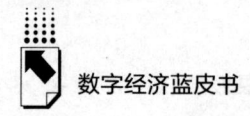

区，如今已在全国设立了57个中心，提供单一窗口的手续办理和基础设施。此外，政府还鼓励设立IT经济特区，目的是设定专门的区域促进基础设施建设、出口和就业。截至2021年11月，全国共批准了425个经济特区，其中276个为IT和ITeS特区，145个为出口经济特区。软件技术园区和IT经济特区都为企业免除关税和消费税。

该行业日益成为投资者眼中的"香饽饽"。2021年，IT-BPM是印度获得私募股权投资的第二大行业，吸引了234亿美元的投资，远超2019年和2020年。IT创业生态系统更是获得了对私营公司近360亿美元的创纪录投资，远超2020年的110亿美元。在人工智能/机器学习能力、商业智能和分析以及数字商业解决方案领域的投资正在增加；包括零售、医疗保健、公用事业在内的新型垂直领域正在推动行业新的增长。

（五）电子商务

1. 电商市场的发展

2022年，预计印度零售总额为1.072万亿美元，其中电子零售仅占7.8%，实体商贩仍占绝大多数。然而，得益于互联网普及率和手机用户的增长，印度的电子商务规模不断扩大，卖家数量以每年35%的速度增长。2021年印度的线上买家增加了400万~500万个，达到1.9亿个，是继美国和中国之后的第三大线上买家群体。这些新增买家大多来自三线及以下城市，主要购买时尚产品。如今，小城市成为线上零售的主力，近半数的买家来自二、三线城市。2020年，该领域的营业额为500亿美元，使印度成为全球第八大电子商务市场。[①] 2022年，印度电子商务市场预计将增长21.5%至748亿美元。根据政府的"数字印度"战略，其目标是到2025年实现1万亿美元的线上经济。印度电商的传统产品是电子产品和服饰，占整个市值的70%。新增的细分领域包括教育科技、超本地（hyperlocal）和食物科技。

---

① "E-Commerce Industry Report（August 2022）", IBEF.

印度的电商行业分为市场模型和库存导向模型两种形式。市场模型类似于淘宝，为消费者和商家提供一个买卖数字平台，不对商品的库存负责，代表公司为亚马逊印度（Amazon India）。库存导向模型则拥有网站上提供的产品，并提供从购买、仓储到发货的整个过程服务，代表公司为 Yepme。2020 年 10 月，印度政府发布了关于电商的 FDI 政策（Consolidated FDI Circular of 2020），只允许市场模式在自动路径下 100%的外国直接投资，库存导向型电商不允许 FDI 投入。

电商领域的主要企业有 Flipkart、亚马逊印度、Sanpdeal、Nykaa.com、Myntra、PaytmMall、Shopclues 和 1mg。其中，Flipkart 和亚马逊印度是印度两大电商平台，占据电商行业 2/3 的江山。Flipkart 成立于 2007 年，是印度最大的本土电商，其最大股东是沃尔玛（占 82.1%的股份），其次是中国腾讯（5.1%）。在与亚马逊的竞争中，Flipkart 大力投资物流和配送，拥有了自己的物流公司 eKart，并在 2021 年与物流巨头阿达尼集团达成协议，建造一个 534000 平方英尺的仓储和数据中心，最多可容纳 1000 万件库存，将于 2022 年投入运营。

Flipkart 在服装、时尚和电子产品领域已经形成竞争优势，并不断巩固自己的市场。它收购了电商平台 Yaatra 和时装平台 Myntra 等公司，并开始增加杂货业务，以与亚马逊等其他大企业竞争。根据 PGA Labs 的数据，Flipkart 在 2021 年的排灯节销售中占据了 60%以上的营业额，而亚马逊则占 32%。[①]

印度政府在过去几年中持续整顿电商行业，2020 年 10 月至 2022 年 7 月的 21 个月中，对电商平台发出了 448 份违规通知，并罚款总计 773 万卢比，理由是未按规定展示卖方详情、制造商名称、原产国、最高零售价格（MRP）、净含量等，以及卖瑕疵品、虚假评论、产品安全问题等。

2. 数字商业开放网络

为了结束亚马逊和 Flipkart 对市场的垄断、为占印度零售业 80%的实体

---

① "E-Commerce in India: Booming Growth And Low Market Penetration Mean Big Potential", Insider Intelligence.

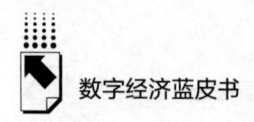

小商贩提供机会，印度政府于2021年12月31日成立了一个革命性的非营利性去中心化开放式电商网络，即"数字商业开放网络"（Open Network for Digital Commerce，ONDC）。ONDC并非一个程序或中介，而是一组开放式规范和协议，旨在促进买家、技术平台和零售商之间的开放式交流和联系，打破不同平台形成的数据孤岛，被誉为"下一代UPI"（统一支付界面）。卖家可以在ONDC上展示自己在所有应用和电商平台上的产品，而买家可以选择任意平台进行结算并自由选择物流。换言之，只要平台接入了ONDC，买家和卖家就可以使用各自不同的应用进行交易。通过ONDC，买家可以看到同一商品/物流在不同平台上的价格，并选取最优者。同时，可以发现离自己最近的商户，选择更快捷的服务。ONDC收取的佣金是产品售价的8%~10%，而亚马逊和Flipkart则收取8%~40%。

ONDC并不仅仅面向零售业，而是面向所有买卖双方之间有关货品和服务的数字交易，包括批发、打车、外卖、物流、差旅、城市服务等。此外，它还将覆盖B2B的交易。

2022年4月，印度工业和国内贸易促进部（DPIIT）在德里首都地区、班加罗尔、哥印拜陀、博帕尔、西隆5个城市进行了试点。同年8月，ONDC开始为100个城市提供服务，并于年底在全国范围内上线。ONDC的目标是在接下来的两年内，将电商的渗透率从目前的不到8%提升至25%，并在未来五年内吸纳9亿买家和120万卖家，将总商品价值提升到480亿美元。[①]

ONDC需要平台自己建立能够介入ONDC的买方界面和卖方界面。目前，已有24个电商平台和3个物流平台活跃在ONDC上，即已经推出自己的买方/卖方ONDC界面。有13个电商和物流平台正在深度开发中，有490家商户正准备加入。

[①] "The Next UPI: What is India's Open Network for Digital Commerce?", https://www.google.com/amp/s/www.thequint.com/amp/story/explainers/the-next-upi-what-is-ondc-indias-open-network-for-digital-commerce。

三 未来展望

自印度政府2015年启动"数字印度"计划以来,经过6年的发展,印度在电子政务、数字基础设施和人才培养等领域采取了大量措施,对行业发展产生了显著影响。

1. 数字人才需求激增,自由职业成为新趋势

新冠疫情发生以来,印度企业流程的数字化加快,导致企业对大数据分析、金融科技和风险分析、人工智能、网络安全、产品设计和工程的需求大幅增加。2022~2023财年第一季度的数据显示,招聘职位数量最多的行业是IT(21%)、BFSI(16%,其中银行和金融服务占9%,保险占7%)、业务流程外包/呼叫中心(10%)。由于IT服务业的高人员流动率,预计2022~2023财年对IT人才的招聘需求将持续火热。在汽车行业,ACES领域(自动驾驶、互联、电动和共享)的技术人才供不应求。在消费电子行业,人工智能方面的技术人才需求增加。

受需求驱动影响,数字人才的工资大幅提升。2022年,印度薪资增幅最大的5个行业中,有4个与科技行业有关。增幅最大的行业是电商(12.8%),其次是初创企业(12.7%)、高科技/信息科技及其相关服务(11.3%)、金融机构(10.7%)。[①]

此外,在疫情的持续影响下,远程工作模式日益普遍,印度的就业市场正在发生转变。零工已成为IT行业劳动力的重要组成部分。2022年,IT服务公司的人才流失水平达到超过20%的历史新高,自由职业者和兼职员工已经成为企业扩大人才库的必要选择。根据印度商会于2022年6月发布的报告,印度目前有1500多万自由职业者受雇于科技项目中。例如,马欣德拉科技公司专门雇用小众技能的零工,并建立了一个名为BeGig的外部市

---

① "India Records Highest Salary Increase of 10.6% in 2022 across World: Study", Mint, Sep. 26, 2022.

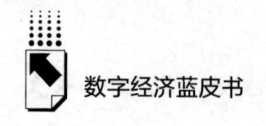

场，让雇主从这些自由劳动力中聘用员工。

印度政府采取了一系列措施培养专门技术人才，同时提升国民的数字素养。

Visvesvaraya电子与IT博士计划：该计划旨在增加电子设计与制造和IT及相关服务行业的博士人数。政府在高等教育机构分配了1076个全日制和746个非全日制博士学位，目前已有466名全职和263名兼职博士研究员在攻读博士学位，已申请66件专利。

IT人力资源再培训计划（Future Skills Prime）：由电信部和NASSCOM组织，为B2C从业者提供10种新兴技术的技能再培训机会，即物联网、大数据分析、人工智能、机器人过程自动化、增材制造/3D打印、云计算、社交和移动、网络安全、增强现实/虚拟现实、区块链。该计划目标惠及41.2万人。目前，有10万余名考生已完成课程。

农村家庭数字素养提升计划（PMGDISHA）：该计划覆盖全国25万个潘查亚特村庄，为农村人培养操作电脑、收发电子邮件、浏览网页、搜索信息、访问政务网站、无现金交易等能力，让其积极参与国家的数字建设。

政府还在地方层面采取了一系列措施来帮助企业实现数字化转型，并与多所理工大学、研究机构开展合作，培养数字人才。

2. 新兴技术继续引领数字市场

企业的资源投入正以前所未有的速度从传统业务彻底转向数字业务，例如自动化、云、网络安全、移动互联、人工智能、3D打印、万物互联、大数据分析和社交媒体。经印度工业和国内贸易促进部认可的新型技术初创企业已超过4500家，涉及物联网、机器人、人工智能、大数据分析等领域。印度的软件技术园区（STPI）、印度初创企业种子基金、NASSCOM产业合作伙伴项目（NIPP）倡议都将大力推动印度科技类初创企业的发展。2022年4~6月，社交平台、互联网优先媒体、支付、B2B电子商务和电商支持服务是吸引投资金额最多的主要行业。

印度政府正在对量子计算领域进行大规模投资，其投资金额位居全球第5。2020~2021年联邦预算为全国量子科技和应用使命拨款约12亿美元。如今，印度的量子生态系统正在加速发展。印度计划在2026年之前开发一台拥有大约50个量子比特的量子计算机。此外，印度还有一个由印度科学院（IISc）、班加罗尔、印度理工学院（IIT）—Roorkee和高级计算发展中心（C-DAC）建立的量子模拟器平台。

IT服务业也开始涉足量子领域：Infosys计划在国内外建立多个量子中心，以探索在电信、5G、能源和医疗保健等领域的应用；塔塔咨询服务公司聚焦量子算法在投资组合、物流和通信等领域的应用；Zensar聚焦药物发现、基因组分析、欺诈检测、先进材料、信贷风险优化和供应链优化等领域。到2030年，全行业采用量子技术可能为印度经济增加2800亿~3100亿美元的价值，其中制造业、高科技、银行和国防部门处于量子主导创新的前沿。

在AI领域，虽然印度AI技术应用的增速较为缓慢，但印度已成为世界上最大的AI人才聚集地。尽管印度只占全球AI市场的1%，但其培养的AI人才占全球的16%，位居世界第3。[1] 很多企业正处在应用人工智能的早期阶段，它们从科技公司获得人工智能服务并跨部门部署。寻求AI承包商的中小微企业，以及为数字转型寻找AI和机器学习人才的大型企业都需要AI人才。电信、金融服务和零售业带动了行业对AI技术的应用。

为加强在新兴技术领域的产业发展和人才储备，印度政府在全国建立了26个构建新兴技术能力的卓越中心，并通过建设Atal孵化中心（AIC）为企业技术创新提供直接援助。2021年12月，电子与信息技术部推出初创芯片计划（Chips to Startup）以加强半导体和显示设备的制造，计划培训85000名大规模集成和嵌入式系统设计领域的高素质工程师。印度高校也与企业联合，开设了多个新兴技术专业课程和实验项目。

3. 数字设备转向本土制造

政府颁布的"印度制造"计划、"数字印度"计划、2019年国家电子

---

[1] "India Turns into One of the World's Largest Pools for AI Talent", Mint, Jun. 28, 2022.

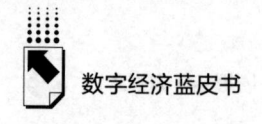

政策都旨在发展印度本土制造业，减少对进口的依赖。近年来，印度电子产品进口额增速明显放缓。

根据2019年国家电子政策，国家将对物联网、5G设备、传感器、无人机、3D打印、机器人等领域实施干预，促进这些领域的研发和制造，其中医疗电子设备、战略电子产品、汽车与电力电子产品都被定义为极具增长潜力的特殊品类。该政策还将阶段性制造计划（PMP）所给予的优惠政策从手机领域拓展到其他领域，以改善这些领域相对其他领域的弱势地位。印度的目标是到2025年生产4000亿美元的电子产品。

在2019年国家电子政策的框架下，政府还在2020年颁布了生产相关激励计划（PLI），鼓励本土制造和创业，符合条件的公司将得到4%~6%的奖励。该计划适用的10个关键行业包含大规模电子制造、电信和网络产品、电子/科技产品、汽车和汽车零部件。手机、特定电子元件、电脑、服务器、核心传输设备、4G/5G和无线设备、路由器等产品的制造将吸引大量投资。

B.7
新加坡数字经济发展报告（2022）

蔡钰佳*

摘　要： 新加坡数字经济发展早，数字经济竞争力全球领先，是世界上数字化程度最高的国家之一，提供世界一流的基础设施、人才和充满活力的合作伙伴生态系统，在数字转型、数字治理、数字产业、数字贸易及金融科技方面均有出色的表现。2021年以来，新加坡着重加强数字经济合作并大力强化网络安全来扩大数字经济发展格局，并为数字经济发展提供安全可靠的环境。

关键词： 新加坡　数字竞争力　数字经济　网络安全

一　新加坡数字经济现状

新加坡数字经济发展较早，是数字化程度最高的国家之一，提供世界一流的基础设施、人才和充满活力的合作伙伴生态系统，在数字转型、数字治理、数字产业、数字贸易及金融科技方面均有出色的表现。

新加坡数字经济发展完善、配套成熟，是信息和通信技术（ICT）公司的首选基地，政府与领先公司合作开发尖端技术和解决方案，以支持新加坡的智慧国家愿景以及区域和全球市场建设。新加坡是许多全球科技公司的所在地，包括谷歌、Facebook、阿里巴巴，以及 Garena、Grab、Lazada 和

---

* 蔡钰佳，上海社会科学院信息研究所马来语翻译。

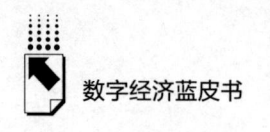

Razer等区域领导者。IBM和华为等技术公司与新加坡的金融服务、制造和服务行业合作，为该地区及其他地区开发和提供新的解决方案。[1]

新加坡政府重视数字经济发展，制定多个战略与规划加速经济数字化转型，如2014年启动的"智慧国家"计划、2015年发布的"2025年资讯通信媒体发展蓝图"（Infocomm Media 2025）计划、2020年推出的"全国人工智能策略"等。新加坡政府近几年一直积极构建数字经济行动框架，其所实施的一系列政策为数字经济发展提供了有力支撑。

在数字治理方面：新加坡建立了风险评估与扫描系统（RAHS），疫情期间帮助新加坡提前捕捉疫情暴发的迹象；启动了"虚拟新加坡"项目，打造一个汇集所有物联网传感器的大型城市数据模型。

在打造数字产业方面：新加坡推行产业转型蓝图计划，2016年新加坡提出23个具体行业的转型措施及发展目标，并成立未来经济署；2018年，推出"服务与数字经济蓝图"计划，重点提升新加坡在服务业领域的数字创新能力；同年，新加坡推出针对中小企业的Start Digital项目，包括5类企业基础数码方案；2019年，成立"数字产业发展司"，推广新加坡在网络安全、人工智能、云端科技等领域的解决方案。

在数字贸易方面：2016年，新加坡政府设计搭建互联贸易平台（NTP），驱动全行业的数字化转型；2018年2月，新加坡加入亚太经合组织主导的跨境隐私规则体系（CBPR）；2018年3月，参与推进《东盟—澳大利亚数字贸易框架倡议》达成。

在金融科技方面：新加坡积极发放数字银行牌照，推进虚拟银行落地，包括发放数字全能银行、数字批发银行牌照等。此外，新加坡还大力发展区块链技术，积极颁发数字货币经营牌照，建设亚洲区块链技术和数字货币新型数字金融中心。

新加坡凭借独到的眼光和远见，使得其数字经济的发展如高速行驶的列

---

[1] Singapore Economic Development Board（EDB），https：//www.edb.gov.sg/en/our-industries/information-and-communications-technology.html.

车,匀速且快速地向前迈进。新加坡前瞻性地发展数字经济,积极扩大多边、双边的数字经贸圈,值得他国借鉴。①

（一）新加坡数字经济的国际竞争力

1. 新加坡全球数字竞争力排名

瑞士洛桑国际管理发展学院（IMD）发布2022年全球数字竞争力排名,量化了一个经济体在采用和探索能够改变政府行为、商业模式和整个社会数字技术方面的能力。2022年全球数字竞争力排名对各个经济体的整体表现、三个重要数字竞争力因素（知识、技术、对未来的准备程度）以及多个子要素均进行打分和排名,并根据得分和排名列出各个经济体数字化发展中的优势和不足（见表1、表2）。

表1　2022年全球数字竞争力前10名得分及排名情况

单位：分

排名	经济体	得分	排名	经济体	得分
1	丹麦	100.00	6	荷兰	97.85
2	美国	99.81	7	芬兰	96.60
3	瑞典	99.81	8	韩国	95.20
4	新加坡	99.48	9	中国香港	94.36
5	瑞士	98.23	10	加拿大	94.15

资料来源：The 2022 IMD World Digital Competitiveness Ranking。

表2　2018~2022年新加坡数字竞争力整体排名及三个重要竞争因素排名

新加坡	2018年	2019年	2020年	2021年	2022年
整体排名	2	2	2	5	4
知识排名	1	3	2	4	5
技术排名	1	1	1	3	1
对未来的准备程度排名	15	11	12	11	10

资料来源：2018—2022 IMD World Digital Competitiveness Ranking。

---

① 刘旭：《走特色数字化发展道路,新加坡热情拥抱数字经济》,《国际商报》2022年2月23日,第004版。

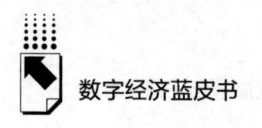

新加坡在2022年全球数字竞争力整体排名中排第4位，虽然近两年排名稍有下降但整体数字经济竞争力仍然领先，连续5年跻身前5行列。

在三个重要数字竞争力因素方面，知识因素指的是能够发现、理解和学习新技术的无形基础设施，进而推动数字化转型。一个国家现有人力资本质量、教育和研究投资水平及其成果（例如，高科技领域的注册专利授予和科技部门的就业）均涵盖在其中。新加坡在知识因素方面排名近两年有所下降，从前3名降至2022年的第5名。尽管在知识方面的排名略有下降，但保持强劲优势，仍在前5行列。在其他子因素方面，在人才分项中相对强劲，排名第3，在培训和教育分项中表现较弱，排名第9。

技术因素评估促进数字技术发展的整体背景。这包括评估监管在鼓励私营部门创新方面的影响、资本的投资效益以及技术基础设施质量的标准。在科技因素排名方面，新加坡维持了榜首的位置。新加坡在这方面的努力遥遥领先于其他经济体。新加坡排名第4主要是由于其在技术方面的成就。在技术的子因素方面，新加坡在监管框架子因素方面进步4名，从之前的第5名上升至第1名，在技术逻辑框架中保持第2名，在资本子因素中获得第3名。

对未来的准备程度考察的是政府、企业和整个社会对技术的采用程度。这一因素包括电子商务、工业机器人和数据分析工具在私营部门的普及，以及这些网络安全措施的力度等指标。在对未来的准备程度方面，2022年新加坡排名第10，虽然比前几年排名有所进步，但仍远远落后于整体排名，是数字经济发展中的相对短板。"适应态度"子因素排在第17位。在业务敏捷性和IT整合方面，新加坡仍然是世界上最发达的经济体之一。在监管框架子因素中，对移民政策影响（是否限制本地企业招聘外籍人员）的看法2022年有所改善。

2. 新加坡网络就绪指数排名

Portulans Institute于2022年11月15日发布《2022年网络就绪指数》(The Network Readiness Index 2022)报告。认识到数字技术在当今网络世界的普遍性，网络就绪指数（NRI）基于4个基本维度即技术、人才、治理和影响力来衡量信息和通信技术（ICT）在全球经济体中的应用和影响，对全球130个经济体做出评估，描绘了基于网络的准备情况（见表3），是全球领先指数之一。网络就绪指数（NRI）涵盖了从人工智能、物联网（IoT）等未来技术到数字转型在实现可持续发展目标（SDGs）中的作用等问题。

表3　2022年网络就绪指数（NRI）排名前10经济体得分与4项指标排名

单位：分

经济体	NRI排名	NRI得分	技术	人才	治理	影响力
美国	1	80.30	1	2	7	20
新加坡	2	79.35	4	4	10	2
瑞典	3	78.91	8	5	5	1
荷兰	4	78.82	3	14	4	4
瑞士	5	78.45	2	11	12	5
丹麦	6	78.26	11	7	2	7
芬兰	7	77.90	13	6	3	3
德国	8	76.11	7	9	14	8
韩国	9	75.95	14	1	22	13
挪威	10	75.68	12	12	1	14

资料来源：The Network Readiness Index 2022。

前10名都是高收入经济体，在网络就绪指数（NRI）的大多数支柱维度都表现良好。前10名的每个国家都在4个主要支柱（技术、人才、治理、影响力）方面排名前25。与往年相比，2022年网络就绪指数前10名的排位在构成上发生了一些重大变化。美国从上年的第4位上升到2022年的第1位。韩国也有了显著的飞跃，从第12位升至第9位。在前10名经济体中，新加坡的变化最为积极，比上年上升了5位，稳居第2位。就地区分布而言，新加坡和韩国是仅有的位于亚太地区的前10名国家，美国是唯一位于美洲的国家，前10名的其他国家均为欧洲国家。

根据《2022年网络就绪指数》报告，美国、新加坡和瑞典是排名前3、网络准备程度最高的经济体，在网络准备的各个方面表现优秀，致力于确保技术可获得、可负担，并有益于整个经济和社会发展。通过率先实

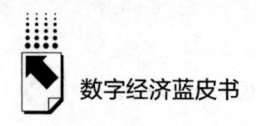

施监管框架，采用人工智能、机器人、物联网、顶级移动网络连接等新技术，以及投资教育机会，这些经济体比其他经济体具有优势。更重要的是，它们将重点放在扩大学校的互联网接入和提高教育系统中的ICT技能方面。

新加坡在高收入国家组中排名第2，在亚太地区排名第1，并且各个指标的得分均远远高于这两组的平均分，其中新加坡的最大优势为影响力。在评估的所有指标中，新加坡表现特别好的指标包括手机价格、至少覆盖3G移动网络的人口、学校的互联网接入。相比之下，表现最弱的指标包括法律内容对隐私的保护、可持续发展目标以及妇女的经济机会等。①

总体来看，新加坡数字经济稳步发展，数字竞争力全球领先，是亚洲的数字首都，是全球数字经济发展的佼佼者，具有极大的区域和国际影响力。

（二）新加坡ICT行业的发展

数字化的知识和信息是数字经济的关键生产要素，ICT技术对经济数字化转型至关重要，ICT行业是数字经济的支柱。日益增长的互联网服务需求持续推动新加坡ICT行业的发展，目前，新加坡已成功部署了固网光纤网络和4G移动网络。随着4G业务和固网宽带业务市场趋于饱和以及付费电视和固话服务用户数量不断下降，5G将是新加坡ICT行业积极推进的下一个重大发展项目。日益扩大的互联网服务应用一直是并将继续成为新加坡ICT行业发展的主要驱动力。

2021年以及2022年第一季度和第二季度，以增加值计算，ICT行业是新加坡经济中最具活力的行业之一，增速超过新加坡国内生产总值（见表4）。从供应侧来看，电信供应商成功部署了光纤网络和4G移动网络，充分利用不断增长的互联网服务需求，获得可观的营收。

---

① Network Readiness Index 2022 Singapore，https：//networkreadinessindex.org/country/singapore/.

表4　新加坡GDP和ICT行业增加值增长率及ICT行业对GDP增长的贡献

单位：%

时间	新加坡GDP	ICT行业	ICT行业对GDP增长的贡献
2021年	7.6	12.2	7.89
2022年第一季度	3.7	8.2	10.81
2022年第二季度	4.4	8.1	9.09

资料来源：Economic Survey of Singapore 2021，Economic Survey of Singapore First Quarter 2022，Economic Survey of Singapore Second Quarter 2022。

随着疫情后经济复苏，新加坡ICT行业的服务出口也在增加。2019年新加坡ICT行业出口占比6.2%，2021年出口占比8.1%。[①] 新加坡的服务出口预计在2022年继续增长，边境限制的进一步放宽可能会导致旅游服务出口和其他运输服务出口增加，这些出口迄今仍低于疫情前水平。此外，金融等类别的服务出口、电信、计算机和信息服务以及其他商业服务出口可能会随着全球主要经济体经济复苏的需求而继续扩大。从长远来看，新加坡的ICT服务出口面临许多新的机会，特别是中国和东盟等经济体的经济增长和中产阶级的崛起将导致服务需求的增加。与此同时，新加坡必须继续强化其作为商业和物流中心的能力，以保持有利地位，满足该地区对服务的需求（例如，金融服务、货运服务和其他商业服务）。凭借充满活力的服务业和制造业，新加坡经济有望在未来几年实现持续增长。[②]

根据中国信息通信研究院发布的《全球数字经济发展白皮书（2022年）》，2021年全球数字经济规模达到326053亿美元，其中新加坡数字经济规模达到1729亿美元，在全球排名第17位。

二　新加坡数字经济发展趋势

新加坡十分重视数字经济的发展，近年来通过不断加强数字经济合作和

---

① 新加坡统计局，https://www.singstat.gov.sg/。
② Economic Survey of Singapore First Quarter 2022.

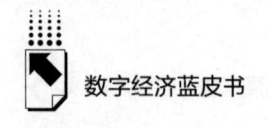

强化网络安全来扩大数字经济发展格局，并为数字经济发展提供安全可靠的环境。

（一）加强数字经济合作，扩大数字经济"朋友圈"

数字经济在全球快速发展，各国积极参与构建双边或多边适合数字经济发展的新协定，从而有利于维护经济全球化和贸易自由化，促进建立公平、透明、开放和包容的新型经济秩序，为本国经济发展和对外经贸合作注入新动力。近年来，新加坡积极推进数字经济发展，十分重视推进数字经济协定的签署工作，充分抓住数字革命和数字技术发展带来的新机遇，在加强与合作伙伴的互联互通方面不断取得新进展。

数字经济协议（DEA）是在两个或多个经济体之间建立数字贸易和数字经济合作规则的条约。通过与主要合作伙伴签订的数字经济协议，新加坡希望开发国际框架，以增强标准和系统的互操作性，并支持新加坡本土企业特别是中小企业参与数字贸易和电子商务。数字经济协议建立在新加坡广泛的自由贸易协定网络和其他数字合作倡议的基础上。其还补充了新加坡在世界贸易组织（WTO）中作为电子商务联合声明倡议（JSI）共同召集人（与澳大利亚和日本一起）的领导作用。

目前，新加坡已经完成了4项数字经济协议的谈判，2020年6月，新加坡与新西兰和智利签署第一份数字经济伙伴关系协定，并分别于2021年1月和11月生效；2020年12月8日，新加坡与澳大利亚数字经济协定（SADEA）生效；2021年12月，新加坡与韩国完成数字伙伴关系协定（KSDPA）谈判；2022年6月14日，英国—新加坡数字经济协定（UKSDEA）生效。另外，新加坡与欧盟、印度和加拿大等也在商讨加强数字经济合作事宜。

据新加坡贸易与工业部发布的文告，数字经济协定将为高标准的数字贸易规则设定一个全球基准，并惠及两国企业和民众，尤其有助于中小企业更好把握两国数字市场的机会。根据协定，新加坡与英国为支持安全可靠的跨境电子支付发展，将促进制定透明和便利的规则，例如鼓励开放的应用程序编程接口（API）、采用国际公认的标准以及促进电子支付系统之间的互通等。协定将寻求促进双边供应链的跨境数字化，重点是增强提单和发票等电子文件的互操作性，实现更快、更便捷的交易，并降低企业成本。协定内容还包括发展海底电缆、开放政府信息、启用无缝隙和可信赖的数字流通系统、提高数字系统的可信任度和数字经济发展的参与度等。①

除了已经签署的数字经济协议，新加坡还通过其他方式积极与其他国家展开数字经济合作。

2022年6月13日，新加坡与中国代表在日内瓦出席世界贸易组织第12届部长会议期间，签署《关于加强数字经济合作的谅解备忘录》和《关于促进绿色发展合作的谅解备忘录》。在数字经济领域，两国将携手探索共同增长机会，加强投资和数字贸易方面的合作，推动数字化服务，构建可信安全的数字环境，为两国探索数字经济新合作领域提供新动力。

2022年9月7日，在到访新加坡的菲律宾总统马科斯和新加坡总理李显龙的见证下，由新加坡通讯及新闻部长杨莉明与菲律宾信息和通讯技术部长黄延光签署了数字合作谅解备忘录，致力于在数码联通、数据和网络安全等领域交流知识、专长和最佳做法，并针对诈骗电话和短信服务共享情报、相互帮助，希望加强两国在数字领域的合作，并在可能的情况下，促进新兴科技的合作。②

新加坡希望在未来与其他志同道合的经济体达成进一步的协议。新加坡强化数字经济地位，积极与他国构建双边或多边数字经济框架，签订数字经济协议，主要有以下原因。

第一，政府制定了打造"数字中心"的中长期发展战略，欲成为数字经济强国。对内，致力于扩大数字技术在各领域的普及和应用，加快企业的数字化转型升级，增强企业和社会利用数字技术的创新能力；对外，重视加

---

① Ministry of Trade and Industry, https：//www.mti.gov.sg/Trade/Digital-Economy-Agreements.
② Embassy of the Philippines in Singapore, https：//www.philippine-embassy.org.sg/joint-press-statement-between-the-republic-of-the-philippines-and-the-republic-of-singapore-on-strengthening-the-philippines-singapore-partnership-07-september-2022/.

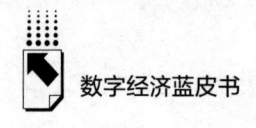

强数字产品和服务在全球流动中的互联互通，为企业"走出去"搭建平台和打造合作新规则。

第二，政府认识到数字经济已经成为全球经济发展的主要新动力，是促进各国和世界经济复苏的新引擎。新冠疫情使数字经济的韧性和重要性凸显。随着数字经济的重要性与日俱增，数字领域规则和合作框架的制定也成为诸多双边或多边经贸谈判的重要内容，必须抓住规则制定新机遇和拥有贸易合作话语权。

第三，加强数字经济领域的双边或多边合作，有利于维护经济全球化和贸易自由化。长期以来，新加坡是经济全球化和贸易自由化的参与者、推动者和主要受益者，在当前逆全球化趋势抬头和贸易保护主义加重的背景下，必须推动广泛的自由贸易并加强互联互通，在数字经济领域创造更多发展机会。

第四，随着数字经济的快速发展，其对年度国内生产总值的贡献越来越大。微软2020年委托研究公司IDC进行的调查结果显示，2021年新加坡约60%的GDP来自数字产品或服务，2017年这项占比仅为10%。根据谷歌、淡马锡和贝恩联合发布的《2021年东南亚数字经济报告》，预计东南亚数字经济规模将由2021年的1490亿美元增长至2025年的2940亿美元，复合年均增长率为31%。

第五，数字经济的竞争日趋激烈，积极建立数字经济双边或多边协定，有利于推动数字贸易规则协调，消除贸易障碍和壁垒，释放数字贸易在经济增长中的潜能，降低贸易成本，建立争端裁决机制，实现互利共赢。数字经济协议有助于鼓励伙伴国在数字身份、人工智能和数据创新等新兴领域开展合作。①

（二）加强网络安全，营造更安全的网络环境

由于数字技术领域的变革（例如，更多地使用云服务）和全球疫情的

---

① Ministry of Trade and Industry, https://www.mti.gov.sg/Trade/Digital-Economy-Agreements.

影响，经济之间的相互联系日益增强。与此同时，这些趋势将商业和个人互动的更多部分转移到互联网上，从数字支付到远程工作、从社交媒体到电子商务和流媒体服务，这种情况大大增加了与欺诈、商业和个人数据盗窃等数字犯罪相关的风险。

世界经济论坛发布的《2022年全球风险报告》显示，日益增强的数字依赖将加剧网络威胁，网络安全威胁迅速增长。2020年，恶意软件和勒索软件攻击分别增加了358%和435%，并且超过了社会有效预防或应对它们的能力。网络威胁参与者的准入门槛降低、更激进的攻击方法、网络安全专业人员缺乏和拼凑的治理机制都在加剧风险。[1] 根据《新加坡网络安全概览2020》的统计数据：2020年，新加坡制造、零售和医疗保健部门的勒索软件攻击案例较2019年增长了154%，共检测到47000个钓鱼恶意链接，政府机构与私营部门受到波及；网络犯罪行为的数量急剧增长，共计16117件网络犯罪案件，占到犯罪总量的43%，其中，2020年网络欺诈案件12251件，同比增长61.6%，网络勒索案件245件，同比增长260.3%；C&C攻击与僵尸网络数量均有不同程度的增长，2020年共发现部署在境内的1026台可用于发动C&C攻击的服务器，数量较上年同期增长93.6%，日均发现6600个僵尸网络，同比增长187%。另外，美国爆发的太阳风事件波及新加坡，为新加坡加强网络供应链安全敲响警钟。

作为世界金融和交通枢纽，新加坡从数字化发展中受益，加强网络安全能力建设的必要性更加凸显。网络安全将成为其今后持续加强研究与关注的前沿重点，新加坡从多方面不断努力，持续加强网络管理，维护国家网络安全。

1. 制定网络安全战略与相关法律

新加坡于2021年10月发布《网络安全战略2021》（以下简称《战略》）。《战略》确立了未来5年新加坡政府在网络安全领域拟采取的主

---

[1] 2022 Global Risks Report—Digital Dependencies and Cyber Vulnerabilities.

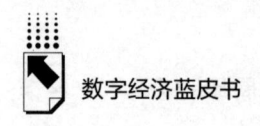

要行动，确立了网络安全领域的三大战略支柱——建立有弹性的基础设施、创建安全的网络空间、加强国际网络合作，以及两大基础支撑——构建充满生机活力的网络安全生态、发展强大的网络安全人才培养通道。①

与2016年的战略相比，《网络安全战略2021》呈现一系列调整与新动向，其中主要包括采取更加主动的方式加强基础设施防护、提供简便易用方案提升网络安全水平、推进国际网络空间规范与标准的探讨三个重要着力点。此外，新战略还将推进更多网络安全解决方案的新加坡本土制造，并增加对于安全人才的投入。

新战略的出台既是新加坡国内经济社会发展的需要，同时也基于全球网络空间竞争格局的考虑。在《战略》前言中，新加坡总理李显龙指出，"与四年前相比，世界已经完全不一样"。《战略》列出了新加坡在网络空间面临的4项重大变化：颠覆式技术改变网络防护模式，网络物理空间风险不断增长，数字化连接无处不在，网络空间地缘政治紧张局势持续升级。

国际网络空间战略竞争与博弈日趋激烈，这是新加坡网络安全战略的国际背景。网络空间在大国战略竞争与博弈中的地位得到明显提升，成为大国进行地缘政治博弈的新舞台。具体表现在全球范围内，网络安全议题政治化、军事化趋势明显，国家支持的APT攻击事件数量增多，网络攻击活动介入选举议程，个别国家大力加强国家网络能力的军事化建设。

较2016年发布的首个网络安全战略，2021年战略出台所处的网络安全环境发生了显著变化，主要体现在以下4个方面：一是新技术所具有的潜在破坏性日益显现；二是网络基础设施遭受物理破坏的风险上升；三是网络设备指数级增长带来的系统脆弱风险增加；四是网络空间中的地缘政治紧张局势日趋加剧。

---

① https：//www.imda.gov.sg/How-We-Can-Help/technology-roadmap.

具体而言，以 5G、云、物联网（IoT）、人工智能（AI）、边缘计算为代表的新技术发展所带来的潜在风险并没有得到有效的管控，光纤、电缆、机房等网络基础设施的保护存在薄弱环节，接入网络的个人终端数量爆炸式增长凸显了网络安全防护中的木桶效应，网络安全问题政治化的趋势越发明显，网络主权问题争论不休，网络空间的地缘政治紧张局势有可能使技术世界分化，并增加数字安全风险。

与 2016 年战略相比，2021 年的战略采取了更积极的立场来应对威胁，扩大了网络安全的保护范围，并寻求与行业和其他组织建立更深入的伙伴关系，更加重视人力资源和网络安全生态的发展以适应新形势下环境的变化。

除此之外，据《联合早报》报道，新加坡通讯及新闻部长兼内政部第二部长杨莉明 6 月 20 日表示，网络安全逐渐受到关注，新加坡拟推出互联网行为安全准则和社交媒体内容监管准则，以打击不良内容及不法之徒。具体措施包括安装过滤器限制青少年通过社交媒体接触到不良内容、确保用户能更方便地举报有害内容。此外，提供社交媒体服务的从业者须遵守互联网行为安全准则，为用户打造更安全的网络空间。若互联网内容威胁到新加坡公共安全与卫生、种族与宗教和谐或涉及恐怖主义和性伤害等，新加坡资讯通信媒体发展局将有权指示社交媒体平台禁止新加坡的用户浏览这些内容。

新加坡政府已经在 2022 年 6 月就准则展开业界咨询，7 月也将通过公共咨询征求家长、青少年以及教育人士等相关群体的意见。一旦修订成法令，将会具有法律约束力。

2. 成立多个专业化部门强化网络安全管理

2015 年 4 月 1 日，新加坡正式成立网络安全局（CSA），目的是应对日益严重的全球网络安全问题，新加坡政府设立这一新的部门，重点研究国家网络安全的策略。

2017 年，新加坡组建成立国防网络署，负责统筹国防社群网络的安全运作、制定网络防卫政策与战略、指挥网络防卫能力建设，以及在必要时支援新加坡网络安全局，维护新加坡网络安全。

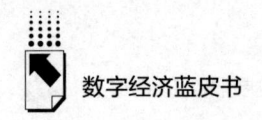

2022年10月底,新加坡成立国防数码防卫与情报军部队(DIS),加入保护数字边界的亚洲国家行列。该部队成为新加坡武装部队中与海陆空传统部队并列的第四军种,负责提供及时情报和保护新加坡免受网络威胁,并采取行动保护电子网络和充当预警系统。新加坡拉惹勒南国际研究院军事转型项目协调员迈克尔·拉斯卡认为,"构建防御能力以满足现代战争日益复杂的需求,不仅需要升级军事技术和硬件,还必须在组织上具有灵活性"。在这个电子战不再是"抽象和不可捉摸"而是"具体又真实"的世界上,DIS的成立标志着新加坡认识到网络防御的重要性。美国海军战争学院教授保罗·史密斯表示:"现代战争将不可避免地以该领域的冲突为特色。"[①]

3. 加强区域和国际网络安全合作

网络空间的虚拟性使得发展多边国际合作关系变得十分必要,通过实施2016年战略,新加坡加强了与东盟伙伴国的合作,以改善该地区的集体网络安全环境,并与其他国际合作伙伴建立了牢固的双边网络安全伙伴关系。经过5年的发展,国家间对于网络安全于国家发展重要性的认识不断提升,巴西、澳大利亚、欧盟、韩国等都出台了相应的网络安全国家战略,网络安全问题在全球对话中获得吸引力,在全球范围内开展更高层次、更大规模的网络安全政策对话已经具备现实条件,因此,新加坡在新版战略中提到,将进一步提高参与国际网络政策讨论的水平。

新加坡将继续在现有的东盟合作渠道上做出贡献,通过组织东盟网络安全和网络犯罪讲习班、研讨会和会议,促进在这些方面的国际和区域合作;支持东盟地区论坛(ARF)、东盟网络安全行动委员会(ANSAC)在促进网络信心建设和能力建设措施方面发挥积极作用;通过东盟网络能力计划,补充东盟现有的各种倡议。2021年10月,东盟—新加坡网络安全卓越中心(ASCCE)成立,在研究、知识共享和培训方面开展合作。

---

① South China Morning Post, Singapore's New Cyberdefence Force: A Reflection of Modern Warfare in the Digital Age, https://www.scmp.com/week-asia/politics/article/3198415/singapores-new-cyberdefence-force-reflection-modern-warfare-digital-age.

除了区域内合作之外，新加坡还不断开拓和加深国际合作。2021~2026年，新加坡担任联合国"国际安全范围内信息和电信领域发展不限成员名额工作组"主席。新加坡表示，将会在此期间推动有关国际网络规范的讨论，并支持全球努力，增强各国保护自己免受网络威胁侵害的能力。

此外，在强化多边合作的同时，新加坡继续深化与美国在网络空间的合作。2021年8月，新加坡与美国签署三份谅解备忘录，扩大了在国防、金融和网络安全领域的合作。其中，新加坡网络安全局（CSA）与美国网络安全和基础设施安全局（CISA）之间的协议，旨在深化数据共享和交换之外的网络安全合作，并寻求在关键技术以及研发等方面的新合作领域。新加坡国防部和美国国防部的谅解备忘录，致力于在各种网络空间开展合作，包括数据共享以及能力建设。

4. 重视技术创新，利用技术手段实现高效率高质量网络管理

2022年2月，新加坡的量子工程计划（QEP）开始在全国范围内进行量子安全通信技术的试验，这些技术将为关键基础设施和处理敏感数据的公司提供强大的网络安全支撑。该项目由新加坡国家研究基金会（NRF）资助，启动时有15个私人或政府合作者参与。这个为期三年的项目将与公共和私人合作伙伴一起试验商业技术，对安全系统进行深入评估，并制定指导方针以支持企业采用量子安全技术。

网络安全是当今数字社会的基石。由于量子计算机在某些任务的处理能力上可能比传统计算机强大数百万倍，保护着数十亿比特数据的公钥加密，未来极易受到量子计算机的攻击。虽然如今的量子计算机还不足以破解加密，但随着技术进步，解决网络安全威胁的问题变得更加紧迫。量子安全通信技术旨在通过专门的硬件和新的密码算法来对抗量子计算威胁。它们可以为政府通信系统、能源电网等关键基础设施，以及在医疗、金融等领域处理敏感数据的公司提供安全保障。

新加坡新的国家量子安全网络（NQSN）还将部署商业技术，与政府机构和私营公司开展试验，对安全系统进行深入评估，并制定指导方针，以支持企业采用这些技术。"新的国家量子安全网络旨在利用先进的量子技术和

解决方案，加强关键基础设施的网络安全，同时为公私合作提供一个稳健平台。"智慧国家及数码经济部门主任表示，"这标志着技术转化的优越性，也是 RIE2025 计划的关键举措之一，该计划将推动新加坡向可靠的数字创新中心持续转型。"①

---

① 《新加坡将建立国家量子安全网络，保障基础设施网络安全》，澎湃新闻，2022 年 2 月 19 日。

B.8
以色列数字经济发展报告（2022）

孟繁瑜*

摘　要： 以色列国土面积小、自然资源短缺，因此注重其高新技术产业的发展。在经历了十年创纪录的成就与繁荣之后，2022年以色列的高新技术行业发展有所放缓，这也与新冠疫情和俄乌冲突的爆发息息相关。本报告概述了以色列ICT产业、数字健康、网络安全领域的发展情况与现状，并对以色列数字经济在全球的竞争力排名进行了分析，介绍了其数字经济战略在经济发展、便民利民、商业模式等方面带来的广泛影响。同时，以色列逐步意识到可持续发展的重要性，并不断推动其产业的可持续发展，建设绿色城市。

关键词： 以色列　数字经济　ICT　数字健康

以色列位于亚洲西部，西连地中海与大西洋，东通红海连接印度洋，占地约2.5万平方公里，全国人口数量为958.5万人（2022年数据）。以色列是中东地区发展程度最高的国家，也是世界上技术最先进的经济体之一，属于混合型经济，其工业化程度较高，并发展出完备的工业和农业体系，以色列以知识密集型产业为主，其农业、电子、军事、医疗等部门的科学技术水平较高。根据世界银行的数据，2021年以色列GDP为4815.9亿美元，较2020年增长18.3%，人均GDP为51430美元。根据以色列中央统计局的数

---

* 孟繁瑜，上海社会科学院信息研究所阿拉伯语编译。

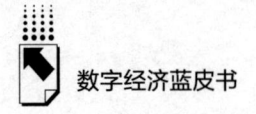

据，2022年第二季度以色列GDP增速为6.9%，而第一季度的GDP增速为-2.6%，第二季度较第一季度而言，经济恢复的趋势较为明显。

2021年，以色列的高新科技产业继续蓬勃发展，仍是经济的主要增长引擎。2021年，高新科技部门的出口额增长了10%，达到2370亿新谢克尔（约670亿美元），占同年GDP的15.3%。此外，其高新科技出口额占国内出口总额的比重第一次超过50%，达到54%，而上年出口占比为43%。[1]

2021年，以色列高新科技行业的受雇人员数量持续增长，这一年员工数量增加27000人，增长率达到8%，同期国内总就业人口增长率仅为1%，该行业现有员工人数达到362000人。新冠疫情突袭而至，由于人才需求的增加，该行业的失业率反而有所下降，而加入该行业的劳动力主要是以色列的年轻人口。根据报告，2019~2020年计算机是以色列最受欢迎的学术课程，有超过20000人正在学习这门课程，占全部本科生人数的10.8%。

一 数字经济概况

（一）ICT产业

以色列信息和通信技术（ICT）产业发展最初是由地缘政治需求推动的。国防类相关研发对以色列工业部门的起步、科学和工程领域的高等教育系统、科研领域以及ICT产业的劳动力结构产生了重大的影响。[2] 以色列投入了大量资金来开发面向国防设备与能力的解决方案，对于高科技从业人员、科学家和工程师的需求影响了分配给大学与科研机构的公共资源。然而，以色列并非所有科技领域的投资都来自国防部门，跨国公司占以色列工业研究支出的很大一部分。美国公司在以色列拥有300多个研发中心，约占该国所有研发中心的55%，英特尔、IBM、谷歌、思科、摩托罗拉、飞利

---

[1] Annual Innovation Report – State of High-Tech 2022, Israel Innovation Authority.
[2] https://www.trade.gov/country-commercial-guides/israel-information-communication-technology-ict.

浦、苹果等许多公司都在以色列投资并设立了研究中心,以更好地利用当地人才。

多年来,以色列已经成为软件、数据通信、光电、软件设计和互联网技术(包括网络安全软件)开发人员的 ICT 中心。高科技行业包括医疗技术、生物技术、农业技术、材料技术和军事技术,这些行业的产品最终都离不开信息通信技术的应用。以色列小型互联网经济体中有 6000 多家初创公司,是欧盟人均初创公司的 5 倍。仅在 2021 年,以色列就新增了 80 家独角兽公司(市值 10 亿美元或以上的公司),并且其中 42 家公司加入了独角兽俱乐部。一个很显著的变化是,这一年人工智能相关初创公司数量增加。①

调查数据显示,2022 年 4 月以色列有 32900 个空缺职位,其中约 21000 个职位为技术职位,约 11800 个职位为非技术职位,职位的空缺体现出由于经济复苏,以色列在技术领域对于人才的需求日益增强。其中,约有 1/3 的空缺岗位出现在软件领域,空缺的预估数量约为 9920 个(见图 1)。有 30%的受访公司表示,软件是招聘难度最大的领域,这也反映出软件领域是对员工需求最高的领域。

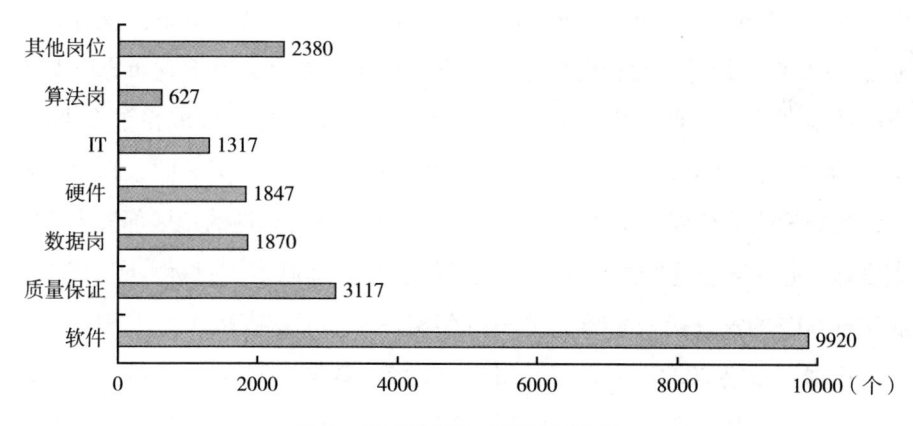

岗位	数量
其他岗位	2380
算法岗	627
IT	1317
硬件	1847
数据岗	1870
质量保证	3117
软件	9920

图 1　高科技职位空缺预估数量

资料来源:https://www.storydoc.com。

① https://www.trade.gov/country-commercial-guides/israel-information-communication-technology-ict.

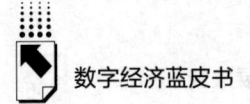

以色列ICT生态系统中大部分公司为软件公司，软件市场的收入预计在2022年达到27.1亿美元，其收入的年增长率达到6.77%。其中市场份额最大的领域是企业软件，预计2022年的市场规模为10.8亿美元，美国是以色列进口软件和信息技术设备与服务的第一大国。以色列被认为是数字世界的重要参与者，其软件产业最初是为了军事和工业企业制作工业配套软件而研发的，随后扩展至为个人电脑主板芯片、手机各类终端产品提供操作和应用支持。在2007年第一代iPhone发布开启移动互联网新时代以后，以色列软件产业进入全新发展阶段，以移动互联网的商业、消费和娱乐为代表的应用类软件公司成为以色列的主流软件企业。此外，随着大数据和智能终端引领的万物互联时代的到来，以色列软件产业进一步扩展到IT安全、网络安全解决方案、云计算、商业智能、区块链、虚拟化（AR、VR、MR）、电子政务、企业互联网应用、工业互联网应用等方面。软件产业已经和互联网科技、人工智能等深度融合，不再是单一行业，而是赋能所有数字经济产业的基础产业。[1]

以色列电信市场的特点是移动普及率高、服务供应商数量众多，其中包括Bezeq International、Pelephone、HOT Mobile、Cellcom、013 NetVision、Partner、012 Smile、Golan Telecom、Rami Levi Telecom等服务商。此外，交通部2020年开始重点改善电信基础设施。2021年6月，该部宣布光纤基础设施计划已开始实施。以色列在全面部署光纤基础设施方面取得重大进展。Bezeq是以色列主要的电信公司之一，它宣布了在以色列92%的家庭中部署光纤基础设施的计划。交通部正在推动在缺乏经济可行性的地区部署光纤基础设施，并呼吁在这些地区进行补贴部署，交通部制定了目标，到2022年底实现60%的家庭接入光纤，到2025年实现92%的家庭接入光纤。[2]

根据《数字2022：以色列》报告中的统计数据，截至2022年1月，以色列拥有797万互联网用户，互联网普及率达到90%，2021~2022年，其互

---

[1] 朱兆一：《以色列的数字经济及其借鉴意义》，载张倩红主编《以色列蓝皮书：以色列发展报告（2021）》，社会科学文献出版社，2022。

[2] https://www.trade.gov/country-commercial-guides/israel-information-communication-technology-ict.

联网用户数量增加了29.5万,增长了3.8%,但是以色列仍有88万左右的人口未使用互联网。同时,该报告中的数据显示,2022年1月,以色列通过蜂窝网络的移动互联网连接速度平均数为24.80Mbps,固定互联网的连接速度平均数为85.66Mbps,相比于2011年,移动互联网连接速度增加了11.18Mbps,增长了82.1%;固定互联网连接速度增加了22.19Mbps,增长了35.0%。2022年1月,以色列拥有706万社交媒体用户,社交媒体用户数量相当于总人口的79.7%,但是社交媒体用户数无法准确地体现出真实的使用人数,2021~2022年,以色列社交媒体用户增加了25万,增长了3.7%。根据全球移动通信系统协会智库（GSMA Intelligence）的数据,截至2022年初,以色列有1039万个蜂窝移动连接,由于一个人使用多种移动连接是十分普遍的现象,因此移动连接设备数量明显超过人口总量并不罕见,以色列蜂窝移动连接的数量相当于总人口的117.3%,2021~2022年,以色列蜂窝移动连接增加了38.3万个,增长了3.8%。

（二）数字健康

以色列的数字医疗行业相对较新,拥有许多处于创业早期阶段的公司,但是随着数字医疗行业初创企业数量的增加,2021年卫生部门创纪录地筹集了19亿美元的投资额,相比于2020年增长了121%。2020年的融资轮数为111轮,2021年融资轮数为113轮,融资金额大幅增长,相比之下,有37%的资金流向了后期公司（B轮或以后）。虽然以色列的数字健康行业逐步走向成熟,发展势头也十分强劲,但如果早期资金的投入跟不上,不利于该行业的长期可持续发展。

以色列数字健康行业融资规模的增长超过2021年全球数字健康部门,全球数字健康行业2021年融资440亿美元。但与美国相比,以色列的数字健康领域远不够成熟。交易数量增长的同时,融资轮数仍然较少,成长阶段的公司份额较小,大型融资的比例约为25%,而美国的比例为57%。[1]

---

[1] SNC Digital Health Highlights Update-2021.

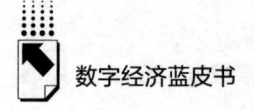

同时，新冠疫情也对该行业的投资趋势造成了短期和长期的影响。在短期内，资金模式偏向于为新冠疫情相关挑战提供解决方案的子行业，例如远程护理。2020年最大的几轮融资都发生在为疫情期间生活提供补救措施的数字健康企业，而2021年，更多资金流入决策支持和诊断等研究密集型的子行业。从长远来看，以色列的数字健康公司已经引起了投资者的极大兴趣，由于人口老龄化、不断变化的监管环境和新技术创新，全球医疗保健环境正在迅速发生变化，这些创新有望为全球患者提供更好的质量和可及性。在这样一个颠覆性的环境中，以色列凭借其强大的创业生态系统、优秀的研究基础设施和人才，以及政府为推动医疗保健行业发展做出的不懈努力，已准备好成为数字健康行业的全球强国。[①]

机器人技术被认为是医学领域的新兴技术，通常用于执行人类外科和医疗手术，将机器人技术与人工智能或将其接入互联网等技术相融合，提高了机器人技术的性能与灵活性。在以色列，安川公司开发了医疗康复机器人，帮助维持身体运动机能，以从受伤、创伤事件中康复，并维持人类身体的日常机能。XACT Robotics公司还开发设计了一种机器人，用于执行各类侵袭性医疗操作，例如活组织检查手术，对人体特定部位的引流及药物治疗、切除手术。

3D打印技术在以色列也是一个蓬勃发展的行业，其被广泛地应用于医疗领域，用于制造助听器、手术辅助器、牙科模型、器官物理模型以及活细胞产品与组织，其中一些已获得国际医学认证，能够用于人体移植。

据估计，以色列制造了全球约40%的3D打印机，并且拥有1400多家致力于生命科学研究的公司。其中，Synergy3DMed公司设计和打印定制化的3D模型与手术器械；特拉维夫大学的研究员使用3D打印机制造了一个人工心脏，其中包括真实的细胞、血管和心室；以色列的CollPlant Biotechnologies公司与美国的United Therapeutics Corporation公司合作生产用于打印肾脏的3D打印机。

---

① https：//globalventuring.com/university/digital-health-ecosystem-in-israel/.

虽然3D打印技术用于医疗保健行业极大地促进了该行业的发展，尤其在减缓全球器官紧缺问题方面，但是人们对于3D打印器官移植存在不同反应，人造器官可能无法充分在人体内发挥作用，这表明这类技术仍有非常大的进步与完善空间。

（三）网络安全

在过去的30年中，以色列已发展成为全球网络安全创新强国，当前以色列拥有大量网络专业人士，被广泛地认为是全球发展攻击性网络安全解决方案以及采取前瞻性网络政策的先驱者，并且始终处于网络安全生态系统的中心。截至2021年第一季度，以色列共拥有459家网络安全方面的创新公司，分布在网络安全、数据和隐私保护、手机安全、云端和基础设施安全、终端安全等10个领域，为整个网络安全产业链提供了广泛的多样化解决方案，应用于世界各地的政府和各行各业的企业，吸引了全球第二多的投资。

根据以色列国家创投数据中心（Start-Up Nation Central）的统计数据，以色列的网络安全行业从2015年开始，投资金额基本上呈现增加趋势，并且在2021年创造了各个领域的新纪录（见图2）。2020年和2021年两年中，由于新冠疫情席卷全球，大多数企业迫不得已接受了居家办公的常态，因此开始更加注重网络安全漏洞等问题。与2020年相比，网络安全行业通过131轮投资筹集了88亿美元，几乎是2020年的3倍。此外，2021年有4家网络安全领域的公司在纳斯达克进行首次公开募股（IPO），有11家该领域的公司新加入独角兽俱乐部。数据显示，全球每三个网络安全独角兽中就有一个是以色列公司。[1] 在全球范围内，2021年全球40%网络融资活动的私人投资流向以色列，考虑到该国相对较小的国土面积，这一点尤为显著。[2]

---

[1] https：//www.gov.il/en/departments/news/2021cyber_ industry.
[2] Israel National Cyber Directorate, Israeli Cyber Security Industry Continued to Grow in 2021：Record of ＄8.8 Billion Raised.il, https：//www.gov.il/en/departments/news/2021cyber _ industry, 2022, January 20.

数字经济蓝皮书

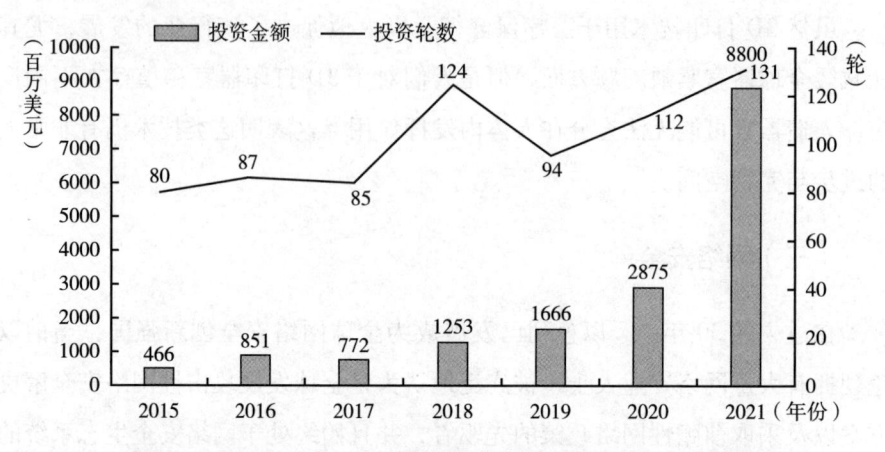

图2 2015~2021年以色列网络安全部门投资金额与投资轮数

资料来源：Start-Up Nation Central，The Israeli Cybersecurity Sector。

近年来，随着网络攻击组织对政府机构、非政府组织和各大智库的密切关注，各国政府都在加大对网络安全领域的投入。例如，美国的拜登政府提议在2023年为网络安全和基础设施安全局（CISA）提供25亿美元，相比于2022年增加了5亿美元的投入[①]；澳大利亚也将花费100亿美元将澳大利亚信号局的规模扩大一倍[②]；同时，法国也致力于建立一个国家资助的网络安全创新中心"Campus Cyber"，将位于以色列贝尔谢巴的"Cyber Spark"作为其蓝本[③]。

以色列网络出口额在2021年达到110亿美元，2020年出口额为69亿美元，由于世界各地对网络安全领域的日益重视，以色列可以从中受益。截至

[①] Baksh，M.，The Administration Expects CISA to Grow by just under 300 Full-time Employees over the Next Year, for Example, https://www.nextgov.com/cybersecurity/2022/03/6-takeaways-cybersecurity-policy-presidents-fy-2023-budget/363713/，2022, March 28.

[②] Hurst，D.，Redspice：Budget Ushers in Australia's 'Biggest Ever' Cybersecurity Spend, The Guardian, https://www.theguardian.com/australia-news/2022/mar/29/redspice-budget-ushers-in-australias-biggest-ever-cybersecurity-spend，2022, March 29.

[③] Rosemain，M.，France Opens New Business Campus to Tackle Cyberattacks, https://www.reuters.com/world/europe/france-opens-new-business-campus-tackle-cyberattacks-2022-02-15/，2022, February 15.

2021年8月，澳大利亚大约20%的网络安全产品和服务进口来自以色列。[1]

同时，各国政府也逐渐意识到在网络安全方面需要共同合作，以色列作为网络安全强国，其致力于在该方面发挥领导作用。2021年12月，以色列财政部牵头国际货币基金组织和其他10个参与国，在全球首次的网络安全演习中，测试其对抵御全球金融系统模拟攻击的能力。[2] 此外，在特拉维夫举办的年度网络技术全球会议是除美国以外世界上最大的网络安全会议，定期吸引来自全球的领先公司、新兴初创公司、投资人和政府参与者，通过技术交流合作，进一步推动其网络安全领域技术发展。

以色列网络安全公司中，有三家知名企业值得一提。Check Point公司成立于1993年，它是以色列最具影响力的科技公司之一，该公司通过成为防火墙技术先驱而确立了自己的地位，在1996年就已经占据全球防火墙市场40%的份额。[3] 2022年初，Check Point公司宣布其2022年战略转型计划，该计划强调了由第五代网络攻击所造成的威胁日益增加，这是一种大规模的多向量攻击，能够快速感染跨地理区域的大量目标。该公司认为AI是对抗第五代网络攻击的关键工具，并且相信其与芯片制造商英伟达的合作，能够使其更好地利用尖端AI技术来阻止第五代网络攻击的威胁。

CyberArk公司成立于1999年，旨在提供IT管理员有权限访问所有网络数据但没有健全的应用结构来支持其监管行为的问题解决方案，其市值为64亿美元，是以色列最大的网络安全公司之一。特权访问管理（PAM）概念是CyberArk赖以建立的基础，它是公司运营不可或缺的一部分。该公司最显著的成就之一是在2016年推出了C3联盟，该联盟现在拥有100多个成员，其中

---

[1] International Trade Administration, U. S. Department of Commerce, https：//www.trade.gov/country-commercial-guides/australia-cybersecurity, 2021, August 16.

[2] Reuters, IMF and 10 Countries Simulate Cyberattack on Global Financial System. South China Morning Post, https：//www.scmp.com/news/world/middle-east/article/3159134/imf-and-10-countries-simulate-cyberattack-global-financial?module=perpetual_scroll_0&pgtype=article&campaign=3159134, 2021, December 10.

[3] CompaniesHistorycom, 2022 Check Point Software Technologies Ltd. History, Profile and Corporate Video, from https：//www.companieshistory.com/check-point-software/, 2022, May 18.

包括Amazon Web Services、McAfee、Check Point等公司，该联盟的成员共同实施与发展特权访问账号解决方案。从2022年4月开始，CyberArk将其商业模式从永久软件买断制转变为订阅服务，此举有效地将复杂的网络基础设施负担从客户身上转移至CyberArk。截至2021年第四季度末，其订阅服务占有率达到了71%，而2020年第四季度订阅服务占有率仅为35%。

Radware公司成立于1997年，其是领先的数据中心安全服务供应商。2022年，该公司的业务重点在于抓住云安全领域出现的新机遇。Radware还在印度建立云安全研发中心，扩大其全球分发网络（Delivery Network）的云服务能力，并在全球主要城市增加云服务中心。Radware云安全平台SecurePath的推出也是其2022年战略的关键部分。

二　数字经济国际竞争力

根据上海社会科学院信息研究所2022年发布的数字经济竞争力国家综合排名，以色列以55.04分的总分在全部50个国家中排名第10位，相比于上年上升2位。美国与中国分别以75.12分和61.22分排名第1位与第2位，证明以色列与数字经济领先的国家仍存在差距。相比于中东地区其他国家，以色列的领先地位则十分明显，其中沙特阿拉伯以43.96分排名第27位，土耳其以38.73分排名第43位（见表1）。

表1　部分国家全球数字经济竞争力得分

单位：分

排序	国家	数字设施竞争力	数字产业竞争力	数字创新竞争力	数字治理竞争力	总得分
1	美国	89.99	52.21	72.16	86.11	75.12
2	中国	67.80	52.25	55.59	69.25	61.22
3	瑞士	70.94	28.09	58.34	83.84	60.30
5	日本	66.15	31.94	58.89	77.94	58.73
10	以色列	60.61	39.63	51.00	68.93	55.04
27	沙特阿拉伯	67.35	10.09	24.07	74.30	43.96
43	土耳其	48.36	13.76	27.17	65.64	38.73

在数字设施竞争力排名中，以色列以60.61分排名第20位，相比于2021年进步2位，但排名仍然较为落后。美国以89.99分排名第1位，这体现出以色列在健全数字基础设施方面仍有很长的路要走，需要政府健全体系并且增加对该领域的资金投入。中东地区的沙特阿拉伯以67.35分排名第7位，土耳其以48.36分排名第46位。

在数字产业竞争力排名中，以色列以39.63分排名第4位，相比于2021年进步3位，其中经济产出与国际贸易两项指标的评分较低，但产业增速较快。其中，中国以52.25分排名第1位，美国则以52.21分排名第2位。在中东地区，沙特阿拉伯以10.09分排名第50位，土耳其则以13.76分排名第48位，体现出其数字产业仍有很大的发展空间。

在数字创新竞争力排名中，以色列以51.00分排名第8位，相比于2021年进步6位。以色列的科研投入占GDP比重在全球领先，但其科研水平与研发能力相比于美国仍有巨大的差距，尤其是在数字技术专利、计算机与半导体领域。美国以72.16分排名第1位，而沙特阿拉伯和土耳其分别排名第40位和第33位。

在数字治理竞争力排名中，以色列以68.93分排名第28位，相比于2021年上升2位，以色列的安全保障与市场环境两项指标评分较低，总排名落后于同为中东国家的沙特阿拉伯，说明以色列在数据安全、隐私保护、政策规范与支持方面仍有很大的提升空间，需要进一步加以完善。其中，丹麦以92.92分排名第1位，沙特阿拉伯和土耳其分别排名第20位和第35位。

根据瑞士洛桑国际管理发展学院（IMD）发布的2022年IMD全球数字竞争力排名，该排名已进入第六个年头，它衡量了63个经济体采用和探索数字技术的能力和准备程度，将其作为商业、政府和更广泛社会经济转型的关键驱动力，2022年在63个经济体中以色列排名第15位（见图5），其中丹麦排名第1位，美国排名第2位，中国排名第17位，相比于中东地区的其他国家，仍落后于阿联酋（第13位），但远远领先于卡塔尔（第26位）、巴林（第32位）、沙特阿拉伯（第35位）、约旦（第53位）、土耳其（第54位）。

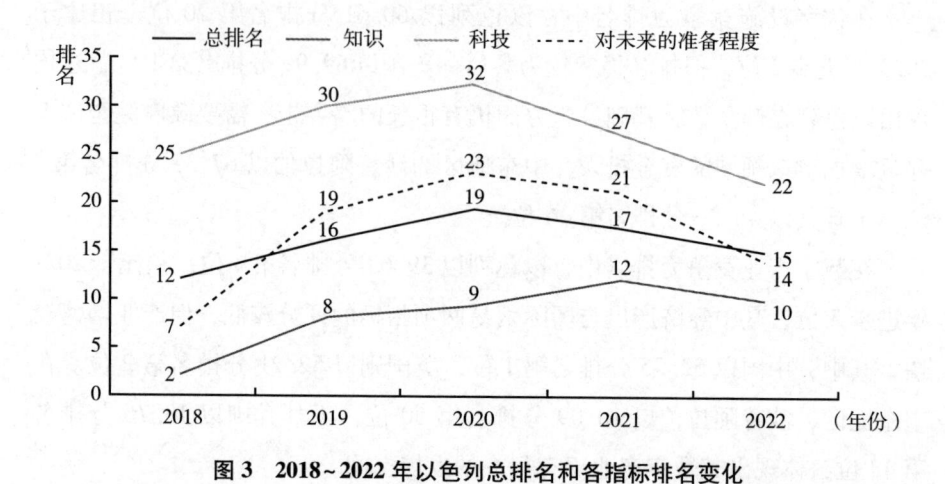

图 3　2018~2022 年以色列总排名和各指标排名变化

资料来源：IMD World Digital Competitiveness Ranking 2022.

在三个主要测量指标中，以色列知识维度排名第 10 位、科技维度排名第 22 位、对未来的准备程度排名第 14 位，排名相比上升均有所上升，说明以色列数字经济国际竞争力稳步向前。其中，值得一提的是，在知识的次级指标中，以色列"在科研中的投入"指标位于 63 个经济体的首位。

三　数字经济展望

近几十年来，信息化的飞速发展，对以色列人民生活的各个领域都产生了巨大的影响。"数字革命"促进了商业创新，推动了经济增长，提高了生活质量和便利性，同时也提高了政府的办事效率，提升住房、卫生、教育、社会服务等公共产品的质量，还有助于缩小社会的地理和经济差距。① 以色列的数字经济发展水平在中东、北非地区一直处于领先地位，也因其在促进、鼓励和支持高科技企业发展方面的成功而赢得了全球声誉，其也将高科技产业视为支柱产业，大力推动数字经济的全方位发展。2022 年是以色列

---

① https://www.gov.il/BlobFolder/news/digital_israel_national_plan/en/The%20National%20Digital%20Program%20of%20the%20Government%20of%20Israel.pdf.

2017~2022年"数字以色列"国家倡议实施的最后一年，该项目耗资约15亿新谢克尔（约4.25亿美元），体现出以色列政府对于数字化战略的重视。近两年，以色列科技领域进一步发展，但是社会各群体间差距仍然很大，各地区仍然存在部分无法享受数字经济便利的群体。

近年来，"数字革命"进入一个新的阶段，加速了社会和经济领域的数字化进程。现代社会四种数字化趋势共同发展，创造了新的商业模式和革命性的数字化工作方法，这一切改变了每个人体验生活的方式，这四种数字化趋势分别是：云端技术、社交媒体、数据分析、移动设备。

数字时代的网络和信息安全、金融科技、智慧城市以及健康和教育等领域的创新技术既在方方面面影响着居民的生活，也是重要的经济增长引擎。以色列国家倡议的目标是促进以色列数字产业的蓬勃发展，通过政策支持创新系统的发展，改善和整合政府工作与公共领域的数字革命，让ICT技术和数据优势与便利惠及公民及企业。

（一）发展数字金融

金融行业是以色列经济发展中很重要的一部分，金融产品和服务的成本对家庭和企业的金融行为以及生活成本都有重大影响。因此，发展数字金融有助于以色列增强开展金融业务的便利性，让企业和个人能够以较低的成本享受优质的金融服务。

推动数字银行和新清算所的建立。以色列的银行监管部门计划在该方面开展一项重大工作，通过鼓励数字银行或新清算所进入市场，增强以色列金融体系的竞争力，申请的评估工作将由监管部门来完成。此项工作鼓励成立没有实体分支机构的数字银行，全部服务都将线上提供，此举有助于偏远地区获得高质量的银行服务，也有利于数字银行本身扩大其业务范围。建立此类金融机构，能够在未来提供更便宜、更具有竞争力的在线金融服务，从而降低以色列金融服务费用。

扩大通信技术工具在银行系统中的使用。以色列银行的一项研究显示，银行转账、现金存取款、支票存款等服务，通过在线渠道价格更加便宜，平

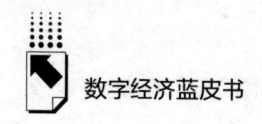

均费用降低了约75%，使用在线渠道也有助于客户控制其财务状况。数字工具也有利于提高透明度，以色列计划推动数字工具在金融机构资本市场活动中的整合，并建立和升级金融机构的在线平台，使消费者能够比较金融实体之间的产品和服务（保险、信贷、服务费、利息等）。产品和服务的透明有助于增加消费者谈判的资本，强化金融机构之间的竞争，降低金融服务成本，提高服务质量，符合"数字以色列"国家倡议的目标。

发展数字金融教育。以色列银行与资本市场、保险和储蓄部将继续鼓励金融体系的发展，并提高以色列公民的金融和数字素养，这项举措能够提高公民的金融知情意识，让其更好地在各类金融产品中进行甄别与选择，也因此能通过数字方式随时随地获取高效、优惠的金融服务。以色列银行启动了"为我们的钱负责"（Taking responsibility for our money）网站提供青少年基础金融教育；财政部启动了"我的财务"（My Finance）网站，该网站包含大量财务信息、财务指南、财务工具和交互式计算器。

以色列政府已经开始采取行动，将数字化技术带入金融部门。例如，以色列的银行监管部门制定了数字和信息技术领域的政策，并已采取行动消除监管障碍，以实现全面的数字银行活动。财政部和资本市场、保险和储蓄部也制定了数字化愿景，概述了未来几年为扩大金融机构对数字化技术的使用而采取的措施。随着国家倡议的提出，数字金融的规模在未来几年将逐渐扩大。

（二）特拉维夫证券交易所"2023~2027战略计划"

特拉维夫证券交易所2022年10月23日发布了"2023~2027战略计划"，此次战略计划中提及了以往规划中主要战略项目的实施进度，以及金融市场的主要变化、发展趋势。此次战略计划包括一项数字资产战略，目标是创建一个区块链（DLT）平台，用于数字资产交易并推动其在数字加密领域进一步发展。

特拉维夫证交所的区块链、加密货币和数字资产战略旨在增强金融产品的灵活性、国际市场的可及性、新资产类别的可扩展性，同时提高特拉维夫证交所在数字世界中的竞争实力,提高其科技创新能力,以及更好地完成对客户的承诺。特拉维夫证交所的新区块链平台将适用于各种资产类别,也会把各类数字资产(数字债券、加密货币、实用代币、NFT)逐步加入交易所,但这取决于金融市场的发展状况和法律环境。[1]

建立区块链平台的目标同样面临一些挑战,现在以色列国内的法律法规仍然处于较为模糊的状态,加密货币的交易仍然需要寻求法律法规的合法性,并且证交所进行数字化转型的成本也较高,需要特拉维夫证交所有计划、循序渐进地进行转型,需要注意的是,本地以及国际数字金融的竞争十分激烈,想要从中获得一杯羹并非易事。特拉维夫证交所的数据显示,30%持有数字资产的投资者将其资产存放至本地数字化平台中,52%的新投资者将其10%的资产投资于数字资产,截至2021年12月,以色列加密货币的持有额约为100亿新谢克尔(约28亿美元)。

向其他证交所提供技术服务和解决方案。特拉维夫证交所的IT服务和解决方案价值主张包括:证交所的专业知识、应用于公司内部的技术、新的科技发展策略、以色列品牌保证,特拉维夫证交所的服务能够降低未来发展的成本,并且可以促进其他使用该证交所服务的中小型交易所互相合作。同时,特拉维夫证交所致力于增加其在创新科技领域的投资,其中包括DLT、区块链技术、代币化、先进的分析手段,以此来将其专利技术售卖给中小型交易所。

(三)低碳发展承诺与城市可持续发展

对于以色列来说,城市的可持续发展是必由之路,因为以色列国土面积小且水资源稀缺。2019年,以色列政府批准了第4631号决议,将2030年可持续发展议程纳入所有战略规划流程。随着更高质量环境保护要求以及新生产模式的引入,政府发布了2017~2021年预算,向城市可持续领域投入约1.2亿新谢克尔(约3490万美元)的资金,用于减少集约化农业对自然

---

[1] https://maya.tase.co.il/reports/details/1482792.

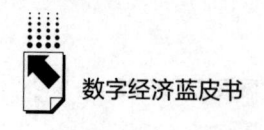

资源造成的负面影响和支持适应气候变化的区域项目。

2018年,以色列的废物回收率已达到24%,但剩余的废物仍被倾倒在垃圾填埋场。环境保护部正在将其废物管理政策转向由五个层面组成的综合方法:源头减少、再利用、回收利用、利用废物和填埋。根据《2030年废物处理计划》,2021年已有51%的废物被回收利用,23%的废物作为能源回收,剩余的则被填埋。同时,该计划支持建立垃圾分类回收机制和垃圾发电设施。

2016年11月,以色列加入《巴黎协定》并承诺到2030年将其温室气体排放量限制在人均7.7吨二氧化碳(tCO_2e),将比2005年减少26%,2025年的中期目标为人均8.8 tCO_2e。2017年实际排放量约为人均9tCO_2e。

同时,国家政策提出到2030年通过增加天然气在能源结构中的比例,消除电力生产中煤炭的使用,在能源部的2030年目标计划中,政府还将提供经济激励措施,鼓励工业工厂连接天然气电网。2010~2018年,煤炭占总发电量的比例从59%下降到30%,而天然气发电量的比例从39%上升到66%。与此同时,可再生能源在电力生产中的比例从2010年的接近零增加到2019年的4%以上,到2025年将有13%的电力生产来自可再生能源。以色列也在努力减少能源需求,有85%的家庭已经安装太阳能热水器,国内的用电量每年减少了400万千瓦时。

2016年4月,政府批准第1403号决议,旨在减少温室气体排放和提高能源效率,该计划将在10年内提供5亿新谢克尔(约1.4亿美元),用于资助该领域的项目。以色列政府设立目标,到2030年将电力消耗减少17%,私家车公里数减少20%。2008年以来,虽然以色列在内盖夫沙漠设立了可再生能源中心,但截至2017年底,以色列仍无法实现其减少温室气体排放的目标。

B.9 俄罗斯数字经济发展报告（2022）

倪文卿*

摘　要： 在疫情、俄乌冲突、西方制裁等多重背景下，俄罗斯数字经济发展遭遇诸多瓶颈，尽管 2021 年俄罗斯数字经济发展取得部分进展，但随着西方制裁加剧、先进技术企业退出俄市场、财政收紧，俄罗斯数字经济发展前景仍然未卜。本文结合俄罗斯国内及国际组织相关数据，针对俄罗斯国内数字经济发展、其在国际排名中地位变化、现存问题和发展前景四个方向，梳理分析俄罗斯数字经济发展状况及其前景。

关键词： 俄罗斯　数字经济　人工智能

一　俄罗斯数字经济发展现状

2017 年，俄罗斯正式批准落实"数字经济"国家项目，该项目框架下包含"数字经济""国家治理""技术发展""信息技术基础设施""人工智能""网络安全"等联邦子项目，由俄罗斯数字发展、通信和大众传媒部（以下简称"数字部"）负责该项目具体落实进程。

2020~2022 年，俄罗斯数字部、国家统计局与高等经济学院联合发布了《数字经济：简略统计手册》，分别对 2018~2020 年俄罗斯数字经济和社会发展情况进行总结，涵盖数字经济发展投入、数字经济社会覆盖率、民众对

---

* 倪文卿，上海社会科学院信息研究所编译。

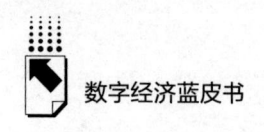

数字技术满意度、商业数字化、数字化治理、数字经济从业人员、数字基础设施、信息通信技术（ICT）八大方面。①

2020年，俄罗斯对数字经济发展的总投入达4.063万亿卢布，较2019年下降0.76%，占GDP比重达3.8%，较2019年增加0.1个百分点。2019年，俄罗斯对数字经济发展的总投入达4.094万亿卢布，占GDP的3.7%。其中，俄罗斯家庭在使用数字技术产品和服务上的支出为1.801万亿卢布（占GDP的1.7%），较上年增长9.75%；企业支出达2.262万亿卢布（占GDP的2.2%），较上年下降7.79%。企业使用数字技术产品和服务的支出主要用于购置应用数字技术的机械设备（占比46.0%）、购买电子通信服务（占比20.9%）和购置相关软件及安装（占比18.1%）。支出方向大致与上年持平。

数字经济社会覆盖率方面，2020年，俄罗斯家庭的互联网覆盖率达80%，较之前年增加3.1个百分点，2021年有望达到84%。宽带覆盖率达77%，同比上涨2.4个百分点。2019~2020年，俄罗斯互联网覆盖率有较大提升，体现出俄扩大网络覆盖面的决心。2019年，俄家庭互联网覆盖率仍低于美国（当年数据为76.9%），而2022年已与美国持平，但仍低于意大利、捷克等国。

企业网络方面，使用宽带网络的企业比例从2019年的86.6%增长至2020年的93.0%，再次印证俄扩大网络覆盖面的决心。此外，宽带网络速度不低于2Mbps的企业占比从65.0%上升至78.5%，显示出企业数字基础设施得到进一步改善。尽管如此，拥有网站的企业占比却从2020年的51.9%降低至2021年的44.3%，从中可以看出，尽管数字基础设施得到了改善，但其数字公开程度仍需进一步提升。

信息通信技术（ICT）是俄罗斯数字经济发展的一大重点。尽管新冠疫情对俄经济社会造成巨大冲击，ICT领域仍然保持稳步增长的态势。2020年，ICT领域的总附加值为2.98万亿卢布，占GDP的比重从2019年的

---

① 《俄罗斯高等经济学院发布报告》，https://issek.hse.ru/mirror/pubs/share/552091260.pdf。

2.9%增长至2020年的3.1%，虽取得不俗成绩，但仍有较大的增长空间。对ICT领域的固定资产投资从2019年的7410亿卢布增长至2020年的8350亿卢布，其中多数投资流入通信领域企业和业务（占总投资额的72%）。

就业和人才储备方面，2020年，俄罗斯ICT领域从业人数从2019年的862.67万人上升至914.89万人，占就业总人口的2.5%，低于芬兰（7.6%）、瑞典（7.5%）、爱沙尼亚（6.5%）、英国（5.6%）等数字大国。不过，专家年轻化仍然是俄重大优势之一，15~39岁ICT从业人口数量占到ICT从业总人口数量的67.4%，而30岁以下的ICT从业人口占到该行业总从业人口的50.0%，超过爱沙尼亚、法国、英国、瑞士等数字大国，证明俄罗斯数字人才具有重大潜力。

俄罗斯高等经济学院和国家统计局、数字部共同发布的《数字经济2022：简略统计手册》对2021年俄数字经济发展做出总结和分析。[①] 报告指出，国家对数字经济方面的支出不断增长。2021年国内总支出为4.8万亿卢布，较2020年上涨19.3%，其中33.5%用于购买数字领域相关机器和设备，30.6%用于电信服务。

报告指出，企业对数字经济的发展做出巨大贡献。使用云技术和大数据收集、处理与分析技术的企业比例纷纷呈现上涨态势，占所有企业总数的25%以上。此外，对射频识别（RFID）技术的关注也在走高。2019年应用该技术企业的比例仅为8.2%，2020年为9.8%，2021年该比例上涨至10.8%。

根据财政部统计，2021年，俄"数字经济"国家项目联邦预算的执行情况为预算值的95.8%。2022~2024年，政府预计将拨款6000亿卢布用于实施"数字经济"及其下属项目。这将保证俄罗斯在2030年前达成其既定战略目标，并达成"数字成熟度"指标。

俄罗斯高等经济学院统计研究和知识经济研究院分析了2021年俄电信基础设施和ICT基础设施的使用情况，并分析了疫情和新经济环境下两个板

---

① 《数字经济2022：简略统计手册》，https://issek.hse.ru/news/780811313.html。

块的发展情况。

电信基础设施方面①，2021年，固定互联网总流量达到78.1艾字节，比前一年增长26%，不过略低于2020年35%的增速（见表1）。可以看出，固定网络流量并没有长期密集增长。而移动网络流量的增长率略高于固定网络流量增速，为31%，但仍处于近年来最低。一方面，这是2020年疫情期间用户数量大幅减少的动态后果，另一方面这也表明用户对移动电信基础设施的参与度达到较高水平。此外，在用户数量实际减少的情况下，移动互联网流量的增加是每个用户具体流量增加的结果。

表1 2014~2021年俄固定网络和移动网络流量动态

单位：艾字节，%

类目	2014年	2015年	2016年	2017年	2018年	2019年	2020年	2021年
移动网络流量	1.5	2.3	3.5	6.5	10.2	15.3	22.6	29.6
增幅	71	53	52	86	57	50	40	31
固定网络流量	17.8	24.1	29	35.6	38.1	45.9	62.0	78.1
增幅	19	35	20	23	7	20	35	26

尽管流量增速放缓，但宽带互联网普及度提升。2021年，固定宽带用户的数量增加2.2%，相当于每100名居民中有24人接入互联网，移动网络接入量增长8.4%。2021年，互联网接入速度超过100Mbps的用户比例比前一年增加了7.2个百分点，达到近50%；速度为10~100Mbps的用户比例也小幅增长，增幅达到1.7个百分点。2021年，现代固定宽带技术的普及率有所提高，光纤网络用户的份额增加了3.4个百分点，使全国近86%的人口能够获得最可靠的互联网。

此外，俄罗斯电信公司虽然已经将设备储备至2023年初，但新设备交付延迟和4G网络漫长的准备时间可能会拖延领先电信技术的发展，更有可能导致基础设施之间的衔接断档。

---

① https://issek.hse.ru/news/665867205.html.

信息和通信技术方面①，2021年，俄信息和通信技术部门延续了前几年总附加值增长较快的趋势，实际增长幅度为10.8%，达到3.7万亿卢布，占GDP的3.2%。2020年增幅为6.9%，2019年为5.7%。ICT的发展速度高于大多数经济板块。2021年，生产数字产品的组织（+39.3%）、IT公司（+11.6%）、电信公司（+2.5%）都呈积极发展态势，不过，ICT批发贸易与2020年相比下降25.2%，这主要是由于疫情期间数字相关商品的需求带来基准高价值。2018~2021年，IT行业的总附加值增长33%以上，IT企业销售额增长1.7倍，固定资产投资额实际增长近20%。人才方面，受制裁影响，在外资或合资IT公司工作的雇员人数约为8.8万人，占IT行业和其他IT服务行业雇员的14%，相反，在信息和通信技术设备的生产中，受雇于外资机构的人所占比重很小，只有3%。小企业在信息和通信技术部门占有很大的份额，雇用了大约30%的工人。信息和通信技术部门的特点是年轻专家的比例很高，大约2/3的雇员年龄在40岁以下（占俄总劳动人口的46.7%），其中，较为年轻的群体集中于IT服务公司，而年长的群体则集中于ICT设备行业。这反映了IT职业在年轻人中相对较受欢迎，也是近年来大学中IT职业培训量不断增加的结果。不过，硬件和电子产品开发生产相关的职业领域，新专家流入规模明显较低。

到2022年，俄罗斯ICT部门已成为经济中快速增长的部分，其核心是快速增长的IT产业。近年来，ICT制造业也呈现积极发展趋势，有一定的机会对制裁形成抵御能力。同时，鉴于其对信息和通信技术进口的高度依赖和外国公司的减少，预计信息和通信技术部门在2022年会进行重大重组。

二 俄罗斯在国际数字经济相关排名中的地位

根据本报告的综合排名，2022年俄罗斯在50个国家中排名第32位，

---

① https://issek.hse.ru/news/655861546.html.

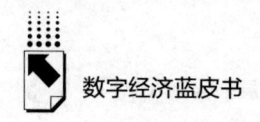

较2021年（第23位）排名下滑9位。从细分指标来看，俄罗斯的主要优势集中在数字设施竞争力上，其宽带部署、5G网络发展等领域相对较发达。尽管如此，在该分指标排名中，俄罗斯排名第19位，较上年（第10位）下降9位，表明在国际层面的横向对比中，其发展速度仍然慢于其他发达国家。在数字治理方面，较之上年（第14位），俄罗斯排名大幅下滑，仅排名第34位，这表明俄数字环境存在较大安全隐患。一方面，这与俄乌冲突背景下，网络攻击大幅上涨的因素有关；另一方面，这也反映出俄立法机关目前出台的相关法律法规跟不上国内技术发展速度，可能存在法制漏洞。

2021年，俄罗斯在产业竞争和创新竞争方面呈现颓势，而2022年在两个指标上俄罗斯取得一定进步。产业竞争方面，俄罗斯较上年（第39位）上升1位，排名第38位，显示出俄技术产业的发展态势。创新竞争方面，俄罗斯较上年（第31位）上升2位，排名第29位，为俄罗斯增幅最明显的指标。结合报告其他数据，可以认为，俄罗斯加大了在人才培养方面的投入，促成了该指标的增长。

世界经济论坛的网络就绪指数（Network Readiness Index，NRI）[①]从技术、人力、治理和影响力四个分指标进行打分，衡量了各国有效利用信息通信技术的成熟度。2021年俄罗斯在130个经济体中排名第43位，位列沙特阿拉伯、克罗地亚、卡塔尔之后，较上年上升5位（2020年该排名共选取134个经济体）。荷兰、瑞典、丹麦分别位列前三，中国位列第29（上年排名为第40位）。俄罗斯在独联体国家中排名第1，其次是位列第60的亚美尼亚（较上年下降5位）和位列第61的哈萨克斯坦（较上年下降5位），其指标远超独联体国家平均水平。报告指出，从四大分指标来看，人力是俄罗斯的主要优势，其在治理方面具有较大进步空间。而从其细分指标来看，活跃宽带用户、网络安全、成人识字率是俄罗斯最强势的指标；未来技术、

[①]《2021年网络就绪指数报告》，https：//networkreadinessindex.org/wp-content/uploads/reports/nri_2021.pdf。

生活质量、监管三个子指标具有较大改善空间；ICT监管环境、电子商务立法和可持续发展目标7：负担得起的清洁能源是俄罗斯的薄弱环节。2020年，治理及其法规制度已是俄薄弱环节，2021年情况依然如此，体现出立法领域亟须改善的迫切需求。

在联合国2022年发布的《2022年联合国电子政务调查报告》[①]中，俄罗斯在193个国家中排名第42位，较2020年下降6位（2020年排名第36位），尽管如此，其电子政务发展程度仍然属于"非常高"这一级别。报告指出，这是得益于俄罗斯在电信通信基础设施（TII）和人力资源（HCI）指标上突出的表现。不过，俄罗斯仍需关注改善在线服务的质量和供应能力。中国在调查中排名第43位，较2020年前进2位。与2020年相比，芬兰超越爱沙尼亚，一跃排在第2位，位居丹麦之后。

从城市角度来看，根据本地线上服务指数（Local Online Service Index, LOSI）[②]排名，俄罗斯首都莫斯科在146个城市中排名第5，位列"LOSI指数非常高"组别，较2020年上升1位。该排名的前三名分别是柏林、马德里和塔林，柏林由前年的第9位一跃成为第1位。中国上海同样位于该组别，位列第10，排名下降1位；日本首都东京2022年排名上升10位，从第24名上升到第14名。

三 俄罗斯数字经济发展现存问题

2022年，俄罗斯面临疫情和俄乌冲突引发的经济制裁等多重政治经济威胁，俄经济蒙受巨大损失，数字经济也不例外。面对纷繁复杂的国际局势，俄电子通信协会指出，到2022年底，俄互联网经济中部分板块可能会出现负增长。随着外国主流互联网企业和在线平台离开俄罗斯，或对俄罗斯用户施加支付障碍，俄互联网数字内容将至少减少60%，在线广告将减少50%，对

[①] 《2022年联合国电子政务调查报告》, https://desapublications.un.org/file/1024/download。
[②] 联合国本地线上服务指数, https://publicadministration.un.org/egovkb/en-us/Data/City。

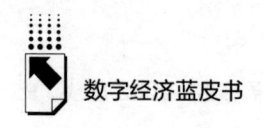

俄互联网经济造成重大打击。此外，基础设施和电子商务的增速也将放缓，但整体保持积极态势，根据该协会预测，2022年底，基础设施和电子商务的增速分别为17%和15%，数字市场对俄罗斯经济的贡献率将下降至11%。[1]

（一）先进外国技术企业退出俄市场引发人才空缺

从细分板块来看，俄乌冲突不可避免地给俄数字技术发展带来挑战。后果最为严重的便是外国先进科技企业因冲突纷纷宣布退出俄罗斯市场，造成重大损失。随着俄乌冲突的持续，西方国家对俄制裁愈演愈烈，领先IT企业纷纷宣布退出俄罗斯市场，或是减少在俄份额，切断卢布支付方式。这将导致俄境内外国数字技术可用性大幅缩水，包括软件、云服务、ICT设备、微电子设备等，这将导致企业发展空间进一步缩小。此外，外国企业退出俄市场也将减少数字企业的投资机遇，对数字技术应用、业务流程数字化、技术实施成本和数字使用等方面都会造成严重冲击。

外企退出俄市场还会引发专业人员外流的问题。上年的报告和前文中皆提到，俄数字经济领域从业人员的占比仍处于较低水平，企业退市导致的人员外流势必将加速扩大专业人员的缺口。此外，虽然俄罗斯政府试图通过补贴、资金和立法支持来支撑其人工智能和高科技产业，但对仍在发展中的俄罗斯人工智能生态系统来说，人才的大量流失将给该领域带来致命打击。而俄高校尽管开设了新一代信息技术专业，但大多局限于计算机和电子等大类专业，缺乏大数据、微电子、集成电路等新型交叉学科专业。并且，俄罗斯现有的课程教学手段与内容也相对滞后，许多教师的课程不仅没有达到应有的信息教育基础要求，同时也与技术发展和产业需求脱节，学生毕业之后的岗位适应能力较差，无法满足俄人才需求[2]，进而也影响了俄罗斯社会总体的数字化转型能力。

在俄乌冲突长期持续的背景下，线上信息战同样愈演愈烈。自俄乌冲突

---

[1] https://tass.ru/ekonomika/14655345?ysclid=l9le8tq4z1393969448.
[2] 《俄罗斯东欧中亚研究》2022年第4期。

爆发以来，俄主要国家机关、主流媒体等关键和社会重要信息基础设施遭受的网络攻击次数不断攀升。这同样暴露了俄网络安全方面的隐患，以及数据保护领域的潜在风险。

此外，制裁带来的最直观后果是切断了俄罗斯大学和研究机构在人工智能方面的国际合作。科研合作是推动人工智能研发的重要动力之一。而俄罗斯在冲突中的负面形象削弱了他国对俄罗斯的合作意愿，导致该领域合作停滞，俄人工智能领域存在遭遇发展停滞的风险。

（二）俄本土企业缺乏创新精神和数字化意愿

除外部因素外，大型企业缺乏创新精神也是俄数字经济发展困难重重的一大原因。目前，俄罗斯并不像坐拥谷歌、苹果等高科技公司的美国，除了Yandex以外，几乎没有典型意义上的数字科技公司。即便如此，在俄罗斯市场份额超过46%的Yandex市值远远低于美国的谷歌、苹果和中国的阿里、腾讯，截至2022年2月，Yandex市值为164亿美元，而中国的腾讯和阿里市值分别为6000亿美元和3000亿美元以上，显示出公司巨大的资本估值落差。此外，Yandex公司对俄GDP的贡献也微乎其微，无法做出实质性贡献，更不可能起到对数字经济的牵引作用。在投入研发上，俄大型国有公司似乎并未将科技创新放在优先位置。例如，俄天然气工业公司研发投入占收入的比重仅为0.095%，俄石油公司研发投入占收入的比重仅为0.02%。作为对比，能源公司壳牌和埃克森美孚的研发投入占比分别为0.43%和0.47%。

此外，如前文所述，尽管在俄政府主导下，网络基础设施得到进一步发展，多数企业已经接入高品质宽带，但是多数企业仍然没有设立官方网站或信息门户。即便开通了网站，一方面，其信息十分滞后，多数网站结构简陋，新闻动态大多停留在网站建立之初，致使潜在客户群体、科研专家等相关人士无法在网站上找到需要的信息。另一方面，网站并未考虑用户群体的多语言需求，多数网站仅制作俄语版本，为双方交流进一步叠加障碍。

政府研发投入方面，尽管俄政府为数字化转型提供大量资金支持，但目

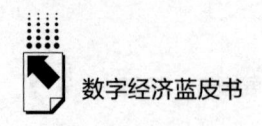

前受到两方面制约。一方面，资金大多集中用于推动公共部门数字化转型，企业仍然因为缺乏研发预算经费和国家对数字研发的税收优惠政策激励而停滞不前，这在私营企业的数字化转型上表现得尤为明显。另一方面，俄罗斯企业对于数字产业的技术创新积极性不高，企业研发及创新能力在20多年间持续下降，创新型企业所设立的研发机构数量减少了近42.8%。

俄联邦政府下属分析中心认为，企业的数字化转型主要面临四个问题。① 第一，现行行业法规与新技术模式的需求不一致，缺乏统一标准，导致企业在实践中遭遇行政障碍。第二，数字技术相关信息公布不及时或不公开，企业无法获得最前沿发展动态。第三，因经济和国际政治局势导致的财政困难。第四，人员短缺。随着数字化不断推进，人员稀缺问题越发具有挑战性，能够实施现代数字商业战略的管理人员缺口越来越大。中心专家认为，数字化的步伐以及对数字能力和专业知识需求的增长速度超过了数字经济中高技能人才的市场供给，因此未来的数字化步伐将在很大程度上取决于培训计划的发展、政府和企业对新经济培训的参与、强化的经验分享和跨行业的能力转移。然而，企业内部对变革的抵制也构成了数字化的另一个阻碍。

（三）俄财政吃紧导致数字经济未来拨款显著缩水

受新炎疫情的全面影响，俄罗斯经济发展受到重创，而低迷的经济状况也不允许政府当局按照原有的数字化转型计划向企业提供更多的资金支持。根据2022年政府递交的预算草案②，2023年"数字经济"国家计划融资额为1293亿卢布，比2022年减少587亿卢布，减少31.2%。2024年国家计划的资金估计为1269亿卢布，比2022年减少了611亿卢布。其中，2023年联邦项目"信息基础设施"的预算计划为119.8亿卢布，是2022年资金的约一半（245亿卢布）。2024年，这一数字计划为127亿卢布。特别是，计划

---

① https://digdes.ru/blog/tsifrovaya-transformatsiya-biznesa-poslednie-dostizheniya-i-vyzovy-2021? ysclid=la16on1ee1912601610.

② https://www.interfax.ru/business/865340.

2023年用于5G无线电频率转换的预算拨款将减少17亿卢布，2024年减少11亿卢布。"数字技术"联邦项目的预算2023年可能达到178亿卢布，比2022年减少260%。2024年，这一数字可能达到161亿卢布。这是由于政府将划拨该笔款项给俄罗斯国有国防工业巨头Rostech，以开发5G/IMT-2020网络的电信设备网络，并确保其批量生产。2023年，俄罗斯组织开发数字平台和软件以创造和（或）发展高科技工业生产的项目拨款将减少12亿卢布。对开发、应用和商业化俄罗斯数字解决方案的小型企业项目的支持也将减少，降幅为11亿卢布左右。2023年，"数字公共管理"联邦项目的资金可能减少19.6%，达到717亿卢布。2024年，这一数字计划为743亿卢布。特别是，计划2023年将支持区域和市级数字技术实施和使用项目的预算拨款减少8.52亿卢布，2024年减少36亿卢布。"人工智能"联邦项目2023年预计将获得64亿卢布拨款，比2022年减少11.2%，2024年计划获得58亿卢布的资金。

（四）民众对新技术的积极性和接纳度较低

而从社会层面对数字技能的接受度来看，居民对数字基础技能的掌握程度和积极性较低。根据《数字经济：简略统计手册》的数据，俄罗斯居民对数字技能的掌握程度较低。在15岁及以上的居民群体中，会使用邮件附件的居民占比仅为42.2%，未达到半数。而在使用电脑传输文件、制作表格、处理文档、安装软件等基础计算机技能方面，会使用技能的居民群体占比均未超过30%。在国际层面，熟练运用基础计算机技能的俄罗斯居民占比远低于英国、德国、捷克、芬兰、韩国等数字大国。

这意味着俄罗斯虽然提出了宏伟的数字经济目标，但在数字技能培训方面的基础仍然非常薄弱，意味着俄数字经济措施覆盖面容易受限，无法全面覆盖居民群体，特别是老年群体。此外，较低的数字技能掌握程度也会影响俄数字领域专业人才的培养和储备。

此外，民众对于数字服务的积极性也有待提高。《数字经济：简略统计手册》中指出，使用数字手段接收国家和地区服务信息动态的居民占总人口的比例仅为58.7%，而在拒绝使用数字手段的居民中，半数以上（55.7%）的受访者表示更偏向线下受理和面对面交流形式。如何提升数字服务的人情味也是俄罗斯在发展数字技术时需要思考的问题。

四 俄罗斯数字经济发展前景

在新冠疫情、俄乌冲突及后续制裁影响、国内经济持续低迷的多重背景下，俄罗斯数字经济发展前景可谓困难重重。尽管如此，俄专家仍认为，数字经济与"环境—社会—治理"（ESG）、绿色能源、5G、人工智能等板块的发展具有一定前景。

（一）数字经济与ESG协同发展

斯科尔科沃管理学院的专家认为[1]，当前俄罗斯ESG转型水平较低的原因在于俄企业对该领域及转型过程缺乏足够的了解，而且俄罗斯目前尚未出台相应的方法定义和落实监管框架。然而，俄罗斯数字化实践的发展能够推动二者发挥协同作用，提高运营效率，推动可持续发展领域取得更多显著成果。

现在，在环境方向的框架内开发数字解决方案的需求很大。气候问题（16%）、废物管理（15%）和生物多样性保护（13%）是最缺乏数字工具的领域。污染预防和资源保护也是ESG的五大方向之一，同样面临着没有可应用的数字工具的难题。

此外，来自大型企业的专家指出，中小型企业ESG议程的整个范围内缺乏解决方案。事实是，考虑到劳动力市场缺乏必要的专业知识，ESG领域创新的主要任务落在大型企业身上，因为其雇用和培训员工的机会更广泛。为推动二者之间的协同发展，专家认为应在下列领域采取措施。

---

[1] https：//trends.rbc.ru/trends/green/63512ca29a79477492c63be0.

第一，为ESG活动环境开发数字解决方案。尽管ESG数字解决方案领域快速发展，但市场仍未充分饱和。应通过积极强调ESG数字工具的重要性来刺激对其的需求。根据相关调查结果，受访者认为，在人工智能、物联网、区块链、机器人等领域应用高级分析技术具有较大潜力。

第二，建立治理体系，开展专业知识培训。ESG数字化的进一步发展需要集成商、企业之间积极挖掘交流最佳方法和手段，然而目前缺乏必要能力，或是缺少统一的集成商来提供ESG解决方案。为此，建立必要的能力基础，培养相关人才是当务之急。

第三，在企业内部发展ESG实践。当前，俄多数企业内部缺乏ESG能力，只能通过聘请第三方实体（如IT和咨询公司）来解决点对点的任务，以便在ESG活动中实施数字解决方案。为简化这一流程，应在企业内部开展ESG相关实践，节省时间成本。

第四，大型市场参与主体应扩大ESG数字解决方案的规模。鉴于最新和最先进的ESG数字解决方案成本较高，以及市场上缺乏ESG专家，中小型企业进行全面数字化ESG转型的机会有限。扩大数字工具的规模是解决这一问题的办法。应鼓励已经参与企业数字化和ESG转型的大型企业归纳其数字解决方案，并向市场发布。这将减少制定和实施解决方案的直接成本，同时保持其有效性。在面临相当严重的经济制裁的情况下，俄罗斯市场的这一趋势将有所增强。

第五，制定评估实施ESG数字解决方案效果的方法。由于缺乏普遍接受的方法和模型来评估数字ESG项目的经济效果，因此很难为这类项目吸引外来投资。目前，这种投资的份额在大多数情况下不超过25%。

（二）燃料能源综合体的数字化转型具有较大前景

俄罗斯国内燃料能源综合体早在2013~2014年便开始投入大量资金，转向国内数字解决方案，借鉴国际先进经验，结合国内条件，制造了相当先进的数字工具。当前，俄本土能源企业开始高度关注信息安全中的进口替

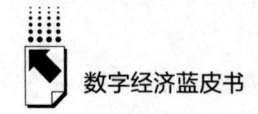

代，截至目前，俄90%的防护设备已实现完全的进口替代。①

俄罗斯将积极推动燃料和能源部门国产软件的开发和实施，计划在板块零头企业的基础上创建IT开发和培训中心。俄石油公司指出，根据其实践经验，基于大型企业解决方案进行数字开发是行之有效的方法。俄氢能公司已与远东联邦大学签署协议，创建联合培训计划，向其下属研究开发机构输送相关人才。

（三）俄罗斯计划于2024年开始部署5G网络

俄罗斯数字发展、通信与大众传媒部在2022年10月发布消息称，俄罗斯计划于2024年正式部署5G网络，频率为4.4~4.9GHz。②

不过，目前俄政府路线图和执行路线图中的企业仍将重心放在4G网络上，不仅如此，4.4~4.9GHz的频率范围非常不受欢迎。即使没有制裁，找到合适的基站也将非常困难。3.4~3.8GHz范围内的频率虽然更常用，但是已被军队和俄联邦航天局占用，如果要开发新频率，则意味着预算将大幅增加。

不过，目前大量手机型号已经支持4.4~4.9GHz频率，根据LTE发展的实践经验，设备对频段的支持将在未来五年内基本趋于平稳。

俄罗斯目前尚未正式公布商用5G网络，只在莫斯科、圣彼得堡等大城市进行试点测试，就机器人和无人机的远程控制、视频监控功能、无线办公室、创新医疗等领域开展场景试验。当前，俄四大通信运营商都已经建立了5G测试区域。

（四）人工智能仍是俄罗斯数字技术最具前景的方向

2021年俄罗斯工贸部下令，就俄罗斯和全球人工智能发展相关硬件和

---

① https://www.vedomosti.ru/press_releases/2022/10/13/tsifrovaya-transformatsiya-tek-perspektivi-razvitiya?ysclid=la15sglzg6177822965.

② https://wylsa.com/minczifry-rasskazalo-o-perspektivah-5g-v-rossii/?ysclid=la16t0eem9399332820.

软件综合设施开展市场研究①，分析该领域先进外国制造商（包括英伟达、高通、谷歌、亚马逊、阿里巴巴等），挖掘具有高竞争潜力的人工智能硬件解决方案的俄罗斯开发商，对人工智能的国内硬件和软件综合体行业发展提出建议。

研究结果显示，俄罗斯应在下列具有前景的领域开展研究。②

第一，计算机视觉领域的软件和硬件综合体。考虑到传感器、增强和虚拟现实的发展，内置摄像头的手机的普及，以及对生物识别分析的需求，计算机视觉存在较大空缺和前景。

第二，语音识别和合成领域。由于自动化服务、物联网的发展，语音助手、聊天机器人、使用"语音解锁"提供访问保护等服务的普及，语音识别和合成具有较强吸引力。

第三，咨询和智能决策支持系统。该细分市场非常广阔，可用数据存量巨大，对专家准入门槛较低。俄罗斯工贸部的研究结果显示，在261家人工智能领域的初创企业中，超过一半的企业从事推荐和智能决策支持系统的开发。这类初创企业的融资总额达到1498.7亿美元。

此外，报告中还指出，自然语言处理、神经网络的自动训练同样具有发展前景。俄罗斯公司在一些技术领域具有相当大的竞争力，而且由于母语环境，其在俄罗斯国内市场上有先发优势。俄企业正积极实施包括人工智能元素的方案，而且其效率快于外国企业，以优化成本和业务发展。目前，俄罗斯人工智能市场几乎完全被本国技术产品覆盖，包括语音助手 Alisa、人力资源机器人 Vera、VisionLabs 和 NTechLab 的城市人脸识别技术。

---

① https：//www.rbc.ru/technology_ and_ media/15/07/2021/60eef4059a79474749fa37b1.
② https：//www.rbc.ru/technology_ and_ media/03/12/2021/61a7dc0c9a7947198e91405d.

B.10
乌兹别克斯坦数字经济发展报告（2022）

宋澄*

摘　要： 在全球新冠疫情背景下，数字技术的作用显著增强，数字化转型的重要性变得显而易见，尤其是对于包括乌兹别克斯坦在内的发展中国家。本文首先介绍了乌兹别克斯坦近两年的数字经济发展状况，然后分析了近两年乌兹别克斯坦在信息技术发展的多项国际评级中的表现，随后阐述了乌兹别克斯坦政府2020~2022年重点发展的数字领域：数字金融和IT园区，最后通过乌兹别克斯坦2022~2026年新发展战略和ICT领域的短期具体措施展望乌兹别克斯坦数字经济发展前景。

关键词： 乌兹别克斯坦　数字经济　数字金融　IT园区

乌兹别克斯坦总统沙夫卡特·米尔济约耶夫曾多次强调，乌兹别克斯坦社会经济持续发展的优先任务之一是广泛引进信息通信技术和数字技术。数字技术是确保经济部门和公共生活领域高质量改革的有效工具。在沙夫卡特·米尔济约耶夫总统于2020年1月向乌兹别克斯坦议会和人民发表的讲话中，数字发展问题占据了中心位置之一。乌兹别克斯坦宣布将2020年作为科学、教育和数字经济发展年，具有象征意义。正是在此期间，通过了一系列文件，为进一步的数字改革奠定了监管和法律基础。

---

* 宋澄，上海社会科学院信息研究所俄语编译。

在过去两年中，即使面临新冠疫情挑战，该国也进行了大规模的数字改革。2020年通过了《关于广泛引入数字经济和电子政务的措施》决议、《数字乌兹别克斯坦——2030战略》，2021年制定了《2021~2022年人工智能技术研究实施措施方案》。2022年1月发布的《2022~2026年新乌兹别克斯坦战略》中的目标包括发展电子政务和数字经济，2022年8月还制定了《关于2022~2023年将信息通信技术提升到新水平的措施》。

一 发展状况

根据乌兹别克斯坦国家统计委员会数据，2021年乌兹别克斯坦GDP达7345877亿苏姆[1]，增速为7.4%，高于2020年的1.9%和2019年的5.7%[2]。2021年信息经济和电子商务领域的增加值为177387亿苏姆，比2020年增加66169亿苏姆，增幅为59.50%。其中信息和通信技术（ICT）领域的增加值最多，为122988亿苏姆，比2020年增加28995亿苏姆，增幅为30.85%（见表1）。[3] 2021年信息经济和电子商务领域的增加值在国内生产总值中的占比为2.6%，比2020年高出0.6个百分点，其中信息和通信技术（ICT）领域的占比最大，为1.8%（见表2）。[4]

---

[1] Объем валового внутреннего （регионального） продукта, Государственный комитет Республики Узбекистан по Статистике, https：//stat.uz/ru/ofitsialnaya‐statistika/national‐accounts.

[2] Темпы роста валового внутреннего （регионального） продукта, Государственный комитет Республики Узбекистан по Статистике, https：//stat.uz/ru/ofitsialnaya‐statistika/national‐accounts.

[3] Информация об объеме валовой добавленной стоимости в сфере информационной экономики и электронной коммерции, Государственный комитет Республики Узбекистан по Статистике, https：//stat.uz/ru/ofitsialnaya-statistika/tsifrovaya-ekonomika.

[4] Доля добавленной стоимости в сфере информационной экономики и электронной коммерции в ВВП, Государственный комитет Республики Узбекистан по Статистике, https：//stat.uz/ru/ofitsialnaya-statistika/tsifrovaya-ekonomika.

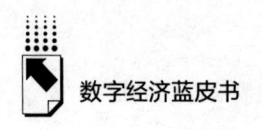

表1 2020~2021年信息经济和电子商务领域的增加值

单位：亿苏姆

指标	2020年	2021年
信息经济和电子商务领域	111218	177387
其中，信息和通信技术（ICT）领域	93993	122988
ICT生产	5512	7771
ICT贸易	2618	3814
ICT服务	85863	111403
内容领域和大众传媒	11206	15113
电子商务	6020	39286

资料来源：乌兹别克斯坦国家统计委员会。

表2 2020~2021年信息经济和电子商务领域创造的增加值在国内生产总值中的占比

单位：%

指标	2020年	2021年
信息经济和电子商务领域	2.0	2.6
其中，信息和通信技术（ICT）领域	1.7	1.8
ICT生产	0.1	0.1
ICT贸易	0.0	0.1
ICT服务	1.5	1.6
内容领域和大众传媒	0.2	0.2
电子商务	0.1	0.6

资料来源：乌兹别克斯坦国家统计委员会。

2021年信息通信产业从业人员为53782人，比2020年增加3625人，且集中在塔什干市，塔什干市的信息通信产业从业人员达34687人（见表3）。[①] 信息通信产业是乌兹别克斯坦收入较高的行业。2021年信息通信产业平均月收入为557.72万苏姆，比2020年增长27.03%。全国信息通信产业平均月收入最高的地区是塔什干市，为685.12万苏姆，比全国平均水平高

[①] Количество сотрудников, работающих в секторе ИКТ, Государственный комитет Республики Узбекистан по Статистике, https：//stat.uz/ru/ofitsialnaya-statistika/tsifrovaya-ekonomika.

出 22.84%（见图 1）。全国其他地区信息通信产业平均月收入普遍低于全国平均水平，比如塔什干州信息通信产业平均月收入是全国平均水平的 54.87%，安集延州为 50.64%，撒马尔罕州为 61.65%，花拉子模州为 53.16%。①

表 3　2020~2021 年 ICT 领域法人实体的员工人数

单位：人

地区	2020 年	2021 年
乌兹别克斯坦	50157	53782
卡拉卡尔帕克斯坦共和国	1302	1222
安集延州	1702	1441
布哈拉州	1770	1801
吉扎克州	1113	832
卡什卡达里亚州	1052	1243
纳沃伊州	1328	1247
纳曼干州	1491	1538
撒马尔罕州	1871	1973
苏尔汉河州	1031	1007
锡尔河州	776	666
塔什干州	2713	2727
费尔干纳州	2661	2212
花拉子模州	1205	1186
塔什干市	30142	34687

资料来源：乌兹别克斯坦国家统计委员会。

1. ICT 服务发展

乌兹别克斯坦特别关注 ICT 服务的发展，根据乌兹别克斯坦共和国电子政务系统发展构想草案，计划到 2025 年将 ICT 服务占 GDP 的比重提高到 5.0%，到 2030 年提高到 10%。2021 年 ICT 服务在所有服务结构中的占比为

---

① Оплата труда работников по видам информационно-коммуникационной экономической деятельности, Государственный комитет Республики Узбекистан по Статистике, https://stat.uz/ru/ofitsialnaya-statistika/tsifrovaya-ekonomika.

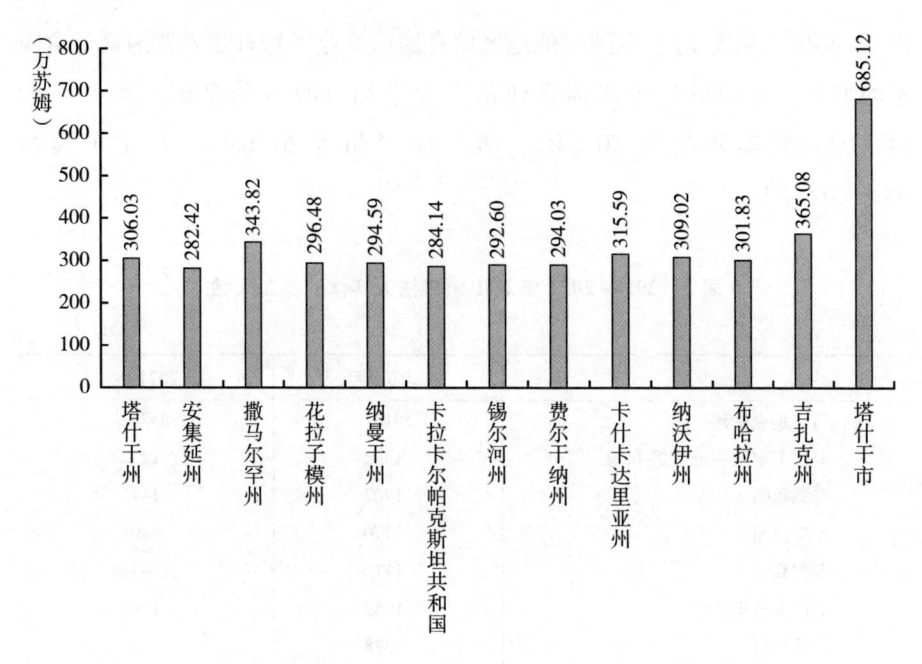

```
(万苏姆)
800
700                                                                              685.12
600
500
400      306.03        343.82                        315.59          365.08
         ┌──┐   282.42  ┌──┐  296.48 294.59         292.60 294.03  ┌──┐ 309.02 301.83 ┌──┐
300      │  │   ┌──┐   │  │  ┌──┐ ┌──┐ 284.14      ┌──┐ ┌──┐     │  │  ┌──┐ ┌──┐  │  │
200      │  │   │  │   │  │  │  │ │  │  ┌──┐       │  │ │  │     │  │  │  │ │  │  │  │
100      │  │   │  │   │  │  │  │ │  │  │  │       │  │ │  │     │  │  │  │ │  │  │  │
  0      └──┘   └──┘   └──┘  └──┘ └──┘  └──┘       └──┘ └──┘     └──┘  └──┘ └──┘  └──┘
         塔什    安集   撒马   花拉  纳曼  卡拉卡尔帕   锡尔  费尔     卡什   纳沃  布哈   吉扎   塔什
         干州    延州   尔罕   子模  干州  克斯坦共    河州  干纳     卡达   伊州  拉州   克州   干市
                       州     州         和国              州       里亚州
```

图1　2021年各地区信息通信产业平均月收入

资料来源：乌兹别克斯坦国家统计委员会。

6.0%，增长率为121.8%，总量为171172亿苏姆，比2020年增加32649亿苏姆（2020年增长率为123.8%，总量为138523亿苏姆）。[①]

在ICT服务总量中占比最大的是电信服务（传输和移动通信、互联网服务、卫星通信服务等），占比达69.9%。计算机软件服务的占比为12.5%，其他通信和信息化服务的占比为12.6%，出版服务的占比为5.0%（见图2）。[②]

2021年ICT服务增长率较高的地区是塔什干州（131.1%）、锡尔河州（126.8%）和塔什干市（124.8%）。与2020年相比增长率较低的是安集延州

[①] Ежеквартальные доклады 2021，Государственный комитет Республики Узбекистан по Статистике，https：//stat.uz/ru/? preview = 1&option = com _ dropfiles&format = &task = frontfile. download&catid = 367&id = 2329&Itemid = 1000000000000.

[②] Ежеквартальные доклады 2021，Государственный комитет Республики Узбекистан по Статистике，https：//stat.uz/ru/? preview = 1&option = com _ dropfiles&format = &task = frontfile. download&catid = 367&id = 2329&Itemid = 1000000000000.

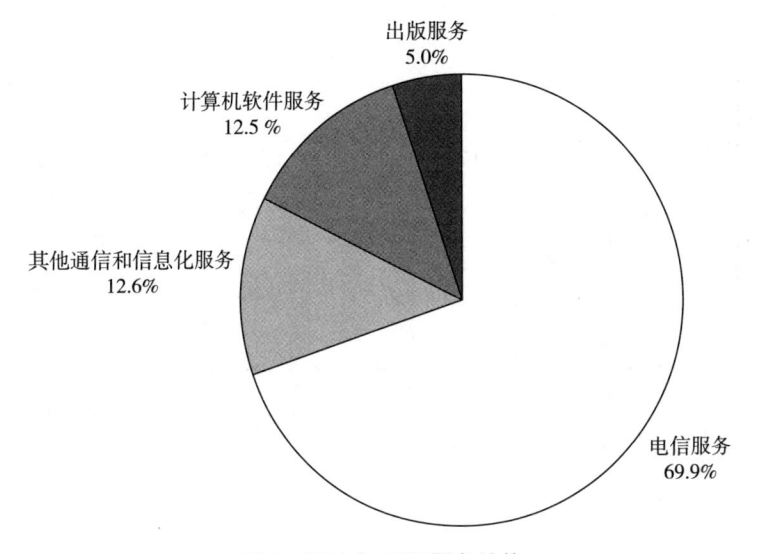

出版服务 5.0%
计算机软件服务 12.5%
其他通信和信息化服务 12.6%
电信服务 69.9%

图 2　2021 年 ICT 服务结构

资料来源：乌兹别克斯坦国家统计委员会。

(111.2%)、纳曼干州（112.9%）和卡拉卡尔帕克斯坦共和国（114.6%）（见图3）。①

2021 年 ICT 服务总量最大的地区是塔什干市，为 102119 亿苏姆，说明全国大部分从事 ICT 服务的企业和组织位于塔什干市。此外，ICT 服务总量较大的地区还有费尔干纳州（9052 亿苏姆）、撒马尔罕州（8333 亿苏姆）、塔什干州（6529 亿苏姆）、安集延州（6498 亿苏姆）、卡什卡达里亚州（5991 亿苏姆）和纳曼干州（5884 亿苏姆）（见表4）。②

---

① Социально-экономическое положениеРеспублики Узбекистан 2021, Государственный комитет Республики Узбекистан по Статистике, https：//stat. uz/ru/? preview = 1&option = com_dropfiles&format = &task = frontfile. download&catid = 367&id = 2329&Itemid = 1000 000000000.

② Социально-экономическое положениеРеспублики Узбекистан 2021, Государственный комитет Республики Узбекистан по Статистике, https：//stat. uz/ru/? preview = 1&option = com_dropfiles&format = &task = frontfile. download&catid = 367&id = 2329&Itemid = 100000 0000000.

数字经济蓝皮书

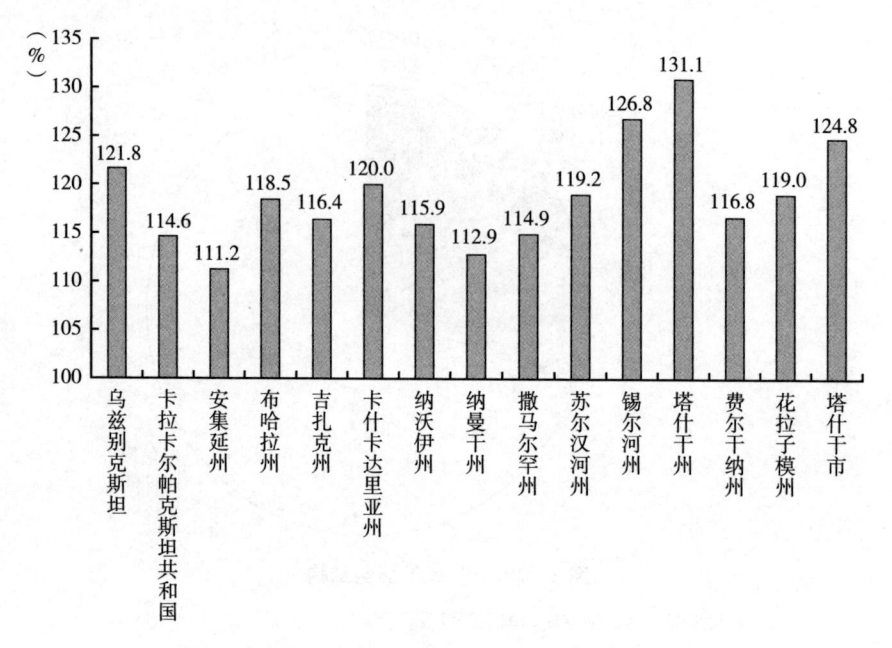

图3　与2020年相比2021年各地区ICT服务增长率

资料来源：乌兹别克斯坦国家统计委员会。

表4　2021年各地区ICT服务总量

单位：亿苏姆

地区	ICT服务总量	地区	ICT服务总量
塔什干市	102119	布哈拉州	5048
费尔干纳州	9052	苏尔汉河州	4679
撒马尔罕州	8333	卡拉卡尔帕克斯坦共和国	4486
塔什干州	6529	花拉子模州	4204
安集延州	6498	纳沃伊州	2935
卡什卡达里亚州	5991	吉扎克州	2882
纳曼干州	5884	锡尔河州	2480

资料来源：乌兹别克斯坦国家统计委员会。

ICT行业的发展得益于ICT领域固定资产投资额的增加。2020~2021年，ICT领域固定资产投资额从4.8万亿苏姆增加到7.5万亿苏姆，在固定

194

资产投资总额中的占比上升至3.06%。其中包括2021年该领域的外国投资和借贷达到2.1万亿苏姆，占外国投资和借贷总额的2.01%（见表5）。①

表5　2020~2021年ICT领域固定资产投资额变化

单位：万亿苏姆

指标	2020年	2021年
固定资产投资总额	202.0	245.0
其中，ICT领域	4.8	7.5
外国投资和借贷总额	86.6	104.5
其中，ICT领域	2.0	2.1

资料来源：乌兹别克斯坦国家统计委员会。

2. 电信基础设施发展

乌兹别克斯坦电信基础设施正在积极发展中。2020~2021年全国铺设光纤通信线路长度从6.86万公里增加到11.80万公里（见表6），移动通信基站数量从3.17万个增加到4.59万个（见表7）。②

表6　2020~2021年各地区铺设光纤通信线路长度

单位：千公里

地区	2020年	2021年
乌兹别克斯坦	68.6	118.0
卡拉卡尔帕克斯坦共和国	4.0	8.6
安集延州	4.3	6.8
布哈拉州	4.3	8.3
吉扎克州	2.4	5.1

---

① Социально-экономическое положениеРеспублики Узбекистан 2021, Государственный комитет Республики Узбекистан по Статистике, https：//stat.uz/ru/? preview = 1&option = com_dropfiles&format = &task = frontfile.download&catid = 367&id = 2328&Itemid = 1000000000000.

② Длина волоконно-оптических линий связи, Количество базовых станций сотовой связи по регионам, Государственный комитет Республики Узбекистан по Статистике, https：//stat.uz/ru/ofitsialnaya-statistika/tsifrovaya-ekonomika.

续表

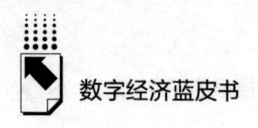

地区	2020年	2021年
卡什卡达里亚州	5.0	7.8
纳沃伊州	2.6	7.0
纳曼干州	4.9	7.7
撒马尔罕州	6.1	11.0
苏尔汉河州	4.1	7.5
锡尔河州	2.2	6.4
塔什干州	6.5	10.5
费尔干纳州	6.4	9.2
花拉子模州	3.5	6.8
塔什干市	11.9	15.0

资料来源：乌兹别克斯坦国家统计委员会。

表7　2020~2021年各地区移动通信基站数量

单位：千个

地区	2020年	2021年
乌兹别克斯坦	31.7	45.9
卡拉卡尔帕克斯坦共和国	1.5	2.8
安集延州	2.4	3.7
布哈拉州	1.5	2.4
吉扎克州	1.4	2.0
卡什卡达里亚州	2.4	3.7
纳沃伊州	1.2	1.9
纳曼干州	2.5	3.3
撒马尔罕州	2.7	4.0
苏尔汉河州	1.6	2.8
锡尔河州	0.9	1.4
塔什干州	3.6	5.6
费尔干纳州	3.4	4.4
花拉子模州	1.6	2.5
塔什干市	5.0	5.5

资料来源：乌兹别克斯坦国家统计委员会。

2020~2021 年全国移动通信用户数量从 2597.13 万户增加到 2902.24 万户（见表 8），互联网用户数量从 1998.10 万户增加到 2298.72 万户（见表 9）。[1]

表 8　2020~2021 年各地区移动通信用户数量

单位：万户

地区	2020 年	2021 年
乌兹别克斯坦	2597.13	2902.24
卡拉卡尔帕克斯坦共和国	137.77	142.74
安集延州	216.69	249.84
布哈拉州	140.48	148.88
吉扎克州	91.71	95.85
卡什卡达里亚州	199.68	206.82
纳沃伊州	91.54	94.43
纳曼干州	194.12	221.23
撒马尔罕州	244.97	277.42
苏尔汉河州	151.56	160.84
锡尔河州	61.46	70.51
塔什干州	140.51	167.20
费尔干纳州	285.89	302.62
花拉子模州	128.15	131.52
塔什干市	512.60	632.34

资料来源：乌兹别克斯坦国家统计委员会。

表 9　2020~2021 年各地区互联网用户数量

单位：万户

地区	2020 年	2021 年
乌兹别克斯坦	1998.10	2298.72
卡拉卡尔帕克斯坦共和国	107.19	123.42
安集延州	148.42	179.06
布哈拉州	101.12	120.45

---

[1] Количество абонентов сетей сотовой подвижной связи в разрезе регионов, Количество абонентов с доступом в сеть Интернет в разрезе регионов, Государственный комитет Республики Узбекистан по Статистике, https://stat.uz/ru/ofitsialnaya-statistika/tsifrovaya-ekonomika.

续表

地区	2020年	2021年
吉扎克州	66.72	79.41
卡什卡达里亚州	144.09	169.62
纳沃伊州	64.71	76.18
纳曼干州	137.95	163.70
撒马尔罕州	179.54	213.25
苏尔汉河州	115.15	132.35
锡尔河州	50.57	59.54
塔什干州	125.52	148.38
费尔干纳州	193.74	287.23
花拉子模州	101.29	118.59
塔什干市	462.09	427.54

资料来源：乌兹别克斯坦国家统计委员会。

消费者的互联网速度也有所提高。根据Speedtest Global Index最新数据，2022年8月，用户宽带上网下载速度为41.84Mbps，比2021年8月增加13.73Mbps，用户宽带上网上传速度为43.11Mbps，比2021年8月增加11.74Mbps，网络延迟速度为9ms，比2021年8月减少2ms（见图4）。2022年8月，移动互联网用户下载速度为15.07Mbps，比2021年8月增加1.73Mbps，移动互联网用户上传速度为7.60Mbps，比2021年8月增加1.14Mbps，网络延迟速度为26ms，比2021年8月减少2ms（见图5）。①

3.电子商务发展

根据美国商务部国际贸易办公室Statista研究所数据，2020年乌兹别克斯坦的电子商务收入为4.813亿美元，占该国数字总收入的68%，其余32%来自数字媒体、电子服务和电子旅游。到2025年，乌兹别克斯坦的电子商务收入将以每年6.3%的速度增长。乌兹别克斯坦的数字技术支

---

① Speedtest Global Index, Uzbekistan Median Speeds August 2022, https：//www.speedtest.net/global-index/uzbekistan#mobile.

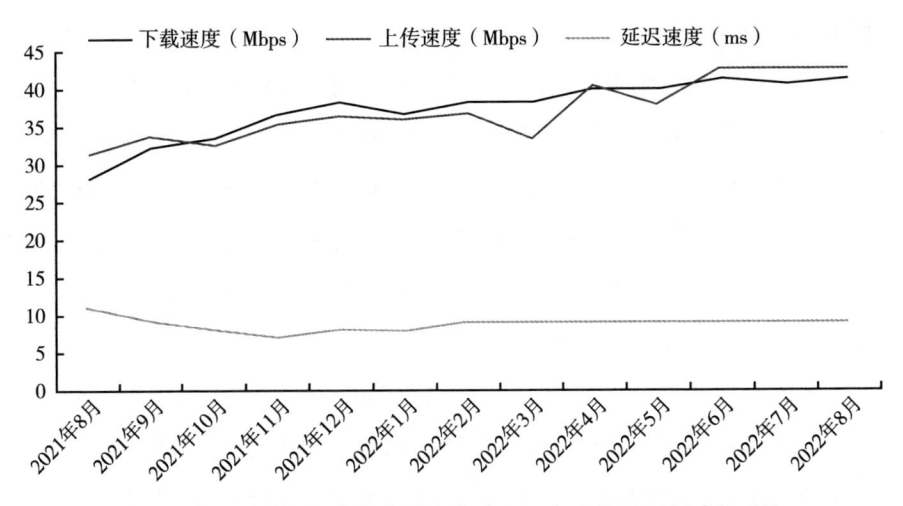

图 4　乌兹别克斯坦宽带上网速度（2021 年 8 月至 2022 年 8 月）

资料来源：Speedtest Global Index。

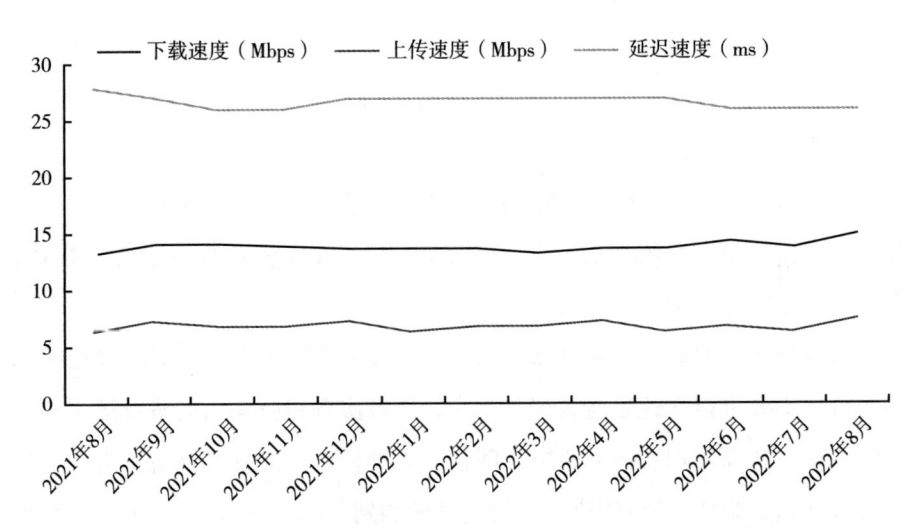

图 5　乌兹别克斯坦移动互联网上网速度（2021 年 8 月至 2022 年 8 月）

资料来源：Speedtest Global Index。

出很小，2020 年占人均消费支出的 1.2%，而亚洲平均为 3.1%。人们大多在网上购买时尚产品（32%）和电子产品（31%），其次是食品和个人护理产品（14%），玩具、兴趣爱好和 DIY 产品（11.5%），以及家具和

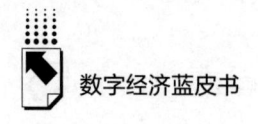

家用电器（11%）。[1]

总的来说，乌兹别克斯坦的电子商务产业处于发展的早期阶段。最受欢迎的在线平台是Glotr，它允许本地企业创建网站来销售商品和服务。个人交易在OLX和Arba上更受欢迎。全球速卖通市场主导着乌兹别克斯坦的跨境电子商务。电子商务公司还积极使用社交网络来推广其产品和服务。一些银行为卖家和公司提供支付工具，在网站和应用程序上创建电子商务板块，允许客户在线支付商品和服务。

根据国际咨询公司毕马威（KPMG）的报告，2021年乌兹别克斯坦的电子商务市场规模为1.68亿美元。该国市场正在接近积极增长阶段，到2022年底，其交易量将达到2.64亿美元，到2025年将达到7.83亿美元。毕马威指出，电子商务在乌兹别克斯坦零售总额中的占比并不高，但市场潜力巨大。预计的增长是由几个因素造成的：买家的需求，存在居民可以负担得起的移动互联网形式提供的基础设施。在乌兹别克斯坦电子商务特征中，年轻人口的比例很高：全国所有公民中有48%是15~45岁人口，移动互联网用户约为2500万人。[2]

2020年10月，乌兹别克斯坦出口促进局与中国电子商务公司阿里巴巴建立了合作关系，在阿里巴巴平台上创建了"乌兹别克斯坦制造"板块，展示了乌兹别克斯坦一些公司的产品。

国有公司"乌兹别克斯坦邮政服务"于2021年3月创建了国家在线交易平台，卖方可以在这里将其产品拍卖，邮政服务将把购买的货物运送到买方的地址，从而承担卖方和买方之间担保人的责任。此外，乌兹别克斯坦邮政服务计划到2025年将物流中心的数量增加到30个，并将平台上的商品数量增加到150万件，本地和国际在线商店的数量增长到125家。乌兹别克斯

---

[1] Uzbekistan-Country Commercial Guide, 2022.7.11, https://www.trade.gov/country-commercial-guides/uzbekistan-ecommerce.

[2] Рынок электронной коммерции Узбекистана к концу года достигнет $264 млн, Kursiv Media, https://uz.kursiv.media/2022-08-03/rynok-elektronnoj-kommercii-uzbekistana-k-koncu-goda-dostignet-264-mln/?ysclid=l93uz8d2gz263098244.

坦邮政服务还创建了全国性的在线交易平台 Unisavdo，计划到 2025 年将其转变为大型市场。

2022 年 7 月 1 日起启动电子商务信息系统"开放数字生态系统"综合体，投资和外贸部下属的数字化转型中心将负责其运作。该生态系统将有托管账户，以确保交易方履行合同义务，并且整合到数字生态系统的此类平台运营商的所得税税率将降低 50%，此政策持续到 2024 年 1 月 1 日。

二 全球数字竞争力

乌兹别克斯坦在信息技术发展的多项国际评级中表现瞩目。

全球创新指数（Global Innovation Index，GII）是世界知识产权组织、康奈尔大学、欧洲工商管理学院于 2007 年共同创立的年度排名，根据 80 项指标对 132 个经济体进行排名，这些指标包括知识产权申请率、移动应用开发、教育支出、科技出版物等。在最新的 2022 年 GII 排名中，乌兹别克斯坦比 2021 年上升了 4 位，在全球 132 个经济体中排名第 82 位。本文重点关注分指标信息和通信技术（ICTs），其中乌兹别克斯坦在全球 132 个经济体中排名第 55 位（76.1 分），比 2021 年上升了 10 位。与周边国家相比，乌兹别克斯坦在信息和通信技术（ICTs）上相对落后，排名和得分低于俄罗斯、哈萨克斯坦和中国，差距较大。但可以看出乌兹别克斯坦排名上升较快，一跃上升 10 位（见表 10）。

表 10 2021~2022 年乌兹别克斯坦及周边国家的信息和通信技术（ICTs）分指标

单位：分

国家	2021 年排名	2021 年得分	2022 年排名	2022 年得分
俄罗斯	36	78.5	34	83.1
哈萨克斯坦	29	80.5	25	85.7
中国	34	79.4	20	87.6
乌兹别克斯坦	65	66.9	55	76.1

资料来源：World Intellectual Property Organization，https：//www.wipo.int/edocs/pubdocs/en/wipo_pub_gii_2021.pdf，https：//www.wipo.int/edocs/pubdocs/en/wipo-pub-2000-2022-en-main-report-global-innovation-index-2022-15th-edition.pdf。

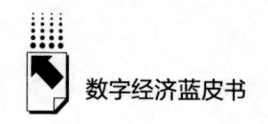

2022年乌兹别克斯坦信息和通信技术（ICTs）分指标下的三项细化指标中，ICT使用程度的得分和排名大幅上升，ICT可及性的得分上升但排名有所下降，政府在线服务和电子化参与程度的得分和排名与2021年持平（见表11）。

表11　2021~2022年乌兹别克斯坦信息和通信技术（ICTs）分指标

单位：分

指标	2021年排名	2021年得分	2022年排名	2022年得分
ICT可及性	76	60.1	78	82.7
ICT使用程度	84	48.3	66	62.3
政府在线服务	46	78.2	46	78.2
电子化参与程度	46	81.0	46	81.0

资料来源：World Intellectual Property Organization，https://www.wipo.int/edocs/pubdocs/en/wipo_pub_gii_2021.pdf，https：//www.wipo.int/edocs/pubdocs/en/wipo-pub-2000-2022-en-main-report-global-innovation-index-2022-15th-edition.pdf。

移动通信指数（GSMA Mobile Connectivity Index）由全球移动通信系统协会（GSMA协会）编制，乌兹别克斯坦的所有移动运营商都加入了该协会。该指数反映了移动互联网的发展和使用水平，其衡量了170多个国家/地区在推广移动互联网方面的主要驱动因素表现：基础设施、费用可承担性、消费者准备程度、内容和服务。该指数可帮助移动行业确定将精力集中在哪些方面以推动更广泛的移动互联网使用。2020~2021年，乌兹别克斯坦在该指数中的表现从47.0分提高到50.9分，上升幅度较大。与周边国家相比，乌兹别克斯坦的移动通信指数较低，落后于俄罗斯、中国、哈萨克斯坦和吉尔吉斯斯坦，仅领先于塔吉克斯坦（见表12）。

2020~2021年，乌兹别克斯坦移动通信指数的四项分指标得分均有上升，表明基础设施（包括网络覆盖率、网络质量）、费用可承担性（包括手机费、手机价格、税费）、消费者准备程度（包括是否拥有手机、是否掌握基本的使用技能、男女是否能平等使用移动通信）及内容和服务（包括本地相关性、可及性和线上安全）都呈现越来越好的发展趋势（见表13）。

表12 2020~2021年乌兹别克斯坦及周边国家的移动通信指数

单位：分

国家	2020年得分	2021年得分
俄罗斯	78.3	79.6
中国	79.2	79.1
哈萨克斯坦	72.4	73.5
吉尔吉斯斯坦	58.0	59.8
乌兹别克斯坦	47.0	50.9
塔吉克斯坦	45.8	45.5

资料来源：GSMA，GSMA Mobile Connectivity Index，https：//www.mobileconnectivityindex.com/#year=2019&zoneIsocode=UZB&analysisView=UZB&comparison=1&geographys=UZB&metricsIndex=overall。

表13 2020~2021年乌兹别克斯坦移动通信指数四项分指标

单位：分

分指标	2020年得分	2021年得分
基础设施	54.2	57.0
费用可承担性	38.4	47.5
消费者准备程度	63.6	64.9
内容和服务	36.9	38.0

资料来源：GSMA，GSMA Mobile Connectivity Index，https：//www.mobileconnectivityindex.com/#year=2020&zoneIsocode=UZB&analysisView=UZB，https：//www.mobileconnectivityindex.com/#year=2021&zoneIsocode=UZB&analysisView=UZB。

电子政务发展指数（E-Government Development Index，EGDI）由联合国秘书处经济和社会事务部编制，基于三个分项网络指标：发展线上公共服务、电信基础设施和人力资本。根据该指数的各项指标，2020~2022年，乌兹别克斯坦的得分从0.67分提高到0.73分，在193个国家中的排名从第87位上升到第69位。得分和排名都有所提高，说明这两年乌兹别克斯坦电子政务的发展强劲。与周边国家相比，乌兹别克斯坦的电子政务发展指数处于中游位置，落后于哈萨克斯坦、俄罗斯和中国，领先于吉尔吉斯斯坦、塔吉克斯坦和土库曼斯坦（见表14）。

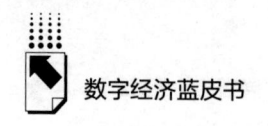

表14 2020年和2022年乌兹别克斯坦及周边国家的电子政务发展指数

单位：分

国家	2020年排名	EGDI 2020	2022年排名	EGDI 2022
哈萨克斯坦	29	0.8375	28	0.8628
俄罗斯	36	0.8244	42	0.8162
中国	45	0.7948	43	0.8119
乌兹别克斯坦	87	0.6665	69	0.7265
吉尔吉斯斯坦	83	0.6749	81	0.6977
塔吉克斯坦	133	0.4649	129	0.5039
土库曼斯坦	158	0.4034	137	0.4808

资料来源：UN E-Government Knowledgebase, https://publicadministration.un.org/egovkb/DataCenter。

三 国家政策

数字金融和IT园区是乌兹别克斯坦政府2020~2022年重点发展的领域。2020年新冠疫情发生以来，非现金支付快速发展，使得金融银行业迈向数字化转型。2022年俄罗斯对乌克兰的特别军事行动和西方相关制裁导致俄罗斯IT专家外流，推动了乌兹别克斯坦吸引IT领域专家的发展措施。2022年4月14日，乌兹别克斯坦总统沙夫卡特·米尔济约耶夫就信息技术行业的发展举行了会议。会上米尔济约耶夫强调："有必要将乌兹别克斯坦发展成区域IT中心。"

1. 数字金融

当今世界，银行业的数字化转型是数字经济发展过程中不可或缺的一部分。在《数字乌兹别克斯坦——2030战略》的框架内，全国已采取必要措施发展数字金融服务，特别是确保普通民众获得远程服务并提高服务质量。目前，全国有3家数字银行和34家非银行支付机构，其中10家被列入电子货币系统运营商名录。① 2021 年，53%的存款、40%的小额贷款、48%的公用事业和其他付款以及 15%的货币兑换等交易是远程进行的（见图 6）。

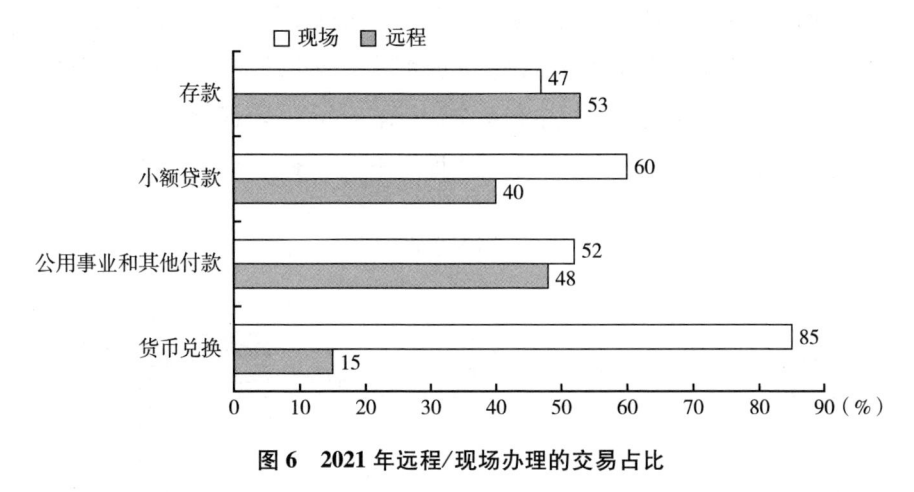

类别	现场	远程
存款	47	53
小额贷款	60	40
公用事业和其他付款	52	48
货币兑换	85	15

图 6　2021 年远程/现场办理的交易占比

资料来源：乌兹别克斯坦国家银行，https://www.nationalbank.kz/ru?ysclid=l96sovyfsy113843581。

在全国市场中有基于银行卡的零售支付系统——Uzcard 和 Humo。2018 年 Humo 零售支付系统的推出有助于形成竞争环境，显著增加经济中非现金支付的规模，并降低与支付服务提供商活动相关的风险。非接触式支付正在迅速普及。在公共交通工具上付款时，还引入了使用银行卡和交通卡的非接触式支付系统。当务之急是在现有基础设施发展的基础上引入现代支付服务，以便为客户创造舒适的条件。例如，在没有银行卡的情况下在零售服务点进行 NFC 支付是通过使用安装在移动设备中的 HumoPay 技术（类似于 ApplePay 或谷歌支付）实现的。

此外，2021 年国家银行推出了 QR 在线支付系统，该系统为商业实体和个体经营者提供了接受付款的新方式（除了 POS 终端之外），通过使用 QR

---

① Мамаризо Нурмуратов：Трансформация банковского сектора Узбекистана—неотъемлемая часть процесса становления цифровой экономики, https://plusworld.ru/journal/2022/plus-1-2022/mamarizo-nurmuratov-transformatsiya-bankovskogo-sektora-uzbekistana-neotemlemaya-chast-protsessa-stanovleniya-tsifrovoj-ekonomiki/.

码降低了运营成本。创建创新服务的例子还有 Tap-to-phone 技术，借助该技术，商业实体和个体经营者可以通过智能手机 NFC 接受付款。2020 年即时支付系统的投入使用是乌兹别克斯坦非现金支付领域的另一项重要成就。这项服务为法人实体和个体经营者提供实时汇款。该系统建立在网络服务技术的基础上，允许用户通过远程银行系统进行全天候的银行间交易。用户不需到访银行，并且账户上收到的资金可立即用于进一步交易（见图 7）。

图 7 通过即时支付系统进行的交易情况

资料来源：乌兹别克斯坦国家银行，https：//www.nationalbank.kz/ru? ysclid = l96 sovyfsy113843581。

如今，乌兹别克斯坦有 127 个法律实体作为非银行信贷组织运作[①]——小额信贷组织和当铺，其中许多组织的小额贷款可以在线发放，并且可以通过几乎任何付款应用程序支付还款和信贷。并且已经引入对用户进行远程生物特征识别的系统，该系统可以优化向居民和企业提供金融服务的程序并提高质量，以确保自动收集有关个人的可靠和详细的信息。

[①] Цифровые кредиты и доступные смартфоны：топ инсайтов с ПЛАС-форума Узбекистан 2022，Майк Бутчер，https：//vc.ru/finance/432571-cifrovye-kredity-i-dostupnye-smartfony-top-insaytov-s-plas-foruma-uzbekistan-2022.

乌兹别克斯坦金融科技市场的发展趋势正在迅速变化：如果在疫情之前只关注到数字化转型的必要性，那么今天其已经看到了市场的行动和适应。疫情期间，银行开始迅速推出远程服务和产品，改善基础设施并进行试验，一直持续至今。总的来说，市场的趋势是相当积极的：监管机构迅速适应变化，许多新的参与者出现，大型国际公司开始对该行业表现出兴趣。人力资本也在不断发展，特别是与最近的国际形势有关，乌兹别克斯坦已经开始积极吸引国外的 IT 人员。

当然，市场仍有巨大的增长潜力。乌兹别克斯坦现在面临着发展金融技术和使金融工具适应当前现实需要的问题。乌兹别克斯坦的金融技术社群仍然很小——不到 50 家公司。其有很多想法，但并不总是有合适的条件包括监管条件来实施这些想法。2022 年 5 月，金融科技协会在乌兹别克斯坦成立，这是支持金融技术、金融科技创业公司发展以及促进企业与监管机构之间对话的平台，通过创建"监管沙盒"将监管机构和金融科技参与者联合起来，从而在安全的环境中测试新技术并快速有效地适应监管框架。

技术发展中包括开放式 API、银行即服务模型、云解决方案、大数据工作、适应西方先进国家的解决方案。为了行业的快速发展，其还计划测试面向未来的技术，并专注于外包模式，这将降低产品的持有成本，并迅速将其推向市场。金融科技应该承担技术组件任务，以便银行可以专注于其业务而不是在 IT 专业知识方面与金融科技竞争。

2. IT 园区

乌兹别克斯坦总统沙夫卡特·米尔济约耶夫于 2018 年 9 月 30 日至 10 月 2 日首次访问印度期间，乌兹别克斯坦和印度双方同意扩大在信息技术领域的合作。乌方表示有兴趣与印度信息技术公司合作，根据其在软件开发、加速创业等方面的最佳做法，在乌兹别克斯坦建立信息技术园区。因此，可以说，IT 园区是在乌兹别克斯坦总统的倡议下创建的，旨在改善创业生态系统和创业项目及其实施。2019 年 7 月 24 日，乌兹别克斯坦第一个 IT 园区在塔什干市开业。2019 年 11 月 20 日，总统沙夫卡特·米尔济约耶夫参观了 IT 园区，并表示："我国经济的稳定、各领域高质量和有效的工作

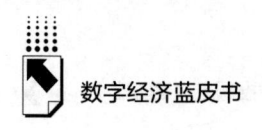

以及人民生活的便利取决于信息技术。因此，有必要为这个领域创造更广泛的机会、必要的基础设施，刺激专家，教育有能力的年轻人。"

国家先后颁布了一系列相关法令发展IT园区：2019年1月10日内阁第17号决议《关于建立软件产品和信息科技技术园区的措施》，2019年7月15日内阁第589号决议《关于组织软件产品和信息科技技术园区活动的措施》，2020年10月6日乌兹别克斯坦共和国总统第4851号总统令《关于进一步改善信息技术领域教育体系、发展科学研究与IT产业整合的措施》。到2024年，塔什干市的IT园区项目将扩大，覆盖近7公顷的土地，包括办公区、IT学校、IT住宅、酒店等。未来IT园区将在努库斯、布哈拉、纳曼干、撒马尔罕、古利斯坦和乌尔根奇开设分支机构。

自开设以来，IT园区就为入驻企业和专家提供一系列特殊福利措施（见表15），帮助初创企业，制订企业计划，监督IT签证，开展项目，并从事IT领域的教育课程。对于技术创业公司，该园区提供孵化和加速计划。主要方向为金融科技、医疗技术、农业科技、电子政务、电子商务、物联网、汽车科技、在线教育和游戏开发。孵化计划承诺帮助将创业想法在三个月内由计划转化为最终产品。参与者将获得办公室、法律和会计支持以及与导师和商业界的互动。加速器是为缺乏最终突破进入市场的更复杂想法而设计的。IT园区承诺在知识产权的推广和注册、投资平台接入等方面提供帮助。此外，IT园区还为投资者提供投资初创企业的机会。

乌克兰爆发武装冲突后，西方对俄罗斯和白俄罗斯实施了严厉的制裁，俄罗斯和白俄罗斯的一些公民决定更换居住地和工作地点，其中一些人决定迁往乌兹别克斯坦首都塔什干。2022年4月14日乌兹别克斯坦总统沙夫卡特·米尔济约耶夫在就信息技术行业发展举行的会议上提到，2022年初以来，已有3000名外国IT专家来到乌兹别克斯坦。对此乌政府颁布多项措施，希望吸引更多专家留在乌兹别克斯坦。

IT园区入驻企业享有多项权利。首先，IT园区入驻企业在2028年1月1日之前可以免除：向国家信托基金缴纳所有类型的税款或强制性扣除，以及社会税；为满足自身需要而进口的设备、部件、零件、配件、软件支付关

表 15　IT 园区入驻企业的权利和义务

编号	权利	义务
1	在乌兹别克斯坦共和国境内,在商品(工程、服务)出口收入的范围内,以外币非现金支付的形式向国际支付卡支付股息	仅执行合理商业计划中指定的活动
2	在商品(工程、服务)出口收入的范围内,以外币非现金支付的形式向外国专家在国外开设的国际支付卡支付工资	遵守企业与理事会签订的企业活动条款的合同
3	在没有出口合同的情况下,通过在线商店以外币出口工程和服务	通过理事会的门户网站,以理事会核准的形式和截止日期提供关于企业活动的信息,包括统计和税务报告的副本
4		每月不迟于申报期后一个月的第 20 天,根据要求将总收入的 1/100 扣除额转入存款账户
5		每年至申报年度次年 7 月 1 日,对财务和经济活动进行强制性审计,对特殊问题进行审计,并通过门户网站将审计报告和总结的副本发送给理事会
6		在理事会批准新的(附加)商业计划后,开展 IT 园区企业提交的商业计划中的新活动
7		每年向理事会提供关于信息技术培训课程(如果有的话)的信息,并在这些课程的框架内协调培训计划

资料来源:塔什干市 IT 园区网站,https://it-park.uz/ru/itpark。

税(这些设备、部件、零件、配件、软件不是在乌兹别克斯坦境内生产的)。此外,2028 年 1 月 1 日之前,与 IT 园区入驻企业签订雇佣合同的员工以薪酬形式获得的收入:按 7.5% 的统一税率缴纳个人所得税;不包括在为税收目的确定的个人年总收入中(根据 2017 年 6 月 30 日第 УП-5099 号总统令)。IT 园区还提供 15 平方米起的有人看守的办公室和租金补贴,办公场所配备高速互联网和不间断的电源。

根据 IT 园区网站上的信息,从 2022 年 4 月 1 日起,将为 IT 领域的专家和投资者带来更多优待。IT 签证赋予三年不受阻碍地进入乌兹别克斯坦的权利。此外,此类签证的持有人能够获得以下优待:以简化的方式获得居留

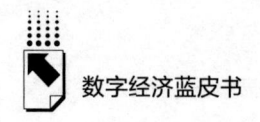

许可；获得与乌兹别克斯坦公民同样的社会服务（医疗和教育）；股息的税率将定为5%而不是10%；不需要获得工作权利确认就能获得个人身份证号码。

四 发展前景

在2021年的总统选举中，沙夫卡特·米尔济约耶夫总统提出了"以人的荣誉和尊严的名义"和"国家为人民"的主张。为了实施这些主张，根据民众的意见和建议，制定了2022~2026年发展战略。该战略确定了乌兹别克斯坦短期和中期的发展趋势，确定了发展的优先事项。特别注意确保基于"从行动战略到发展战略"原则的改革的连续性。2022年1月26日，沙夫卡特·米尔济约耶夫总统主持召开视频会议，讨论乌兹别克斯坦2022~2026年新发展战略，其中的目标9为发展电子政务，目标25为发展数字经济。

发展电子政务的目标是发展"电子政务"系统，使电子公共服务的份额达到100%，并消除官僚主义。具体包括：通过移动应用程序扩展公共服务；在提供公共服务时引入手机个人身份证识别系统；通过"电子政务"系统的部门间整合平台，在国家机构和私营商业组织之间实现数据交换，减少官僚程序；实施许可证和通知制度，确保个人数据得到保护；确立向公民签发和交换证明某一事实的紧急文件的做法，并且不用公民申请即可向他们提供综合公共服务；简化向老年人和残疾人提供公共服务，为他们创造必要的便利；在"数字机构"项目框架内，通过国家机构办公室工作的数字化，优化行政程序并使管理流程自动化；通过引入"公民数字护照"项目，废除要求民众提供证明某些事实的文件的做法；扩大向海外乌兹别克斯坦公民提供公共服务；公共服务数字化，其中20%转移到私营部门。①

---

① УКАЗ ПРЕЗИДЕНТА РЕСПУБЛИКИ УЗБЕКИСТАН О СТРАТЕГИИ РАЗВИТИЯ НОВОГО УЗБЕКИСТАНА НА 2022—2026 ГОДЫ, https://lex.uz/docs/5841077.

发展数字经济的目标是确定数字经济发展是主要驱动力，使数字经济规模至少增加到原来的2.5倍。具体包括：通过进一步发展数字基础设施，使宽带网络覆盖所有定居点、社会设施和主要道路；到2026年底，实体经济部门、金融和银行业生产和运营流程的数字化水平提高到70%；软件产品行业规模增加到原来的5倍，出口量增加到原来的10倍达到5亿美元。[①]

除了2022~2026年的中期发展战略，还针对ICT领域制定了短期具体措施。2022年8月22日通过了ПП-357号总统决议《关于2022~2023年将信息通信技术提升到新水平的措施》（以下简称《措施》），其中确定了2022~2023年进一步发展信息和通信技术领域的主要任务。[②]

到2022年底完成：宽带移动网络的定居点覆盖率达到98%，国际高速公路沿线的高速移动互联网覆盖率达到60%；通过建设4万公里的光纤通信线路，并创造条件新增80万户家庭连接到高速互联网，使光纤通信线路的覆盖水平达到80%；通过吸引私营部门提供电子公共服务，将电子公共服务的用户数量增加1倍，达到400万人；通过在各地区为年轻人建立技能教学和有保障的订单中心，使IT服务出口量达到1亿美元。

到2023年底实施：通过以远程教育的形式发展数字技术领域的人员培训系统，每年为6500多名年轻人提供信息技术领域的培训；在国家机构，包括地方一级的国家机构，以及实体经济部门的企业中研发超过214个信息系统和软件产品。

《措施》的详细路线图包括以下几个方面：开发全国数字产业和软件产品市场；发展数字政务，增加电子政务服务占比；进一步发展数字基础设施；确保信息和通信技术领域的金融稳定并实施投资项目；进一步完善信息技术领域人员培训体系；发展信息和通信技术。同时也包括公共行政数字化

---

① УКАЗ ПРЕЗИДЕНТА РЕСПУБЛИКИ УЗБЕКИСТАН О СТРАТЕГИИ РАЗВИТИЯ НОВОГО УЗБЕКИСТАНА НА 2022—2026 ГОДЫ, https://lex.uz/docs/5841077.
② ПОСТАНОВЛЕНИЕ ПРЕЗИДЕНТА РЕСПУБЛИКИ УЗБЕКИСТАН, О МЕРАХ ПО ПОДНЯТИЮ НА НОВЫЙ УРОВЕНЬ СФЕРЫ ИНФОРМАЦИОННО-КОММУНИКАЦИОННЫХ ТЕХНОЛОГИЙ В 2022-2023 ГОДАХ, https://lex.uz/docs/6166741.

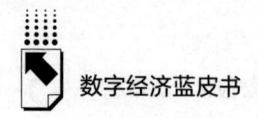

优先项目清单和经济实体部门数字化优先项目清单。另外，针对一些政府部门（支持马哈拉和老年人部、内政部、外交部、农业部、卫生部）、大型企业（乌兹别克斯顿特米尔尤拉里股份公司）及全国各地区（卡拉卡尔帕克斯坦共和国、安集延州、布哈拉州、吉扎克州、卡什卡达里亚州、纳沃伊州、纳曼干州、撒马尔罕州、苏尔汉河州、锡尔河州、塔什干州、费尔干纳州、花拉子模州、塔什干市）也制定了路线图。

随着全球新冠疫情的暴发，数字技术的作用显著增强，数字化转型的重要性变得显而易见，尤其是对于包括乌兹别克斯坦在内的发展中国家。事实上，数字化转型具有进一步实现社会现代化并将国民经济融入全球进程的潜力。毫无疑问，乌兹别克斯坦在数字化和信息通信技术领域取得了突出成绩。突如其来的新冠疫情及其全球蔓延对乌兹别克斯坦经济造成重大影响，但是乌仍然将数字化转型作为政府工作的重中之重并强力推进。未来，有必要吸引先进技术国家进入该国的 IT 部门，使国际合作伙伴的地域更加多样化。对数字生态系统、IT 基础设施和电子服务的投资将进一步推动乌兹别克斯坦国民经济现代化，并加速所有领域的全面增长。

B.11 墨西哥数字经济发展报告（2022）

吕斐斐*

摘　要： 墨西哥是拉丁美洲数字经济的先锋，体量居世界前列。本文旨在对墨西哥数字经济的现状与未来进行概述，先介绍2021~2022年该国在网络连接性、ICT产业、电子商务、初创企业等方面取得的发展成就，再总结现阶段该国数字经济的全球和区域竞争力，最后分析数字经济发展的不足并展望未来。总体而言，凭借得天独厚的发展优势，墨西哥数字经济正处于繁荣发展期，尽管也存在发展不平衡、国际竞争力不足等问题，但发展潜力巨大、前景广阔，有望成为经济增长的新支柱。

关键词： 数字经济　墨西哥　拉丁美洲

一　墨西哥数字经济发展概况

墨西哥合众国位于北美洲，占地约196万平方公里，总人口为1.3亿，位列世界第10。该国系拉丁美洲第二大经济体，2021年GDP高达1.29万亿美元，位列世界第15，人均GDP为9926.4美元，居中高收入国家行列。作为世界重要新兴经济体，墨西哥还是G20成员和经合组织成员。该国产业结构以服务业为主，占比超60%，工业比重超30%，农业对GDP的贡献低于4%。

---

* 吕斐斐，上海社会科学院信息研究所编译。

近年来，墨西哥数字经济飞速发展，不仅在国民经济中的地位不断攀升，而且在拉美地区也处于领先地位。2021年，墨西哥全国网民人数达8860万，手机用户超9100万，家庭互联网普及率为66%，网民人均日上网时间为4.8小时。凭借坚实的基础与广阔的市场，该国数字经济在疫情的催化作用下乘势起飞，其中以电子商务和金融科技的表现最为亮眼。2021年，墨西哥电子商务增加值达到了40130亿比索（约合2000亿美元），同比增长27%。中国信通院的报告指出，2020年墨西哥数字经济规模达3522亿美元，居世界第11位，对该国GDP的贡献超过30%。[1] 2021年墨西哥政府发布了《2021~2024年国家数字战略》，作为引导当前国家数字化进程的纲领性文件，明确了政府数字化转型以及网络全覆盖两大行动方针。

2021~2022年，墨西哥数字经济的主要成就有：网络普及度进一步提升，5G网络启用并快速覆盖全国主要城市；ICT产业恢复至疫情前水平；电子商务顶住通胀压力保持高增长态势；初创企业迎来高速增长期，独角兽企业从1家增加到10家等。本部分将从以上几个方面展开，客观展现墨西哥数字经济的繁荣发展态势。

（一）网民数量大，互联网普及度高

墨西哥网民总量多、增长快，互联网渗透率高，智能手机普及度高，为数字经济的发展提供了良好的基础和巨大的潜力。根据墨西哥国家统计局发布的《2021年全国家庭信息技术可用性和使用情况调查》，2021年全国6岁以上的互联网人口数量为8856万，比上年增加约560万，互联网普及度为75.6%，其中城市地区为81.6%，农村地区为56.5%，整体网民比例与2017年相比上涨了11.9个百分点。此外，全国共计9173万移动电话用户，占调查人口的78.3%。其中，超过九成的手机用户使用智能手机。2017~2021年，墨西哥智能手机用户增长了13.8%，在手机用户中的普及率从

---

[1] 中国信息通信研究院：《全球数字经济白皮书——疫情冲击下的复苏新曙光》，http://www.caict.ac.cn/kxyj/qwfb/bps/202108/t20210802_381484.htm，2021年8月。

80.1%上升到93.9%。墨西哥家庭互联网接入率为66.4%，较2015年增长27.2个百分点（见表1）。就电脑而言，在全国6岁以上的人口中，电脑使用者的比例仅为37.4%，与2017年相比下降7.8个百分点。[1]

表1　2015~2021年墨西哥网民、手机用户及家庭互联网数量及比例

单位：百万，%

年份	网民 数量	网民 比例	手机用户 数量	手机用户 比例	家庭互联网 数量	家庭互联网 普及率
2015	62.45	57.4	77.71	71.5	12.81	39.2
2016	65.52	59.5	81.03	73.6	15.66	47.0
2017	70.29	63.7	79.59	72.1	17.06	50.7
2018	73.14	65.5	81.87	73.3	17.97	52.5
2019	79.49	69.6	85.55	74.9	19.69	55.8
2020	82.98	71.5	87.22	75.1	21.39	59.9
2021	88.56	75.6	91.73	78.3	24.33	66.4

资料来源：墨西哥国家统计局。

墨西哥不仅网民体量大，而且互联网使用频率高。2021年，在全国8856万互联网用户中，89.2%的用户每天上网，比2017年高8.1个百分点，且平均每日上网时间达4.8小时，与2017年的3.2小时相比增长了50%。网民上网的主要目的是沟通、搜索信息和访问社交网络。在设备方面，智能手机仍然是墨西哥人上网的最主要设备，占比高达96.8%，约为排名第2的笔记本电脑或平板电脑的3倍，后者的使用率为31.8%，紧随其后的上网终端是智能电视（25.7%）。就趋势而言，智能手机和智能电视的比例呈上升趋势，台式电脑或平板的使用比例有所下降。[2]

---

[1] 墨西哥国家统计局：《2021年全国家庭信息技术可用性和使用情况调查》，https：//www.inegi.org.mx/programas/dutih/2021/#Informacion_ general，2022年7月2日。

[2] 墨西哥国家统计局：《2021年全国家庭信息技术可用性和使用情况调查》，https：//www.inegi.org.mx/programas/dutih/2021/#Informacion_ general，2022年7月2日。

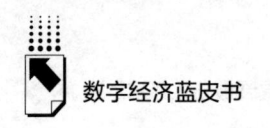

（二）ICT产业稳步发展，5G网络开启服务

信息和通信技术（ICT）产业可分为ICT制造业与ICT服务业。墨西哥ICT产业增加值呈增长态势，以电子信息技术为核心的相关产业在该国国民经济中的比重为4%~5%。[①] 2021年墨西哥信息业的产值为33305亿比索，同比增长5%，对当年墨西哥GDP的贡献为4.7%。在信息行业内部，服务业是支柱，对ICT产业GDP的贡献高达70%，制造业的贡献约为30%。就具体行业而言，计算机及外围设备制造、电子元件制造为墨西哥ICT制造业的主要产业；电信行业不仅是ICT服务业的主体，也是全国信息产业的支柱，对ICT产业GDP的贡献高达64%（见表2）。尽管2020年新冠疫情对墨西哥整体经济产生重大冲击，但该国信息相关产业表现出更强大的韧性，不仅降幅比整体经济更低且恢复更快，2021年信息业产值已经恢复到疫情前水平，但全国GDP在2022年仍未显示出完全恢复的迹象。根据咨询公司Select的信息，由于需求减少、供应链危机以及IT企业融资成本上升，2022年墨西哥ICT产业增速将有所放缓。[②]

表2　2019~2022年墨西哥ICT产业产值（以2013年为不变价）

单位：百万比索

类目	2019年	2020年	2021年	2022年（Q1+Q2）
GDP	73932721.05	67975726.16	71226653.78	36082002.06
信息业产值	3282000.33	3170564.65	3330506.95	1801209.04
计算机、通信、测量和其他电子设备、部件和配件制造	977951.04	894970.30	983090.06	554168.01
计算机及外围设备制造	365301.57	314065.63	352661.47	239539.81
通信设备制造	139165.60	120201.13	133758.09	71462.90
音频和视频设备制造	157671.07	136131.45	150655.65	67816.38

---

① 根据墨西哥国家统计局对国民经济的统计分类，作者把ICT产业中的制造业对应为计算机、通信、测量和其他电子设备、部件和配件制造，把服务业归为大众传媒中的信息。
② 《经济学家报》2022年8月11日，https://www.eleconomista.com.mx/tecnologia/Industria-TIC-en-Mexico-desacelera-en-el-segundo-trimestre-del-2022-20220811-0055.html。

续表

类目	2019年	2020年	2021年	2022年(Q1+Q2)
电子元件制造	234667.08	233056.25	266941.15	137643.96
测量、控制、导航和医疗电子仪器及设备制造	70517.76	81978.90	67998.17	31924.78
磁力、光学媒体制造	10627.97	9536.94	11075.54	5780.18
大众传媒中的信息	2304049.29	2275594.35	2347416.89	1247041.03
报纸、杂志、书籍、软件和其他出版	70123.03	67172.06	86024.01	53541.23
电影和音像业	128413.27	39245.38	44919.87	37091.09
广播与电视	95157.43	76670.90	89647.76	59862.27
电信	1999553.84	2082876.45	2116269.49	1091039.75
数据处理、托管及相关服务	7191.71	6707.66	7482.35	3849.00
其他信息服务	3610.03	2921.90	3073.41	1657.70

资料来源：墨西哥国家统计局，https://www.inegi.org.mx/sistemas/bie/。

作为墨西哥ICT产业的中坚力量，电信服务在墨西哥发展迅速，且已经达到较高的覆盖率。据墨西哥国家统计局预计，到2022年底，墨西哥移动电话服务线路将达到1.275亿条，密度为98%；移动互联网接入量将同比增长2.3%，达到1.056亿，覆盖率为82%；固定互联网服务将达到2740万个接入点（同比增长10.9%），连接墨西哥75%的家庭；固定电话线路将达到2570万条，覆盖70%的家庭；付费电视线路到年底将有2150万条，覆盖率达59%。① 2013~2021年，墨西哥是经合组织内固定宽带用户增长第三高的国家，增幅达73%。不过，与经合组织的其他国家相比，墨西哥的电信覆盖率以及服务质量仍有较大进步空间。截至2021年6月，墨西哥固定宽带用户数量在经合组织位居倒数第2，每100名居民中仅有18.2人，远低于33.8人的平均水平。另外，墨西哥的光纤覆盖水平为30.2%，平均下载速度为44Mbps，在35个国家中排名第33位，远低于经合组织119Mbps的平

---

① 墨西哥联邦电信研究院，https://www.ift.org.mx/sites/default/files/comunicacion-y-medios/comunicados-ift/comunicado4ift.pdf。

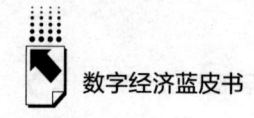

均速度。①

在移动网络方面,墨西哥仍然以3G和4G网络为主,5G网络建设还处于起步阶段。根据GSMA发布的《2021年拉美数字经济报告》,2020年墨西哥的通信网络以3G为主(占比为52%),其次为4G(37%)。预计到2025年4G将代替3G成为该国主要移动网络,比例将上升到54%,而5G的占比有望达到14%。② 在各大电信巨头的推进下,2022年墨西哥5G网络发展实现了里程碑式的跨越。2022年2月,运营商AT&T在墨西哥城、瓜达拉哈拉和蒙特雷启用5G网络,预计其5G网络基础设施将在2022年底前再覆盖墨西哥25座城市。与此同时,América Móvil在墨西哥18个主要城市推出了5G服务。爱立信也将与Telcel联合在墨西哥推出首个商用5G网络,覆盖该国15个城市,共包含1500个无线电基站。此外,用于移动服务的5G频谱拍卖也计划在2022年举行。③ 5G的推出将为墨西哥带来巨大的经济效益,对制造业、矿业、交通物流、能源、公共交通、健康、传媒娱乐、金融服务、农业、汽车等行业的拉动效果尤为突出。预计到2030年,这些行业总估值将达到7000亿美元。5G对墨西哥GDP的贡献有望高达5%。④ 据IT分析公司IDC预测,5G启用的第一年就将为墨西哥服务领域创造近440万美元的价值。⑤

(三)电子商务继续向好,线上销售更为多元

电子商务是墨西哥数字经济的代表性产业。墨西哥在线销售协会的数据

---

① 经合组织:《固定宽带:经合组织衡量标准中的连接性》,https://www.theciu.com/publicaciones-2/2022/7/4/banda-ancha-fija-conectividad-en-la-mtrica-de-la-ocde,2022年7月4日。
② GSMA,《2021拉丁美洲移动经济》,https://www.gsma.com/mobileeconomy/latam/。
③ RCR Wireless News, https://www.rcrwireless.com/20220525/5g/att-launches-5g-mexico-city-guadalajara-monterrey,2022年5月25日。
④ 《福布斯》(墨西哥版),https://www.forbes.com.mx/ad-5g-transformacion-inclusion-digital-ericsson/,2022年9月28日。
⑤ 爱立信,https://www.ericsson.com/en/blog/2022/2/how-launching-the-first-5g-commercial-network-in-mexico-will-transform-the-region,2022年2月23日。

显示，2021年，墨西哥电子商务总额达到了40130亿比索，同比增长27%，远高于全球平均水平16.3%。① 根据咨询公司eMarketer的数据，墨西哥是2022年全球电子商务销售额增长第九快的国家，仅次于新加坡、印度尼西亚、印度、阿根廷和泰国等国家。而拉丁美洲则是2021年全球电子商务增长最快的地区，增长率为35%。目前波及全世界的通货膨胀并没有对墨西哥乃至拉丁美洲的电子商务造成明显打击，行业依旧保持高速发展态势。②

电子商务对墨西哥GDP的贡献呈增长态势，具体贡献率从2013年的3.0%增长到2020年的5.8%。尽管2020年与2019年的贡献率相当，2020年电子商务产生的增加值与上一年相比实际下降了8.7%，总额为13608.27亿比索（见图1）。其中，40.4%为商品零售贸易，24.9%源自商品批发贸易（高于2019年的22.1%），另外34.7%则由其他服务业贡献。此外，零售贸易在电子商务增加值中的比例大幅提高，从2013年的16.4%升至2020年的40.4%，显示出巨大活力，而批发贸易的比例一直稳定在25%左右。

图1 2013~2020年墨西哥电子商务增加值

资料来源：墨西哥国家统计局。

---

① 墨西哥在线销售协会：《墨西哥线上销售调查2022》，https://www.amvo.org.mx/estudios/estudio-sobre-venta-online-en-mexico-2022/。
② 《经济学家报》2022年9月7日，https://www.eleconomista.com.mx/tecnologia/Al-ecommerce-no-le-asusta-la-inflacion-en-Mexico-20220907-0064.html。

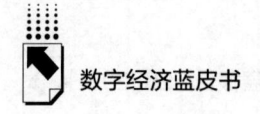

疫情对电商消费结构的影响是：线上购买的商品种类增多，但线上服务消费（住宿、交通、休闲等）有所减少。①

就电商零售业这一细分领域而言，墨西哥电商在全国零售业中的比重也不断攀升，从2015年的不到1%上升到2021年的11.3%，占比与西班牙（12.1%）、法国（11.2%）、德国（10.8%）、巴西（10.7%）等国相当。另外，墨西哥连续三年位列全球电子商务零售业增长最快的五个国家行列，增速与巴西、俄罗斯、印度和阿根廷四国相当。但目前电子商务在墨西哥零售总额中的占比仍有较大的进步空间，明显低于美国（20%）、欧洲（25%）和亚太地区（50%）的水平。②

在电商平台方面，Mericado Libre是墨西哥使用人数最多的平台，其次为亚马逊、沃尔玛、Liverpool百货、Coppel百货和速卖通（AliExpress）。除了传统电商巨头之外，墨西哥的电商平台呈现专业化、多样化的趋势。2020年和2021年，墨西哥人多选择通过超级应用网购超市产品，例如哥伦比亚的Rappi，但2022年许多大型商业连锁店也推出了专属应用软件。来自中国的快时尚电商平台Shein在墨西哥发展迅猛，为该国下载量最高的电商应用之一。根据巴西电商服务平台VTEX的数据，墨西哥1/3的在线销售额来自专有应用程序，70%来自综合性电商平台。与此同时，直播带货作为新的在线销售模式也悄然兴起。③

对于墨西哥的大部分企业而言，电子商务不仅是巨大的商机，更是应对疫情打击的必要生存手段。最新的墨西哥在线销售协会报告指出，全国60%的中小企业都开展了线上业务。2021年，线上销售额占总额的34%，这一数

---

① 墨西哥国家统计局：《2020年电子商务增加值总额统计》，https：//www.inegi.org.mx/contenidos/saladeprensa/boletines/2022/vabcoel/vabcoel2020.pdf。
② 墨西哥在线销售协会：《墨西哥线上销售调查2022》，https：//www.amvo.org.mx/estudios/estudio-sobre-venta-online-en-mexico-2022/。
③ 《经济学家报》2022年9月7日，https：//www.eleconomista.com.mx/tecnologia/Al-ecommerce-no-le-asusta-la-inflacion-en-Mexico-20220907-0064.html。

字预计2022年上升到50%。① 企业使用的电商平台以Mercado Libre和亚马逊为主，且普遍选择电商平台和社交网站多渠道并行的销售方式。

（四）初创企业蓬勃发展，金融科技一马当先

墨西哥科技初创企业数量众多，规模在拉丁美洲排名第2，仅次于巴西。截至2022年10月，全国共有681家初创公司，巴西为1709家。② 在行业分布方面，根据普华永道发布的《墨西哥初创企业生态系统》报告，2020年墨西哥初创企业主要集中在信息技术（26%）、金融服务（11%）和商业服务（10%）三大行业；而美容和健康、运输与交通、农业三大领域的初创企业数量增长最快。③ 2012年金融科技（Fintech）兴起，墨西哥逐渐发展成为拉丁美洲这一领域的重镇。

墨西哥的独角兽企业（估值超过10万亿美元的初创公司）虽起步较晚，但2021年起崛起势头迅猛。自2020年10月首家独角兽Kavka诞生起，截至2022年10月，墨西哥已有10家独角兽，其中金融科技占据大半江山（见表3）。

表3 墨西哥独角兽企业名单

企业名称	性质	成立年份	成为独角兽的时间
Kavak	二手车交易平台	2016年	2020年10月
Bitso	加密货币交易平台（拉美最大）	2015年	2021年5月
Clip	移动终端在线支付平台	2012年	2021年6月
Konfío	面向中小企业的金融服务和商业工具平台	2013年	2021年9月
Clara	企业支出管理平台	2020年	2021年12月
Incode	基于AI的数字身份验证和认证平台	2015年	2021年12月
Merama	电商品牌聚合商	2020年	2021年12月
Nowports	数字化货运代理平台	2018年	2022年5月
Stori	数字信用卡	2008年	2022年7月
Yaydoo	支付管理软件供应商（美墨企业合并）	2017年	2022年8月

资料来源：笔者根据网络信息整理。

① 墨西哥在线销售协会：《墨西哥线上销售调查2022》，https：//www.amvo.org.mx/estudios/estudio-sobre-venta-online-en-mexico-2022/。
② Crunchbase，https：//www.crunchbase.com/hub/mexico-startups。
③ 普华永道：《墨西哥初创企业生态系统》，https：//www.strategyand.pwc.com/mx/es/ecosistemas-de-startups-en-mexico.html，2021年。

墨西哥的科技类初创企业在行业和区域方面显示出高度集中性：金融科技企业占据主流，首都墨西哥城则是全国最大的创新中心，乃至拉丁美洲最重要的科技企业孵化地、技术创新和风投中心。除了首都之外，瓜达拉哈拉、蒙特雷也是墨西哥的重要创业中心。墨西哥表现突出的金融科技企业如表4所示。

表4　墨西哥代表性金融科技企业

金融科技领先公司	企业性质	成立年份	总部
Stori	数字银行信用卡	2020年	墨西哥城
Flink	借记卡+股票交易	2017年	墨西哥城
Bisto	虚拟货币交易所	2014年	墨西哥城
Konfio	中小企业贷款	2014年	墨西哥城
Kubo Financiero	P2P	2012年	墨西哥城
Kueski	个人小额贷款	2012年	墨西哥城

资料来源：笔者根据网络信息整理。

根据Finnovista公司的《墨西哥金融科技公司雷达》报告，2021年该国共有512家活跃的金融科技企业，与2020年的441家相比增长了16%，其中数字银行和贷款领域的增量最高，而贷款以21%的比例超过支付和汇款（14%）成为初创企业数量最多的部门。在年收入方面，2020年收入低于50万美元的金融科技公司占总数的65%，好于2019年的80%。[①]

墨西哥金融科技的主要发展优势如下：第一，银行业服务缺口大。墨西哥银行服务覆盖人群比例低，约有60%的成年人没有银行账户，现金依然是最主流的支付手段。第二，人口多且结构年轻。墨西哥1.3亿人口中有45.35%为经济活跃人口，平均年龄为29岁，且25岁以下的人口约占43.8%。第三，近岸服务优势。于2020年7月1日生效的《美墨加贸易协定》（USMCA）将墨西哥、美国和加拿大的经济更为紧密地联系在一起，为墨西哥提供了与这两个市场无缝合作的机会。硅谷的高竞争性也促使许多企

---

① Finnovista：《墨西哥金融科技公司雷达》，https://www.finnovista.com/radar/fintech-incumbentes-2021/，2022年2月。

业家来到墨西哥寻找商机。① 第四，智能手机和移动互联网普及率较高。2021年全国有7900万人口使用智能手机，移动互联网使用率为57%。第五，先进的监管机制。2018年3月，墨西哥通过了金融科技机构监管法，建立了金融科技机构的监管框架，为改善金融体系竞争环境、规范金融科技企业的发展、提高普惠金融水平等提供了制度保障，成为拉美地区最早对金融技术行业进行监管的国家。

墨西哥得天独厚的条件不仅孵化了众多本国的初创企业，也吸引了大量国内外风投资本和国外企业入局。在风投方面，根据Transactional Track Record平台的数据，2021年墨西哥初创企业接收的来自本地和国外投资基金的投资总额超过47亿美元，与2020年相比增长294%，与2016年相比增长超过2000%，交易数量同比增加了60%（见图2）。主要的投资基金有阿根廷的Kaszek Ventures、墨西哥的Angel Ventures Mexico AVPAFII、美国的FJ Labs、墨西哥的ALLVP和美国的500 Startups、日本的软银。金融科技连续三年位居最热门的投资行业。②

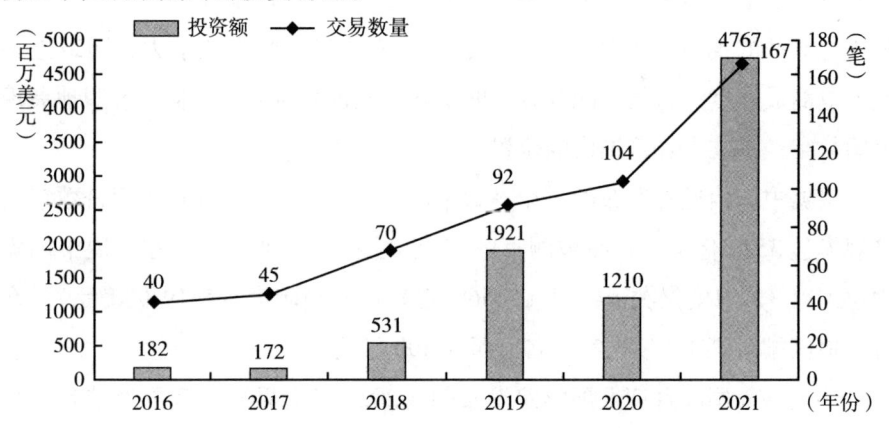

图2 2016~2021年墨西哥风险投资额及交易数量

资料来源：Transactional Track Record。

---

① Newsweek，https：//www.newsweek.com/insights/mexico-innovation-technology，2022年9月30日。
② 《经济学家报》2022年1月25日，https：//www.eleconomista.com.mx/empresas/Inversion-de-Venture-Capital-en-Mexico-crecio-294-en-2021-20220124-0085.html。

进入墨西哥市场的外国企业主要来自美国以及拉美邻国，但也不乏其他国家。近几年，中国企业也积极开拓拉美市场，且收获颇丰。如滴滴分别于2018年和2019年在墨西哥推出了出行（DiDi）和外卖（DiDi Food）两大服务。短短四年，滴滴在墨西哥的业务已经覆盖全国70个城市，其中滴滴出行在网约车赛道与Uber并驾齐驱，并凭借高性价比和高安全性已经成为墨西哥使用量和下载量最高的出行软件，全国活跃用户高达1000万。[①] 此外，TikTok、快手（Kwai）等短视频社交平台还有一些游戏企业也纷纷选择登陆拉美市场，将墨西哥作为试验田，而华为、小米、联想、腾讯等老牌科技企业早已在墨西哥布局。在中国互联网出海大潮的背景下，未来进入墨西哥市场的中国企业将会越来越多。

二 数字经济国际竞争力

墨西哥数字经济规模可观，不仅位居拉美前列，在全世界主要国家中也占有一席之地，但是在数字经济的一些细分领域还相对落后。本部分将结合整体与局部的视角，梳理墨西哥在数字经济体量、数字竞争力、网络连接性、电商成熟度、科技金融等方面的全球以及区域排名，全面、客观地展现该国数字经济在世界范围内的位置。

根据中国信通院发布的《全球数字经济白皮书》，2020年墨西哥数字经济规模达3522亿美元，在被测算的47个国家中位列第11，在发展中国家中位列第3，规模仅次于中国（53565亿美元）和印度（5419亿美元），在拉美地区排名第1，领先第2名巴西约400亿美元。

瑞士洛桑国际管理发展学院发布的《2022年世界数字竞争力排名》显示，2022年墨西哥数字竞争力在所有评估的63个国家中位列第55，比上一年前进1名，在整个国际排名中处于落后位置，水平与约旦、土耳其、菲律宾相当；在拉美国家内部排名第3，竞争力不及智利（第41位）和巴西

[①] Radioformula, https：//www.radioformula.com.mx/economia/2022/4/7/didi-vs-uber-cual-es-la-aplicacion-mas-usada-por-mexicanos-508451.html，2022年4月7日。

(第52位），但领先于秘鲁、阿根廷、哥伦比亚和委内瑞拉。排名的细分项显示，墨西哥在技术发展、银行和金融服务、网络安全等方面有较大改进空间。[1]

网络就绪度指数（NRI）是评估全球主要经济体信息化发展水平以及信息和通信技术对经济竞争力影响的权威排名。根据 Portulans Institute 发布的《2021年网络就绪度指数》，墨西哥得分为52.57分，在统计的130个国家中排名第59，略高于中高收入国家（49.71分）和美洲地区（50.62分）的平均水平。在美洲地区，墨西哥排名第6，落后于智利（第44名）、乌拉圭（第49名）、巴西（第52名）、哥斯达黎加（第56名）以及阿根廷（第58名）。就细分项而言，墨西哥的电子商务立法排名居全球首位，活跃移动宽带用户和高科技出口也表现突出（均位居第8），但在乡村数字支付使用率以及ICT服务出口方面则明显落后（分别为第114位和第129位）。[2]

作为墨西哥数字经济的龙头，电子商务虽发展迅猛，但根据联合国贸发会议（UNCTAD）发布的用于评估电商成熟度的全球B2C电子商务指数，2020年墨西哥在152个国家中排第93名（中国为第55名），落后于智利（第59名）、巴西（第62名）、哥伦比亚（第68名）等多个拉美国家，也不及沙特阿拉伯（第49名）、土耳其（第57名）、印度尼西亚（第83名）等GDP相当的发展中国家。[3]

在科技金融方面，墨西哥在Findexable的《2021年全球科技金融排名报告》中排名第32位，但在拉丁美洲排名第3，不及巴西（第14名）和乌拉圭（第17名）。首都墨西哥城在全球城市排名中居第49位，同样在拉美内部排名第3，低于巴西的圣保罗（第3名）和乌拉圭的蒙得维的亚（第44名）。[4]

---

[1] 瑞士洛桑国际管理发展学院：《2022年世界数字竞争力排名》，https://www.imd.org/centers/world-competitiveness-center/rankings/world-digital-competitiveness/#。
[2] Portulans Institute，https://networkreadinessindex.org/wp-content/uploads/reports/nri_2021.pdf。
[3] 联合国贸发会议：《2020全球B2C电商指数排名》，https://unctad.org/system/files/official-document/tn_unctad_ict4d17_en.pdf，2021年2月17日。
[4] Findexable：《2021年全球科技金融排名报告》，https://findexable.com/2021-fintech-rankings/。

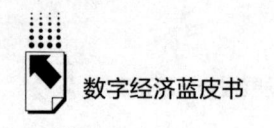

三 数字经济不足与展望

目前,墨西哥数字经济如火如荼地发展,各行业欣欣向荣,与此同时也有一些问题亟待解决,例如数字鸿沟较大、中小微企业数字化滞后、工业数字化转型艰难、高素质人才短缺等。另外,目前政府对数字经济发展的引导和推动作用有限,2021年9月墨西哥政府才提出全国性的数字发展计划——《2021~2024年国家数字战略》,而且具体的行动计划数量少,财政支持不足。因此,墨西哥政府和企业界需要通力合作,尽早扫除各项障碍,确保数字经济的长远健康发展,使其成为国民经济高质量发展的重要增长极。

(一)数字鸿沟仍待弥合,数字基础设施逐步完善

尽管墨西哥网络普及度较高且近几年发展迅速,但发展不平衡性依然较为显著,存在较大的数字鸿沟,城乡差距、州际差距、不同收入群体之间差距较大。2021年墨西哥城市人口手机使用比例为82.8%,农村仅为64.2%;城市地区互联网人口比例为81.6%,比农村高25.1个百分点。在地域差距方面,北方的互联网普及率整体上高于南方。全国各州的网民平均比例为75.6%,首都墨西哥城的互联网用户比例高达88.3%,居全国首位,其次是下加利福尼亚州(86.8%),远远高于居于末位的恰帕斯州(46.1%)。全国家庭互联网渗透率排名第1的索诺拉州(86.2%)和末位的恰帕斯州(30.8%)之间相差55.4个百分点。另外,在墨西哥低收入群体中仅有13.5%的人使用电脑,远不及高收入群体中71.2%的普及率。低收入群体的手机使用率(60.1%)约比高收入群体(90%)低30个百分点。①

由此可见,政府在互联网连接性方面还有较大改进空间,尤其要缩小城

---

① 墨西哥国家统计局:《2021年全国家庭信息技术可用性和使用情况调查》,https://www.inegi.org.mx/programas/dutih/2021/#Informacion_general,2022年7月2日。

乡差距和区域差距。近年来，墨西哥政府已经开展了一些计划，旨在将国家的数字基础设施扩展到城市以外的地区以及落后的州。根据洛佩斯政府颁布的墨西哥《2019~2024年国家发展计划》，该国在数字经济方面的支柱之一是大力推进信息基础设施建设，计划在全国范围内安装无线互联网，提高公路、广场、医院、学校、社区等公共场所的互联网连通性，以此促进贫困地区的经济发展并改善社会边缘化现象。① 2020年墨西哥通信与交通部发布《2020~2024年通信与交通部门规划》，明确其在通信方面的目标是扩大邮政、电信、广播等服务的覆盖面和可及性，重点帮扶贫困人口和弱势群体，提高人民数字技能、制定合理的公共政策以推进国家的数字融合和科技发展。② 根据《2021~2024年国家数字战略》，政府将采取一系列行动促进社会数字化，包括提高光纤网络的覆盖率，通过科技手段提高社会服务质量。③ 在实操层面，政府推出了一些具体计划，例如《2020~2021年公共场所连接计划》，目标是给全国20642个重点场所接入互联网。④ 国家电力委员会也推出了"全民电信和互联网"计划以保障人们获得信息和通信技术的权利。

墨西哥5G网络的发展主要得益于电信巨头之间的激烈角逐。2021~2022年，Telcel、AT&T、América Móvil等电信巨头已经相继在墨西哥推出5G网络并不断扩大覆盖范围，争取在5G部署的早期阶段建立优势。其中América Móvil发展速度最快，从2022年2月在18个城市正式上线5G服务以来，至6月已扩张到40个城市，计划年底达到120个。除电信运营商以外，Weex、FreedomPop、Vasanta等一些移动虚拟运营商也纷纷通过第三方

---

① 《2019~2024年国家发展计划》，https://www.dof.gob.mx/nota_detalle.php?codigo=5565599，2019年7月12日。
② 墨西哥通信与交通部：《2020~2024年通信与交通部门规划》，https://www.gob.mx/cms/uploads/attachment/file/565614/Programa_Sectorial_de_Comunicaciones_y_Transportes_2020-2024.pdf，2020年7月。
③ 墨西哥《联邦官方日报》2021年9月6日，https://www.dof.gob.mx/nota_detalle.php?codigo=5628886&fecha=06/09/2021。
④ 墨西哥《联邦官方日报》2021年4月16日，https://www.dof.gob.mx/nota_detalle.php?codigo=5616105&fecha=16/04/2021#gsc.tab=0。

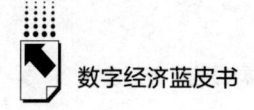

网络入场。① 未来，该国5G网络的充分发展需要克服上网设备数量少、5G频谱定价过高、通信资费高、缺乏全面的连接政策等问题。据爱立信预测，2022年底，全国将有约1.32亿移动电话和互联网接入，而5G只占总活跃线路的12.2%。在频谱定价方面，该国频谱的总价值超过2130亿比索，而世界其他地区仅为1160亿比索，这对政府、用户和运营商而言都不利。② 对此，国内外电信运营商将持续加大对墨西哥5G技术和固定网络基础设施的投资。政府也在大力发展ICT产业，在《2021~2024年国家数字战略》中，墨西哥政府将信息和通信技术确定为该国数字化转型的核心驱动之一。在公共和私营部门的协作下，墨西哥数字基础设施必将日臻完善。

（二）中小微企业数字化转型有待加速

墨西哥超过99%的企业为中小微企业，贡献了全国42%的GDP和78%的就业，但平均寿命不超过8年。③ 新冠疫情给无数企业带来毁灭性打击。在疫情冲击下，墨西哥有100多万中小微企业关停。国家统计局的调查显示，2019年5月至2021年7月，墨西哥新增了120万家中小微企业，同时有160万家倒闭。按年份看，2019年全国共有485.7万家中小微企业，创造了2700万个就业，2020年和2021年企业数量分别减少了8.1%和8.2%，到2021年数量降至446.0万家。④

在疫情冲击之下，数字化转型成为中小微企业渡过危机的唯一方式。科技应用范围的扩大和数字化进程的推进是突破当前经济发展困境的关键。数

---

① 《福布斯》（墨西哥版）2022年10月13日，https://www.eleconomista.com.mx/empresas/Mexico-tendra-16-millones-de-usuarios-con-linea-celular-5G-en-2023-preve-Ericsson-20221013-0042.html。
② 《福布斯》（墨西哥版）2022年10月8日，https://www.forbes.com.mx/la-batalla-pendiente-de-la-5g/。
③ 《国家报》2022年9月26日，https://elpais.com/mexico/2022-09-26/la-economia-digital-el-gran-reto-de-mexico.html。
④ 墨西哥国家统计局，https://www.inegi.org.mx/contenidos/saladeprensa/aproposito/2022/EAP_Demog_MIPYME22.pdf，2022年6月23日。

字化工具可为中小微企业带来诸多好处，例如提高沟通效率、降低交易成本；进一步融入全球市场，减少跨境贸易的成本；帮助获取金融资源和服务，促进商业模式的创新等。不过，尽管疫情增加了商家对数字工具的接受度，但其普及程度仍然较低。2020年仅有10%的中小微企业开展了线上业务。[1] 2019年的调查数据则显示，当时墨西哥只有23.3%的经济单位配有电脑，20.7%有互联网连接，只有4.3%开展了线上交易。[2] 尽管墨西哥政府已经实施了一些措施帮助中小微企业获取信息技术并提高数字化水平，包括Rappi、谷歌、微软、Meta、BBVA在内的私营部门也提供了数字化转型服务，但仍然僧多粥少，无法惠及所有有转型需求的中小微企业。另外，由于企业所处行业、拥有资源和员工受教育水平的不同，疫情拉大了不同中小微企业之间的差距。抓住机遇实现数字化转型的企业焕发新生，而缺乏转型动力的企业则愈发落后。

为了促进数字工具的使用，政府与企业不仅积极推动金融科技的普及，也推行了不少计划以提升劳动力的数字技能、改善网络连接性、制定网络安全规章。另外，《美墨加贸易协定》也为弥合墨西哥数字鸿沟发挥了积极作用。该协定对数字经济、中小微企业和出口提供了特殊支持，既为中小微企业创造了发展机会，又将完善法律框架以保障电子商务的安全开展，还将创造有利于高质量数字内容、产品和服务创新的环境。不断改善的内外部政策环境有望减轻企业的经济负担，进而加快其数字化转型进程。

（三）工业数字化转型任重道远

作为重要工业国，尽管墨西哥是拉美地区工业数字化转型的先锋，但在全球范围内仍处于相对落后的位置，面临的主要阻碍包括缺乏统一规划、专业人才短缺、互联网连接性较低、中小企业资源不足等。

以汽车制造业为例，该行业是墨西哥向工业4.0转型的代表性行业之

---

[1] 墨西哥经济部，https：//www.gob.mx/cms/uploads/attachment/file/586206/Reporte-TMEC_n65-esp_20201016_a.pdf，2020年10月16日。

[2] DPL News，https：//dplnews.com/mipymes-digitales-y-fin-de-sexenio/，2022年10月20日。

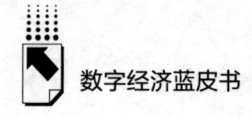

一，但仍缺乏专门的人才来实施和开发前沿技术。在较低的劳动力成本面前，高昂的转型成本削弱了许多制造业企业的数字化转型动力，但转型的趋势自疫情以来有所加强。2022年，洛佩斯政府也终于发布了政策文件以推动全国工业的数字化转型进程。

对于工业数字化转型，墨西哥在地理位置、贸易协定、基础设施、自然资源和人口红利等方面具有显著优势。目前，转型较快的行业有汽车和航空航天、制药、食品和饮料、冶金、快速消费品、化工和电子加工。新技术的运用有利于企业降低成本、提高效率及产量、实现大规模定制以及发展新的赢利模式和商业模式。

随着5G网络的逐步推广，墨西哥工业的竞争力将大大提高，重点行业有望实现指数级增长，并为企业家、中小企业和初创企业带来新的商业模式。向工业4.0转型还将使墨西哥中小微企业的生产力提高30%。目前，墨西哥的汽车和航空航天业转型最快。根据墨西哥工业商会联合会（Concamin）的数据，该国60%的制造业工厂可以实现数字化。[①]

2022年9月，墨西哥经济部提出"走向工业政策"战略，旨在通过技术升级、提高国内科技水平、加强人力资本培养实现经济的包容性增长。该战略四大轴线包括创新和科技趋势、面向未来培养人才、促进中小微企业的区域联系、可持续工业，电气电子、电动车等位列五大战略部门。该战略不仅为墨西哥的工业创新和推进工业4.0提供了明确的行动路径，帮助墨西哥融入世界工业发展潮流，也将为该国数字经济发展注入新的活力。

---

① 《经济学家报》2022年10月5日，https://www.eleconomista.com.mx/empresas/Mexico-tiene-potencial-para-las-industrias-del-futuro-Bernd-Rohde-20221005-0058.html。

B.12
匈牙利数字经济发展报告（2022）

缪　语*

摘　要： 近年，匈牙利政府对国家全面数字化转型越发重视，将数字经济、数字教育、电子政务和数字公共服务置于匈牙利竞争力和现代化建设的发展核心。本文梳理了过去10年匈牙利公开的政府、市场和民间的战略文件和建议，欧盟资源分配的基本文件以及最新的国家和欧盟统计数据、研究和分析报告，采用态势分析法，展示了匈牙利数字经济的现状与存在的不足，并总结了匈牙利数字经济的发展趋势。

关键词： 匈牙利　数字经济　数字治理

一　概况

过去10年，信息技术部门每年为匈牙利经济贡献了4310亿~6080亿福林GDP，包括直接和间接及引导产生的，占全国GDP的18.1%~20.3%。在过去5年中，该部门产生的名义GDP增加了23%~24%。[①]

近年来的经济变化表明，数字经济的计算范围更为广泛，而ICT部门不包括非ICT公司（如汽车制造商、制造厂和金融服务、电子商务、IT咨询机构）的数字发展，这些公司的数量正在增长。考虑到这些因素（并对其

---

* 缪语，上海社会科学院信息研究所英语编译。
① IVSZ：《数字经济在匈牙利国民经济中的比重》，https://ivsz.hu/a-digitalis-gazdasag-sulya-2019/。

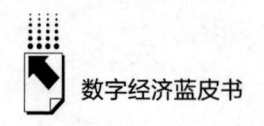

应用投入产出指标），IVSZ估计数字经济对国内GDP的贡献在不久的将来可能超过25%，并预测在2023年达到这一水平。匈牙利在欧盟委员会发布的2022年数字经济和社会指数（DESI）[①]中，在27个欧盟成员国中排名第22位。

在人力资本方面，该国排名第23位，得分38分，而欧盟的平均分是46分。49%的人至少拥有基本的数字技能，低于欧盟的平均水平54%。3.1%的毕业生学习ICT（欧盟平均水平为3.9%），ICT专家在劳动力中的比例仍然较低（3.9%，而欧盟是4.5%）。在ICT专家和数字技能方面的显著改善，对于欧盟实现"数字十年"的技能目标至关重要。

匈牙利在宽带连接方面表现良好。在使用至少1Gbps的宽带方面处于领先地位，因为2021年有22%的家庭订购了这种服务，而欧盟只有7.6%。该国在整体固定宽带使用率、5G频谱和固定高容量网络覆盖率（VHCN）方面的得分也高于欧盟平均水平。考虑到"数字十年"的目标是到2030年千兆网络100%覆盖所有家庭，这一点也很重要。

尽管2021年企业的数字化取得了进展，但大多数匈牙利企业并没有利用数字技术提供的机会。21%的公司使用企业资源规划软件，以电子方式分享信息（欧盟平均水平为38%），13%的公司依赖社交媒体（欧盟平均水平为29%[②]）或发送电子发票（欧盟平均水平为32%）。先进技术的情况也类似：在人工智能、云计算和大数据方面，匈牙利的得分也远远低于欧盟平均水平。这些服务的吸收率在3%~21%，而"数字十年"的目标是到2030年达到75%。中小企业需要一个特别的政策重点，因为只有34%的中小企业拥有至少基本水平的数字强度（欧盟平均水平为55%），而"数字十年"的目标是至少90%。

在数字公共服务方面，主要指标表现喜忧参半。电子政府的需求方面取得了实质性进展，2021年81%的互联网用户在网上参与了公共行政工作，

[①] 欧盟委员会：2022年数字经济和社会指数（DESI），https：//ec.europa.eu/newsroom/dae/redirection/document/88704。

[②] Digital Economy and Society Index（DESI）2022，Hungary，EU。

高于2019年的64%，高于2021年欧盟65%的平均水平。然而，面向民众和企业的服务供应质量和完整性仍然相对较低，特别是跨境服务供应，而跨境服务是实现"数字十年"目标——到2030年实现所有关键公共服务完全在线的关键。

在数字政策方面，《国家数字化战略2021—2030》提供了2021~2030年的战略政策框架。它是一项综合战略，对各种其他战略文件中的措施进行分类、澄清，并在某些情况下加以补充。该战略是围绕DESI衡量的"数字十年"指南针的四个主要支柱构建的，即数字基础设施、数字技能、数字经济和数字国家。匈牙利有一个非常雄心勃勃和具有挑战性的目标，即到2020年在数字发展方面超过欧盟平均水平，到2030年在数字化方面成为欧盟十大领先经济体之一。

表1　2021~2022年匈牙利数字经济态势分析（SWOT）

优势	劣势
• 健全的战略背景； • 存在长期的、相互关联的企业数字化发展计划（见现代企业计划）； • 宽带基础设施覆盖率高； • 近100%的企业有互联网接入； • 办公室IT工具的可用性； • 智能手机的使用和社交媒体的使用在企业家和企业员工中都很普遍； • 数字经济至少占到GDP的20%以上[1]； • 2018年，信息和通信部门占匈牙利研发总支出的8.1%	• 企业领导人往往不愿意接受新的解决方案； • 企业的数字化准备情况参差不齐，其中数量最多的微型企业情况最差； • 缺少对新技术的采用； • 在线人数少，电子商务水平低； • 企业内部缺乏流程的整合； • 一些部门（旅游、建筑、食品、物流、零售）在数字化方面有很大的具体差距； • 很大一部分公司的融资（如抵押品）不足； • 很大一部分企业，特别是ICT企业，位于匈牙利中部地区，但欧盟的资金通常只在该地区以外的地区提供； • 匈牙利的微型、小型和中型硬件企业很少，其生产和出口量都很少； • 在2014~2020年周期的大部分时间里，ICT专题研发与创新支持在提案层面没有被列为优先事项； • 仍然缺乏具有实际知识的高技能ICT专业人员

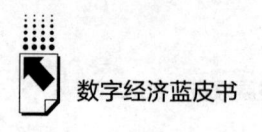

续表

机会	风险
• 企业的代际变化有助于数字化进程； • 在老龄化经济的影响下，更多公司转向数字化； • 进一步发展和加强现有的数字基础设施； • 继续实施运作良好的发展政策方案； • 增加对某些部门数字化的具体支持； • 使用新型的发展政策解决方案（如凭证）； • 增加获得欧盟直接资助的机会（尤其是数字欧洲计划）； • 通过有针对性的手段支持企业使用新技术； • 企业更多利用电子政务的机会； • 赋予国内（自有）信息通信技术设备公司权利并给予支持； • 在ICT部门提供研发和创新资源，包括通过专门的提案征集	• 企业领导人，特别是微型企业的领导人，仍然不接受新的ICT解决方案； • 由于新冠疫情，为确保企业的日常业务，企业不愿意，也没有投资（资源）于数字化改进，； • 中小企业将继续缺乏对新技术的吸收和综合利用； • 布达佩斯的大多数公司可能继续面临获得招标的困难； • 滞后于ICT研发与创新的国际趋势； • 国内ICT部门缺乏与国际研发与创新生态系统的融合； • 越来越多的年轻人转向IT职业

注：①A digitális gazdaság súlya a magyar nemzetgazdaságban（IVSZ，2019）.

资料来源：NEMZETI DIGITALIZÁCIÓS STRATÉGIA 2021-2030, ITM 2020；Digital Economy and Society Index（DESI）2022, Hungary, EU。

二 数字经济竞争力分析

在欧盟委员会发布的2022年数字经济和社会指数（DESI）①中，匈牙利在27个欧盟成员国中排名第22位（见图1）。

（一）数字素养

匈牙利的人力资本指标在欧盟国家中排名第23位。该国在三个技能

---

① 欧盟委员会：2022年数字经济和社会指数（DESI），https：//ec.europa.eu/newsroom/dae/redirection/document/88704。

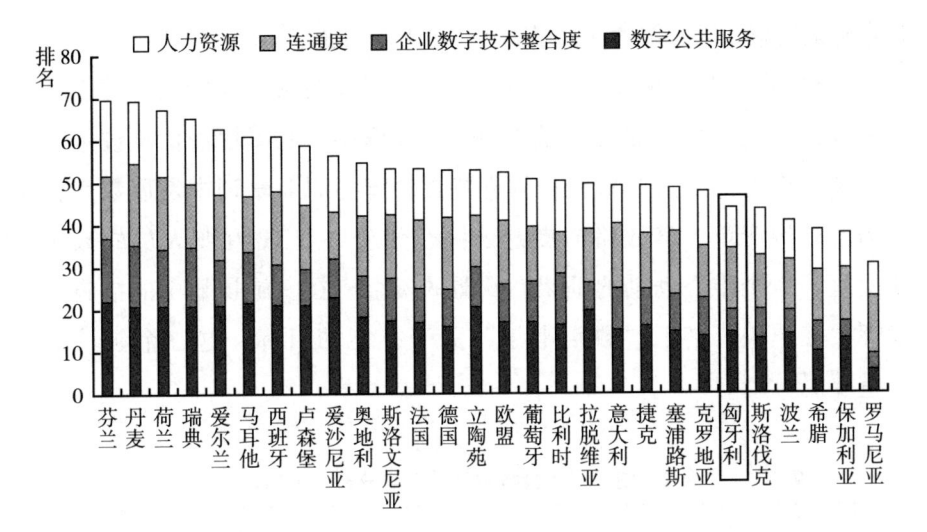

图1　2022年数字经济和社会指数排名

资料来源：Digital Economy and Society Index (DESI) 2022, Hungary, EU。

指标上的得分低于欧盟平均水平。特别是，只有49%的人至少拥有基本的数字技能，而欧盟的平均水平是54%，"数字十年"计划的目标是到2030年数字技术普及率达到80%。信息通信技术专家在劳动力中的比例略有增加，达到3.9%，但仍然低于欧盟平均水平（4.5%）。ICT专家存在短缺情况，57%的企业报告说在2020年难以填补ICT的空缺。为了达到欧盟2000万名ICT专家的"数字十年"目标，成员国平均应该有大约10%的劳动力为ICT专家。匈牙利女性ICT专家的比例仍然很低（14%）。此外，2020年，ICT毕业生在所有毕业生中的比例为3.1%，低于欧盟3.9%的平均水平。2020年，16%的企业为其员工提供了ICT培训，而欧盟的整体比例为20%。

《匈牙利社会包容战略2030》[①] 设定了几个数字目标。特别是旨在提高学生、家长和教师的数字素养；进一步发展贫困地区的数字基础设施；减少网络风险（如网络欺凌、成瘾、仇恨言论和数据安全），并改善学校的信息

[①] 匈牙利政府第1619/2021号决议（IX.3）。

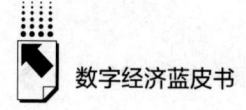

技术基础设施，以有效解决过早离校（ESL）问题。

《国家数字化战略2021—2030》列出了发展数字技能人才的三个优先领域：①发展数字能力（基于DigComp框架①）；②增加信息技术专业人员和工程师的数量与资格；③支持在教育和职业培训中发展数字技能所需的结构变革。该战略为提升公民、劳动力和IT专业人员的数字技能提供了一个雄心勃勃的框架。欧盟的资金将在实施计划中的措施方面发挥关键作用。鉴于"数字十年"关于技能的目标，这三个领域都至关重要。

表2 匈牙利社会数字素养态势分析（SWOT）

优势	劣势
• 互联网全面覆盖，Wi-Fi机构高度覆盖； • 16~50岁的公民中互联网普及率高； • IKER计划的发展/扩展； • 引入了DigKomp 2.1框架； • 部分数字扫盲项目运行成熟； • 基于电子学习的培训/进修在所有领域都在增加（公共管理、教育、企业培训等）； • NAT包括获得高级数字技能所需的知识； • 由于Sulinet计划，数字基础设施得到了改善，国内学校的设备得到了增加； • 由数字福利协调中心（DJKK）协调的DJP网络，通过全国1681个DJP点和近2000名DJP指导员，覆盖了100万公民	• 数字文盲率远高于欧盟平均水平； • 对成人学习计划的认识不足； • 没有大规模的DigiKomp 2调查来评估实际需求/确定干预点； • 数字扫盲方案的用户数量少，对方案的认识不足； • 教育机构中的现代数字设备数量少，可能要更换过时的设备； • 对远程工作和远程学习机会的认识和接受程度低； • 在公共教育中，数字能力在数字文化以外的学科中没有得到充分的发展，因为它们没有或只在有限的程度上被列入发展任务，教师的培训和设备不足，独立的信息技术活动比例很低

---

① European Comission, 2016, DigComp 2.0: The Digital Competence Framework for Citizens, https://publications.jrc.ec.europa.eu/repository/bitstream/JRC101254/jrc101254_digcomp%202.0%20the%20digital%20competence%20framework%20for%20citizens.%20update%20phase%201.pdf. https://publications.jrc.ec.europa.eu/repository/bitstream/JRC101254/jrc101254_digcomp%202.0%20the%20digital%20competence%20framework%20for%20citizens.%20update%20phase%201.pdf.

续表

机会	风险
• 扩大现有的良好数字教育和技能发展方案； • 加强市场部门对数字扫盲的参与（公共—私营伙伴关系）； • 扩大免费的劳动力市场准入计划，特别是为50岁以上的人； • 减少数字失业； • 增加参加信息技术教育/培训的人数； • 整个教育领域的数字能力发展可以在劳动力市场上带来重要的能力建设； • 明确的角色和有效的政府协调可以帮助确保发展资源得到适当的使用； • 《数字繁荣计划》（DJP）可以接触到超过100万公民； • 《数字繁荣计划》的1681个点每周都有成千上万的人访问，他们的参与将继续成为一种选择； • 在DJKK的协调下，DJP网络可以为成千上万的公民（无论是年轻人、求职者、父母还是老人）提供专题数字辅导	• 缺乏支持（如缺乏设备）阻碍了向数字教育的过渡 • 因教师/学生的抵制而导致低吸收率（数字素养低） • 大量的数字文盲给社会带来了经济负担：a）就业机会减少；b）需要维持混合解决方案；c）减缓基于数字的、具有成本效益的解决方案的传播；d）无法实现技术的好处，例如健康解决方案 • 50岁以上的人长期"困在"数字文盲阵营中，大大降低了他们的就业前景； • 工作场所的数字化正在超过数字劳动力培训的速度； • 资源短缺（培训师少，培训工具少，缺乏现代知识转移），使专业人员的劳动力市场价值低； • 公共教育和高等教育机构缺乏信息和通信技术，给个人、企业和国家带来了劳动力市场的不利因素和竞争力问题； • 欧盟资金分配的机构系统缺乏能力，可能会阻碍资金的及时使用，缺乏项目管理技能可能会拖延执行进程

资料来源：NEMZETI DIGITALIZÁCIÓS STRATÉGIA 2021-2030，ITM 2020；Digital Economy and Society Index（DESI）2022，Hungary，EU。

（二）数字基础设施

2021年，匈牙利在实现2030年数字连接目标方面取得了重大进展，固定超高容量网络（VHCN）的覆盖率增长到79%（比前一年高出30个百分点）。此外，快速宽带（NGA）覆盖率提高到97%（比前一年高出8个百分点）。网络覆盖率的急剧增加与消费者的使用率显著增加相对应，这一数字明显高于欧盟的平均水平（100Mbps的使用率提高了20个百分点，1Gbps的使用率提高了14个百分点）。

匈牙利正计划利用欧洲区域发展基金（ERDF）来支持其农村地区的宽带基础设施部署。这笔资金将主要用于白色地区提供千兆连接。2014~2020

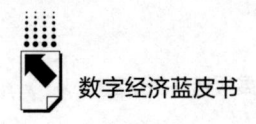

年,欧洲结构和投资基金(ESIF)使用超过2.53亿欧元部署了超过30Mbps的高速互联网。

在5G方面,匈牙利在实现2030年数字连接目标方面也取得了进展,尽管还处于起步阶段。

2021年,匈牙利5G覆盖率增至18%(比前一年提高了11个百分点),但仍明显低于欧盟66%的平均水平。匈牙利已经分配了总协调5G频谱的60%,主要是通过2020年和2016年组织的两次频谱拍卖。三家移动网络运营商在匈牙利推出了商用5G服务。

移动运营商已开始关闭3G网络。为了加速摆脱3G,国家监察机构(NMHH)推出了一个名为"Netrefel!"的新方案。该项目预算约为1.4亿欧元,用户可将其3G设备更换为支持4G或5G的手机。预计该计划将加快匈牙利对5G的引入。

2021年是匈牙利持续进步的一年,千兆和5G的覆盖率都在持续增加。在固定网络市场,FTTP和VHCN的覆盖率有了很大的提高,而这又与消费者使用量的相应增加相吻合。这表明,匈牙利似乎完全有能力实现"数字十年"中为固定连接所设定的目标。然而,在移动和5G方面,匈牙利在覆盖率方面仍然落后,尽管已有一些改善。如果匈牙利要达到2030年"数字十年"的相关目标,即100%的5G覆盖,还需要做更多的工作。《国家数字化战略》的发布和实施可以更好地促进这些目标的实现。此外,匈牙利市场上新的参与者的出现,可能会影响目前的生态系统,并有可能导致市场的进一步整合。

(三)数字技术

在企业活动的数字技术整合方面,匈牙利在欧盟国家中排名第25位。尽管在这个领域的几个指标有所增长,但大多数匈牙利企业仍然未能利用数字技术。该国在技术采用指标方面的表现仍然很差。关于基本技术,21%的企业拥有用于电子信息共享的企业资源规划系统(高于2019年的14%),13%的企业发送电子发票(适合自动处理)或使用社交媒体(至少两个渠道)。这些数字远远低于欧盟的平均水平。先进技术的采用率也很低:3%的

表3 匈牙利数字基础设施态势分析（SWOT）

优势	劣势
• 全国各地存在高服务质量的网络，NGA 覆盖率高于欧盟平均水平； • 持续升级发展［如开发新一代 NGA 和升级网络（GINOP-3.4.1-15）］； • 结构良好的机构问责制,通信和竞争主管部门的有力监督； • 在 4G 覆盖方面取得重大进展，数据消费增加； • 移动运营商的 5G 测试网络； • 政府和市场参与者的承诺； • 在匈牙利,100Mbps 或以上的用户是欧盟平均水平的两倍,高带宽服务有(进一步)发展的空间； • 有可能增加有保证带宽的订阅份额； • 已经存在或正在开发的超级计算(HPC)领域的公共基础设施	• 有保证的带宽在 30~100Mbps 的订阅份额低； • 移动宽带普及率的巨大差距； • 政府补助的宽带项目实施缓慢； • 电信市场上尚未解决的法律和其他障碍（如能源供应商）； • 很大比例的城市由单一的光纤网络提供服务,由于缺乏竞争,业主在与当地运营商和用户的谈判中处于强势地位； • 与欧盟的平均水平相比,5G 作为匈牙利商业服务的覆盖率滞后
机会	风险
• 国家基础设施项目的实施减少了地域差异,从而促进了机会平等； • 规范促进市场运营商提供非政府骨干网络长度数据的义务； • 在欧盟,低下载速度的纯互联网订阅异常便宜； • NGA 的高覆盖率为现代技术的传播创造了条件,可促进投资的增加； • 通过监管促进有保证的带宽(30Mbps 及以上)的增长； • 促进国内移动运营商采用网络共享解决方案可以加速 5G 的部署,减少环境压力和网络部署及运营的成本； • 加强合作(政府、大学、研究机构、服务提供商、其他市场参与者),可以使基础设施得到协调发展； • 加强国际合作有助于快速、有效地实施相关战略； • 建立(额外)测试网络的可能性； • 在 HPC 领域有许多新的进展	• 密集的基础设施建设可能导致技术工人的短缺(如制造商、供应商、设计师、承包商)； • 缺乏合作(政府、大学、研究机构、服务提供者、其他市场参与者)会对发展产生负面影响； • 公共需求没有跟随供应,使网络能力没有得到充分利用； • 部署 5G 网络的成本很高,因此运营商初期的大量投资是高风险的； • 缺乏监管减少了对新技术投资的动力； • 公众对现代基础设施建设(如城市地区的 5G)中新技术的不信任(如对健康风险的担心)

资料来源：NEMZETI DIGITALIZÁCIÓS STRATÉGIA 2021-2030，ITM 2020；Digital Economy and Society Index（DESI）2022，Hungary，EU；财政部，《发展新一代 NGA 的发展和网络升级》（GINOP-3.4.1-15），https：//www.palyazat.gov.hu/doc/4506#。

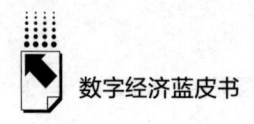

企业报告使用人工智能，7%的企业使用大数据，21%的企业使用云计算。越来越多的中小企业从事电子商务（2021年达到欧盟平均水平的18%，而2019年为12%）。然而，只有1/3的中小企业至少有基本水平的数字强度（欧盟平均水平为55%）。65%的企业报告说，其对信息通信技术的使用在很大程度上引发了环境友好措施——这一比例接近欧盟的平均水平（66%）。

2021年，政府启动了一个用于发展数据经济的新项目（EDIOP3.2.8）。在该项目框架内，将建立数据管理和人工智能加速中心。扎拉格舍格和德布勒森的加速器中心已经投入使用，另一个将很快在Balatonfüred开放。该项目的目标群体是至少100家服务、制造和贸易行业的中小企业。

政府为发展数字创业生态系统制定了两项专门的举措。INPUT项目的使命是在全国各地建立和培育数字创新和创业生态系统，特别关注农村地区和帮助创新型ICT初创企业进入全球市场。截至2022年1月，该计划通过12名国家协调员和76名导师组成的网络，涉及1853家潜在的ICT初创企业和528项培训与活动。与该计划相关的EDIOP 8.2.3专门种子和种子前投资计划到2022年1月资助了62家ICT初创企业。

2019年以来，匈牙利一直是欧洲区块链伙伴关系的成员。政府信息技术发展局（KIFÜ）与数字成功计划合作，于2021年启动了首个匈牙利欧洲区块链服务基础设施（EBSI）节点。匈牙利国家银行是区块链技术的主要支持者，目前正在开发一个基于区块链的硬币登记系统作为试点项目。

《国家数字化战略2021—2030》确定了企业数字化的四个关键行动领域：①扩大中小企业对数字技术的使用；②发展数字初创企业；③通过支持计划有针对性地发展ICT产业；④将国家数据资产用于经济目的。在上述所有领域都必须采取大规模、有针对性和有效的措施，以加快企业特别是中小企业的数字化转型。这也是"数字十年"的一个重点领域。要实现"数字十年"的技术采用目标（人工智能、云计算和大数据），可能需要更多的努力。

（四）数字治理

匈牙利公共服务的数字化显示出一幅复杂的图景。该国在DESI的这一维度排名第 21 位。电子政府用户覆盖率显著增加（从 2019 年的 64% 增加到 2021 年的 81%），超过了欧盟 65% 的平均水平。关于在线服务的供应，匈牙利在所有三个指标（预填表格、为公民提供的数字公共服务和为企业提供的数字公共服务）上的得分都低于平均水平，尽管与欧盟平均水平的差距正在缩小。跨境服务质量低下是造成这些结果的主要原因。在开放数据成熟度（开放数据门户的相关政策和特性）方面，匈牙利也是表现较差的国家之一。

截至 2021 年底，在线提供的公共服务超过 3000 项，几乎是一年前的两倍，其中 439 项是通过内置的在线智能表格（iFORM）提供的，该表格具有自动预填写个人数据的功能（一年内增长了 70%）。自 2018 年起，企业必须使用在线管理系统。

2017 年推出的国家电子卫生基础设施（EESZT）提供了一个统一的 IT 环境，以管理医疗部门内部和面向公民的通信。截至 2021 年底，共有 6375 名全科医生（95.7%）、190 名住院医疗服务提供者（91.3%）、2984 家药店（96.3%）和 8798 家私人医疗服务提供者（70.2%）录入该系统。疫情发生后的两年里，电子处方的使用率从 70% 上升到 95%。

匈牙利重新对网络安全问题进行了政府协调。协调框架包括由各部门国务秘书组成的高级别国家网络安全协调委员会和三个工作组（国家网络空间工作组、国际和欧盟网络空间工作组和制定新的国家网络战略工作组），以及支持该委员会工作的产学研和其他非政府利益攸关方平台——网络安全论坛。关于量子通信和量子计算的未来安全挑战，匈牙利提出了使用新的加密通信标准的法律要求，即后量子密码学。该法案规定某些提供关键服务的组织（如金融机构和政府组织）必须使用经认证的后量子密码学应用程序，以使其网络通信更加安全。该法律义务在 2021 年底被颁布为法律，并于 2022 年 7 月生效。

《国家数字化战略 2021—2030》在其"数字国家"支柱下列出了五个优先事项：①在所有平台上协调以用户为中心的中央和地区行政部门与专业系统的数字化发展；②通过进一步加强公共登记处和相关后端系统之间的互操

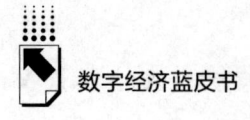

作数据链接以及电子政务服务，建立一个数据驱动的行政部门；③发展智慧居住区和智慧区域；④加强政府电子服务的信息安全；⑤公共服务的数字化发展。该战略的正确实施是进一步提高国内和跨境数字公共服务供应质量和完整性的关键，符合"数字十年"关于在线服务提供的目标。

表4　匈牙利数字治理态势分析（SWOT）

优势	劣势
• 有统一的法律框架； • 不断更新的中央基础设施（如政府数据中心）； • 现有的、正在运作的中央服务机构、部门、良好的措施已落实； • 集中管理的公共登记册； • 广泛提供的电子政务设施； • 基于客户反馈的新OSS门户为提供客户友好型服务提供了良好的基础； • 熟练的劳动力，即大量毕业生； • 开发客户端的电子服务； • 公共行政部门的改造已经完成； • 建立培训和教育系统； • 跨部门的电子健康机构框架已经落实； • 有独特的国际健康数据资产； • 跨部门的电子健康基础已经落实； • 匈牙利在智慧城市领域有高质量的倡议和解决方案； • 公共部门的信息安全架构已经到位； • 欧盟立法已得到实施，立法环境已更新； • 为公共和市政当局、关键系统和提供义务性报告服务的提供商建立了档案管理中心； • 建立关键系统、设施和服务的信息安全主管部门； • 实现现有电子公共服务和系统安全等级所需的安全级别的任务计划； • 接受政府支持的IT发展项目符合安全标准	• 过时的当地基础设施； • 遗留下来的系统； • 缺少以用户为中心的理念； • 有许多已弃用的功能未集成新的构建基块； • 在线、结构化、数据预加载表单的比例低； • 服务不够透明； • 跨界合作，无视欧盟政策目标； • 在电子行政领域缺乏沟通——他们不了解现有服务，也没有适当的教育和教学； • 不同的部门业务和愿望，造成了个别的、非标准化的发展和使用孤立的解决方案； • 某些公共行政部门的更替率高，对培训和进修造成了额外的负担； • 积极性低下——缺乏真正的职业道路，国家雇员的福利待遇不可销售； • 在地域和功能上（组织上）发展不平衡； • 在某些（通常是比较专业的）领域，缺乏行政层面的监管； • 执法质量参差不齐； • 缺乏中央服务的扩展； • 数据库内容需要进行数据清理，提高数据质量，加强服务能力； • 国家数据资产的规范使用尚未得到解决； • 对部门电子健康发展的成果利用不够充分； • 各城市之间没有统一或趋同的智慧城市发展实践； • 私营部门和公共部门在信息安全、信息共享方面的合作不足，潜在的互助和支持能力没有得到适当的利用； • 有必要对公共利益信息通信系统进行统一的网络防御能力建设； • 信息安全控制措施的存在仅在行政层面得到验证

续表

机会	风险
• 随着更新的 magyarorszag.hu（SZÜF）中央门户网站的普遍应用，客户体验可以得到改善； • 通过结构化的在线表格和数据链接实现自动化的更多机会； • 改善客户体验，利用现有的资金，可以增加用户的比例及其满意度； • 使用人工智能，并利用其他新兴技术； • 在2021~2027年的规划中，为数字公共发展提供额外的新资源（如来自数字欧洲计划）； • 公民的信心也使概念上的改变得以实施； • 客户对扩展电子公共服务的需求不断增加； • 国内发展的知识基础足够强大； • 可提供以往项目的经验； • 高质量的服务可以建立在公共登记册之上； • 为不同复杂程度的IT项目开发模块化方法指南； • 在公共数字采购中更多地使用需求驱动型创新； • 制定一套复杂的数据资产规则，在管理战略的背景下促进数据经济发展； • 在医疗保健领域利用创新技术是所有电子卫生利益相关者的需求； • 数据驱动型医疗的基础已经到位； • 先进的智能解决方案将适用于一些市政当局； • 为中小企业部门制定国家支持的网络防御服务包； • 建立一个全国性的CERT/CSIRT； • 支持发展SOC的能力； • 建立一个部门的CERT/CSIRT系统； • 开发由市场和政府组织发起的"漏洞赏金"计划； • 每个级别的信息安全培训所需能力的定义	• 缺乏对用户的关注会吓跑潜在的用户； • 继续采用基于纸张的行政管理逻辑，电子化的真正优势就无法被利用； • 忽视欧盟的趋势可能导致已经快速发展的地区进一步落后； • 在2021~2027年的发展时期，不确定该领域可用的资金是否与上一时期一样多； • 降低公民对电子服务的信心可能会增加内部管理部门的行政负担； • 如果不能满足电子服务的需求，将导致使用率的下降； • 由于基于过时技术的公共服务，数据和信息安全风险增加； • 匈牙利在高效的公共管理方面无法甩开落后国家的阵营； • 公共管理部门的专业人员因薪酬不符合市场要求而短缺； • 过度的机构和信息技术集中化可能会破坏电子健康目标的实现； • 如果创新的电子健康技术的引入没有得到监管、治理和资金的跟进，其采用将不会导向预期的结果； • 市政当局和地方当局继续为其数字公共服务推行各自的、不协调的、不一致的政策； • 在没有国家事故指挥中心的情况下，匈牙利的网络安全风险正在增加； • 没有制定激励措施来提高中小企业部门拥有信息安全政策的组织比例； • 对事件的调查可能会导致国家的处罚； • 质量不同/缺乏培训降低了专业人员在该领域的价值； • 在很大一部分人口中持续存在着数字文盲的缺陷，导致匈牙利的网络防御能力下降，并降低对数字服务的信心； • 中小企业部门在信息安全领域的日益落后，对匈牙利的竞争力产生了负面影响

资料来源：NEMZETI DIGITALIZÁCIÓS STRATÉGIA 2021-2030，ITM 2020；Digital Economy and Society Index（DESI）2022，Hungary，EU。

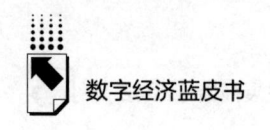

三 数字经济发展愿景

匈牙利《国家数字化战略 2021—2030》的总体目标是确保匈牙利作出协调一致的努力，促进经济、教育、研究、发展和创新以及公共管理领域的数字化，同时符合国际标准，大大有助于提高国家的竞争力和公民的福祉。同时，还要强化国家的公共服务和支持性，并确保这种做法始终反映在所采取的措施中。为了实现国家发展战略总体目标，每个支柱部门需要实行以下支持措施以达到具体目标。

（一）建设高质量、高覆盖率的数字基础设施

根据战略，数字基础设施方面的发展愿景为：①到 2030 年，95%的家庭被千兆位网络所覆盖；②到 2023 年，5G 网络覆盖 75%的家庭，覆盖主要交通线路和县级城市；③到 2025 年，国家电信骨干网（NTG）终端覆盖地区总部达到 100%；④到 2025 年底，实现 1Gbps 带宽 100%覆盖公共教育机构；⑤到 2030 年，国家超级计算（HPC）能力将达到 15Pflops（见表 5）。

表 5 匈牙利数字基础设施发展目标

指标	基线	目标
DESI 连接性指标（分指数）	59.8%（2020 年）	75%（2030 年）
千兆位网络覆盖的家庭比例	29%（2018 年）	95%（2030 年）
5G 网络覆盖的家庭比例	0%（2019 年）	75%（2023 年）
国家电信骨干网（NTG）终端覆盖地区总部	50%（2020 年）	100%（2025 年）
公共/私营机构网络端点的平均可用带宽	31.58Mbps（2019 年）	待定（2030 年）
拥有 1Gbps 带宽的公共教育机构	1.3%（2019 年）	100%（2025 年）
国家超级计算（HPC）能力	0.45 Pflops	15 Pflops（2030 年）

资料来源：NEMZETI DIGITALIZÁCIÓS STRATÉGIA 2021-2030, ITM 2020。

（二）不断提升公民数字素养

根据战略，数字素养方面的发展愿景为：①到 2030 年，将没有数字技

能的人的比例（16~74岁的人不使用互联网的比例）降低到2%以下；②到2030年，16~74岁的人中定期使用互联网的比例应达到100%；③到2030年，高等教育中计算机科学本科毕业生的比例增加一倍（14%）（见表6）。

表6 匈牙利数字素养发展目标

指标	基线	目标
DESI人力资本指标（子指数）	41.8%（2020年）	60%（2030年）
没有数字技能的人的比例（16~74岁的人不使用互联网的比例）	14.2%（2019年）	2%（2030年）
16~74岁的人中定期使用互联网的比例	87%（2019年）	100%（2025年）
高等教育中计算机科学本科毕业生的比例	7.56%（2018年）	14%（2030年）

资料来源：NEMZETI DIGITALIZÁCIÓS STRATÉGIA 2021-2030，ITM 2020。

（三）鼓励企业进行数字化升级

根据战略，数字经济方面的发展愿景为：①到2030年，具有综合（数字化）业务流程（ERP）的企业比例超过40%；②到2030年，使用大数据分析技术的企业比例达到20%；③到2030年，信息和通信领域的研发支出占国内研发总支出的比例超过12%（见表7）。

表7 匈牙利企业数字经济发展目标

指标	基线	目标
DESI数字技术企业整合指数（子指数）	25.3%（2020）	50%（2030）
具有综合（数字化）业务流程（ERP）的企业比例	13%（2019年）	40%（2030年）
使用大数据分析技术的企业比例	6.17%（2018年）	20%（2030年）
信息和通信领域的研发支出占国内研发总支出的比例	8.1%（2018年）	12%（2030年）

资料来源：NEMZETI DIGITALIZÁCIÓS STRATÉGIA 2021-2030，ITM 2020。

（四）扩大客户友好型数字公共服务范围

根据战略，数字公共服务方面的发展愿景为：扩大可用的客户友好型数字

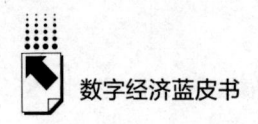

公共服务的范围,提高公民和企业使用这些服务的开放性和积极性,在欧盟要求的领域提供跨境服务,并为支持这一做法,通过自动化和发展可互操作的数据链接网络,提高行政后台程序的效率,以实现数据驱动的业务。

到2030年,电子政务用户(提交表格的互联网用户)的比例达到90%;全程在线管理达到95分;使用电子健康服务的个人比例将超过50%(见表8)。

表8 匈牙利数字公共服务发展目标

指标	基线	目标
DESI数字公共服务指标(分指数)	57.8%(2020年)	75%(2030年)
电子政务用户(提交表格的互联网用户)比例	55%(2019年)	90%(2030年)
智能化表格(0~100分)	42分(2019年)	90分(2030年)
全程在线管理(0~100分)	87分(2019年)	95分(2030年)
面向企业的数字公共服务(0~100分)	85分(2019年)	95分(2030年)
使用电子健康服务的个人比例	7%(2017年)	50%(2030年)

资料来源:NEMZETI DIGITALIZÁCIÓS STRATÉGIA 2021-2030,ITM 2020。

四 官方数字化战略性文件

表9为匈牙利已制定的具有数字化战略性质的文件(政府已通过)梳理,表格已根据部门进行分类。

表9 国家为发展战略而编制的战略文件

支柱	战略	政府决策
数字基础设施	《匈牙利千兆战略》(已被纳入国家数字化战略)	
	定期上报政府的《匈牙利5G战略报告》	
	《数字化高等教育、研究和公共图书馆基础设施发展战略(DHIFS)》	

续表

支柱	战略	政府决策
数字素养	《匈牙利数字教育战略》	1536/2016.(X.13.)
	《匈牙利儿童保护数字战略》	1488/2016.(IX.2.)
	《ITM高等教育:高等教育的进一步改变》	1359/2017.(VI.12.)
	《劳动力数字化计划》	1456/2017.(VII.19.)
	《职业教育与培训4.0——更新职业教育与培训和成人学习的中期政策战略》	1168/2019.(III.28.)
数字经济	《数字化业务发展战略》(中小企业数字化发展战略工作文件-ITM)	
	《2019—2030年匈牙利中小微企业加强战略(ITM)》	1627/2019.(XI.8.)
	《微型企业的数字发展概念(DJP)》	
	《KMR地区中小企业的数字发展概念(DJP)》	
	《工业数字化转型(工业4.0)战略概要(NGM)》	
	《数字体育战略(DJP)》(准备中)	
	《2030年国家能源战略》与首个《气候变化行动计划(CCAP)》	23/2018.(X.31.)
	《数字服务贸易发展战略(DJP)》	1334/2017.(VI.9.)
	《匈牙利金融技术战略(DJP)》(战略研究,目前财政部未向政府提交该战略)	
	《数字健康产业发展战略(DJP)》(已纳入《ITM健康产业战略》)	
	《匈牙利数字创业战略(DJP)》	1858/2016.(XII.27.)
	《匈牙利数字农业战略(DJP)》	1470/2019.(VIII.1.)
	《匈牙利数字出口发展战略(DJP)》	1491/2016.(IX.15.)

资料来源：NEMZETI DIGITALIZÁCIÓS STRATÉGIA 2021-2030，ITM 2020。

城市篇
City Reports

B.13
纽约数字经济发展报告（2022）

冯玲玲*

摘　要：作为智慧创新型城市，纽约市积极发展数字技术、推动数字技术与优势行业融合，大力发展典型数字经济行业和独角兽企业，数字经济整体竞争力位居世界前列。本文从数字基础设施、信息行业、数字游戏行业、独角兽及科创企业等方面介绍了纽约数字经济发展概况，并对纽约数字经济整体竞争力进行分析。接着梳理了纽约市在助力数字经济发展中出台的多项政策，包括升级数字基础设施、推进数据资源整合和开放共享、推动科技创新等。最后根据《重建，更新，重塑：纽约市经济复苏蓝图》展望纽约市数字经济的发展前景。

关键词：纽约市　数字经济　数字技术　新型基础设施　竞争力

---

* 冯玲玲，上海社会科学院信息研究所英语编译。

纽约市位于美国纽约州南部，是美国人口最多的城市，根据美国人口普查局数据，纽约市总面积为778.17平方公里，截至2021年7月1日，纽约市人口达到约846.75万。纽约是世界三大金融中心之一，也是美国的经济、科技、贸易、文化、传媒中心。根据美国商务部经济分析局数据，2020年，纽约市[1]GDP达到8300.7亿美元（按2012年可比价，下同）。按行业计算，2020年，纽约市信息行业产值达到1505亿美元，占GDP比重为18.1%；按区域计算，在纽约市五个行政区中，2020年，曼哈顿区GDP占纽约市GDP的73.5%，曼哈顿区信息行业产值占纽约市信息行业产值的94.6%。[2]作为全球瞩目的智慧创新型城市，纽约市积极推动相关基础设施全面部署与升级，大力发展新一代信息技术；作为全球顶尖科技生态系统，纽约市拥有9000多家科技型企业，雇用了近40万人。[3]其数字经济发展水平位居世界前列，极大带动了整体经济发展。

一 纽约数字经济发展概况

数字经济的发展离不开基础设施的建设和升级，数年来，纽约市积极投资数字基础设施、提供通用宽带、推广数字扫盲计划、培育网络安全生态系统。纽约市经济呈现多样化特点，传统产业和新兴科技产业共同发展，其中信息行业、计算机和电子产品制造、数字游戏行业等典型数字经济行业迅速发展。与此同时，随着纽约市大力推动科技创新，建设全球科技创新中心，众多独角兽、科创企业汇聚于此，建设研发机构和业务中心，为纽约数字经济发展增添更多强劲动力。

---

[1] 纽约市统计范围为以下五个县（区）：（布朗克斯县）布朗克斯区、（金斯县）布鲁克林区、（纽约县）曼哈顿区、（皇后县）皇后区、（里士满县）史泰登岛。统计数据为五个县（区）数据加总（下同）。
[2] 美国商务部经济分析局，https://apps.bea.gov/itable/?ReqID=70&step=1&acrdn=5。
[3] Rebuild, Renew, Reinvent: A Blueprint for New York City's Economic Recovery, https://www1.nyc.gov/assets/home/downloads/pdf/office-of-the-mayor/2022/Mayor-Adams-Economic-Recovery-Blueprint.pdf.

数字经济蓝皮书

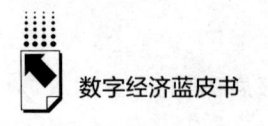

（一）数字基础设施发展

根据美国人口普查局数据，纽约市 2016~2020 年拥有电脑的家庭占比为 90.8%，拥有宽带互联网订阅的家庭占比为 84.2%。表 1 显示纽约市、洛杉矶、波士顿、旧金山相关指标数据情况对比。

表 1 纽约市、洛杉矶、波士顿、旧金山相关指标数据

单位：人，%

地点	人口	拥有电脑家庭占比	拥有宽带互联网订阅家庭占比
纽约市	8467513	90.8	84.2
洛杉矶	3849297	93.3	86.2
旧金山	815201	94.3	89.5
波士顿	654776	92.5	87.1

注：人口数据为 2021 年人口估计数。
资料来源：美国人口普查局网站（United States Census Bureau），美国社区调查（ACS）（2016~2020 年）。

根据数据聚合公司 BroadbandNow[①] 的调查，纽约市光纤可用性达到 85%，即有 85% 居住在纽约市的居民可以使用住宅光纤服务，其中大约 92% 的纽约市居民由多家有线提供商提供服务。纽约市平均下载速度为 115Mbps，纽约州为 125Mbps，美国为 118Mbps。就平均上传速度而言，纽约市为 57Mbps，纽约州为 56Mbps，美国为 42Mbps（见表 2）。2021 年，纽约市有三种或三种以上商业光纤服务选择的社区比例达到 94%；截至 2022 年 2 月，纽约市有免费公共 Wi-Fi 服务的商业走廊的社区比例为 42%（见表 3）。

免费公共 Wi-Fi 对构建智慧型城市至关重要，也将有助于缩小数字鸿沟，促进全民参与数字经济。纽约市政府采取各项措施不断提升全市免费 Wi-Fi 的覆盖范围和标准。2015 年时任纽约市长发布《纽约：强大而公正的城市

[①] BroadbandNow，查找和比较本地互联网提供商，拥有最全面的互联网计划、定价和可用性数据集，https://broadbandnow.com/New-York/New-York。

表 2　纽约市、纽约州和美国平均下载、上传速度对比

单位：Mbps

地区	下载速度	上传速度
纽约市	115	57
纽约州	125	56
美国	118	42

资料来源：网络信息科技公司 allconnect。

表 3　2019~2022 年社区商业光纤服务、免费 Wi-Fi 服务情况

单位：%

指标	2019 年	2020 年	2021 年	2022 年
有三种或三种以上商业光纤服务选择的社区比例	89	96	94	—
有免费公共 Wi-Fi 服务的商业走廊的社区比例	42	42	—	42

资料来源：纽约市信息技术与通信部、联邦通信委员会。

计划》，提出到 2025 年在纽约市关键公共场所免费覆盖 Wi-Fi 的目标。根据纽约市首席技术官办公室 2019 年 5 月发布的报告《宽带真相：纽约市的公共 Wi-Fi》，该市有 20 家不同的公共 Wi-Fi 提供商，分布在全市 3555 个地点（不包括在公共汽车或渡轮上提供的服务）。此外，纽约市数字基础设施十分出色，典型设施有 NYC311 和 LinkNYC。NYC311 创立于 2003 年，是纽约市在线服务平台，让公众快速、轻松访问所有纽约市政府服务和信息。LinkNYC 是纽约市 2014 年启动的免费无线通信 Wi-Fi 计划，用名为 Links 的信息亭取代付费电话。每个信息亭都会配备免费服务，比如高速 Wi-Fi、电话、用于地图查阅和访问城市服务的平板电脑、设备充电、911 紧急呼叫按钮等。目前，已在纽约市安装 1920 个信息亭（其中 14 个信息亭为最新安装，即将推出 Wi-Fi）。2022 年 7 月，纽约市长和 LinkNYC 首席执行官宣布将推出 LinkNYC5G 信息亭，其中 90% 将优先考虑安装在缺乏数字基础设施的区域，进一步弥合数字鸿沟。预计将在纽约市部署约 2000 个全新 LinkNYC5G 信息亭，这将使整个 LinkNYC 网络覆盖全市约 4000 个地点。[①]

[①] https://www1.nyc.gov/office-of-the-mayor/news/485-22/mayor-adams-cto-fraser-linknyc-first-link5g-kiosk-new-york-city#/0，2022-07-10。

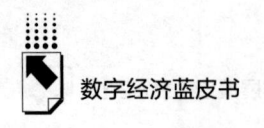

（二）信息行业

美国商务部经济分析局（BEA）对数字经济的定义主要包括三大类，基础设施（包括硬件和软件）、电子商务、定价数字服务。[①] 典型数字经济行业如信息行业，极大促进了纽约市数字经济的发展。2019年，纽约市信息行业产值达到1441亿美元，2020年，纽约市信息行业产值达到1505亿美元。[②] 信息行业占GDP比重从2019年的16.4%上升到2020年的18.1%。近十年，信息行业产值稳步增长（见图1）。从就业总数[③]来看，2020年纽约市信息行业就业总数达到23.2万人，较2019年（23.7万人）略有下降，就业主要集中在曼哈顿区，达到19.4万人。整体上看，2010~2020年，信息行业就业总数处于增长态势（见图2），年均增长率达到2.2%。从总收入和人均收入来看，2020年信息行业总收入为578.6亿美元，人均收入为24.9万美元，纽约市人均收入为8.2万美元。2010~2020年，信息行业人均收入增长比较稳定（见图3），年均增长率为6.8%。

从信息行业各细分子行业来看，根据BEA数字经济定义，信息行业包括出版业、电影和录音行业、广播行业、电信行业、互联网服务提供商和网络搜索门户、数据处理行业以及信息服务业。近年来，各子行业收入[④]、员工薪酬[⑤]均呈现增长趋势。2020年，收入最高的行业为广播行业（互联网除外），达到206.25亿美元，员工薪酬最高的行业为其他信息服务行业，达到133.27亿美元（见图4）。

[①] New and Revised Statistics of the U. S. Digital Economy 2005 – 2020, https：//www.bea.gov/system/files/2022-05/New%20and%20Revised%20Statistics%20of%20the%20U. S. %20Digital%20Economy%202005-2020. pdf.

[②] 美国商务部经济分析局，https：//apps. bea. gov/itable/? ReqID = 70&step = 1&acrdn = 5。

[③] 包括全职和兼职，它包括有工资的工作、独资企业和个人普通合伙人，但不包括无薪家庭工人或志愿者。

[④] 包括人们因提供劳动力、土地和用于当前生产的资本而获得的收入，以及其他收入，例如个人经常转移收入。

[⑤] 雇主支付给雇员的总酬金（包括金钱及实物），以酬谢雇员在该期间的工作。它包括工资和薪金以及工资和薪金的补充。

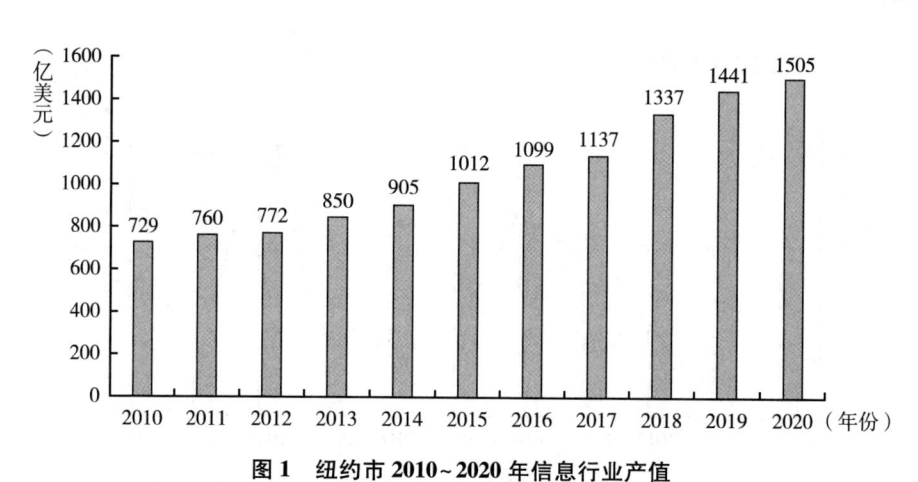

图1 纽约市2010~2020年信息行业产值

资料来源：美国商务部经济分析局网站，U. S. Bureau of Economic Analysis（BEA）。

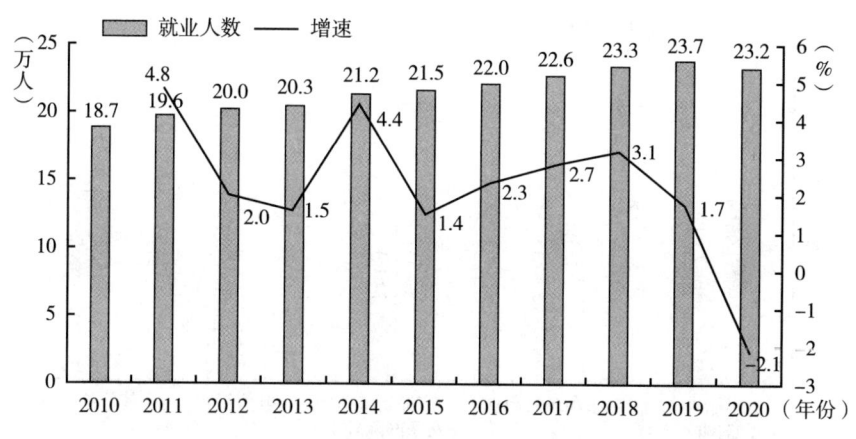

图2 纽约市2010~2020年信息行业就业人数、增速变化趋势

资料来源：美国商务部经济分析局网站，U. S. Bureau of Economic Analysis（BEA）。

1. 出版业（互联网除外）①

根据BEA按县统计的个人收入和各行业收入数据，纽约市出版业（互联网除外）2019年收入约为83.38亿美元，2020年收入达到约96.74亿美

---

① 出版业(互联网除外)——NAICS分部门集团机构从事报纸、杂志、其他期刊和书籍的出版，以及目录、邮件列表和软件出版。

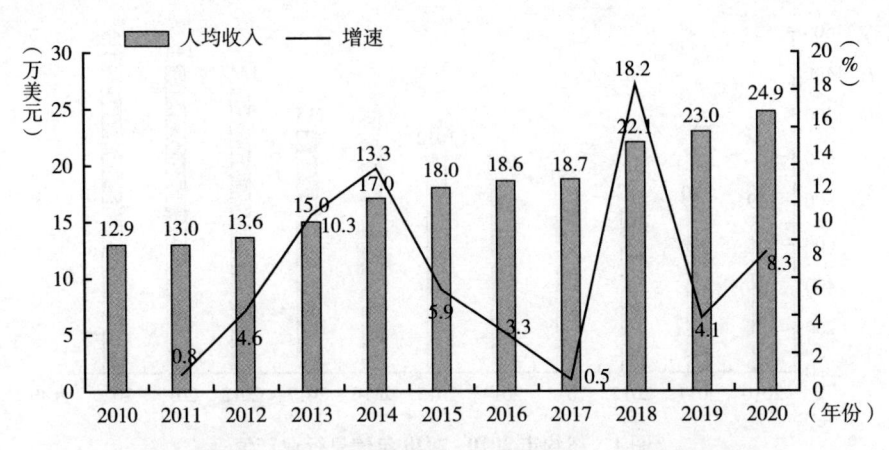

图3 纽约市2010~2020年信息行业人均收入、增速变化趋势

资料来源：美国商务部经济分析局网站，U.S. Bureau of Economic Analysis（BEA）。

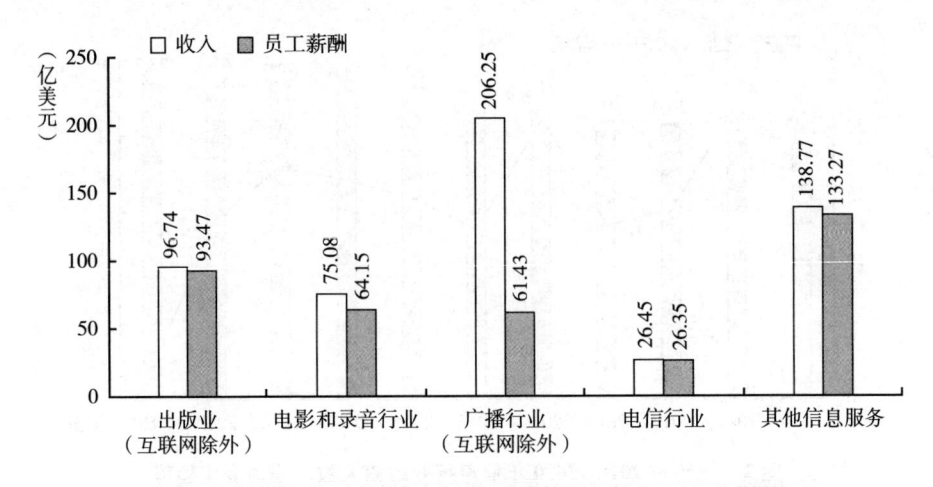

图4 纽约市2020年信息行业五大细分行业收入、员工薪酬

资料来源：美国商务部经济分析局网站，U.S. Bureau of Economic Analysis（BEA）。

元。近十年，该行业收入呈现较为稳定的增长趋势，从2010年的60.02亿美元增长至2020年的96.74亿美元。从区域分布来看，该行业收入绝大部分集中在曼哈顿区，2020年达到90.65亿美元，该行业收入最少的区是布朗克斯区，2020年收入仅为约1406万美元。2010年，该行业员工薪酬为59.67亿美元，2020年员工薪酬增长至93.47亿美元。2020年，该行业薪酬最高和最低的区依然是曼哈顿区和布朗克斯区，分别为 87.71 亿美元、1327 万美元。①

2. 电影和录音行业②

总体来看，近十年来，电影和录音行业收入呈增长趋势，但 2020 年该行业收入较 2019 年略有下降。2019 年，该行业收入为 78.58 亿美元，2020 年下降至 75.08 亿美元。从区域结果来看，2020 年该行业收入最高的区是曼哈顿区，达到 70.43 亿美元，其次是布鲁克林区，为 3.88 亿美元。2010 年，该行业员工薪酬为 48.71 亿美元，2020 年增长至 64.15 亿美元。近十年来，该行业录得最高薪酬是在 2019 年，达到 68.34 亿美元。③

3. 广播行业（互联网除外）④

近十年来，广播行业（互联网除外）发展迅速，2010 年，该行业收入为 65.18 亿美元，2020 年增长至 206.25 亿美元，年均增长率达到 12.2%。2019 年是十年来该行业收入最高的年份，为 209.15 亿美元。2010 年，该行业员工薪酬为 37.17 亿美元，2020 年增长至 61.43 亿美元，年均增长率约为 5.2%。按区域统计，曼哈顿区录得最高收入和员工薪酬，远高于其他四区总和。⑤

4. 电信行业⑥

近十年来，电信行业收入有所起伏，整体上呈现小幅下降趋势，2010 年，该行业收入为 28.17 亿美元，2020 年下降至 26.45 亿美元。2020 年，该行业收入最高的区为曼哈顿区，达到 16.41 亿美元，其次是布鲁克林区，为 4.46 亿美元，收入最少的区为布朗克斯区，仅为 1.4 亿美元。2010 年，电信行业员工薪酬为 26.24 亿美元，2020 年小幅增长至 26.35 亿美元。近

---

① 美国商务部经济分析局，https://apps.bea.gov/itable/?ReqID=70&step=1&acrdn=5。
② 北美工业分类系统（NAICS）界别分组组织机构，涉及电影和声音录制的生产和发行。
③ 美国商务部经济分析局，https://apps.bea.gov/itable/?ReqID=70&step=1&acrdn=5。
④ NAICS 细分部门的行业包括创建内容或获得分发内容的权利并随后广播内容的机构。
⑤ 美国商务部经济分析局，https://apps.bea.gov/itable/?ReqID=70&step=1&acrdn=5。
⑥ NAICS 子行业包括提供电信和与该活动相关的服务的机构（例如，电话，包括互联网协议语音（VoIP）；有线和卫星电视分发服务；互联网接入；电信转售服务）。

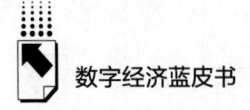

十年来，电信行业员工薪酬录得最高的年份是2016年，达到32.46亿美元，其次是2017年，达到30.07亿美元。2020年，五大行政区中，该行业员工薪酬最高的依然是曼哈顿区，达到16.35亿美元，最低为史泰登岛，仅为5405.4万美元。①

5. 其他信息服务②

2019年，其他信息服务行业收入为114.24亿美元，2020年增长至138.77亿美元，增长率达到约21.5%。不仅如此，近十年来，该行业增长势头良好，年年收入增长。2010年收入为20.83亿美元，2020年已达到138.77亿美元，年均增长率达到21%。这主要得益于纽约众多知名新闻集团、出版公司以及网络搜索巨头公司。该行业员工薪酬同样也持续稳定大幅增长，2010年员工薪酬为20.68亿美元，2020年大幅增长至133.27亿美元，年均增长率达到20.5%。高薪酬主要集中在曼哈顿区，2020年达到128.6亿美元。③

（三）计算机和电子产品制造

根据BEA《2005~2020年美国数字经济新统计和修订统计》，数字经济包括计算机和电子产品制造。2019年该行业收入达到6.29亿美元，2020年下降到5.48亿美元。从整体上看，近十年该行业收入仍呈现增长趋势，从2010年的2.1亿美元增长到2020年的5.48亿美元。值得一提的是，2018~2019年，该行业收入实现近十年间最大增幅，从2018年的1.82亿美元增长到2019年的6.29亿美元，增幅达到约246%。2020年该行业员工薪酬达到5.27亿美元，少于2019年的6.27亿美元。此外，自2015年起，曼哈顿区后来居上，超过皇后区，成为该行业员工薪酬最高的区。④

---

① 美国商务部经济分析局，https://apps.bea.gov/itable/?ReqID=70&step=1&acrdn=5。
② 该行业主要组成部分包括新闻集团、图书馆、档案馆、独家互联网出版和/或广播，以及网络搜索门户。
③ 美国商务部经济分析局，https://apps.bea.gov/itable/?ReqID=70&step=1&acrdn=5。
④ 美国商务部经济分析局，https://apps.bea.gov/itable/?ReqID=70&step=1&acrdn=5。

（四）数字游戏行业

根据纽约市媒体和娱乐部报告《2021纽约市数字游戏产业经济影响研究》[①]，纽约市有望成为数字游戏、电子竞技领域的领导者。数字游戏行业主要包括游戏开发商、发行商/开发商、零售和街机、专业和金融服务、电子竞技以及非营利组织和教育。2020年，数字游戏行业共为纽约市提供了7600多个工作岗位，带来了超过7.62亿美元的总工资和20亿美元的经济总产出（营业收入和自雇收入）。2008年以来，该行业的工作岗位数量增加了2倍，而且平均而言都是高薪工作；该行业专业人士的平均年薪为10.6万美元，而全市的平均年薪为9.3万美元。

就间接经济影响而言，数字游戏行业通过与该行业主要部门的供应商交易，额外提供了1500个工作岗位、1.6亿美元工资和3.56亿美元经济产出。此外，直接或间接从事该行业的工作人员在纽约市产生的花费，进一步带来经济效益，比如支持了额外1500个工作岗位、1.13亿美元工资和2.94亿美元经济产出。该行业的辅助经济影响（归因于参加电子竞技和数字游戏相关活动的旅游支出）每年约为400万美元。

（五）独角兽、科创企业

纽约市强劲的金融实力、完善的基础设施、多元的文化氛围、瞩目的创新能力吸引众多独角兽、科创企业落户于此，进一步推动数字经济深度融合发展。胡润研究院"2022年中全球独角兽榜"列出了全球成立于2000年后，价值10亿美元以上的非上市公司，截至2022年6月，全球共1312家独角兽企业，分布于259个城市。全球拥有最多独角兽企业的城市是旧金山，共176家，其次是纽约，共120家，纽约也是美国独角兽企业增长最快的城市。[②] 表4显示独角兽企业数量排名前十的城市。纽约市独角兽企业涉

[①] New York City Digital Games Industry 2021 Economic Impact Study，https：//www1.nyc.gov/assets/mome/pdf/mome-nyc-digital-games-industry-study-report.pdf.

[②] https：//www.hurun.net/en-US/Info/Detail?num=HD7Q8RVHK6WE#totop，2022-8-30.

及行业主要包括软件即服务、金融科技、健康科技、数据分析、网络安全、区块链等。"2022年中全球独角兽榜"前100家公司中有8家公司总部位于纽约市（见表5）。

表4 独角兽企业数量排名前十城市

单位：家

城市	独角兽企业数量	变化	城市	独角兽企业数量	变化
旧金山	176	+25	深圳	33	+1
纽约	120	+35	班加罗尔	33	+5
北京	90	-1	柏林	23	+6
上海	69	-2	杭州	21	-1
伦敦	39	+8	巴黎	21	+3

资料来源：胡润研究院。

表5 "2022年中全球独角兽榜"TOP100总部位于纽约市公司名单

单位：十亿美元

排名	公司	估值	主要领域
1	Open Sea	10.5	区块链
2	Chainalysis	8.6	数据分析
3	Ramp	8.1	金融科技
4	Fire blocks	8.0	网络安全
5	Digital Currency Group	7.5	区块链
6	Consen Sys	7.0	软件即服务
7	Ro	7.0	健康科技
8	Better.com	6.9	金融科技

资料来源：胡润研究院。

纽约市大力推动重点科技创新发展，代表性创新平台包括硅巷、康奈尔科技园、布鲁克林科技三角区等。作为美国东岸科技重镇，硅巷位于纽约曼哈顿，众多高科技企业集聚于此，成为美国继硅谷后又一大科技中心。根据Crunchbase数据，截至2021年纽约市有25451家科技初创公司，比十年前增加145%。① 此外，科技巨头公司包括谷歌、苹果、亚马逊、Facebook等纷纷加大在纽约的投资，根据湾区委员会经济研究所的分析，截至2020年，谷歌在纽约的就业带来了79亿美元的直接经济影响和额外51亿美元的间接经济影响。② 纽约科技创新产业形成独特的"东岸模式"，即通过将科技创新和优势产业融合，为传统行业如传媒、文化、金融、商务、医疗等提供数字化服务、智能化解决方案，助力传统行业向高科技行业转型升级。③ 数字技术和传统优势产业的深度融合，也将更进一步推动数字经济的快速发展。

二 纽约数字经济竞争力分析

根据本课题组《全球数字经济城市竞争力发展报告（2022）》，纽约市在30个城市数字经济竞争力整体排名中，得分81.8分，成功卫冕（见表6）。全球城市数字经济竞争力评估主要涵盖三大指标：经济与基础设施竞争力、数字人才竞争力、数字创新竞争力。

表6 全球城市数字经济竞争力排名前十情况

单位：分

排名	城市	经济与基础设施竞争力	数字人才竞争力	数字创新竞争力	总得分	上年排名	国家
1	纽约	93.2	67.5	84.8	81.8	1	美国
2	首尔	79.0	78.2	67.3	75.1	5	韩国
3	伦敦	75.8	70.3	75.7	73.9	2	英国
4	洛杉矶	82.0	63.0	74.1	73.0	8	美国

---

① New York's New Jobs Engine, https：//nycfuture.org/research/new-yorks-new-jobs-engine. Crunchbase是一个全球领先的数据库，通过公共、私人和自我报告的来源跟踪技术支持的初创企业。数据为2011年和2021年。

② New York's New Jobs Engine, https：//nycfuture.org/research/new-yorks-new-jobs-engine. 经济影响分析由湾区议会经济研究所开展，采用IMPLAN模型，并与作者分享。

③《共享创新：加速迈向全球顶级科创湾区》，http：//www.cdi.com.cn/upload/file/20220301/637817430815031889670 1930.pdf。

续表

排名	城市	经济与基础设施竞争力	数字人才竞争力	数字创新竞争力	总得分	上年排名	国家
5	波士顿	80.7	64.1	70.8	71.9	6	美国
6	新加坡	89.5	58.2	66.7	71.5	3	新加坡
7	东京	80.3	55.7	76.8	70.9	4	日本
8	旧金山	84.7	60.8	66.9	70.8	7	美国
9	北京	81.4	52.7	74.8	69.6	12	中国
10	芝加哥	80.7	63.0	62.0	68.6	11	美国

资料来源：本课题组。

（一）经济与基础设施竞争力

经济与基础设施竞争力主要包含三个细分指标：城市经济活跃度、ICT普及度以及数据开放度。纽约在此项指标上表现突出，得分93.2分，远超上年的77.8分，在全球城市数字经济竞争力排名前十的城市中，居于首位（见表7）。

表7　全球主要城市数字经济竞争力总体排名前十城市经济与基础设施竞争力情况

单位：分

城市	经济与基础设施竞争力得分	城市	经济与基础设施竞争力得分
纽约	93.2	波士顿	80.7
新加坡	89.5	芝加哥	80.7
旧金山	84.7	东京	80.3
洛杉矶	82.0	首尔	79.0
北京	81.4	伦敦	75.8

资料来源：本课题组。

值得一提的是，纽约市开放数据程度全球领先，截至2022年，纽约市开放数据包含数千个来自城市机构的免费数据集，纽约市在其开放数据官网（NYC Open Data）上已创建了 4136674015 行数据，包含 94 家政府机构数据。每个城市机构、办公室都必须有开放数据协调员。开放数据官网浏览次数已达到 4161744 次，下载次数达到 1621870 次，API 读取次数达到 892155218 次（直接链接到实时数据集），由用户制作的开放数据个性化版本达到 15073 个。①

（二）数字人才竞争力

数字人才竞争力主要体现在主要大学指数、高等教育入学率、人口高等教育比例三方面。纽约市在此项指标上得分 67.5 分，在全球数字经济城市竞争力前十的城市中，排名第 3，相较上年进步 2 位（见表 8）。

表 8 全球主要城市数字经济竞争力总体排名前十城市数字人才竞争力情况

单位：分

城市	数字人才竞争力得分	城市	数字人才竞争力得分
首尔	78.2	芝加哥	63.0
伦敦	70.3	旧金山	60.8
纽约	67.5	新加坡	58.2
波士顿	64.1	东京	55.7
洛杉矶	63.0	北京	52.7

资料来源：本课题组。

根据纽约教育部数据，截至 2021 年秋季，教育部共有 1859 所学校，其中包括 271 所特许学校；2021~2022 学年，美国最大的学区——纽约市学校系统有 1058888 名学生；四年制毕业率从 2020 年 8 月的 78.8%上升到 2021 年 8 月的 81.2%，上升了 2.4 个百分点，辍学率从 2020 年 8 月的 5.8%下降到 2021 年 8 月的 4.8%，下降了 1.0 个百分点。② 2022~2023 学年，教育部总预算为 380 亿美元，其中纽约市提供 54%，纽约州提供 36%，联邦政府

---

① https：//moda-nyc.github.io/2022-OpenDataReport/open-data-by-the-numbers.html.
② https：//www.schools.nyc.gov/about-us/reports/doe-data-at-a-glance.

和其他来源提供10%。① 根据美国人口普查局发布的美国社会调查（ACS）数据（2016～2020年），纽约市25岁以上人口高中及以上学历占比为82.8%，本科及以上学历占比为39.1%。表9为美国人口超百万城市：纽约、洛杉矶、休斯敦相关数据情况。

表9 美国、纽约、洛杉矶、休斯敦人口和教育相关数据

单位：人，%

地点	人口（2021年）	高中毕业或以上（25岁以上人口）	本科学历或以上（25岁以上人口）
美国	331893745	88.5	32.9
纽约州	19835913	87.2	37.5
纽约市	8467513	82.8	39.1
洛杉矶	3849297	78.3	35.6
休斯敦	2288250	79.7	34.3

注：人口数据为2021年人口估计数，教育相关数据仅包括25岁及以上人口，通过将毕业生人数除以25岁及以上的总人数获得占比。

资料来源：美国人口普查局网站（United States Census Bureau），美国社区调查（ACS）（2016～2020年）。

（三）数字创新竞争力

数字创新竞争力主要衡量城市研发强度、专利申请数量和典型数字应用（医疗、交通、教育、就业等）深度。纽约市2022年在此项指标上依旧占据榜首，得分84.8分（见表10）。

纽约市在研发方面的投入巨大，积极兴建各类研发中心，典型研发中心如康奈尔科技园、应用科学中心—城市科学与进步中心（CUSP）、全美首个增强现实和虚拟现实（VR/AR）实验室、耗资10亿美元的LifeSci NYC计划、耗资16亿美元的科学园和研究园区（SPARC）基普斯湾等。在典型数

---

① https://www.schools.nyc.gov/about-us/reports/doe-data-at-a-glance.

表 10　全球主要城市数字经济竞争力总体排名前十城市数字创新竞争力情况

单位：分

城市	数字人才竞争力得分	城市	数字人才竞争力得分
纽　约	84.8	波士顿	70.8
东　京	76.8	首　尔	67.3
伦　敦	75.7	旧金山	66.9
北　京	74.8	新加坡	66.7
洛杉矶	74.1	芝加哥	62.0

资料来源：本课题组。

字应用方面，纽约市近年来不断加强智慧城市建设，大力升级数字基础设施，出台多项数字应用战略或规划，如《纽约市2050战略规划》《纽约市互联网总体规划》《纽约市物联网战略》等，大力推进数字技术和医疗、交通、教育、就业等领域深度融合。

三　纽约市支持数字经济发展政策举措

为助力数字经济发展，纽约市政府出台多项政策，包括升级数字基础设施、进一步推进数据资源整合和开放共享、推动科技创新、加强纽约市科技中心地位等。

（一）升级数字基础设施政策举措

2022年4月，纽约市发布了《纽约2050战略规划——2022年度进展报告》[①]，其中详细介绍了针对数字基础设施的相关政策举措。

1.在五大行政区实现宽带普及

2019年5月，纽约市首席技术官（CTO）办公室发布《宽带真相：纽

---

① OneNYC 2050: 2022 Progress Report, https://onenyc.cityofnewyork.us/wp-content/uploads/2022/05/OneNYC-2022-Progress-Report.pdf.

约市公共Wi-Fi》①，重点关注免费Wi-Fi的覆盖范围和标准，并提出将进一步扩大覆盖范围，改善服务。2020年1月，市长办公室、CTO办公室发布《纽约市互联网总体规划》②，为缩小数字鸿沟、促进经济扩张和改善纽约市的公共服务制定路线，鼓励支持各种规模公司包括M/WBE，优先考虑缺乏宽带链接的地区，为其提供高性能和负担得起的宽带服务选项。2021年3月，CTO办公室启动了普遍征集宽带征求建议书，投资1.57亿美元，以结束数字红线限制并提供高速互联网。2021年夏季，CTO办公室通过意向书请求，协调在全市范围内为纽约市住房管理局（NYCHA）③开发项目推出多个新的宽带提供商。2021年10月，纽约市宣布了入围供应商，以支持这项工作的实施，并将新的互联网服务选项扩展到数十万服务不足的纽约人，包括NYCHA居民。2021年底，纽约市着手为NYCHA 18个开发项目中多达40000名居民提供免费或低成本的互联网连接选项。此外，CTO办公室继续与NYCHA、DFTA、T-Mobile和非营利性老年人技术服务（OATS）合作实施10000台平板电脑计划，为居住在NYCHA开发区的老年人提供持续的互联网服务。

2. 扩大数字教育计划

纽约市公共计算中心（PCCs）拥有超过11000个免费计算机工作站，分布在全市500多个地点。除了各种各样的数字工具和资源之外，这些中心每周总共提供超过2.1万小时的开放实验室时间和超过2500小时各类主题的数字素养培训。基于应对COVID-19大流行的经验，2021年，PCCs继续为纽约人提供连通性和数字教育计划，以协助他们进一步获得基本技能。除了保持虚拟节目的创新，PCCs谨慎地向公众开放，提供混合服务模式，包括户外节目选项、热点贷款计划以及对顾客和员工的数千小时培训。市政府

---

① Truth in Broadband: Public Wi-Fi in New York City, https://www1.nyc.gov/assets/oti/downloads/pdf/reports/truth-in-broadband-2019.pdf.
② The New York City Internet Master Plan, https://www1.nyc.gov/assets/cto/downloads/internet-master-plan/NYC_IMP_1.7.20_FINAL-2.pdf.
③ 纽约市住房管理局（NYCHA）是北美最大的公共住房管理局，成立于1935年，旨在为中低收入的纽约人提供体面、经济适用的住房。

扩大关注隐私和网络安全的数字培训项目和资源，基于PCCs提供在线隐私和安全培训方面取得的进展，继续向纽约人提供数字安全工具和信息，推广具有强大隐私保护能力的数字产品，并提高公民参与度。此外，通过"互联社区"项目，CTO办公室支持公共图书馆、社区中心、媒体实验室和老年中心提供一系列项目和服务，比如为居住在公共住房且网络不足的居民提供移动计算机实验室和热点，以及通过纽约市一年一度图书馆隐私周活动提供从3D设计和软件认证到数字安全和安全技能等动手学习机会。

3.建立和培育网络安全生态系统

市政府与市议会合作，确认纽约市网络司令部（NYC3）长期组织结构，NYC3与城市机构合作，在机构和全市范围内增强网络事件检测和响应能力。NYC3持续建立和深化跨部门伙伴关系，以促进更多关于网络威胁和风险的信息共享，协调应对工作，保护纽约市的关键服务和基础设施。建立一个由地方政府、学术机构和其他实体组成的全国联盟，以应对网络威胁。该联盟将共享相关数据和最佳实践，整合危机应对计划，并对网络攻击进行联合模拟。制定公共网络安全员工轮岗计划，向其他城市的网络安全专业人员学习，以推动专业发展，加强合作。

保护小企业和消费者免受网络威胁。NYCx网络安全登月挑战赛于2018年启动，旨在探索创新且经济实惠的解决方案，以保护小型企业免受网络攻击。2019年，市政府机构让小企业主了解负担得起且用户友好的网络安全软件和服务，并启动技术培训计划，帮助他们安装和部署软件。NYC3还将利用政策、标准和立法工具来加强对小企业的保护。2020年2月，纽约市与纽约州以及奥尔巴尼、布法罗、罗切斯特、锡拉丘兹和扬克斯等城市联合推出了新的联合安全运营中心（JSOC），该中心总部位于布鲁克林，将成为协调纽约州网络安全工作的首个中心，帮助促进城市、州和联邦实体之间的合作。

使纽约市成为全球网络安全的领导者。作为纽约市"网络纽约"计划的一部分，将在2030年之前创造1万个薪酬优厚的网络安全工作岗位，并培育一个繁荣、包容的创业生态系统，吸引来自世界各地的公司。通过与纽约城市大学、哥伦比亚大学、纽约大学、康奈尔科技大学等合作，推出应用学习计划，培养下一代网络专家；开放两大世界级空间——以色列企业创新专家 SOSA 的全球网络中心和耶路撒冷风险合作伙伴的 Hub.NYC——用于网络安全规划、生态系统开发、技术演示和启动加速；在教育部（DOE）、经济发展公司和 NYC3 之间开展和启动合作，为教育部学校提供网络安全教育和职业意识培训。

（二）推进数据资源整合和开放政策举措

《纽约 2050 战略规划——2022 年度进展报告》提出投资城市的数据基础设施，实现更大的数据集成和机构协作，开发广泛的平台、产品和服务，并以更新的企业网络架构和基础设施为支持，提高数据共享和集成能力。此外，《纽约市开放数据：2022 年进度报告》① 列出了三大领域的 27 项主要举措（见表 11-a、b、c），三大领域分别为改善用户体验、增强城市能力、建设社区。

表 11-a 2022 年改善用户体验举措

举措	时间轴	状态
提供用户友好的动态平台		
探索一个允许持续设计、开发、试验和实施新功能的开源平台，同时确保公平访问此公共服务的底层代码	进行中	核心原则*
在收集未来开发的需求时，将平台用户作为涉众嵌入，以确保用户需求的多样性得到体现	进行中	核心原则
与市长残疾人办公室（MOPD）合作，努力使平台更适合各种能力的人使用	进行中	核心原则
通过提高服务台对所有用户的透明度和响应能力，简化围绕 NYC Open Data 的沟通	短期	进行中
收集有关数据和元数据标准的用户反馈，并更新以确保标准反映当前需求	已完成	已完成
将开放数据连接到现有的全市绩效报告，允许公平地访问纽约市的一些报告、仪表板和工具的数据	长期	未来**

① NYC Open Data 2022 Progress Report，https：//moda-nyc.github.io/2022-OpenDataReport/.

续表

举措	时间轴	状态
为纽约市数据创建存储库		
改进数据集请求流程，以便可以优先发布最流行的请求	中期	进行中
为非城市出版商，如公共图书馆、地区检察官和公民科学倡议，制定正式的出版程序	长期	未来

注：*这是一项核心原则，将继续指导我们的工作。今后的工作将继续反映在本报告今后各版本的"状态说明"一栏中。**开放数据团队还没有开始这方面的工作，或者随着其他项目的推进，工作暂时暂停。

资料来源：纽约市开放数据官网，NYC Open Data 2022 Progress Report。

表11-b　2022年增强城市能力举措

举措	时间轴	状态
改进开放数据协调器（ODC）支持		
通过为新入职人员提供定期培训和资深人员经验来指导开放数据协调员	已完成	已完成
通过教育和培训，在机构领导层和关键内部团队（包括法律、通信和信息技术）中构建对开放数据使用的内部理解和支持	中期	未来
创建案例研究和演示，分享开放数据如何改善服务交付、促进公平和提高效率	长期	规划中*
简化数据集发布		
改进数据集自动化流程和技术支持，使机构更容易保持其数据集处于最新状态	进行中	核心原则
重新设计识别要发布的新数据的方式，以便共享更多的公共数据集	进行中	核心原则
制定纽约市开放数据政策和措施		
与纽约市首席隐私官和市长信息隐私办公室合作，制定并实施关于负责任地发布开放数据的明确隐私政策和指南	已完成	已完成
分享在采购新技术系统时可纳入的开放数据互操作性和访问的最佳实践	中期	规划中
更新技术标准手册中的开放数据政策指南，以更好地解决内部数据协调、数据质量标准和自行发布流程等问题	已完成	已完成
建立新的质量保证体系，检查已发布的数据集是否符合最新标准	已完成	已完成
与纽约市的记录访问官员和开放记录团队合作，使纽约市的开放数据与全市的FOIL实践和资源保持一致	进行中	核心原则
引入并跟踪开放数据关键性能指标（KPI），以显示项目的运行状况	已完成	已完成

注：*开放数据团队已经开始为这一计划进行必要的规划和准备工作。

资料来源：纽约市开放数据官网，NYC Open Data 2022 Progress Report。

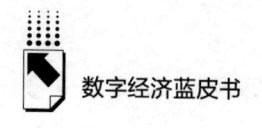

表 11-c　2022 年建设社区举措

举措	时间轴	状态
分享极具影响和成功的故事		
创建"由纽约开放数据驱动"品牌，以确定使用过纽约开放数据的项目，并创建使用和引用指南	中期	规划中
通过有针对性的案例研究、交流和讲故事，展示开放数据使用的影响	中期	未来
促进开放数据协调员之间的定期交流，以帮助获取和分享经验教训和最佳实践	进行中	核心原则
继续参与现有的全市项目，将开放数据整合到流程、服务或课程中，以提高开放数据的可及性和公平获取性——类似于过去"全民计算机科学"和"纽约市参与式预算"所做的努力	长期	未来
兑现"人人享有开放数据"承诺		
促进可以通过开放数据回答问题的人们与有兴趣帮助他们找到解决方案的精通技术的社区之间的联系，促进公平访问使用开放数据产生的见解	长期	未来
评估"数据计数"试点，将图书馆访客与纽约市开放数据联系起来，以扩大规模	短期	进行中
继续发展一年一度的开放数据周庆祝活动	进行中	核心原则
在"了解纽约"系列活动的基础上，发起以议题为重点的社区会议	中期	未来

资料来源：纽约市开放数据官网，NYC Open Data 2022 Progress Report。

（三）鼓励科技创新，加强纽约市科创中心地位

自纽约市提出要成为全球科技中心城市以来，历任市长均制定重大政策鼓励科技创新，将新兴数字技术与传统优势产业进行战略融合，吸引高科技企业落户纽约等，以此加强科创中心地位，为数字经济的壮大发展奠定良好基石（见表12）。

现任纽约市长埃里克·亚当斯同样大力支持科创，包括支持新兴行业、简化与企业相关的行政流程、培养科技人才等。2021年11月，亚当斯宣布将接受前三份加密货币薪水，工资将转换为以太币和比特币，表示希望将纽约打造成加密货币和其他金融科技创新的中心。2022年3月，亚当斯市长宣布纽约市立大学（CUNY）将在纽约城市学院（CCNY）创建并资

表 12　历任市长鼓励科创政策

历任市长	在任时间	推行政策		
迈克尔·布隆伯格	2002~2013年	2009年,发布《纽约市经济多样性计划》,促进经济创新,支持新兴优势行业,如生物科学、时尚、金融服务、绿色、制造/分销、媒体/科技、旅游等		
:::	:::	2010年12月,成立纽约市应用科学中心,促使建成三所应用科学教育机构	2011年12月,纽约市、康奈尔大学和以色列理工学院宣布合作,建设康奈尔科技园	
:::	:::	:::	2012年4月,宣布建立纽约大学布鲁克林市中心城市科学与进步中心	
:::	:::	:::	2012年7月,联合哥伦比亚大学宣布建立数据科学研究所	
:::	:::	纽约市经济发展公司(NYC EDC)推出十多项旨在支持科技行业发展的举措——包括新的孵化器、加速器项目,风险基金		
比尔·白思豪	2014~2021年	2014年,推出"纽约科技人才管道"市长倡议:旨在弥合市政府、雇主和教育工作者之间的差距,以支持该市不断发展的科技产业		
:::	:::	2016年,发起价值5亿美元LifeSci NYC计划,以刺激约16000个高薪工作岗位,并将纽约市打造为生命科学研究和创新的全球领导者(2021年宣布投资增加至10亿美元)		
:::	:::	2019年,NYCEDC发起Cyber NYC计划,旨在培养网络人才,催生下一个十亿美元的公司,将纽约市打造为全球网络安全产业之都		
:::	:::	改善一系列数字基础设施,如实施免费Wi-Fi覆盖计划等		

资料来源:纽约市长办公室、纽约市经济发展公司网站。

助一个数字游戏设计学士学位课程,并采取措施将纽约转变为数字游戏产业的全球中心。同年5月,市长和州长宣布启动全新"蓝丝带小组",重点关注投资空间营造、未来新兴产业发展等;市长宣布对118项城市法规进行改革,减轻小企业负担。6月,市长概述"是之城"(City of Yes)愿景,推行三大修正案,其中包括支持小型企业并加速城市经济复苏,从布朗克斯和布鲁克林开始,计划在所有五个行政区建立下一代经济中心,在投资社区和以股权为中心的同时采取措施减少"繁文缛节"。10月,市长宣布全面改革资本流程,包括改善项目管道,简化审批,更有效地管理项目等,确保项目交付更便捷、迅速;市长签署两项法案,创建"一站式商业门户",提供在纽约市开设和运营企业所需的所有申请、许可证、执照和其他文件。

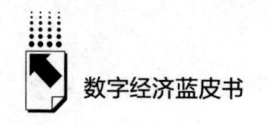

四 纽约数字经济发展整体展望

2022年3月，纽约市长发布经济复苏蓝图《重建，更新，重塑：纽约市经济复苏蓝图》①，概述了市长对城市经济复苏和城市经济未来的愿景。根据此愿景，纽约市数字经济未来发展将呈现以下四大趋势。

（一）培养更多复合型科技类人才

对于纽约市政府来说，与科技行业相关的当务之急是科技人才的培养和储备。政府亟须与行业合作，利用本地多元化人才满足不断增长的劳动力需求。根据纽约经济复苏蓝图，目前纽约市科技劳动力还不能适应城市经济的多样性，尤其是管理层以及投资者和创业社区。市政府将与行业合作，制定整体战略，发展一个强大的本地K-16和成人劳动力技术人才管道，满足行业需求。此外，纽约市还将帮助建立更多优秀科技公司，利用纽约市少数族裔和移民人口（占纽约人口的一半以上）的创业潜力，通过扩大"创业伙伴"（Venture Fellows）等项目，为创始人提供培训、同行网络和其他资源，帮助他们克服筹资和网络建设方面的系统性障碍。

（二）扩大科技行业合作伙伴关系

随着纽约市科技行业持续增长，纽约需要加强必要的基础设施建设，以培养多样化的人才，满足短期和长期的巨大科技人才需求。为了实现这一目标，纽约市将与雇主合作伙伴合作，开发和扩大雇主了解和验证的培训和教育项目。纽约市还将通过发展一个包容性的技术咨询委员会来深化与行业的伙伴关系，该委员会将确定具体和实际的方式，让雇主、政府和教育工作者能够更好地合作，为更多的纽约人获得开放的科技工作做好准备和提供平

---

① Rebuild, Renew, Reinvent: A Blueprint for New York City's Economic Recovery, https://www1.nyc.gov/assets/home/downloads/pdf/office-of-the-mayor/2022/Mayor-Adams-Economic-Recovery-Blueprint.pdf.

台。纽约市还将与行业合作，确定有效的技术培训提供商，并支持它们扩大规模，覆盖更多群体。同样，纽约市将更好地利用技术本身，以及混合/远程教育，为那些在职业准备劳动力规划方面投资不足的社区和地区提供服务，从而帮助那些有兴趣从事技术职业的个人消除地理和交通障碍。

（三）推动纽约成为领先数字游戏开发中心

2021年全球数字游戏产业的销售收入达到1800亿美元，超过全球电影和北美体育产业的总和。为了支持该行业企业并帮助吸引新公司，纽约市将成立一个行业委员会，为该市在游戏开发领域的政策和计划提供建议，为纽约市自制游戏和本地游戏创作者提供营销支持。

纽约市立大学（CUNY）将在纽约城市学院（CCNY）创建并资助一个数字游戏设计学士学位课程，以此将纽约转变为数字游戏产业的全球中心。游戏设计学士学位的设立有望推动包容性增长，在快速发展的数字游戏产业和相关领域，为大学生提供一个就业选择。市长媒体和娱乐办公室（MOME）将与纽约城市学院合作共建该学位。MOME总共投资200万美元用于CUNY的职业路径计划，其中包括为数字游戏设计学士学位提供资金，该学位旨在未来三年内覆盖1000多名学生，同时增强数字游戏领域的多样性和公平性。这个综合项目通过与城市艺术学院（Urban Arts）以及哈莱姆科学画廊（Harlem Science Gallery of Science）合作，开辟了一条从高中到数字游戏产业的道路。这笔新资金将扩展到受Title I资金资助学校[①]的新高中生，为他们提供大专课程和游戏设计等技术领域的职业生涯。此外，纽约市还将与NYC & Company[②]合作，将电子竞技赛事吸引到五个行政区。

（四）加强电影电视行业并使其多样化

2019年，纽约市影视产业为该市提供了超过18.5万个就业岗位，创造

---

① Title I 为低收入学生的教育提供联邦资金。
② NYC & Company 是纽约市五个行政区官方目的地营销组织（DMO），大会及游客局（CVB）。

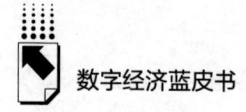

了超过820亿美元的经济总产值。为确保影视行业恢复到疫情前的水平，本市将成立行业委员会，为本市的制作政策和计划提供建议；发布行政命令，要求每个机构都有生产行业联络人；营销并宣传该行业对纽约市身份和当地经济的重要性；继续与纽约市警察局（NYPD）和纽约市消防局（FDNY）密切合作，支持全市范围内的拍摄；与行业合作伙伴和非营利组织合作，为行业开发多样化的人才渠道；通过与该领域的机构联系，帮助小企业成长和繁荣。此外，为了支持对创作空间的持续需求，纽约市将继续投资整个城市的工作室和摄影棚设施，在布鲁克林海军造船厂和布什码头的"纽约制造"园区新建或翻新了近100万平方英尺的生产和相关空间。

B.14
伦敦数字经济发展报告（2022）

李依婕*

摘　要： 伦敦作为全球顶尖的数字化城市，在数字产业、数字技术、信息与通信技术、数字创意产业等方面在多项国际智慧城市评价中排名靠前。伦敦以推动数字化为城市发展重心，大力发展数字技术和人工智能、升级数字基础设施与ICT基础设施等，并取得了卓越进展。本报告阐述伦敦数字经济总体发展概况、分析伦敦数字经济各产业发展情况以及讨论伦敦数字经济未来展望，为推进我国城市数字化发展提供参考和借鉴。

关键词： 数字经济　数字技术　数字基础设施　人工智能　创意产业

一　概述

随着信息技术的兴起和数字技术的崛起，在全球经济一体化的大趋势引领下，世界各国的数字化竞争愈演愈烈。2008年全球性金融危机之后，包括英国在内的诸多国家经济大幅衰退。为了促进经济稳定发展以及应对信息时代的挑战，英国调整经济策略，将数字经济的发展放在战略性地位，以推动英国的产业结构调整和优化升级。英国政府先后出台了多项数字产业振兴计划，实施2009年《数字英国》战略和《数字经济战略（2015~2018）》，以及颁布数字经济法案，为其数字经济发展提供了坚实后盾。这些战略计划

---

* 李依婕，上海社会科学院信息研究所编译。

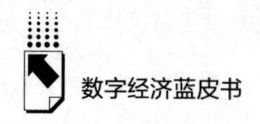

的目标包括数字网络升级，提升数字通信领域竞争力的基础设施建设，以及升级数字文化创意产业。英国政府以数字化创新为目标，试图推动各行业的数字化升级，以此促进经济发展。

英国政府高度重视信息通信产业的数字化升级，希望由此实现经济持续增长和国民数字生活水平提升。在其发布的文件和政策中，2009年发布的《数字英国》是重中之重的纲领性白皮书，主题围绕改善基础设施、提供更好的数字保护、提升全民数字应用水平，其具体战略目标为以下七个方面。第一，推进数字化升级进程以及提升全民参与程度。升级电子通信基础建设，升级包括宽带、移动通信和数字电视等方面的数字公共服务质量。第二，完善通信基础设施。升级通信基础设施、数字化广播平台、全民数字化教育。第三，保护数字知识产权，鼓励技术创新。扶持创新项目和创新企业，同时严厉打击知识产权盗窃行为。第四，升级数字公共服务。修改相关的数字公共服务的法律和政策，改善数字产业市场环境和数字公共服务质量。第五，数字技术培训。推广数字职业教育，完善高等教育技能体系。第六，完善数字安全框架。确保在线信息安全和数据安全，保护线上消费，打击网络诈骗。第七，提升政府电子政务水平。打造"政府云服务"（G-Cloud）平台，为政府部门提供基础设施、应用系统、软件硬件和信息安全等综合服务。

除此之外，英国政府将数字化改革发展正式升级至法律层面，颁发了《2010数字经济法案》以及随后的《2017数字经济法》。《2010数字经济法案》共48条，高度重视公共文化内容产品和服务的提供。主要是强调各相关部门职能、加强电子出版物公共借阅权、制定互联网著作权侵权治理规则、明确电视广播服务规则、视频游戏管理、网络发布内容管理等11个方面的内容。《2017数字经济法》相比前版，更加关注互联网环境对于信息使用者的影响。该法案针对英国如何发展数字经济，在构建法律框架、明确监管机构职能等方面填补了相关领域的法律空白，旨在为英国数字经济发展提供坚实的法律保障。

在英国政府的大力呼吁下，伦敦政府积极响应数字化升级战略，先后积极提出"电子伦敦"和"伦敦连接"计划，旨在为伦敦市民提供更好的公共数字化服务。伦敦政府于2013年专门成立了"智慧伦敦委员会"，以伦敦人和伦敦企业为服务对象，以打造世界一流智慧城市为宗旨。发展数字经济是伦敦迈向智慧城市的必经之路。伦敦致力于通过大力升级数字基础设施，打造一个充分繁荣的数字化、信息化的社会政治经济系统。

1. 伦敦数字经济战略

伦敦围绕数字经济发展出台了多项振兴数字产业计划，高度重视城市管理数据化。伦敦政府2013年3月推出其第一项数字经济规划《智慧伦敦规划——以新技术创造力来服务伦敦人和伦敦城市》（以下简称《2013智慧伦敦规划》）。之后，伦敦政府2016年3月开始对之前的规划进行评估以及更新，2018年6月发布了第二项升级版的规划《共建智慧城市——伦敦向世界智慧城市转型的市长路线图》（以下简称《2018共建智慧城市》）。[①]

《2013智慧伦敦规划》旨在建立更高效、更优质的世界级数字化城市。其具体战略目标为以下六个方面：①为伦敦市民和伦敦企业打造更好的数字化氛围。②数据公开，开放透明。③激励和培养数字化技术人员。④完善和升级网络创新生态系统。⑤大力发展信息化数字化城市。⑥打造伦敦智慧城市。《2018共建智慧城市》在之前《2013智慧伦敦规划》的框架基础之上，进一步推动数字经济发展，具体围绕以下五个方面：①以用户设计为导向，提升数字服务质量。②聚焦大数据应用，打造城市大数据平台。③打造智慧城市街道，发展街道数字化信息化。④提升城市数字技能和数字领导力。⑤加强伦敦与其他国际城市的数字联通。伦敦的2018年智慧城市规划坚持2013年的规划初心，即用户导向以人为本，旨在完善和升级信息化基础设施建设，建立城市大数据平台。[②]

伦敦政府高度重视数据基础设施升级和数字经济建设，建立了全球最大

---

① 楚天骄：《伦敦智慧城市建设经验及其对上海的启示》，《世界地理研究》2019年第4期。
② https://www.london.gov.uk/what-we-do/business-and-economy/supporting-londons-sectors/smart-london/smarter-london-together.

的数据透明公开的平台之一,即"伦敦数据仓库"(The London Datastore)。该数据仓库收集了伦敦各行政区及其政府部门的数据,并对这些数据进行整合和共享,将城市海量数据汇集于这个统一平台中。该数据仓库涵盖了城市经济、税务、交通、安全、旅游、医疗、社会保障等各项内容。伦敦数据仓库向公众免费公开了相关的数据,且用户可以搜索和下载这些数据。

伦敦数据仓库提供了广阔的服务市场和众多产品,新开发的交通类 App 超过了 450 个。[1] 譬如,伦敦数据仓库可以帮助检索学校和培训机构的信息、医院和医疗的相关信息,以及交通拥堵情况等信息。此外,企业可以在租赁办公室时通过检索数据来了解办公室价格和租期情况等信息。

除了伦敦数据仓库,还有伦敦面板网站(London Dashboard)。该网站不仅是开放数据,还对海量数据进行了更高级的可视化处理。以图表的形式展示数据,可以让公众更直观地看到数据所反映的信息和情况,譬如用户可以通过图表直观地看到城市的天气情况、空气污染度、马路拥堵情况、地铁公交车等运行状态。[2]

2. 创意产业数字化

2017 年 7 月,英国政府将原来的英国文化、媒体与体育部(Department of Culture Media&Sports,DCMS)更改为数字、文化、传媒和体育部(Department for Digital,Culture,Media &Sport)(该部门改名之后仍简称 DCMS)。DCMS 与 BIS(商业、创新与技能部)联合发布了前文提到的《数字英国》白皮书,旨在促进英国数字经济发展,升级通信基础设施等。

DCMS 于 2001 年发布了《创意产业发展报告》,将创意产业划分成 13 个子产业,包含电视和广播、广告营销、电影和录像、时尚设计、艺术和古玩、工艺品、建筑、互动休闲软件(电子游戏等)、音乐与视觉艺术、表演艺术、出版、软件和计算机服务等。[3] "广告营销"子产业的产值在 2010~2017 年的增长率达到 113.9%,就业人数从 2010 年的 14.8 万人增长至 2016

---

[1] https://data.london.gov.uk/.
[2] 楚天骄:《伦敦智慧城市建设经验及其对上海的启示》,《世界地理研究》2019 年第 4 期。
[3] https://www.gov.uk/government/publications/creative-industries-sector-deal.

年的19.8万人，2011~2016年的年均千人产值为587.4万英镑。"时尚设计"子产业2010~2017年产值增长率达到100.6%，就业人数从2010年的10.2万人增长至2016年的16万人。"音乐与视觉艺术"子产业2010~2017年产值增长率达到68.6%，就业人数从2010年的21.3万人增长至2016年的29.1万人。

2018年英国政府出台了《创意产业：行业协议》。英国的创意产业与数字经济战略高度融合。创意产业增加值从2010年的663亿英镑增长到2017年的1015亿英镑，年均增速为6.3%，创意产业年均增速比DCMS分管的所有其他子产业的年均增速都要高。2013年后，英国创意产业产值占英国总体GDP比重超过了5%。[1] 2017年英国创意产业的增加值达1025亿英镑，英国创意产业2014~2017年增加值年均增长6%，有较强的竞争力。[2]

2016年DCMS管辖范围内各个部门服务贸易出口总额为464亿英镑，比上年增长了21.4%；而英国全部服务贸易出口额增长率仅为8.8%，远比前者低。2016年英国创意产业拥有超过280000家公司，其中开展国际贸易的公司占比达到18%，而英国所有产业中开展国际贸易的公司平均占比仅为12.9%。虽然大多数创意产业都是微型企业，员工人数很多不到10人，但是参与国际贸易的微型创意产业公司数量很多——超过50000家，这些公司开展了大量的进出口业务。DCMS于2017年9月发布了《创意产业独立评审》，强调"数字化时代为世界带来了第四次工业革命"。[3] 这些充分说明政府发布的相关政策措施对促进创意产业发展产生了有效作用，也说明了创意产业和数字技术的交互融合性。

从区域发展来看，DCMS管辖的产业产值增长最快的是伦敦以及英国东北部地区。2010~2017年上述两个地区DCMS管辖的产业产值分别增长了58%和46.1%。2017年英国东南部地区DCMS管辖的产业产值约为335亿英

---

[1] 金雪涛、李坤繁：《数字经济战略格局下英国创意产业的融合发展与转型》，《深圳大学学报》2020年第2期。
[2] 李坤：《英国创意产业与数字经济融合发展战略及启示》，《中国国情国力》2020年第12期。
[3] https：//www.gov.uk/government/statistics/statistics.

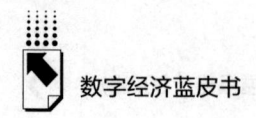

镑，占全部 DCMS 管辖产业总产值的 18.3%。伦敦以 716 亿英镑的产出，占全部 DCMS 管辖产业总产值的 39.2%。伦敦创意产业产值达到了 522 亿英镑，占全英创意产业产值的 51.4%。伦敦创意产业的增长幅度最大，2010~2017 年其产值共增长了 73.3%。[1]

伦敦近年来高度重视创意产业，大力推进其数字化发展。2015 年 2 月英国政府出台《数字经济战略（2015~2018）》之后，伦敦的创意产业迅猛发展，鉴于创意产业与数字经济战略契合度极高，伦敦政府大力促进数字经济与创意产业融合，推动创意产业向数字化转型，推进电子技术的创意发展，以提高全球数字竞争力为目标。

在英国政府的呼吁下，伦敦政府大力推进数字经济战略，积极融合数字经济与创意产业，融合数字技术和创意产业以形成新型的"Createch"产业模式。伦敦数字战略将侧重点从"以基础设施建设为重"转向"以产业应用为重、以产品和技术为重、以人为本为重"。在伦敦政府的支持下，伦敦创意产业近年来整体增长明显，数字经济与创意产业的融合引领了创意产业中各种子产业迅速繁荣发展。伦敦政府对知识产权极其重视，数字技术的升级促进了创意产业的版权投入，同时也扩大了其行业规模。创意产业与数字经济相融合的同时，有效带动了产业内的结构升级，还促进了不同产业之间的联动发展。各项新兴数字技术如 3D 打印、人工智能、虚拟现实、5G 网络等的运用，带动了更多其他产业的技术升级和结构升级。

根据创意产业贸易值、增加值和就业率等相关数据的分析，伦敦政府的数字经济政策有效促进了英国创意产业的转型趋势：融合数字技术的多个创意子产业发展迅猛，推动了其产业内的结构优化以及产业间的联动发展；另外，数字融合很好地促进了传统产业业态升级和新产业业态增长，"产业+tech"集群式发展促进了产业布局优化以及数字化应用。将创意产业与数字技术相融合的新型"Createch"产业模式同时促进了这两个行业的升级和发

---

[1] 金雪涛、李坤繁：《数字经济战略格局下英国创意产业的融合发展与转型》，《深圳大学学报》（人文社会科学版）2020 年第 2 期。

展，创意与科技完美结合、相辅相成。①

"创意产业+tech（Createch）"为用户提供了更先进的互动式服务和体验，具有更沉浸式的体验。比如，英国国家档案馆将其收藏的8000多万份历史文献扫描形成电子资料文献，英国皇家歌剧院运用虚拟现实技术和人工智能技术让参与者体验沉浸式内容。沉浸式体验近年来深受年轻人追捧，俨然成为新的消费潮流和时尚潮流。与此同时，"Createch"产业模式还广泛应用在电影行业、音乐行业、游戏行业、互联网广告行业、3D打印设计行业等。

3. 信息通信技术（ICT）

英国是世界信息通信产业的创新中心之一，其网络升级和信息化应用发展很快。英国脱欧之前，是欧盟最大的信息通信产业基地，拥有8000多家企业，雇员超过100万人。2012年，英国计算机和电子制造业完成产值205亿英镑，约占GDP的1.5%。同期，电信、计算机和信息服务业完成产值1407亿英镑，约占GDP的10%。② 英国信息通信产业计划投资5.3亿英镑，支持对农村及边远地区的宽带升级，实现英国全境高速宽带全覆盖。2015年版英国国家基础设施计划主要包括以下内容：发展公路投资战略，建设安全稳定的高质量公路网络；提高超高速宽带和移动通信的覆盖率；加大科学研究开发力度，鼓励创新产业科技发展。

英国目前有20所大学从事电信技术前沿研究，70所大学参与半导体研究。英国电信业分为五大具体业务：固定电话和专线、移动语音和数据、互联网和宽带、企业数据服务、手机及其配件的零售。近年来，英国电信业务收入的增长点主要在移动和宽带服务领域，传统业务收入呈下降趋势。英国政府推动电信供应链多元化，大力促进数字化、5G及全光纤宽带网络发展。目前，EE、Vodafone等英国运营商已与华为合作，在英国多个城市开通5G服务。

---

① https：//www.gov.uk/government/publications/creative-industries-sector-deal/creative-industries-sector-deal-html.

② http：//gb.mofcom.gov.cn/article/k/201609/20160901392379.shtml.

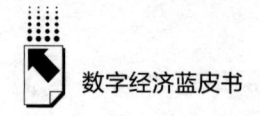

英国拥有良好的信息网络基础设施。根据英国国家统计局的数据，2015年，英国4470万成年人使用互联网服务，占成年人口的86%。自2011年起，英国政府计划投资1.5亿英镑发展移动宽带网络，以实现99%的人口覆盖率、45%以上的4G网络覆盖率。英国电话网络发达，固定电话普及率达到52.2%，移动电话覆盖率达到99.8%。移动电话用户达到每百人130.6部，移动数据业务用户占29%。英国电信资费低，英国电信（BT）公司等电信运营商提供多种通话套餐服务。①

英国电信业以高度发达、自由开放及吸纳新技术而闻名于世。英国是第一个通过人造卫星、电缆和地面广播提供数字电视服务的国家，有200多家空间及人造卫星企业和世界最大的移动电话运营商，是欧洲最具实力和竞争力的电信制造和供应基地，也是公认的电信技术创新中心。英国是世界上领先的网络关口，世界36%的跨国网络线路通过英国服务器。英国还是欧洲最大的手机通信市场，有7900万部手机注册使用，市场价值140亿英镑。

至2005年4月，英国电信（BT）宽带用户数已经突破500万户。英国电信重点对ICT服务、宽带、移动等新业务进行了开创性探索，新业务（主要包含ICT、宽带、移动和管理型业务等）收入比2003财年增长了32%，占总收入的比重从2002财年的14%提高到2004财年的24%。BT将新型ICT服务视为大有可为的新市场。BT预计，相对于传统的固定电话与移动电话服务，信息与通信技术相融合的产品市场要比其大3~4倍。2004财年，BT ICT业务收入达到27.53亿英镑，同比增长18%，其中合同金额更是超过了70亿英镑。ICT占总业务收入的比重从2001财年的9%提高到2004财年的14.8%。BT于2003年4月对公司内部业务架构实行了重组，组建了BT全球服务部（BT Global Services），负责为全球的大型商业客户提供综合性信息通信服务及全套的解决方案，包括桌面电脑和互联网的设备及软件、资料传输与线路连接、电子商务方案、业务流程外包、网络服务管

---

① 赵增明：《英国信息技术与信息产业发展计划及政策》，《邮电企业管理》2001年第4期。

理、系统整合以及信息咨询服务等。2004年，BT成立了一个名为One IT的工作组，致力于为用户建设、设计、拓展和管理IT网络与通信系统。NHS、联合利华、英国国防部、路透社、英国养老机构以及地方政府已经成为One IT的新用户。为了进一步满足用户需求，BT将大幅增加ICT项目的员工人数，计划将该项目的工作人员从700人提升到2006年的4000人。[①]

4. 人工智能

虽然伦敦并没有大的互联网公司，但近几年在人工智能领域迅猛崛起。可以说在欧洲，伦敦是人工智能发展高地——在数字技术以及人工智能领域的产业发展和技术创新方面都处在引领地位。伦敦的技术创业生态系统以计算力、算法和大数据这三个要素为核心，主要依靠算法领域的技术创业模式。伦敦是全球人工智能发展的一个重要创新高地，这种数字伦敦现象的经验可概括总结为：技术、人才、应用、生态。

伦敦的算法类初创公司深受互联网巨头青睐，因为这些公司能为那些需要大量数据应用场景的大企业提供动力源。因此，伦敦是全球数字并购活动最为密集的城市之一。近年来，Amazon、Google、Apple、Microsoft、Facebook、Twitter等互联网巨头都在伦敦布局，积极收购人工智能初创公司。

除了互联网巨头在伦敦大量布局收购，很多欧洲的基金公司也积极抢占伦敦市场，大量投资人工智能公司。伦敦拥有许多知名大学和学术机构，例如开放数据研究院（Open Data Institute）、英国科学技术及艺术基金会（NESTA）、查塔姆研究所（Chatham House）等。这些机构的研究造诣和学术积淀带领伦敦的人工智能研究走向世界前沿。除此之外，英国拥有非常优秀的多学科生态，剑桥大学、牛津大学、伦敦大学学院和伦敦帝国理工学院的人工智能相关学科在世界上排名遥遥领先。

在英国，很多著名的人工智能公司在单独成立之前原本是大学的研究项目，譬如Magic Pony本是由伦敦帝国理工学院的几个研究生创办的，VolalIQ

---

① https://www.bt.com/.

和 True Knowledge 原本是剑桥大学的研究项目。牛津大学资助了 Dark Blue Lab 和 Vision Factory。而著名的 DeepMind 则与这四所大学都有着密切关系。算法项目的特点是其技术成果可以很快转化成创业项目,一个小团队即可展示其技术原型(demo)从而可能得到几千万美元的投资机会。在看到众多技术创业公司迅速成功之后,更多的技术创业人员和初创公司被吸引到人工智能行业,在此良性循环之下促进了行业更广泛更长远的发展。①

得益于伦敦城市数据平台的成熟度和完善度,伦敦诞生了许多技术初创企业新星,例如人工智能公司 Deepmind 和虚拟现实技术公司 Improbable 等。最著名的是 DeepMind 公司,该公司将机器学习和系统神经科学相结合,形成了高级的通用学习算法,其研发的 AlphaGo 因打败了围棋世界冠军李世石而举世闻名。另外,Dark Blue Labs 和 Vision Factory 致力于在视觉处理方面运用算法深度学习,被谷歌看中并收购。大多数伦敦被收购的技术初创企业都涉及基础算法方面,特别是深度学习、语音识别和图像识别等方面。

除此之外,在医疗健康领域的应用方面,伦敦的医疗人工智能也迅猛发展。通过对人体的扫描以及 X 光片等检查,可以快速提高癌症筛选的效率以及使病情诊断的时间更为精准。通过医疗算法预测模型,可以精准快速推算出手术安排、药物需求、打针计划、住院留观等方面的需求。

伦敦在人工智能行业的兴起主要得益于:①英国政府于 1982 年启动的阿尔维计划,投资了 3.5 亿英镑在集成电路、人机接口、智能系统、软件工程等约 150 个研究项目,经过 40 年的发展,伦敦在人工智能领域已经积累了丰富的技术沉淀。② ②2013 年英国政府在大数据技术方面投资了 1.89 亿英镑,2015 年在大数据技术开发方面投资了 7300 万英镑。大数据、人工智能、数字化等高新技术方面的大力投资,有效促进了其行业的创新和发展。③伦敦各行各业的繁荣发展以及本身具有的广阔市场,为其人工智能发展提供了巨大的应用空间和市场空间。

---

① 李辉、王迎春:《人工智能的"伦敦现象"及对上海的启示》,《科技中国》2018 年第 5 期。
② https://xueshu.baidu.com/usercenter/paper/show?paperid=fb4459a9fb82995753cfd4c09fbbd788&site=xueshu_se。

计算机算法大大改善了各行各业的业务流程，提升了服务水平和办公效率。譬如 Tractable 公司通过人工智能和大数据，将检验工作变得更高效、更低廉；Aire 公司利用机器学习生成更智能的信用评分系统；ThirdEye 公司通过行为趋势分析和机器视觉来降低店内盗窃概率。③伦敦是著名的国际金融中心，有充裕资金用来投资。很多欧洲的基金公司都在伦敦积极投资 AI 初创公司。譬如 Playfair、Notion Capital 和 White Star Capital 都热衷于投资人工智能领域。目前，伦敦金融投资增长最快的是人工智能和大数据领域。投资者更倾向于投资位于伦敦的该领域公司，而非其他地区的人工智能和机器学习公司。

同时，作为全球金融中心，伦敦政府对金融科技也高度重视。伦敦政府大力推进伦敦金融行业数字化转型和发展。在伦敦政府的推动下，伦敦商业银行和金融机构大量投入打造创新化服务场景和特色化业务场景，不断将金融服务与数字经济相融合。

二 城市数字竞争力

世界经济论坛《2014~2015 年全球竞争力报告》显示，英国在全球最具竞争力的 144 个国家和地区中，排名第 10 位。世界经济论坛《2019 年全球竞争力报告》显示，英国在全球最具竞争力的 141 个国家和地区中，排名第 9 位。伦敦是世界上投资吸引力最高的城市之一，也是各国企业来欧洲发展国际业务的首选投资目的地之一。

伦敦在 2014 年全球智慧城市评估（Ranking of SmartGlobal Cities）报告中排名第 3。2006~2016 年，伦敦数字部门的就业率增长了 77%，数字公司的数量增长了 90%；2016 年伦敦技术产值达到了 560 亿美元，比英国平均增长率高了很多。2017 年伦敦有 4 万多家技术公司，提供了近 24 万个工作职位，由此形成的数字生态系统估值约为 440 亿美元。①

---

① 楚天骄：《伦敦智慧城市建设经验及其对上海的启示》，《世界地理研究》2019 年第 4 期。

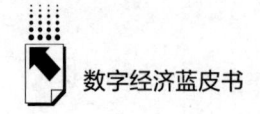

英国的ICT基础设施也很发达，英国ICT服务供应商相对来说私有化程度高，而且服务价格相对较低，因此形成了良好的IT氛围。据研究机构OVUM的调查，英国在宽带基础建设方面被评为"世界级"，其中"密度"指标位居第1，"竞争力"指标居第3位，仅次于日本和加拿大。英国宽带零售市场的主要提供商有：英国电信（24%的市场份额）、NTL（17%）、Telewest（11%）。经济学人智库的"IT产业竞争力"排名显示，伦敦是全球IT产业的最佳落户地点之一。而且英国的宽带普及程度远远高于世界上大多其他国家的平均水平。英国Wi-Fi网络铺设很广泛，英国是公共Wi-Fi热点第2多的国家（第1是韩国）。英国网络安全的世界排名也很靠前。根据经合组织的数据，英国安全服务器的数量在全球排名第2（第1是美国），在欧洲排名第1。①

英国信息通信技术发展在全球处于领先地位，尤其是无线技术、网络安全、数据分析、算法、软件开发和服务设计等方面。如世界经济论坛发布的《2016年全球信息技术报告》显示，在衡量信息通信技术推动社会经济发展的成效方面，英国在全球2016年网络就绪指数（Networked Readiness Index）排名中居第8位（中国排名第59位）。英国通过提高"政府采购先进技术的数量"和"感知风险资本的可用性"这两项指标，跻身于信息通信技术世界领先地位。② 英国经济学人智库的一项最新研究显示，北欧国家信息通信技术（ICT）部门开放程度最高。英国位列第1，荷兰和德国分列第2、第3。在ICT全球化指数分项指标信息通信技术贸易的开放程度上，中国排名第2。报告还指出，欧洲在全球化方面走在全球前列，但该地区的发展参差不齐。英国（排名第1）、荷兰（排名第2）、德国（排名第3）的ICT行业全球化程度最高。

英国电子政务发展也处于全球领先的地位。2014年联合国经济和社会事务部发布的电子政务调查报告表明，在全球电子政务发展指数中英国位列

---

① 郑安琪：《英国数字经济战略与产业转型》，《世界电信》2016年第3期。
② https：//www.gov.uk/government/organisations/department-for-digital-culture-media-sport.

第8，公众参与度则是位列第6。英国是开放政府合作伙伴（OGP）发起国之一，向来支持数据透明化和公开化，推行数字治理、公众参与和问责制原则。截至2015年9月，英国政府数据开放官方网站上共有2.4万个数据集，以及约400个移动应用。

伦敦深受人工智能创业者和投资者的青睐，是欧洲人工智能企业分布最密集的城市。Asgard.vc投资基金对欧洲人工智能产业的调查报告表明，英国的人工智能企业数量大大超过了德国和法国；而伦敦的人工智能企业数量是排名第2的柏林的2倍多。乌镇智库有关报告表明，2000~2016年英国人工智能公司数量在全欧洲排名第1，其占比高达27.3%，而排名第2的德国占比仅为12.34%，排名第3的法国占比仅为9.6%。由此看来，英国是创新型公司最活跃的国家之一，其基础研究的数量和质量仅次于美国。

伦敦也是欧洲人工智能方面投融资数额和频率最高的城市。乌镇智库报告显示，2000~2016年英国人工智能的投资和融资规模接近欧洲累计规模的50%，而英国人工智能融资方面超过60%的投资资金是在伦敦。伦敦的人工智能融资规模比柏林和巴黎等其他欧洲主要城市都要高好几倍。①

三 城市展望

伦敦政府致力于"提升数字和数据领导力，使公共服务更加开放创新"。近年来，伦敦政府积极促进其大数据以及人工智能等数字化领域的发展。伦敦政府高度重视数字经济发展，将数字技术广泛应用在城市基础设施建设以及城市管理和治理领域，伦敦数字经济发展展现出精细化、智能化和创新化的趋势。伦敦政府高度重视数字创新企业的发展，为中小企业提供大量合作机会和资金津贴，大力支持企业创新发展和对外扩张市场。伦敦科技城推出的企业升级计划，致力于为数字创新企业提供经营建议和专家咨询，助力其高水平发展。伦敦市长出口计划，为技术创新企业在国外提供项目对

---

① https://www.iwuzhen.top/.

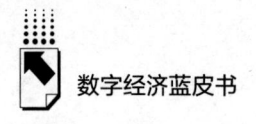

接服务和咨询服务。

《2013智慧伦敦规划》设定了明确的目标和具体的措施,对每一个数字化升级实施路径都列出了评估标准。例如,第一个实施路径"以伦敦人和伦敦企业为核心"中的具体措施为:①提高数字技术从业人员的数量;②提升伦敦人和伦敦企业解决城市问题的参与度;③泛伦敦数字包容计划,让更多城市居民参与数字技能培训。[①]《2013智慧伦敦规划》的实施,有效促进了伦敦的数字经济发展。

《数字经济战略(2015~2018)》为英国数字化建设指出了明确的发展方向,提出了坚实的战略部署。该战略除了强调发展数字经济是首要任务之外,还特别强调了要将数字经济与文化创意产业相结合,实现融合升级,两者相互贯通、相互促进产业内部结构和外部结构的双道升级。创意产业聚焦发展数字化的创意产品和内容,与数字化产业相辅相成,推动创意升级和转型。《英国数字战略2017》也着重强调发展数字产业和新兴衍生行业。对互联网行业、人工智能、5G等技术的投资超过5亿英镑,着重推动"Createch"大力发展。

在英国政府的呼吁之下,伦敦政府大力呼吁产业界和学术界联手,营造良好的数字化氛围,促进数字经济发展,旨在将伦敦打造成世界级的数字经济强市。近年来,伦敦兴起"创意产业+技术研发"这种新型的"Createch"产业模式,该模式很好地将创意产业和数字经济相融合。伦敦政府将人工智能、虚拟现实、增强现实、沉浸式体验、3D打印等列为新兴数字技术研发重点。伦敦政府积极鼓励高校进行数字技术创新研究,同时大量拨款支持中小企业数字技术创新,推动创意产业和数字产业的产学研全面升级。

从近几年伦敦政府发布的数字经济战略和计划中可以发现,伦敦数字经济不断发展和演进。伦敦数字经济的发展战略逐渐从"以基础设施建设为

[①] https://www.london.gov.uk/what-we-do/business-and-economy/supporting-londons-sectors/smart-london/smarter-london-together.

重点"转变为"以产业应用为重点"。伦敦政府大力支持中小型数字技术公司，为其提供咨询建议服务、提供商务资源和投资机会，积极鼓励各行业的数字化转型和升级。同时，伦敦数字经济的转型发展战略从原先的"以产品和技术为核心"逐渐转向"以人为本"，以公民为核心、围绕服务于公民。伦敦近年来颁布的发展战略和行动计划都高度重视公民的网络安全和隐私安全。《英国数字战略2017》和《2017数字经济法》都明确表示要保护公民的隐私不被泄露、不受垃圾邮件和骚扰电话的打扰。同时，伦敦政府积极培养数字人才、提升公民的数字素养，大力构建数字化平台、打造政务透明系统，向公众保证政府数据将保持透明公开和开放共享。

数字化革命以前所未有的速度和规模改变我们的世界，为各行各业的发展提供了全新的机遇和挑战。在数字化潮流中，怎样利用数字技术、运用数字政策以及展开全民数字普及是值得深思的问题。英国政府数字经济的发展战略从"以基础设施建设为重点"转向"以产业应用为重点"，从"以产品和技术为核心"转向"以人为本"的服务模式，并大力加强相关的数字技能人才培训。英国政府产业发展政策和发展战略大力推进了创意产业结构升级、产业布局优化，将创意产业与数字经济贯通融合，以推动创意产业数字化转型和结构升级。推动产业转型升级的同时也促进了数字技术就业空间与数字经济价值的增长。这些为我国数字经济发展提供了借鉴，为数字技术与创意产业融合发展提供了参考。

B.15
东京数字经济发展报告（2022）

金 琳[*]

摘　要： 东京的数字经济正在扩大，根据日本内阁府的估计，2018年数字经济创造的附加值占日本国内生产总值（GDP）的7.56%，与2015年相比年增长率为2%。2022年3月，内阁府经济社会研究所公布了一项数据，2018年数字产业产生的附加值约为41.4万亿日元。2021年东京都与日本政府分别设立了东京数字服务局和日本数字服务厅，一年多以来，利用包括5G在内的最先进的数字技术，依靠三大支柱［"东京数据高速公路""公共设施和居民服务的数字化转型（城市的数字化转型）""行政的数字化转型"］来实现以建设宜居城市为目标的"智慧东京"构想。

关键词： 东京　数字经济　信息技术　城市建设

一　东京数字产业的发展

根据东京总务局发布的数据，2019年东京名目生产总值为115兆7000亿日元，占全日本的20.7%，实际经济增长率下降了0.5%。与主要国家的国内名目生产总值相比，位于印度尼西亚之后，超过荷兰。东京生产总值按经济活动来看，不动产增加率为2.9%，贡献度增加0.4个百分点；信息通

---

[*] 金琳，上海社会科学院信息研究所日语编译。

信业的增加率为3.2%，贡献度增加0.3个百分点；矿业、制造业的增加率为-4.3%，贡献度减少0.3个百分点；批发、零售业的增加率为-1.4%，贡献度减少0.3个百分点。细分领域下，批发、零售业（25兆4648亿日元，占比为22.0%）占比最大，其次为不动产（14兆4048亿日元，占比为12.5%）、专业·科学技术、商业支援服务业（13兆3971亿日元，占比为11.6%）。

（一）信息通信业

信息通信业的范围包括"通信业""广播业""信息服务业""互联网相关服务业""影像/音频/文字信息制作业""信息通信相关制造业""信息通信相关的服务业""信息通信相关的建筑业""研究"，共计9个行业。2021年东京的信息通信业活动指数较2020年有所上升。2019年信息通信业及其相关产业的市场规模达到108.5万亿日元。从东京信息通信业的企业数量和从业人员数量变化来看，2016年企业数量为2.2万家，从业人员数量为84.9万人。其中，"信息服务业"的企业和从业人员数量均最多。"软件行业"的企业数量较多，和日本全国比，东京的"影像/音频/文字信息制作业"占全国的比重最高，达到61.6%。2020年日本信息通信产业的名义产值为51.0万亿日元，比上年（52.3万亿日元）下降了2.5%。

根据日本信息通信白皮书，5G作为IoT时代包含多种网络、综合的ICT基础，通过在各个产业领域的应用，在提高业务效率和创造新的服务方面，较以往的移动通信系统，有望产生更大的社会影响。从企业设想的5G应用场景来看，"制造业"中的"室内生产、制造现场"最多，"信息通信业"、"服务业"和"商业·物流业"中"服务开发（娱乐等）"最高。按企业规模来看，大企业、中小企业都是"服务开发（娱乐等）"最高。从企业的IoT、AI等数字技术利用情况来看，"已导入"占14.9%，"还没导入但有导入计划"占11.5%。从导入的系统和服务的构成来看，"监控"占比最高，为30.8%。此外，从企业的云端服务利用情况来看，2021年回答"正在使用"的企业比例为70.4%。从使用用途来看，"文件保管、数据共享"

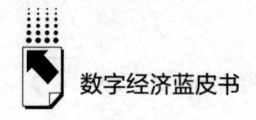

的比例最高，为61.0%。

2020年度日本的科学技术研究费用总额（公司、非营利组织/公共机构、大学等的研究费用总额）为192365亿日元，其中企业的研究费用为138608亿日元。在企业研究支出中，信息通信行业的研究支出为34970亿日元（占25.2%）。近年来，信息通信行业的研究支出呈持续下降或与往年持平的趋势。

（二）电子商务

2021年日本的面向消费者的电子商务（BtoC-EC）市场规模扩大至20.7万亿日元（上一年为19.3万亿日元，前年为19.4万亿日元，同比增长7.25%）。此外，2020年日本企业间电子商务（BtoB-EC）市场规模增至372.7万亿日元（上一年为334.9万亿日元，前年为353.0万亿日元，同比增长11.3%）。2019年，日本国内BtoC-EC市场规模为19.4万亿日元，国内BtoB-EC市场规模为353.0万亿日元，2021年的市场规模已经超过2019年的市场规模。

2020年，作为应对新型冠状病毒传播的对策，日本呼吁人们非必要不外出以及推荐使用电子商务，产品销售领域出现显著增长，而随着旅游服务人数的下降，服务领域整体出现大规模下降。2020年日本国内BtoC-EC市场整体规模比上一年有所减少。此外，BtoC-EC转化率为8.78%（比上一年增加0.7个百分点），BtoB-EC转化率为35.6%（比上一年增加2.1个百分点），呈上升趋势。

在日本，通过跨境电子商务（EC）向海外销售商品的企业正在急剧增多。随着IT技术的发展，翻译和相关手续等变得简单，日元快速贬值也带来利好，越来越多的日本中小企业开始涉足跨境电商。根据日本经济产业省的统计，2021年仅面向中国和美国的跨境电商就增长到相当于日本对两国出口额约一成的规模。跨境电商有望成为日本中小企业走向全球化的契机。日本贸易振兴机构（JETRO）的调查显示，使用或正在考虑使用跨境电商的中小企业占比达到48%，比大型企业高出约10个百分点。2021年面向中国个人消费者的跨境电商销售额同比增加10%，达到21382亿日元，对美销售额增加26%，达到12224亿日元，相当于对中美贸易统计出口额的约一成。中美被视为日本跨境电商的两大主要国家。由于跨境电商的交易额必须超过20万日元才会反映到贸易统计中，因此总体销售额并不明确，但似乎已成长为一定规模的市场。

目前，面向海外的销售势头更加强劲。日本国内最大的跨境电商支援企业BEENOS拥有日本3000多家企业的数据，统计显示2022年1~6月的销售额（按日元计算）比2020年同期增加80%，达到5年前的3.7倍。对东南亚、欧洲、北美的销售额增长明显，其背景因素在于日元贬值。日元对美元汇率不断下跌，按各国货币计价的日本产品变得越来越便宜。从BEENOS统计的客单价来看，按有效汇率换算，2022年1~6月仅比2020年1~6月增加4%。在物价上涨的情况下，与其他国家的产品相比，日本产品的价格竞争力提升。BEENOS的统计显示，26%的美国跨境电商用户购买日本产品的频率和金额增加。

日本经济财政白皮书的分析显示，如果越来越多的日本中小企业开展海外业务，将有望提高盈利能力。已开始出口的企业与没有开始出口的企业相比，在生产效率上呈现提升倾向。经济合作与发展组织（OECD）的调查显示，与其他国家相比，日本中小企业使用电商的比例为22%，低于世界平均水平（31%），排名比较靠后。

（三）数字金融

由于新冠疫情的全球大流行，全世界遭受了前所未有的经济打击。从哪里如何重新站起来，面向未来构建什么样的社会，这是当今世界各个城市面临的紧迫课题。东京都给出的答案是"可持续恢复"。不是以回到新冠疫情之前的社会为目标，而是灵活应对人们的价值观和社会变化。其中，经济的重建被定位为重要的课题。备受期待的是东京都提出的"国际金融城市东京"构想。这个构想是，考虑到金融产业占东京生产总值的约1成，对其他产业有广泛的影响，可通过激活东京的金融来实现东京的

成长。

用"绿色×数字"重新激活金融。在《国际金融城市·东京构想2.0》中，特别重要的关键词是"绿色"和"数字"。作为具体措施的3个支柱分别是构建能够为解决社会问题做出贡献的金融市场（Tokyo Green Finance Initiative），利用金融科技等实现金融数字化，吸引资产运用等各类金融相关行业从业者。

应对气候危机是当今世界面临的最重要的挑战之一。在各国政府提出大幅减少二氧化碳等温室气体排放量的方针下，东京将环境对策视为对经济增长的投资，2030年"碳减半"、2050年"零碳东京"的行动已经开始。在这种脱碳化的潮流中，投资者和市场之间也出现了以企业环境对策为投资判断重要基准的动向。以ESG投资为首的这种趋势也波及企业，很多企业开始转向环保的经营方针。东京都通过完善企业ESG举措的信息平台，以及对绿色债券等发行体（企业、团体等）外部评价获取费用的支援，积极推动东京绿色金融市场发展。此外，还强化了面向中小企业的可持续金融的活性化，吸收个人投资者，向海外传播脱碳的措施和技术，吸引和培养推进可持续金融的高级人才。通过这些举措，旨在构建对全世界的投资者、企业、金融机构有吸引力的雄厚的金融市场，同时实现"环境"和"经济"的良性循环，旨在使东京进化为被世界选中的绿色城市。

随着技术持续进步，数字化转型渗透进人们生活的方方面面。在金融界也是如此，为了提高金融服务的便利性，创造全新的具有吸引力的数字金融服务，金融数字化是当务之急。而日本在金融数字化方面还有很大的改善空间。为了激活金融产业，将东京提升为国际金融城市，拥有丰富知识和技术的金融人才和企业是必不可少的，通过减免金融科技企业进入东京的初期费用等优惠政策，东京都要求国家重新审视税制和各项政策规定，创造有吸引力的商业环境和生活环境。

（四）东京数字经济竞争力

根据本课题组《全球数字经济城市竞争力发展报告（2022）》中全球

主要城市数字经济竞争力总体排名结果，东京从全球第 4 位下降至第 7 位（见表2）。城市数字经济竞争力评价指标包括经济与基础设施竞争力、数字人才竞争力、数字创新竞争力。

表 1　全球主要城市数字经济竞争力总体排名情况

单位：分

排名	城市	经济与基础设施竞争力	数字人才竞争力	数字创新竞争力	总得分	上年排名	国家
1	纽约	93.2	67.5	84.8	81.8	1	美国
2	首尔	79.7	78.2	67.3	75.1	5	韩国
3	伦敦	75.8	70.3	75.7	73.9	2	英国
4	洛杉矶	82.0	63.0	74.1	73.0	8	美国
5	波士顿	80.7	64.1	70.8	71.9	6	美国
6	新加坡	89.5	58.2	66.7	71.5	3	新加坡
7	东京	80.3	55.7	76.8	70.9	4	日本
8	旧金山	84.7	60.8	66.9	70.8	7	美国
9	北京	81.4	52.7	74.8	69.6	12	中国
10	芝加哥	80.7	63.0	62.0	68.6	11	美国
10	香港	86.8	57.5	61.6	68.6	9	中国

数据来源：本课题组。

在数字创新方面，东京依然保持领先水平。根据本课题组报告，数字创新竞争力包括城市研发强度、专利申请数量和典型数字应用（医疗、交通、教育、就业等）深度。东京在此项指标中仅低于纽约，排名第 2 位（见图 1）。

数字生产率，即数字的投入和产出比，将成为未来城市竞争的关键。由图 2 可以看出，东京处在右上角，右上角的 13 个城市均为高投入、高产出并存的城市。这与数字技术的蓬勃发展密切相关。因此可以预期，东京未来的数字经济发展仍将保持领先。

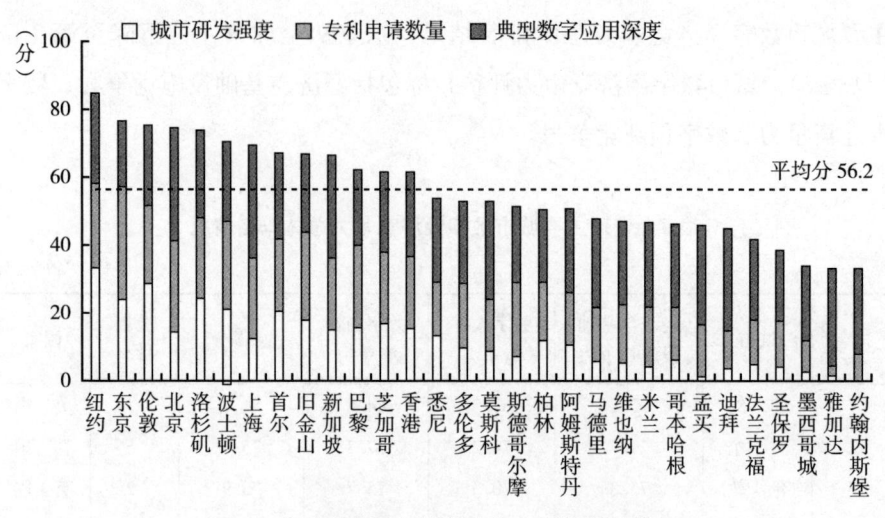

图 1　全球城市数字创新竞争力指标得分情况

注：图中将三项分指标乘以权重0.333，体现其在此项指标上的贡献。
数据来源：本课题组。

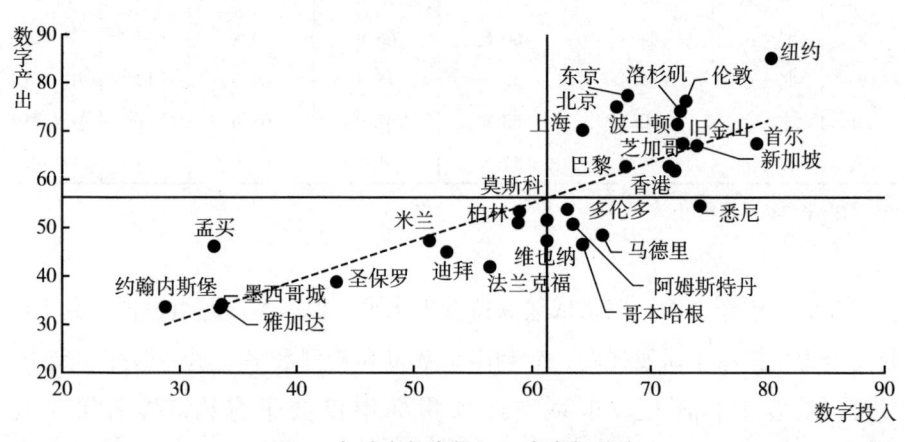

图 2　各城市数字投入—产出相关度

数据来源：本课题组。

二　东京数字技术发展

世界通信标准在3G以后为了避免多种技术并存，一直是行业整体制定规格和标准。在2021年的日美首脑会谈中，两国确认了今后向6G研发投入45亿美元的方针。日本希望在通信上不再采用电信号，而使用光信号，将能减少耗电量的NTT集团IOWN构想技术变为6G标准。此外，针对掌握绿色环保和数字技术两把钥匙的蓄电池，日本经济产业省正在为了将推动大规模生产基地选址的措施纳入经济对策而展开讨论。日本在半导体领域的全球份额仅占约9%，但在相关设备和材料领域有很多产品占有全球最高份额。为了保持这些战略商品的竞争优势，日本如今的任务是在国内保持和扩大半导体的生产。随着日本劳动力日渐减少，日本迫切需要利用数字技术，积极促进公共和私营部门的数字化转型。

（一）Innovative Optical and Wireless Network（IOWN）

日本NEC和NTT正在推进开发传输容量达到目前4倍的光纤。随着新一代通信标准6G及互联网汽车等技术逐步实用化，预计未来全球的通信业务量将急剧增大。日本企业在新一代光纤的开发领域处于领先地位。在新一代光纤有望成为新的通信服务背后主角的情况下，美国谷歌等大型科技企业与日本企业洽谈的情况也不断增加。

2021年秋季，NEC与住友电气工业等企业共同开发的海底光缆可容纳32根被称为"多芯光纤"（multicore）的新一代光纤。以往的光纤都是单芯，只有一个光信号通道，而NEC等开发的新一代光纤有4根纤芯。预计每根光纤的传输容量将达到目前的4倍，即每秒80太比特（Terabit）左右。相同时间内的通信信息量可增至4倍。用报纸来换算的话，每秒可传输的信息量相当于约3000万天的报纸。

新一代光纤的粗细程度只有0.125毫米，和头发丝差不多。以前由于会和旁边通道泄漏出来的光信号发生干扰，无法进行准确传输。现在通过改进通道周边使用的玻璃材料，可防止光信号泄漏，NEC一直在以实用化为目标推进开发，预计21世纪20年代中期推向实用化。新一代光纤将主要用于海底光缆，全球目前共有约500条，总长度达到130万公里，可以绕地球30圈以上。海底光缆是承担着99%国际通信的通信基础设施的核心部分，

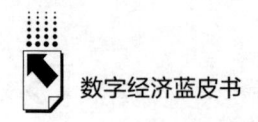

谷歌等美国科技企业正在自行推进构建工作。在海底光缆的生产和铺设领域，NEC掌握着3成的世界份额，排名全球第二，仅次于占4成份额的美国SubCom。使用新一代光纤的海底光缆有望为今后走向实用化的新通信服务发挥支撑作用。其中一项服务就是6G，其速度被认为将达到目前主流通信技术4G的1000倍，也相当于高速通信标准5G的10倍。

NTT为了实现使用自主光技术、被称为IOWN的新一代通信平台构想，正在讨论将具备4个通道的新一代光纤推向实用化。设想2025年确立相关技术，21世纪30年代将其引入连接东京及大阪等主要城市的主干网和数据中心。NTT为了方便与现有的光纤置换，将设计同样粗的新一代光纤。该公司尖端媒体部门负责人表示将从2025年左右开始推进国际标准化。

充分利用作为IOWN优势的大容量和低延迟的案例之一是与网络实时连接的互联网汽车。美国大型网络设备企业思科系统（CISCO）预测，互联网汽车的数量今后将以每年30%的速度增长。NTT正与丰田开发面向互联网汽车的通信平台。瞄准自动驾驶的互联网汽车要求毫无延迟地检测并躲避周围的危险，要实现这一点，新一代光纤将发挥重要作用。一直以来，光纤的性能在新一代光纤问世前就不断提高。美国调查公司Tele Geography的数据显示，2020年每条光纤的容量为每秒20太比特，达到20年前的30倍以上。不过，现行的光纤已经越来越难以进一步增加容量。其原因是，如果进一步增加容量，通信使用的激光会变得过强，恐怕会导致光纤熔化或无法识别信号。关于提高现行光纤性能的余地，住友电工的光通信研究所所长斋藤达男指出"对于1000公里以上距离的数据传输而言，30~40太比特（现在的1.5~2倍）可能是极限"。

（二）利用低轨道卫星的物联网网络

日本乐天移动（Rakuten Mobile）已经投资了近地轨道（LEO）卫星企业AST SpaceMobile，计划借此使无线服务覆盖日本人口。现在，该运营商开始与东京大学的合作，旨在通过基于LTE的LEO卫星网络扩大物联网设备和服务的覆盖范围。这项工作的重点是 NB-IoT，该技术不需要大量频谱资源，非常适合间歇性发送少量数据的低功耗设备，例如智能电表和传感器。

该计划是利用 LEO 卫星建立一个物联网网络，以达到 100%的地理覆盖，并为现有 NB-IoT 设备提供远距离连接，实现其所谓的"物联网超覆盖"，并确定连接 NB-IoT 和 LTE 设备服务的新用例。Rakuten 表示，通过建立卫星网络，对于山区、偏远岛屿或海上等通常无法覆盖网络的地区而言，低成本的物联网服务将成为可能。

该网络能够直接从物联网传感器收集数据——类似于 AST Space Mobile 针对智能手机的目标。AST 的投资者还包括沃达丰（Vodafone）、American Tower、Cisncros 和三星。其设想基于收入共享模式，在无须专门硬件的情况下，实现地面蜂窝网络之间的无缝漫游。2019 年 3 月，该公司发射了第一颗卫星，最初专注于 4G，随后是 5G。Rakuten 表示将与总部位于美国的 SpaceMobile 合作，覆盖该运营商地面移动网络无法覆盖的约 4%的日本人口。

在新的研发项目中，Rakuten 通过与 SpaceMobile 合作，专注于构建基于 LTE 的卫星通信网络。Rakuten 和东京大学将开展研发以稳定和优化 LTE 卫星通信，并为 LEO 开发和部署 NB-IoT 软件。这些合作伙伴将共同调查用例并进行物联网超覆盖试验。Rakuten 新的联合研发计划将从 2022 年 11 月持续到 2025 年 3 月底。研究活动属于日本国家信息通信技术研究院（NICT）的"Beyond 5G R&D Promotion Project"主题。不久前，Rakuten 在 NICT 的 Beyond 5G 项目下开启了一项单独的工作，与合作伙伴名古屋大学和日本冲电气工业株式会社合作，探索下一代自主移动网络的技术。

（三）蓄电池

日本经济产业省为了加强蓄电池产业的竞争力，到 2030 年前将培养 3 万名人才。在日本国内，开展蓄电池业务的松下能源（Panasonic Energy）拥有约 2 万名员工，日本经济产业省高官表示，今后追加培养 3 万名人才是

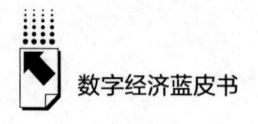

"较高的目标"。纯电动汽车（EV）和可再生能源的普及离不开蓄电池。在中韩企业崛起的背景下，日本将确保原材料等，力争获得2成全球份额。日本经济产业省发布了强化竞争力的最终方案，提出在材料领域等整个供应链培养3万名人才。预计在蓄电池领域，承担工厂制造的技能人才需要1.8万人，从事电池单元设计等的技术人才需要4000人。

为了培养人才，将在关西地区与松下、京都大学、产业技术综合研究所等展开合作。除了在工业高中和高专等引进蓄电池相关课程之外，还将在产业技术综合研究所的关西中心启动操作电池生产设备的课程。在最终方案中，还提出使日本国内企业在全球的蓄电池产能增至目前的10倍，即600吉瓦时。到2030年，600吉瓦时的产能有望占到全球份额的20%。还将明确所需资源量的大致标准，锂每年需要38万吨，镍为31万吨，钴为6万吨，石墨为60万吨，锰为5万吨。

针对相关企业，日本经济产业省决定在面向纯电动汽车（EV）的新一代电池"全固态电池"的开发领域支援本田和日产汽车等。将通过支援脱碳化领域研发的2万亿日元基金向其提供约1510亿日元，其中1205亿日元投向能量密度高的高性能蓄电池及原材料的开发、再利用技术，其余305亿日元用于新一代马达的开发。本田力争实现能在降低二氧化碳排放量的同时量产全固态电池的技术。日产和GS Yuasa也将开发高性能的全固态电池。松下能源（Panasonic Energy）、马自达和APB也分别力争以自主电池实现目前2倍的能量密度。住友金属矿山和出光兴产将研究电池制造阶段的脱碳化。在再利用相关领域，经产省将支援JX金属、东京电力控股与中部电力对半出资的JERA、住友化学。关于新一代马达，日本电产和电装将分别推进开发。在2030年之前将电力效率比此前提高85%以上。

（四）半导体

日本将在2022年底之前成立新的研究机构"新一代半导体制造技术开发中心"（暂定名）。与产业技术综合研究所、理化学研究所、东京大学等合作，共同建立基地，将灵活利用美国半导体技术中心（NSTC）的设备和人才进行研发。作为两国窗口的研发基地，设置试验性生产线，目标是最早于2025年在日本国内建立量产量子计算机等使用的新一代半导体。

新研究机构还将吸引企业参与，将在半导体设计、制造装置以及材料的开发和生产线确立三个领域开展研究。如果进入可量产阶段，将向国内外企业提供技术，将与包括中国台湾及韩国在内的拥有共同价值观的企业开展合作。日美两国政府将通过财政支持推动研究，日方10年内将拿出1万亿日元的研究开发费用，美国国会参议院也通过了对半导体生产和研究提供相当于7万亿日元补贴的法案。从各企业的尖端半导体产能来看，台积电（TSMC）领先，其次是三星电子和英特尔，在对量产不可或缺的制造装置和材料方面，东电电子、SCREEN控股、信越化学工业及JSR等日本企业拥有竞争力。

三 东京数字经济的未来展望

（一）数字田园都市国家构想

2021年末，日本政府在首相官邸召开"数字田园都市国家构想实现会议"，汇总了当前措施的全貌。提出构建高速通信标准5G的基础、将普及率从当前的3成到2023年度提高至9成这一目标。另外，自2022年度起，将在5年里培养230万名在日本地方城市普及数字技术的人才。该构想将通过5G和数据中心等基础设施建设，提升日本地方的活力，力争推动日本地方城市的数字化，消除与大城市的差距。关于当前的措施，针对信息通信的基础设施建设和人才培养设置了数值目标。

在5G领域，将加快移动通信系统基站的设置。为了能广泛使用自动驾驶和远程手术等新一代服务，需要在日本地方城市建立能高速处理大容量数据的数据中心。计划在今后约5年里建设10多处基地。为了确保数字人才供给，计划在大学等推进数据科学和人工智能（AI）教育。还将鼓励推进

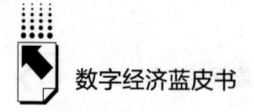

职业培训和社会人重新学习的"再教育"（Recurrent Education）。面向离职者的职业培训也将锁定为数字领域。

2022年度内，日本还计划安排1万名以上数字推进员，向老年人等传授通过智能手机和数字平台办理行政手续的方法。原定为约3000人的计划将增至3倍以上。在软件和硬件两方面推动日本社会的数字化。将以手机代理店及公民馆为中心配备推进员。为智能手机的基本操作及个人编号卡等行政服务的使用等提供帮助。力争到2025年度前使接受过帮助的人数合计达到1000万人。

目前，多是由手机店的员工等担任推进员。今后，日本政府将制定相关制度，考虑认定资格。还将向地方自治体派遣支援数字化的人才。数字田园都市国家构想还提出了避免"数字差距"扩大的理念。目的是通过强化支援体制，避免城市与地方、年轻人与老年人之间的差距扩大。日本政府在2022年度预算概算要求中，计入相关经费30.8亿日元。

（二）重振半导体数字产业战略

日本经济产业省2021年3月邀请行业相关人士召开了战略研讨会议，同年6月发布了《半导体数字产业战略》。日本通过补充预算，确保了对尖端工厂的投资以及推动现有设备升级的补贴等。日本描绘的路线图是支援强化制造基础，以及20世纪20年代后半期量产的新一代技术，到20世纪30年代以光电融合技术等为依托，重振最尖端技术。日本经济产业省的补贴成为台积电（TSMC）在熊本县建厂的推动因素。但是，不仅包括台积电预定建设的线宽20纳米的生产线，日本还把吸引更尖端的据点纳入视野。

最近20年，半导体的技术开发和尖端工厂运营所需的资金大幅增加。日本产业技术综合研究所2021年设立了"尖端半导体制造技术联盟"。在茨城县筑波市的基地引进尖端的生产设备，意在共同开发新一代半导体技术。日本有佳能和东京电子等制造设备企业等参加，台积电和英特尔也成为赞助会员。

世界最大半导体代工企业台积电（TSMC）和索尼集团确定了在日本熊本县共同建设半导体新工厂的大体框架。总投资额达到 8000 亿日元规模，预计日本政府最多提供一半补贴。将利用台积电的尖端技术，在 2024 年之前启动汽车和工业机器人不可或缺的运算用半导体（逻辑半导体）的生产。日本将通过新建工厂，确保尖端技术和稳定的产能。日本的很多半导体厂商在尖端半导体生产所需的大型投资竞争中掉队，采用最新技术的逻辑半导体交由台积电等生产。日本将通过接纳台积电的直接投资，恢复尖端产品的国内制造。新工厂建在位于熊本县菊阳町的索尼图像传感器工厂的相邻地点，计划在 2024 年度之前投入运行。生产的半导体用于以图像传感器收集的信号处理和汽车。

索尼还将以准备工厂用地的形式提供协助。意图是稳定采购嵌入图像传感器的逻辑半导体。在用于智能手机等的传感器领域，索尼掌握全球份额的一半，在熊本以及长崎县等处拥有工厂。收集光线的传感器部分为自主制造，但处理图像数据的逻辑半导体由台积电等代工。这些尖端半导体对于日本的产业基础也是不可或缺的。日本在世界上具有竞争力的汽车产业在自动驾驶和电动化背景下，需要比原来更高性能的半导体。另外，收集图像及视频等数据以提高制造工序效率的智能工厂也必须以更快的速度和更大的处理量处理电子信息。

不过，要想在日本继续开展半导体业务，仅靠建设工厂是不够的。美国半导体产业协会指出，在日本建设尖端半导体工厂并运营 10 年的费用比韩国高 2 成，比中国高近 3 成。主要原因是其他国家纷纷强化了对半导体产业的优惠政策。此外，还需要建立与其他国家企业竞争的平台。

（三）医疗领域的数字化转型

近来，日本加速推进医疗领域的数字化转型，凭借日本国民人手一张的"我的号码卡"（my number card），就可以接受各种医疗、福利服务，医生也可以进行提供医疗服务所需的认证操作，实现各项服务一卡通。医疗领域的数字化转型主要包括以下三个方面。

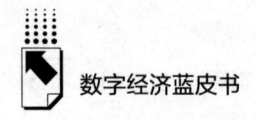

1. 创建全国医疗信息平台

扩充在线资格确认等系统网络，除了收据、特定健康检查等信息之外，还有预防接种、电子处方、自治体检查、电子病历等医疗（包括护理）信息，创建了可以共享和交换所有医疗信息的全国性平台。

2. 电子病历信息的标准化等

在共享和交换医疗信息时，从保证信息的质量，提高便利性和正确性的角度来看，有必要统一电子病历的形式。除此之外，还包括研讨通过标准的电子病历、电子病历数据等优化治疗方案，并将其运用于开发 AI 等新兴医疗技术，有效运用于新药的开发上。

3. 调整诊疗报酬的数字化转型

从有效利用数字人才和削减系统费用等角度来看，利用数字技术，大幅提高诊疗报酬及其调整的相关工作的效率，以此降低整个医疗保险制度的运营成本。

关于利用医疗信息的相关法制措施也会在后续跟进。作为今后医疗数字化转型的基础，全国医疗信息平台的创立、电子病历信息的标准化、诊疗报酬调整的数字化转型，将有助于应对传染病等紧急情况，推动医疗全面的数字化转型。

参考文献

「令和元年度　国民経済計算年報」，内閣府経済社会総合研究所。

2022 年「電子商取引に関する市場調査」，日本経済産業省。

令和元年「都民経済計算」東京の統計，https：//www.toukei.metro.tokyo.lg.jp/keizaiy/ke-index.htm。

「情報通信白書　令和 4 年版」，総務省。

「東京の産業と雇用就業 2021」，東京都産業労働局。

「グラフィック東京の産業と雇用就業 2021」，東京都産業労働局。

「東京都 ICT 戦略」2017 年，東京都総務局。

「未来の東京」，戦略 version up 20223 か年のアクションプラン，2022 年 2 月。

B.16
上海数字经济发展报告（2022）

罗 力*

摘　要： 随着新兴信息技术的广泛应用、新型基础设施的升级和数字经济人才的集聚，上海牢牢把握住国内数字经济发展第一的位置。上海市各级政府为数字经济发展创造了前瞻性和引领性的法律政策环境，围绕着城市数字化转型、5G应用、人工智能和元宇宙等适时出台了各种法律法规和政策。未来上海数字产业化和产业数字化的程度将得到进一步提升、人工智能产业的发展环境更为友好、临港新片区将被打造成为上海发展数字经济的样板区。

关键词： 数字经济　数字产业　数字创新　数字治理

以大数据、云计算、5G、人工智能、区块链、元宇宙等为代表的新一代信息科技和应用极大地拓展了经济发展空间，未来将催生一大批新产业、新模式和新业态。当前，党和国家高度重视数字经济发展，从顶层设计的角度持续完善数字经济战略布局，各个行业和全国各地则加快领会落实各个数字经济战略。2021年10月，习近平总书记指出，数字经济发展速度之快、辐射范围之广、影响程度之深前所未有，正在成为重组全球要素资源、重塑全球经济结构、改变全球竞争格局的关键力量，

---

* 罗力，管理学博士，上海社会科学院信息研究所副研究员，主要研究方向为数字经济治理、信息资源开发与利用、智慧城市建设与个人信息安全保护。

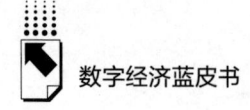

要充分发挥海量数据和丰富应用场景优势，不断做强做优做大我国数字经济。[1] 国务院总理李克强在2022年政府工作报告中指出，要促进数字经济发展。加强数字中国建设整体布局，建设数字信息基础设施，促进产业数字化转型，加快发展工业互联网，完善数字经济治理。[2] 根据国家互联网信息办公室2022年8月19日发布的《数字中国发展报告（2021年）》，我国数字经济在多个领域位列世界前茅，技术跻身全球第一梯队。到2021年底，我国已经有142.5万个5G基站，占全球比例超过60%，5G用户数则达到3.55亿，所有行政村和脱贫村均通了宽带。实际上我国已经拥有全球规模最大、技术领先的网络基础设施。此外，我国工业互联网应用已覆盖45个国民经济大类，电子商务交易额从2017年的29万亿元增长至2021年的42万亿元。[3] 根据中国信息通信研究院发布的《中国数字经济发展报告（2022年）》，2021年，我国数字经济规模达到45.5万亿元，其中数字产业化规模为8.35万亿元，同比名义增长11.9%，占数字经济比重为18.3%，占GDP比重为7.3%，数字产业化发展正经历由量的扩张到质的提升转变。产业数字化规模达到37.18万亿元，同比名义增长17.2%，占数字经济比重为81.7%，占GDP比重为32.5%，产业数字化转型持续向纵深加速发展。[4] 2021年，我国数字服务贸易2.33万亿元，同比增长14.4%；其中数字服务出口1.26万亿元，增长18%。2022年上半年，我国数字服务贸易1.2万亿元，同比增长9.8%；其中数字服务出口6828亿元，增长13.1%。[5] 2022年

---

[1] 《习近平在中共中央政治局第三十四次集体学习时强调　把握数字经济发展趋势和规律 推动我国数字经济健康发展》，http://www.qstheory.cn/yaowen/2021-10/19/c_1127974061.htm，2021年10月19日。
[2] 《政府工作报告——2022年3月5日在第十三届全国人民代表大会第五次会议上》，http://www.qstheory.cn/yaowen/2022-03/12/c_1128465058.htm，2022年3月12日。
[3] 徐晶卉：《上海数字经济发展水平居全国前列》，《文汇报》2022年7月25日，第1版。
[4] 《中国数字经济发展报告（2022年）》，http://www.caict.ac.cn/kxyj/qwfb/bps/202207/P020220729609949023295.pdf，2022年7月。
[5] 《数字化赋能贸易高质量发展——2022年数字贸易发展趋势和前沿高峰论坛发言摘编》，http://xkzj.mofcom.gov.cn/article/myszh/myszhdt/202209/20220903348086.shtml，2022年9月20日。

1月，国务院印发的《"十四五"数字经济发展规划》将"十四五"时期推动数字经济健康发展的指导思想、基本原则、发展目标、重点任务和保障措施进一步加以明确。[1] 2021年8月20日通过的《中华人民共和国个人信息保护法》已经为我国数字经济的发展提供了坚实的法律保障。[2]

一 上海数字经济发展总体概况

根据赛迪顾问数字经济产业研究中心发布的《2021中国数字经济城市发展白皮书》，北京、上海、深圳、广州、杭州、成都、南京、天津、苏州和重庆目前位列我国数字经济百强城市前10名。[3] 来自戴德梁行的分析数据显示，TMT行业在2021年上海办公楼市场表现极为活跃，约占四季度租赁成交的18.3%，超过金融业的15.2%。[4] 虽然2022年上半年的新冠疫情对上海的经济发展造成了非常大的影响，但是上海数字经济相关指标仍保持快速增长。根据上海市有关部门发布的经济统计报告可知，上海市信息传输、软件和信息技术服务业增加值同比增长了5.3%，2022年1~5月规模以上信息传输、软件和信息技术服务业营业收入同比增长了8.0%。[5] 2022年两会期间发布的上海市政府工作报告指出，要进一步实现经济数字化转型，推动重点领域数字产业化发展，提升基础软件、工业软件、安全软件等供给能力，建设一批大数据、区块链等开放服务平台，加快培育一批在线新经济头部企业。对传统产业进行数字化转型，同时推动工业互联网创新发展，打

---

[1]《国务院关于印发"十四五"数字经济发展规划的通知》，http://www.gov.cn/zhengce/content/2022-01/12/content_5667817.htm，2022年1月12日。
[2]《中华人民共和国个人信息保护法》，http://www.npc.gov.cn/npc/c30834/202108/a8c4e3672c74491a80b53a172bb753fe.shtml，2022年9月15日。
[3]《数字经济百强城市发布："北上深广杭"稳居数字经济一线城市》，https://www.thepaper.cn/newsDetail_forward_14391302，2021年9月7日。
[4]《从"房客"、机器人和"卖碳翁"看上海经济有多"硬核"》，http://city.ce.cn/news/202203/11/t20220311_7338182.shtml，2022年3月11日。
[5]《徐晶卉：上海数字经济发展水平居全国前列》，《文汇报》2022年7月25日，第1版。

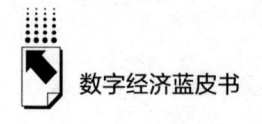

造多个制造业数字化赋能平台、数字孪生企业和示范性智能工厂。①

上海市各级政府在推动数字经济发展过程中发挥了重要的作用,一方面吸收国外先进城市发展数字经济的实践经验,另一方面向国内兄弟省份和城市学习,研究出台一系列法律法规和政策文件,比如2021年10月27日,上海发布的《上海市全面推进城市数字化转型"十四五"规划》,提出到2025年,上海全面推进城市数字化转型取得显著成效,对标打造国内一流、国际领先的数字化标杆城市,国际数字之都建设形成基本框架,为2035年建成具有世界影响力的国际数字之都奠定坚实基础。"十四五"时期,上海全面数字化转型包含完善城市人工智能物联网(AIoT)基础设施、构建城市数据中枢体系和打造城市共性技术赋能平台三项重要内容。② 2021年8月,上海市发改委出台《上海市促进城市数字化转型的若干政策措施》,提出将推进国企数字化转型"一把手"负责制,探索"首席数字官"制度。③ 上海市通信管理局2022年3月印发的《5G应用"海上扬帆"行动计划(2022—2023年)》,指出上海要持续提升5G网络覆盖水平,2022～2023年,上海将每年新增5G基站1万个。到2023年底,上海5G基站密度提升到每平方公里10个,每万人拥有5G基站数提升至28个,80%的楼宇实现5G室内覆盖。同时,上海要加快提升5G网络使用效率。④《上海市数字经济发展"十四五"规划》提出到2025年底,上海数字经济发展水平稳居全国前列,增加值力争达到3万亿元,占全市生产总值比重大于60%的目标。数字经济核心产业增加值占全市生产总值比重达到15%左右,规模以上制造业企业数字化转型比例达到80%左右,数字经济新动能和经济贡献度跃

---

① 金叶子:《机器人密度比肩德国,上海抢占数字经济赛道有何深意?》,https://www.yicai.com/news/101298315.html,2022年1月22日。
② 郑新钰:《上海:5年绘出"20新"推进城市数字化转型》,《中国城市报》2021年11月1日,第A6版。
③ 《关于印发〈上海市促进城市数字化转型的若干政策措施〉的通知》,https://fgw.sh.gov.cn/fgw_gfxwj/20211123/860adadd275f43d9acef0488e72b396d.html,2021年8月2日。
④ 宋薇萍:《上海5G应用创新发展步入快车道》,《上海证券报》2022年7月21日,第2版。

上新台阶。① 在"十四五"期间培育包括数字内容、数字贸易在内的数据新要素，支持龙头企业探索 NFT 交易平台建设，研究推动 NFT 等资产数字化、数字 IP 全球化流通、数字确权保护等相关业态在上海先行先试。要发展区块链商业模式，着力发展区块链开源平台、NFT 等商业模式，加速探索虚拟数字资产、艺术品、知识产权、游戏等领域的数字化转型与数字科技应用。② 2022 年 7 月，《上海市培育"元宇宙"新赛道行动方案（2022—2025 年）》发布，将"虚实交互"和"以虚强实"作为重要目标，形成上海在发展元宇宙新赛道方面的重要特点，即在实体经济基础上，通过推动扩展现实（XR）发展未来数字空间的创新方案。《上海市电子信息产业发展"十四五"规划》指出，元宇宙应重点关注底层核心技术研发、感知交互的新型终端研制、系统化虚拟内容建设 3 个板块。③ 上海已经逐步形成了一套多元主体跨领域协同工作的城市数字化转型机制，重点激发多元主体创新活力，推动在沪央企、地方国企、外资企业和民营企业结合自身行业特色，逐步发挥企业在数字化转型中的核心作用。④

二 上海数字经济竞争力分析

（一）数字基础设施

数字基础设施是推动数字经济高质量发展、创造高品质生活的重要支撑。上海作为全国首批"千兆城市"，至 2021 年底，961 万户家庭已实现千兆光网接入。家庭宽带用户平均接入带宽达 386.95Mbps，比上年末增加 117.04Mbps；互联网省际出口带宽 31900Gbps，比上年末增加 3037Gbps；互

---

① 徐晶卉：《上海数字经济发展水平居全国前列》，《文汇报》2022 年 7 月 25 日，第 1 版。
② 《上海数字经济政策红利有望推动潮流产业数字化》，http://www.xhby.net/sy/cb/202208/t20220816_7660778.shtml，2022 年 8 月 16 日。
③ 徐晶卉：《人工智能与元宇宙是"天生一对"》，《文汇报》2022 年 9 月 1 日，第 6 版。
④ 乌兰琪琪格：《全国政协委员张英：聚焦"元宇宙"新赛道，打造数字经济"上海样板"》，《中国企业报》2022 年 3 月 8 日，第 12 版。

联网国际出口带宽8902.32Gbps，比上年末增加1960.39Gbps。上海已经有IPTV用户数559.53万户，比上年末减少5.31万户。至2021年底，上海累计建设超5.4万个5G室外基站、14万个室内小站，实现全市域5G网络基本覆盖。5G基站密度达到7.6个/平方千米，全国排名第一。5G用户数达1028.41万户，比上年末增加415.68万户。[1] 中国信息通信研究院2022年6月发布的第1期《全国移动网络质量监测报告》显示，上海的5G网速全国最快，平均下行接入速率达到462.93Mbps，全国平均水平为334.98Mbps。《上海市新一代信息基础设施发展"十四五"规划》中提出，面向"十四五"新阶段，到2025年5G用户普及率达100%，5G网络用户平均下载速率达500Mbps。[2]

上海还启用了一批人工智能等一体化融合基础设施、医疗大数据训练设施、智能网联汽车试点示范区等数字化转型奠基性工程，以提升自身数字基础设施能级。阿里飞天云计算中心、腾讯长三角人工智能超算中心等重量级算力枢纽引擎已相继在上海落地，这将进一步提升上海的数字化基础设施能级。

（二）数字产业

目前，上海以集成电路、人工智能等为代表的数字产业发展势头良好，2021年产业规模同比增幅均超过20%，其中集成电路产业规模达2500亿元，增幅为20%，汇集了华为海思半导体、上海微电子等众多芯片领域巨头。人工智能产业规模超过2800亿元，增长20%。与其他国家相比，上海的人工智能产业发展主要以应用场景为牵引，行业由虚转实趋势明显，产业价值红利逐步展现。局部领先的态势已经形成，产业爆发的趋势也越来越明显。[3] 上海软件和信息服务业2021年总营收增长15%以上，达到1.26万亿

---

[1] 《2021年上海市国民经济和社会发展统计公报》，https://tjj.sh.gov.cn/tjgb/20220314/e0dcefec098c47a8b345c996081b5c94.html，2022年3月14日。
[2] 钱立富：《韩国5G网速全球第一？上海明明更快》，《IT时报》2022年7月8日，第2版。
[3] 《全面推进城市数字化转型——跑赢数字经济新赛道加速度》，《人民政协报》2022年3月5日，第7版。

元。2021年全国互联网企业百强，上海有16家，排全国第二，其中拼多多、小红书、饿了么、叮咚买菜等一批互联网企业脱颖而出。① 2021年，上海互联网企业营收的年度增速达到35%，位居全国第一。2021年上海电子商务交易额32403.6亿元，比上年增长10.2%。其中，B2B交易额19240.6亿元，增长8.7%；网络购物交易额13163.0亿元，增长12.3%。网络购物交易额中，商品类网络购物交易额7829.7亿元，增长13.8%；服务类网络购物交易额5333.3亿元，增长10.1%。② 2021年上海数字贸易进出口额达568.8亿美元，同比增长30.8%。2022年上半年，上海数字贸易进出口额达289.9亿美元，同比增长9.7%。③ 2022年上半年，上海数字经济发展势头依然强劲，软件和信息服务业营收6700亿元，同比增长8.8%，其中互联网信息服务业增长21.1%。同时，全市信息服务业投融资达180笔，占已公布投融资个案的60%以上，城市数字化转型板块成为风投最青睐的领域。④ 智能网联汽车领域，既有特斯拉、蔚来、威马等新型车企，也有上汽旗下的智己和飞凡品牌。智能机器人领域则有新时达、达闼、新松、沃迪等一批上海本土机器人企业。⑤ 上海还着力发展数字孪生城市、大数据等前沿技术，重点支持轨交运维管控数字孪生平台等100余个项目。⑥

2021年11月25日，上海数据交易所正式揭牌成立，该交易所以破解数据确权难、定价难、互信难、入场难、监管难为目标，是推动我国数据从资源向要素转化的枢纽。2022年8月24日，上海数据交易所在全国率先设

---

① 《全面推进城市数字化转型——跑赢数字经济新赛道加速度》，《人民政协报》2022年3月5日，第7版。
② 《2021年上海市国民经济和社会发展统计公报》，https://tjj.sh.gov.cn/tjgb/20220314/e0dcefec098c47a8b345c996081b5c94.html，2022年3月14日。
③ 《2022年服贸会今开幕，上海展区打造微缩版数字贸易国际枢纽港》，https://news.xinmin.cn/2022/08/31/32223976.html，2022年8月31日。
④ 张懿：《全面数字化转型，上海收获新思考新动力》，《文汇报》2022年8月24日，第1版。
⑤ 《上海数字经济新赛道积聚新势能》，http://sh.people.com.cn/n2/2022/0213/c134768-35131882.html，2022年2月13日。
⑥ 《〈2021上海科技进步报告出炉〉：研发投入强度达4.1%，三大刊论文数量占全国1/3》，https://stcsm.sh.gov.cn/xwzx/mtjj/20220121/e1502d2b529e4c1fa490b8e2a41e88bc.html，2022年1月21日。

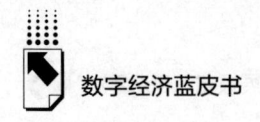

立数字资产板块，重构数字资产体系，打造数字资产与实体经济深度融合的新样板。①

（三）数字创新

《2021上海科技进步报告》显示，2021年，上海科技投入稳步增长，积极承接国家重大任务，全社会研发经费投入1700亿元，占全市生产总值的比例为4.1%左右。《2021年上海市国民经济和社会发展统计公报》显示，上海全年专利授权量为17.93万件，比上年增长28.3%。其中，发明专利3.29万件，增长35.7%。2021年全市有效专利达67.67万件，比上年增长24.7%。其中，发明专利17.20万件，增长18.1%。每万人高价值发明专利拥有量达34.2件，增长15.7%。②

上海市科学学研究所委托施普林格·自然集团开展调研，发布的《2022"理想之城"全球高水平科学家分析报告》显示，目前北京、上海已慢慢成为高水平科学家集聚的全球人才高地，其中两座城市均位于高水平科学家集聚总数量的全球前五位，彰显了其全球人才枢纽城市地位。③ 上海逐渐成为我国数字化人才培养的重要基地，即上海借助其丰富的产业结构和培养体系，在人才流动中更善于吸引更多初级职位人才，往外培养输出中高级职位人才，为全国的数字化人才结构优化做出重要贡献。④ 2021年10月，《上海市全面推进城市数字化转型"十四五"规划》指出要深入加强数字技术人才培养，加强高等院校基础学科和人工智能等新兴学科建设，促进数学、统计学、计算机等学科融合发展，培育高层次创新型领军人才和高技能

---

① 《数字资产拥抱实体经济，上海数字经济新赛道再启新篇》，https://www.shobserver.com/sgh/detail?id=834914，2022年9月20日。
② 《2021年上海市国民经济和社会发展统计公报》，https://tjj.sh.gov.cn/tjgb/20220314/e0dcefec098c47a8b345c996081b5c94.html，2022年3月14日。
③ 许琦敏：《十年增近3倍，上海跻身全球最主要人才枢纽城市》，《文汇报》2022年8月28日，第5版。
④ 《中国城市数字经济发展报告（2021年）》，http://www.caict.ac.cn/kxyj/qwfb/ztbg/202112/P020211221381181106185.pdf，2022年9月20日。

人才、中青年学术技术带头人。① 经过五年的发展，上海人工智能产业规模已经实现翻倍，人工智能人才数量已从早期的10万增至18万，约占全国人才数量的1/3。包括商汤科技、依图科技、深兰科技等重点企业在内的占全国20%左右掌握人工智能核心技术的企业都在上海落地。② 上海元宇宙相关产业生态繁荣，产业链布局完善，一批企业正加快产业"元宇宙化"布局，如商飞正在搭建"工业元宇宙"，推动大飞机产业链上下游破除数字孤岛；米哈游正在构建覆盖全球10亿人共同生活的数字虚拟社区。③ 另外，我国产业数字化与数字产业化的优秀典型"洋山四期超大型自动化集装箱码头关键技术研究与应用"与"面向复杂场景的人物视觉理解技术及应用"获评2021年上海科技进步奖特等奖。

（四）数字治理

数字治理能力可为数字经济的健康发展提供良好的环境。上海一方面紧紧依托现有的法律法规和制度框架，另一方面积极研究出台新的法律法规，在数字治理能力方面一直位于全国的领先水平。

2022年1月1日开始实施的《上海市数据条例》以促进数据利用和产业发展为基本定位，紧扣用规范促进发展、用保护促进利用的立法思路，涵盖数据权益保护、数据流通开发、数据安全管理三个方面，结合数字经济相关市场主体的发展不足，在符合安全标准的背景下，最大限度促进数据流通和开发利用，推动数字经济发展。《上海市数据条例》的总体定位是一部促进法，其出台和实施标志着上海数字治理水平步入一个新高度。上海市政府相关主管部门为保障《上海市数据条例》顺利实施，研究制定《贯彻实施〈上海市数据条例〉配套工作分工方案》，计划在2022年3月底、6月底、

---

① 《上海加快夯实城市数字化转型的人才基础》，http://www.sh-act.org/index.php?r=article/Content/index&content_id=1267，2022年10月13日。
② 《全面推进城市数字化转型——跑赢数字经济新赛道加速度》，《人民政协报》2022年3月5日，第7版。
③ 《上海发力数字经济、绿色低碳、元宇宙领域》，http://www.sheitc.sh.gov.cn/gydt/20220111/a56de7a5825b4049aa09a219b1957297.html，2022年9月16日。

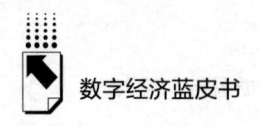

12月底三个时间节点，分批出台配套政策或配套措施，在年内基本形成数据领域"1+X"制度体系。①

2021年12月，上海推出了《推进治理数字化转型实现高效能治理行动方案》进一步提升城市数字治理水平。一是仔细研究落实国家《网络安全法》《数据安全法》《个人信息保护法》等法律法规和本地区网络安全主管单位的有关要求。针对数据归集、开放、共享、使用等应用场景，定期开展数据安全运营合规性审核和评估，及时发现数据运营管理中的违法违规行为，确保数据安全运营各项活动符合国家法律法规和本地区网络安全主管部门的相关要求。二是针对数据"网、云、数、用、端"系统和应用的特点，建立健全全流程数据安全运营管理制度，通过制度建设约束各方规范地开展日常安全运营工作。三是建设上海市公共数据安全运营监测监管平台，对公共数据"网、云、数、用、端"实施集中式安全运营管理。加强与相应网络安全主管部门之间的信息联通，在全市层面初步建立了公共数据的安全运营联动工作机制。四是主动对标领先的数据安全管理经验，积极引入第三方监管机构，从数据安全等级划分、数据访问权限控制、用户身份认证和访问行为监控、数据安全的隐私保护、数据安全风险管理等维度，开展全过程安全监管，实现公共数据安全运营管理水平不断提升。②

上海持续强化制度、技术、管理三个环节的工作力度，加强数据安全制度顶层设计，探索推进前沿数据安全技术在公共数据领域的应用。上海市公安机关还持续加大对涉网违法犯罪的打击力度，有力维护了网络信息安全环境。③ 上海还将研究出台数据安全领域"1+5+X"政策性文件，"1"是指《关于加强本市数据安全工作的指导意见》。"5"是指包括数据信息备案、数据分类分级、数据安全评估指南、重要数据目录、数据交易安全规范在内

---

① 丁弋弋：《"1+1+3+3"框架确立上海城市数字化转型驶入快车道》，《上海信息化》2022年第2期。
② 梁满、刘迎风：《上海公共数据安全运营管理思考与实践》，《中国信息安全》2022年第1期。
③ 祝越、史博臻：《网络与数据安全为上海数字化转型护航》，《文汇报》2021年10月12日，第5版。

的5个基础性规范。"X"是指将要推出的若干配套制度工作文件。① 与此同时，上海临港新片区正加快国际数据港建设，已建设一批国际互联网数据专用通道，发布全国首个智能网联汽车数据跨境流动操作指引，建成数据跨境流动公共服务管理系统，实现了"数据可用不出境"的流动模式创新。②

三 上海数字经济发展展望

1. 上海数字产业化和产业数字化的程度得到进一步提升

上海在《5G应用"海上扬帆"行动计划（2022—2023年）》中提出要持续提升5G+工业互联网、智慧交通、智慧城市和智慧园区"四大传统赛道"，重点开拓5G+智慧医疗、智慧教育、智慧文旅、智能航运等"四大新兴赛道"。"一网通办，一网通管"也将进一步升级改造，建设完成新一批"高效办成一件事"和"高效处置一件事"的场景。这也意味着将有一批新场景投入应用，从而推动上海数字化转型工作进一步迈向纵深，突出融通和赋能效应。③

2. 人工智能产业的发展环境更为友好

2022年9月22日，上海市人大通过了《上海市促进人工智能产业发展条例》，并从2022年10月1日起开始实施。这是从地方性法规层面进行制度创新，发挥本市人工智能产业的生态优势，破解发展中的问题，确保重要战略任务落实落地，为上海数字经济的高质量发展提供法治保障的一大尝试。条例共六章七十二条，包括总则、基本要素与科技创新、产业发展、应

---

① 金叶子：《全面推进城市数字化转型 上海将更严格保护个人信息、数据》，《第一财经日报》2022年1月13日，第A2版。
② 《智能网联汽车数据合规②：数据跨境成监管重点，跨国车企迎挑战》，http://www.21jingji.com/article/20220113/herald/248515aeca42d0c5bc8b82e52d069880.html，2022年1月13日。
③ 张懿：《打造国际数字之都，"上海底气"越来越足》，《文汇报》2022年3月8日，第5版。

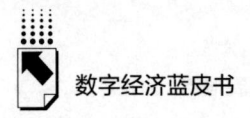

用赋能、产业治理和附则。① 另外，2022年9月13日，上海市政府为贯彻落实《上海市数据条例》《上海市公共数据开放暂行办法》等有关法律法规，加快推进本市公共数据更高水平开放，还公布了《上海市公共数据开放实施细则（征求意见稿）》《上海市数据交易场所管理实施办法（征求意见稿）》。② 随着这些文件的落地，上海发展人工智能的环境将得到进一步改善。

3. 临港新片区将被打造成为上海发展数字经济的样板区

上海将尽可能充分利用全国人大对浦东新区的立法授权，进一步从面上做好规划和布局，推出新时代发展数字经济的上海样板工程。利用"引领区"享有立法授权的独特优势，提出相关立法建议和执法措施。③ 要充分利用临港新片区的先发优势，从点上寻找突破，实现创新发展，建设数字经济创新发展试验田。进一步推动建设信息基础设施、金融配套设施、标准规范和数字孪生底座，构建数字化基础设施框架。利用临港新片区直接连接国际互联网的独特优势，建设国家战略数据储备中心，推动开展工业、贸易、金融、监管等多个领域的数据跨境流通试点工作。建设数字化核心产业集聚区，研究开拓全球数字资产离岸交易业务，打造"平台+应用"数字产业生态体系。④

参考文献

《习近平在中共中央政治局第三十四次集体学习时强调　把握数字经济发展趋势和

---

① 《上海立法促进人工智能产业发展》，http：//www.news.cn/local/2022-09/22/c_1129023905.htm，2022年9月22日。
② 《关于〈上海市公共数据开放实施细则（征求意见稿）〉公开征询意见的公告》，https：//app.sheitc.sh.gov.cn/gg/693375.htm，2022年9月13日。
③ 陈颖婷：《打造数字经济的上海样板》，《上海法治报》2022年1月24日，第A5版。
④ 姜晓凌、耿挺、陶婷婷：《城市数字化转型，上海下一步怎么做？》，《上海科技报》2022年1月21日，第5版。

规律　推动我国数字经济健康发展》，http：//www.qstheory.cn/yaowen/2021-10/19/c_1127974061.htm，2021年10月19日。

徐晶卉：《上海数字经济发展水平居全国前列》，《文汇报》2022年7月25日，第1版。

《关于印发〈上海市促进城市数字化转型的若干政策措施〉的通知》，https://fgw.sh.gov.cn/fgw_gfxwj/20211123/860adadd275f43d9acef0488e72b396d.html，2021年8月2日。

《全面推进城市数字化转型——跑赢数字经济新赛道加速度》，《人民政协报》2022年3月5日，第7版。

《2021年上海市国民经济和社会发展统计公报》，https://tjj.sh.gov.cn/tjgb/20220314/e0dcefec098c47a8b345c996081b5c94.html，2022年3月15日。

《上海产业部门布局新赛道培育新动能　在数字经济、绿色低碳、元宇宙领域发力》，http://www.sheitc.sh.gov.cn/gydt/20220111/a56de7a5825b4049aa09a219b1957297.html，2022年1月11日。

丁弋弋：《"1+1+3+3"框架确立　上海城市数字化转型驶入快车道》，《上海信息化》2022年第2期。

梁满、刘迎风：《上海公共数据安全运营管理思考与实践》，《中国信息安全》2022年第1期。

张懿：《打造国际数字之都，"上海底气"越来越足》，《文汇报》2022年3月8日，第5版。

《上海立法促进人工智能产业发展》，http://www.news.cn/local/2022-09/22/c_1129023905.htm，2022年9月22日。

产业篇
Industry Report

B.17
全球人工智能发展报告（2022）

顾 洁[*]

摘　要： 2021年以来，人工智能全球竞争格局风云变幻。从世界范围来看，人工智能技术持续进化，产业发展高歌猛进。同时，地缘政治与科技脱钩成为人工智能发展的新语境，消化和应对外源性风险成为国家、政府和企业必须面对的新命题。本报告首先回顾2021年以来人工智能领域新的技术趋势和产业变化，随后梳理美国、中国、欧盟人工智能发展情况与竞争举措，最后针对近期中美人工智能竞争事件，分析全球人工智能发展的外源性风险。本报告还重点介绍美国遏制中国人工智能发展的手段以及欧盟的机会主义竞合行为。

关键词： 人工智能　科技创新　科技竞争

---

[*] 顾洁，上海社会科学院信息研究所副研究员，主要研究方向为科技产业创新规律、用户行为与福祉、技术伦理。

一　人工智能技术与产业前沿趋势

（一）人工智能市场发展整体向好

人工智能市场规模持续增加。2021年全球人工智能产业规模为3619亿美元，预估2022年达到4238亿美元。① 与相对低迷的全球经济相比，人工智能市场持续高歌猛进。IDC预测，全球人工智能市场将保持较高的增长走势，在2022~2026年实现20%的复合年增长率，预计市场规模在2030年达到18610亿美元（见图1）。② 根据CB Insights数据，全球现有人工智能企业超11000家，其中半数是2017年及之后成立的初创企业。③ 随着产业体系逐渐成熟，与商业价值脱钩的技术将快速被市场淘汰，泡沫的消退也带来一批人工智能企业退场。据统计，人工智能领域创业成功率不足10%。其中，高研发投入、高人才需求和较慢的产业化速度叠加造成现金流断裂是人工智能企业"死亡"最重要的原因。创业生态系统的高新生率和高死亡率推动行业快速迭代，使人工智能创业生态系统始终保持活跃状态。

资本市场对人工智能领域重燃热情。2018年左右人工智能领域投融资短暂遇冷，随后三年资本市场对人工智能领域重拾热情。2021年，包括私人投资、公开发行、企业并购等在内的人工智能领域投资总额约为1765亿美元（见图2）。④ 其中人工智能领域私人投资金额最大（总额约935亿美

---

① 火石创造：《中国人工智能产业报告》，http：//www.hibor.com.cn/data/968982a2d836b02205470906fb88471f.html，2022年9月。
② 《IDC：2022年全球AI市场规模达到4328亿美元增长近20%》，http：//www.xinhuanet.com/tech/20220309/733e49cd882d413ca68ff9793a4d5897/c.html，2022年3月。
③ 尚普咨询：《2022年全球人工智能产业研究报告》，https：//www.eet-china.com/mp/a139367.html，2022年6月。
④ 斯坦福大学HAI：《2022年人工智能指数报告》，https：//finance.sina.com.cn/tech/2022-03-31/doc-imcwiwss9086664.shtml，2022年3月。

数字经济蓝皮书

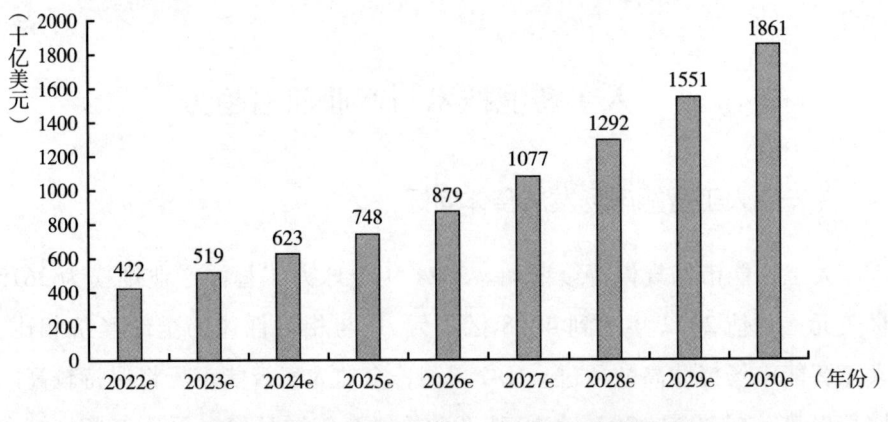

图1 2022~2030年全球人工智能市场规模预测

元），其次是企业并购（约720亿美元）、公开发行（约95亿美元），以及少数股权（约13亿美元）。

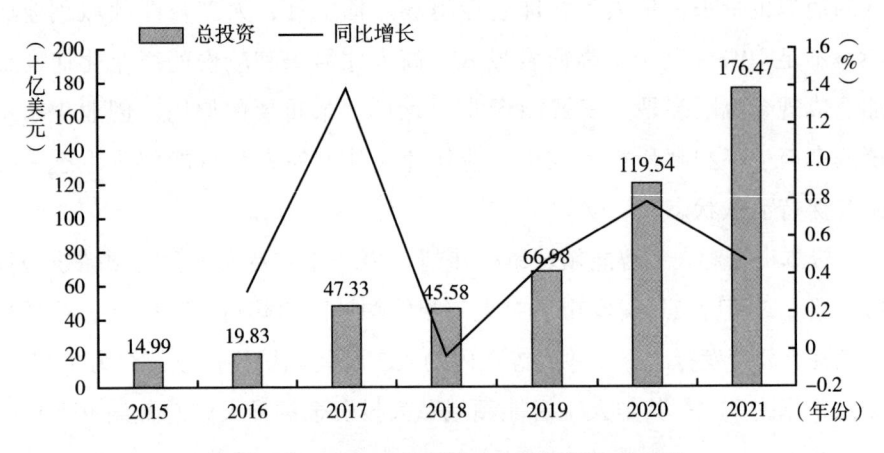

图2 2015~2021年全球人工智能领域投资总额

数据来源：斯坦福大学HAI，《2022年人工智能指数报告》。

从结构上看，人工智能融资阶段明显后移，B轮以后融资数量明显增加，其中智能医疗、智能驾驶等成长期项目最受关注。同时，投资集中度增加——2021年平均私人投资交易规模比2020年高出81.1%，但新融资的人工智能公司数量继续下降，这表明投资确定性增强。从上市情况来看，2021

年超过 40 家以人工智能为核心业务的企业进行 IPO 上市，产业进入资本兑现期。

（二）人工智能技术持续进化

在技术成果方面，全球人工智能论文发表量和专利申请量都呈快速增长态势。根据《2022 年人工智能指数报告》，2010~2021 年全球人工智能论文数量持续增长，2021 年达到约 33 万篇（见图 3）。① 同期，全球人工智能专利数也高速增长，2021 年全球申请量达到约 14 万件（见图 4）。从内容上看，医学图像分割、遮挡脸部识别、智能对话等新冠疫情相关领域是技术创新热点，深度造假识别、可信 AI 等研究主题也吸引了广泛的研究关注。从研究主体上看，欧美等地区企业是人工智能论文和专利的主要贡献者，而在中国，专利和论文更多来自大学和研究机构。②

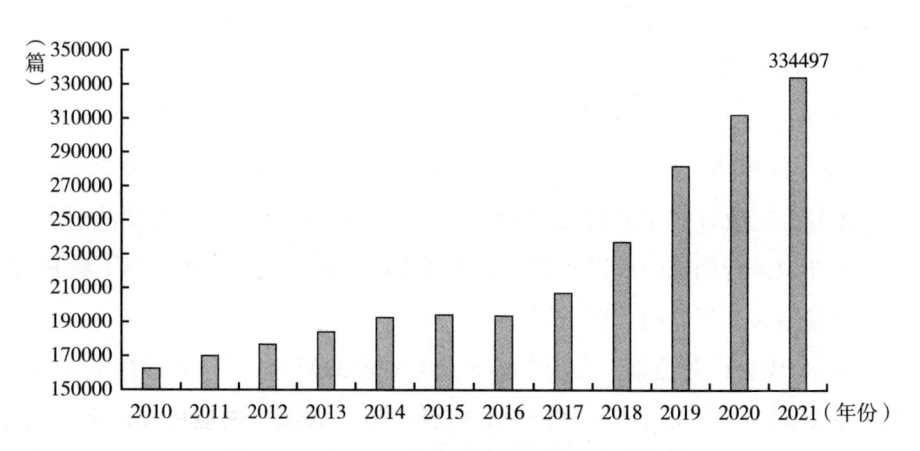

图 3　2010~2021 年全球人工智能论文发表量

数据来源：斯坦福大学 HAI，《2022 年人工智能指数报告》。

---

① 斯坦福大学 HAI：《2022 年人工智能指数报告》，https：//finance.sina.com.cn/tech/2022-03-31/doc-imcwiwss9086664.shtml，2022 年 3 月。
② 火石创造：《中国人工智能产业报告》，http：//www.hibor.com.cn/data/968982a2d836b02205470906fb88471f.html，2022 年 9 月。

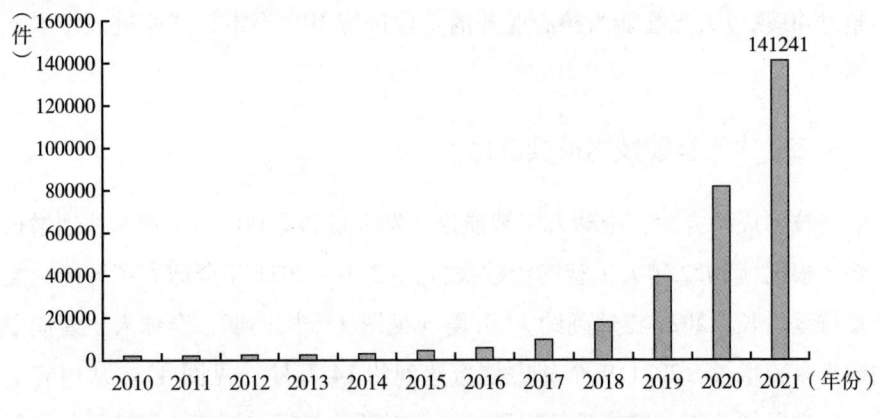

图4 2010~2021年全球人工智能专利申请量

数据来源：斯坦福大学HAI，《2022年人工智能指数报告》。

人工智能算法模型愈加复杂，大模型成为发展趋势。2011~2021年，人工智能模型参数从千万级增至千亿级。2020年，OpenAI发布的新一代文本生成神经网络模型GPT-3凭借1750亿个参数，在570GB的文本上进行训练，可以完成比肩人类智能水平的语言生成和交互任务。2021年，中国"源1.0"的单体模型参数值达2457亿个，基于5TB的中文语料数据进行训练，可较好完成针对中文的阅读理解和逻辑判断等任务。在大模型基础上结合领域知识进行调优，可以实现实际场景中的快速迭代和应用，当下看来这是迈向通用人工智能的关键道路。①

AIGC成为行业热点，推动多模态交互技术的崛起。"一句话生成图片"无疑是2022年AIGC（人工智能生成内容）最"破圈"的应用。AIGC背后的关键技术生成式AI由来已久，但过去主要是单模态下内容的生成和迁移，如"以文生文"的文本内容生成，"以图生图"的图像补全、图片风格迁移等。2022年，OpenAI推出升级版本的DALL-E-2，随后Stability很快推出完全开源的Stable Diffusion，Midjourney推出AI绘画工具，标志着多模态交互式生成技术的突破——用户仅需要输入简短的文字（文本），就可以生成

---

① IDC&浪潮信息：《2021~2022中国人工智能计算力发展评估报告》，http：//www.199it.com/archives/1333876.html，2022年3月。

不同风格的专业级绘画作品（图片或视频）。① 美国科罗拉多州博览会美术大赛的冠军作品——太空歌剧院——就是创作者借助 Midjourney 完成的。基于多模态交互技术的 AIGC 不仅提高了创作效率，还可以创作出现实中不存在的事物，拓展人类创作的想象力边界。在未来，多模态交互技术会生成更加丰富多样的数字内容和更加真实自然的交互方式，有望成为元宇宙中内容生成的主要工具。

（三）人工智能多领域应用稳步推进

全球人工智能采用率正在稳步增长。IBM 对全球 7502 家企业的人工智能使用情况进行调研发现，35%的受访公司已经在其业务中使用人工智能，另有 42%的公司正在探索人工智能。② 采用人工智能不仅是一个重要的商业趋势，也为企业带来了实质性收益。根据 IDC 2021 年 11 月发布的《未来智能》报告，智能指数量表中得分最高的公司中，60%获得决策效率的重大提升，47%的企业客户增加 10%以上。③ 尽管人工智能应用相较预期仍存在差距，但人工智能的大规模运用已经成为全球共识。根据 IDC 预测，到 2024 年，人工智能将成为企业工作负载的核心组成部分，75%的企业及其 20%的工作负载将采用人工智能。④ 根据斯坦福大学 HAI 的统计，2018 年以来，训练一个图像分类系统的成本下降 63.6%，而训练效率提高了 94.4%。⑤ 如训练一个现代图像识别系统，2017 年需要耗资 1100 美元的项目，现在只需花 7.43 美元，成本仅约为原来的 1/150。显然，人工智能性能提升和成本降低是其获得更广泛应用的重要原因。

---

① 中国信息通信研究院、京东探索研究院：《人工智能生成内容（AIGC）白皮书（2022年）》，http://www.caict.ac.cn/sytj/202209/P020220913580752910299.pdf，2022 年 9 月。
② IBM Global AI Adoption Index 2022，https://www.ibm.com/watson/resources/ai-adoption。
③ 《全球人工智能市场继续高歌猛进》，人民网，http://finance.people.com.cn/n1/2022/0325/c1004-32384062.html，2022 年 3 月 25 日。
④ IDC& 浪潮信息：《2021~2022 中国人工智能计算力发展评估报告》，http://www.199it.com/archives/1333876.html，2022 年 3 月。
⑤ 斯坦福大学 HAI：《2022 年人工智能指数报告》，https://finance.sina.com.cn/tech/2022-03-31/doc-imcwiwss9086664.shtml，2022 年 3 月。

人工智能应用正在从目前的单点应用走向全局智能。2021年，按行业和职能划分人工智能采用情况，采用最多的是高科技/电信的产品和/或服务开发（45%），其次是金融服务的服务运营（40%）、高科技/电信的服务运营（34%），以及金融服务的风险职能（32%）。受实施成本和复杂度较高、供给侧数据难以打通、整体生态不够完善等因素限制，目前的工业智能仍以解决碎片化需求为主，主要集中在智能分拣、设备健康管理、缺陷检查、供应链优化等环节。疫情中人工智能展现出来的韧性，让企业更加重视工业智能的价值，加之数字技术的进步普及、新基建的投资拉动，这些因素将共同推动工业智能从单点智能快速跃迁到全局智能。特别是汽车、消费电子、品牌服饰、钢铁、水泥、化工等具备良好信息化基础的制造业，贯穿供应链、生产、资产、物流、销售等各环节的企业生产决策闭环的全局智能化应用将大规模涌现。

人工智能与科学研究深入融合，正在颠覆传统的科研范式。区别于传统的理论研究范式，人工智能基于对海量数据的深度挖掘，正在加快科学研究的速度。[1] 2020年11月，DeepMind的AlphaFold 2深度学习技术，为困扰生物学界长达50年的蛋白质结构预测难题提供解决方案。人工智能也正在掀起蛋白质设计方面的革命。2022年7月，来自华盛顿大学等机构的科学家在Science杂志上发布了一款新的人工智能软件，能够为自然界中尚不存在的蛋白质绘制结构。长期来看，随着新型AI算法的迭代及算力的突破，AI将有效解决疫苗/药物研发周期长、成本高等难题，例如提升化合物筛选、建立疾病模型、发现新靶点、先导化合物发现及先导药物优化等环节的研究效率。

（四）创新要素决定人工智能发展上限

人才和算力两方面创新要素的稀缺和区域分布的不均衡性将长期存在，

---

[1] 中国信息通信研究院：《人工智能白皮书（2022年）》，http://www.caict.ac.cn/english/research/whitepapers/202205/P020220510506258498240.pdf，2022年5月。

成为决定人工智能发展上限的重要因素。

人工智能人才成为各国竞相争夺的首要资源，人才密度和高度决定人工智能创新水平天花板。一方面，全球人工智能人才需求持续上涨。根据UIPath推出的AI Jobs报告，全球人工智能人才需求年增长率高达78%。另一方面，人工智能人才稀缺且分布不平衡。美国人工智能人才总量是中国的1.6倍，其中技术开发人才约为中国的2.5倍，基础研发人才约为中国的14倍。① 根据Aminer发布的AI 2000榜单，美国选择入选榜单人才数量最多，年均超过1000人次，在人工智能顶尖学术人才方面具有全球领先地位。中国入选榜单人才数量位居第二，但与美国差距较大。②

"算力爆炸"形成对高性能芯片的巨大市场需求，算力资源的短缺与区域不平衡性引发人工智能发展的木桶效应。算力是人工智能发展的核心生产力。根据《2020全球计算力指数评估报告》的分析结果，2015～2019年，计算力指数平均每提高1点，国家的数字经济和GDP将分别增长3.3‰和1.8‰。③ 人工智能数据量爆炸和算法模型复杂度攀升，对算力提出了更高的要求。数据方面，据IDC测算，2025年全球数据规模将达到163ZB，其中80%～90%是非结构化数据。模型方面，据OpenAI数据，模型计算量增长速度远超人工智能硬件算力增长速度，存在万倍差距，大模型趋势推动算力需求持续增长。

当前，AI芯片产业按技术架构分类主要有三种：图形处理器（Graphics Processing Unit，GPU）、现场可编程逻辑门阵列（Field Programmable Gate Array，FPGA）和专用集成电路（Application Specific Integrated Circuit，ASIC）。此外，还存在类脑芯片、量子计算等新的算力架构，但总体上处于探索阶段。从区域层面来看，全球算力市场呈现高度不平衡性：GPU

---

① 火石创造：《中国人工智能产业报告》，http://www.hibor.com.cn/data/968982a2d836b02205470906fb88471f.html，2022年9月。
② 尚普咨询：《2022年全球人工智能产业研究报告》，https://www.eet-china.com/mp/a139367.html，2022年6月。
③ IDC&浪潮信息：《2021～2022中国人工智能计算力发展评估报告》，http://www.199it.com/archives/1333876.html，2022年3月。

市场由英伟达、AMD垄断，FPGA市场由赛灵思、英特尔垄断。从技术水平上看，GPU/FPGA技术门槛较高，中国相较美国有2~3代技术差距。ASIC市场相对分散，中国与美国差距较小。[①]《2021~2022全球计算力指数评估报告》指出，目前世界上大约有600个超大规模的数据中心，其中约39%在美国，是中国的4倍。2022年美国战略与国际研究中心（Centre for Strategic and International Studies）发布报告《切断中国通向人工智能未来的路径》，明确指出美国正在利用算力市场垄断优势，通过管制高端人工智能芯片和美国制造的芯片设计软件的使用权来扼杀中国人工智能产业。

（五）人工智能治理成为全球共识

地缘政治局势紧张催生国家和地区人工智能发展的不同路线，但人工智能带来的网络安全、社会偏见和信任问题引起了全球警惕，人工智能需要治理已经成为普遍共识。人工智能的复杂性、自主性以及本身的技术缺陷，给社会带来诸多风险和问题。[②] 斯坦福大学HAI发布的《2022年人工智能指数报告》显示，2021年采用人工智能最大的风险是网络安全（55%的受访者），其次是合规性（48%）、可解释性（41%）和隐私风险（41%）（见图5）。[③] 随着人工智能训练模型框架的复杂化，人工智能系统的性能不断提升，但与此同时数据和系统内生的偏见性也进一步放大。与2018年1.17亿个参数的模型相比，2021年开发的2800亿个参数的模型诱发的毒性增加了29%，黑人的图像被错误地归类为非人类的比例是其他种族的两倍以上。

从政策层面来看，人工智能治理正在从伦理原则等软性约束，迈向

[①] 刘晨：《我国人工智能产业竞争力评估：国内格局和全球比较》，《宏观观察》2022年第41期。
[②] 曾雄、梁正、张辉：《欧盟人工智能的规制路径及其对我国的启示——以〈人工智能法案〉为分析对象》，《电子政务》2022年第9期。
[③] 斯坦福大学HAI：《2022年人工智能指数报告》，https：//finance.sina.com.cn/tech/2022-03-31/doc-imcwiwss9086664.shtml，2022年3月。

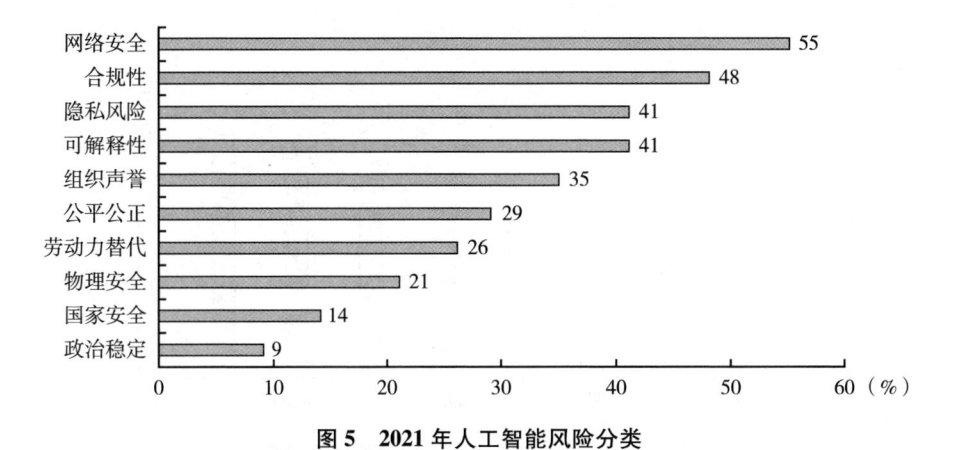

风险类别	百分比
网络安全	55
合规性	48
隐私风险	41
可解释性	41
组织声誉	35
公平公正	29
劳动力替代	26
物理安全	21
国家安全	14
政治稳定	9

图 5 2021 年人工智能风险分类

数据来源：斯坦福大学 HAI，《2022 年人工智能指数报告》。

全面且具有可操作性的"硬法"阶段。斯坦福大学 HAI 对 25 个国家有关人工智能的立法记录的分析表明，包含"人工智能"的法案被通过成为法律的数量从 2016 年的仅 1 个增长到 2021 年的 18 个。2021 年 4 月 21 日，欧盟发布全球首部《人工智能法案》（草案），划分了人工智能不同的风险等级，并依此进行分类管理。2022 年，美国推出《2022 算法问责法案》。中国人工智能地方立法相继落地，《上海市促进人工智能产业发展条例》《深圳经济特区人工智能产业促进条例》均对人工智能伦理与治理做出陈述。

从技术层面来看，网络安全、可信人工智能相关技术和应用成为研究焦点。IDC 发布数据称，2021 年全球网络安全 IT 总投资规模为 1687.7 亿美元，并有望在 2026 年增至 2875.7 亿美元，年均增长率为 11.3%。可信人工智能领域，隐私计算、可解释性、模型公允性等成为焦点，2021 年可信人工智能市场规模达到 44 亿美元，预计在 2030 年将达到 210 亿美元，年均增长率达到 19%（见图 6）。微软、谷歌等美国科技巨头设立人工智能伦理委员会，中国商汤、腾讯等代表性企业也定期发布人工智能伦理调查报告。行业层面，人工智能治理正在以企业为主体，形成涵盖技术、硬件、软件、系统、流程的多元生态体系。

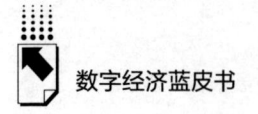

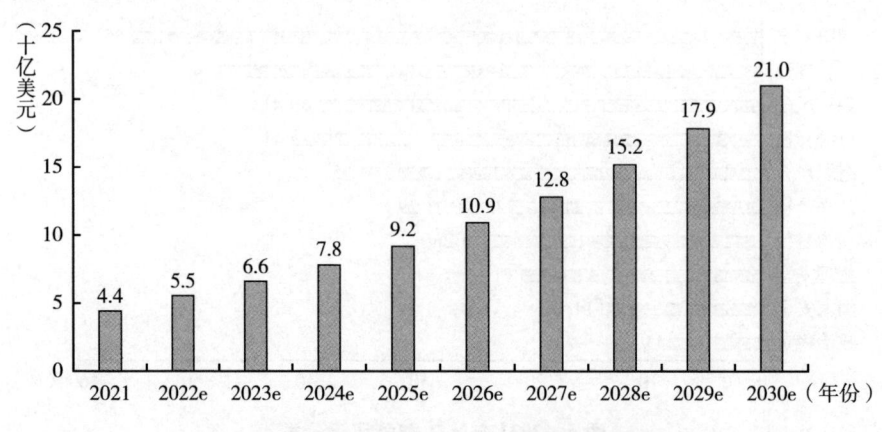

图 6 2021~2030 年可信人工智能市场规模预测

二 主要国家和地区的战略举措

人工智能具有美国经济学家熊彼特所提出的"创造性破坏"的特点，即人工智能技术创新能够从内部不停地革新经济结构，进而推动国家在全球价值链中的位置上升。因此，人工智能受到全球各国的高度关注。经济合作与发展组织（OECD）资料显示，目前全球已有 60 多个国家和地区陆续出台人工智能政策和优先发展事项。主要国家和地区根据近两年国际形势的变化以及新冠疫情对人工智能提出的技术要求，制定或修订了国家级人工智能战略，积极探索符合自身需求和优势的人工智能发展路径（见表1）。

表 1 主要国家和地区人工智能战略举措

国家和地区	主要动向
德国	2020 年底更新《德国人工智能发展战略》，从人才培养、基础研究、技术转移和应用、监管框架和社会认同五大重点领域确定了未来的一揽子计划，至 2025 年，德国联邦政府对人工智能领域的资助将从 30 亿欧元增加到 50 亿欧元； 2021 年出台《联邦—州联合促进高等教育领域人工智能发展的指导意见》； 2022 年 7 月 1 日起，德国将以每年 5000 万欧元的额度持续资助多个人工智能研究中心，联邦和所在州各资助 50%

续表

国家和地区	主要动向
日本	2021年6月发布"AI战略2021",致力于推动人工智能领域的创新创造计划,全面建设数字化政府; 人工智能产业化路线图:2020~2030年目标,铁路等交通工具的无人化操作和货物运输配送的完全无人化,利用人工智能控制家庭设备等。2030年之后,希望通过人工智能分析潜在意识和丰富可视化体验,使看护机器人成为家庭重要成员
韩国	计划到2030年在人工智能领域创造455万亿韩元(约合2.7万亿人民币)的经济效益
英国	2021年9月,发布国家级人工智能新十年战略; 2022年7月,英国数字、文化、媒体和体育部发布新的人工智能规则,以便人工智能在英国被迅速安全采用,促进生产力增长
美国	2021年1月,美联邦政府成立了专门的国家人工智能倡议办公室,作为未来美国整个创新生态系统的国家人工智能研究和政策中心; 2021年6月,拜登政府白宫科技政策办公室(OSTP)和国家科学基金会(NSF)宣布成立"国家人工智能研究资源工作组",研究建立国家人工智能研究资源的可行性
中国	《中共中央关于制定国民经济和社会发展第十四个五年规划和二〇三五年远景目标纲要的建议》指出,要瞄准人工智能等前沿领域,实施一批具有前瞻性、战略性的重大科技项目,推动人工智能发展。上海、深圳出台人工智能地方立法条例
欧盟	2021年出台全球首部《人工智能法案》(草案)
法国	2021年底出台并推进"人工智能国家战略"新计划,未来5年内将投入22亿欧元用于加快人工智能发展

从全球范围来看,人工智能发展具有较大的区域不平衡性,中美两国在AI领域具有明显领先的国际实力,两国的发展远远超过其他区域。根据CB Insights的统计,全球现有人工智能企业11000家,累计融资额超过2500亿美元。其中美国拥有人工智能公司4171家,累计融资额为1601.9亿美元,在公司数量和融资规模上均居世界首位。中国拥有1275家人工智能公司,融资总金额为470.7亿美元,位居全球第二。[①] 英国、印度、加拿大等国也有数百家人工智能公司（见图7）。全球两极多强的人工智能格局凸显。

---

① 尚普咨询:《2022年全球人工智能产业研究报告》, https://www.eet-china.com/mp/a139367.html, 2022年6月。

```
（家）
4500  4171
4000
3500
3000
2500
2000
1500        1275
1000              728
 500                   489  399  356  314  310  294  284
   0
     美国  中国  英国  印度 加拿大 以色列 法国 德国 日本 韩国
```

图 7 主要国家人工智能企业数量

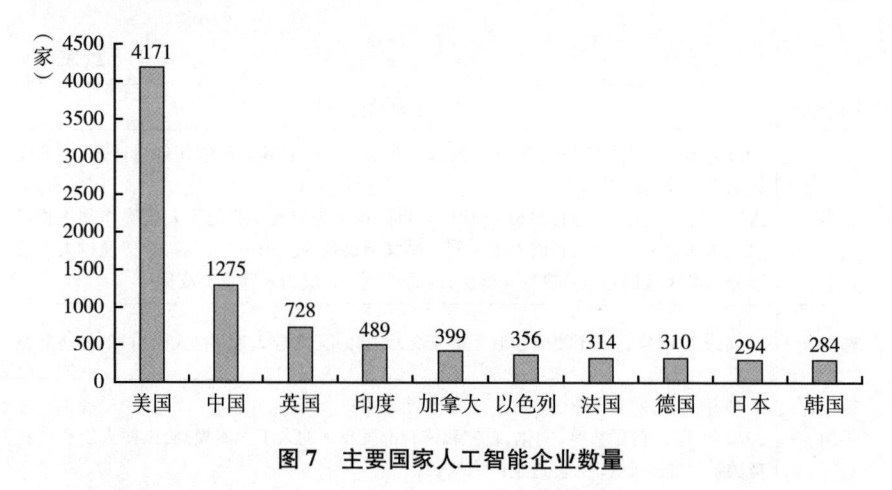

数据来源：CB Insights。

客观来看，相较于美国，中国在人工智能领域的绝对实力仍然存在较大差距，但中国近年来的科技、产业发展速度引起了美国政府的警惕。自2017年特朗普政府将中国定义为"长期战略竞争对手"以来，美国频繁从地缘政治和安全威胁论的角度解读中国的数字技术发展，逐渐在人工智能领域衍生出科技民族主义以及技术脱钩倾向。[①] 2021年拜登政府上台以后，针对中国人工智能领域的打击行动更加系统化，包括出口管制、供应链控制、软件控制、投资审查以及向盟友施加压力要求其排除中国技术。如今，地缘政治与科技脱钩成为人工智能发展的新语境，消化和应对外源性风险成为国家、政府和企业必须面对的新命题。作为两国关系变化的缩影，中美在人工智能领域的博弈与双方在价值观、地缘政治等层面的分歧叠加联动，并进一步向经济、政治、安全等领域外溢，显著影响了全球科技竞合乃至国际关系的走向。[②] 欧盟作为全球最大的单一数字市场，在人工智能发展上的道路选择和战略设计，成为影响人工智能"战局"的最大变因。因此，本报告首

[①] 蔡翠红、张若扬：《"技术主权"和"数字主权"话语下的欧盟数字化转型战略》，《国际政治研究》2022年第1期。

[②] 阙天舒、闫姗姗、王璐瑶：《对美国人工智能领域政策工具的考察：安全偏向、结构特征及应用评估》，《当代亚太》2022年第1期。

先聚焦美国、中国以及欧盟的人工智能发展情况加以具体分析，在此基础上从国际竞合的角度理解美国、中国、欧盟的人工智能举措。

（一）美国人工智能发展战略举措

> 美国要准备好采取全面的、全国性的行动，在人工智能时代进行竞争。
>
> ——美国人工智能国家安全委员会

在人工智能的全球博弈中，美国占据了人工智能发展的先发优势。为了在人工智能领域占据绝对的霸主地位，美国通过政策和法律扩大人工智能战略布局，并随着他国人工智能发展的进度不断调整政策工具。[①] 2021年1月，美国颁布《国家人工智能倡议法案》，指出要通过增加研究投入、获取计算和数据资源、设置技术标准、建立劳动力系统及与盟友展开合作等方式保持人工智能领域的领先地位。2021年6月，美国参议院通过总投资额达2500亿美元的《美国创新与竞争法案》（USICA），将人工智能列为国家创新与安全的关键领域，与前期强调技术创新及行业发展的促进型政策相比，该法案旗帜鲜明地指出要与战略竞争国家在人工智能领域展开竞争，政策工具的竞争对抗性大幅提升。

美国政府支持人工智能创新和竞争力的政策已经逐渐形成具有较强整体性的战略框架。

从机构建设来看，2021年1月，美国成立了专门的国家人工智能倡议办公室，作为未来美国整个创新生态系统的国家人工智能研究和政策中心，负责监督和实施国家人工智能战略，并协调政府、行业及学术界的人工智能

[①] 阙天舒、闫姗姗、王璐瑶：《对美国人工智能领域政策工具的考察：安全偏向、结构特征及应用评估》，《当代亚太》2022年第1期。

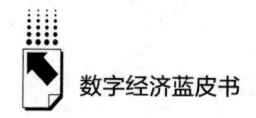

研究与政策制定。① 2021年6月，拜登政府白宫科技政策办公室（OSTP）和国家科学基金会（NSF）宣布成立"国家人工智能研究资源工作组"，探索建立共享型国家人工智能研究资源和基础设施，以支持人工智能研究和开发。

从行动计划来看，2021年3月美国人工智能国家安全委员会（NSCAI）向总统和国会提交了长达700多页的《最后的报告：人工智能》，从国家安全和技术竞争两个方面，详尽介绍了美国赢得人工智能时代的战略，描述了美国政府为实施建议应采取更为详细的行动蓝图。

从战略目标角度审视政策，可以看出美国政府支持人工智能创新和竞争力的政策措施主要可以分为三种类型，即创新促进型、产业治理型、竞争压制型。

1. 创新促进型的政策和行动

美国采取多方面政策直接刺激人工智能创新和竞争力提升，包括加大人工智能领域投入、支持人工智能研究、加强人工智能人才培养等。②

加大人工智能领域投入：美国以保持领先地位为战略目标并持续加大人工智能领域投入。2015年，美国在人工智能相关领域仅有约11亿美元的未分类研发投资。③ 随着对人工智能战略意义认识的深入，美国对人工智能的投资金额大幅增长。2021年美国人工智能非国防预算增加约30%，总额达到15亿美元。2021年度美国人工智能国家安全委员会最终报告指出"政府应每年至少将1%的GDP用于研发"，强调政府应优先对"支撑未来的国家安全和经济稳定"的重要领域进行人工智能研发投资。《美国创新与竞争法案》将人工智能列为2022财年美国研发预算优先事项，未来对包括人工智

---

① 赵程程：《重要国家人工智能战略分析与总体趋势判断》，https://mp.weixin.qq.com/s/JUhaa5nICZWwBM8tnNxABQ，2021年10月5日。
② 《〈美国人工智能政策评估〉9大AI政策领域及其未来发展方向》，http://lib.ia.ac.cn/news/newsdetail/68488，2022年9月22日。
③ 阚天舒、闫姗姗、王璐瑶：《对美国人工智能领域政策工具的考察：安全偏向、结构特征及应用评估》，《当代亚太》2022年第1期。

能在内的多个领域共投入1000亿美元进行研发工作。①

支持人工智能研究：美国也在增加对科研事业的投入。2019年，美国国家科学基金会联合农业部、国土安全部、交通部等机构，推动"国家人工智能研究院"项目。该项目2020年投入1.4亿美元首轮资助了7个人工智能研究所，2021年又投入2.2亿美元资助11个新成立的国家人工智能研究所。② 新成立的11个研究所将在未来5年内各自获得约2000万美元的拨款，资助其在人机交互与协作、人工智能优化进步、人工智能和高级网络基础设施、计算机和网络系统中的人工智能、动态系统中的人工智能、人工智能增强学习、农业和食品系统中的人工智能创新等领域的研究。美国也计划在2026年将国家科学基金会预算提高至183亿美元，用于建设10~15个涵盖人工智能的"全球关键技术研究、开发和制造中心"。

加强人工智能人才培养：为确保美国人工智能发展有着充足的人才储备，美国推出了多项措施全方位加强人工智能人才培养。①强化STEM人才培养。《美国创新与竞争法案》以立法形式提出加大STEM理工科教育投入，通过奖学金和研究助学金发放，推动跨学科、多技能的专业研发人才培养和发展。②提升全民人工智能素养。《美国创新与竞争法案》明确规定，将计算科学引入中小学教育。美国人工智能协会（AAAI）和计算机科学教师协会（CSTA）联合发起美国AI4K12计划，提供资源帮助教师向学生教授人工智能知识。美国非营利项目AI-4-All开发了免费在线课程，帮助人们了解人工智能的工作原理，为人工智能领域的弱势群体创造更多机会。

2. 产业治理型的政策和行动

美国强调审慎监管以促进创新发展，密集推出政策法规塑造国内人工智能规则体系和监管环境（见图8）。

---

① 中国信息通信研究院：《人工智能白皮书（2022年）》，http：//www.caict.ac.cn/english/research/whitepapers/202205/P020220510506258498240.pdf，2022年5月。
② 水木人工智能学堂：《美国如何强力布局人工智能教育》，https：//mp.weixin.qq.com/s/uewAXxHzSYvej9j_fDUn6Q，2022年2月7日。

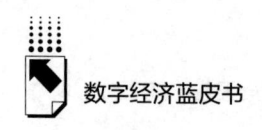

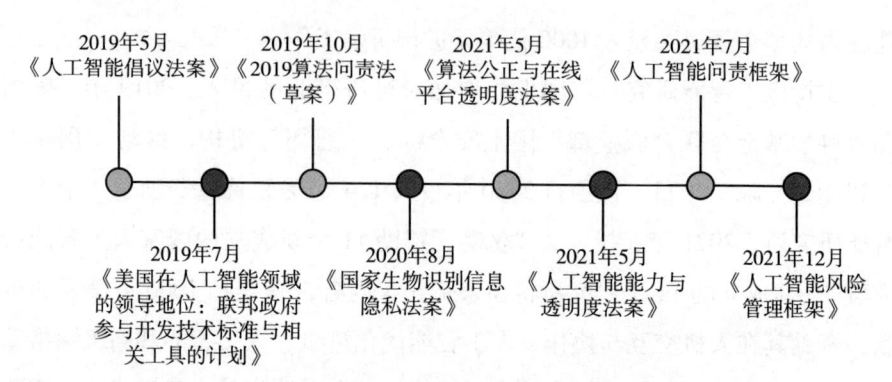

```
2019年5月          2019年10月         2021年5月           2021年7月
《人工智能倡议法案》 《2019算法问责法   《算法公正与在线    《人工智能问责框架》
                   （草案）》          平台透明度法案》

      2019年7月        2020年8月          2021年5月          2021年12月
      《美国在人工智能领域 《国家生物识别信息  《人工智能能力与    《人工智能风险
      的领导地位：联邦政府  隐私法案》         透明度法案》        管理框架》
      参与开发技术标准与相
      关工具的计划》
```

图8　美国人工智能产业治理型政策行动路线

2019年政策行动：2019年5月，美国发布《人工智能倡议法案》，将制定人工智能治理标准列入人工智能发展的重点工作，探索设立测试人工智能算法及其有效性的标准，还为此项工作规划了每年4000万美元的预算。随后于7月，美国国家标准与技术研究院（NIST）发布《美国在人工智能领域的领导地位：联邦政府参与开发技术标准与相关工具的计划》，旨在通过标准建设推动可信人工智能发展。2019年10月，《2019算法问责法（草案）》进入参众两院的立法程序。《2019算法问责法（草案）》要求对"高风险"的自动决策系统进行影响评估，防止自动化决策造成对消费者/用户的歧视。

2020年政策行动：2020年6月29日，美国国防部总监察长办公室发布《国防部人工智能数据与技术的治理及保护审计》报告，旨在对国防部人工智能治理框架、标准和网络安全防护措施进行审计。2020年8月，美国参议院发布《国家生物识别信息隐私法案》，将独立的个人生物识别信息保护法提上立法日程。

2021年政策行动：2021年5月，美国发布《算法公正与在线平台透明度法案》，从用户、监管部门和公众三个主体维度提出算法透明的义务要求。[①]

---

① 中国信息通信研究院：《人工智能白皮书（2022年）》，http：//www.caict.ac.cn/english/research/whitepapers/202205/P020220510506258498240.pdf，2022年5月。

同月，美国参议院议员提出《人工智能能力与透明度法案》，落实人工智能国家安全委员会最终报告的建议，提高政府的人工智能能力、透明度和强化问责制。[①] 7月，美国政府问责局发布《人工智能问责框架》，以确保人工智能系统的公平、可靠、可追溯和可治理等。12月，美国国家标准与技术研究院发布《人工智能风险管理框架》，以指导人工智能风险管理框架的开发。

3. 竞争压制型的政策和行动

2021年以来，美国将人工智能领域的竞争作为长期消耗中国竞争力的重要阵地，压制中国人工智能发展的行动指向性更加明确。[②] 拜登上台后，美国议会共通过了400多条涉华议案，利用出口管制和实体清单来防止中国人工智能企业通过技术交流和贸易获得设备和技术。2018~2022年，实体清单中的中国公司数量从130家增至532家。领先的中国芯片公司、超级计算机构以及软件和硬件供应商都被列入该名单。2022年8月12日，美国商务部工业和安全局（BIS）披露了一项新增的出口限制临时最终规则，对用于3nm及以下芯片设计的电脑辅助设计的EDA/ECAD软件实行出口管制。2022年10月7日，BIS针对《出口管理条例》更新内容，限制18nm制程DRAM、128层NAND Flash存储芯片、16/14nm逻辑芯片对华出口，并规定在未取得许可的情况下美国人不得向某些在中国境内从事半导体生产的企业、基地提供支持和咨询。

美国不仅通过实体清单、投资审查等措施直接打击中国人工智能发展，在同盟国范围内开展"多边主义合作"以期达到压制中国的目的，还不断向盟友施加压力要求其排除中国技术。2020年9月，美国与英国、加拿大、法国等北约成员国，澳大利亚、日本等13个非北约成员国组成联盟，在人工智能领域加强合作。2020年11月，美国国防部发起了一项新的计划，旨在联合同盟国家加强人工智能技术的互操作性，这在很大程度上是"制衡

---

① 秦浩：《美国政府人工智能战略目标、举措及经验分析》，《中国电子科学研究院学报》2021年第12期。
② 阙天舒、闫姗姗、王璐瑶：《对美国人工智能领域政策工具的考察：安全偏向、结构特征及应用评估》，《当代亚太》2022年第1期。

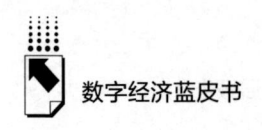

中国在人工智能方面的做法"。美国与其同盟国在人工智能领域有很强的合作倾向,但总体不能违背美国的价值与利益。

(二)中国人工智能发展战略举措

中国正在经历从"互联网+"向"智能+"跃迁的重要阶段,人工智能产业的发展是重要的驱动力和保障因素。总体来看,国家战略层面对人工智能的部署更加系统化,包括技术创新、场景培育、算力优化、人才培养、标准建设、伦理规范等诸多方面的工作(见表2)。

表2 中国人工智能政策文件

时间		政策文件
2017年	7月	《新一代人工智能发展规划》
	10月	十九大报告
	12月	《促进新一代人工智能产业发展三年行动计划(2018—2020年)》
2018年	3月	《2018年政府工作报告》
	4月	《高等学校人工智能创新行动计划》
	11月	《新一代人工智能产业创新重点任务揭榜工作方案》
2019年	3月	《关于促进人工智能和实体经济深度融合的指导意见》
		《2019年政府工作报告》
	6月	《新一代人工智能治理原则——发展负责任的人工智能》
2020年	8月	《国家新一代人工智能标准体系建设指南》
		《国家新一代人工智能创新发展试验区建设工作指引》
2021年	3月	《中华人民共和国国民经济和社会发展第十四个五年规划和2035年远景目标纲要》
	5月	《全国一体化大数据中心协同创新体系算力枢纽实施方案》
	7月	《新型数据中心发展三年行动计划(2021—2023年)》
	9月	《新一代人工智能伦理规范》
	12月	《互联网信息服务算法推荐管理规定》
2022年	8月	《关于加快场景创新以人工智能高水平应用促进经济高质量发展的指导意见》
		《关于支持建设新一代人工智能示范应用场景的通知》

在技术创新方面,作为"十四五"期间国家发展的重要指导性文件,《中华人民共和国国民经济和社会发展第十四个五年规划和2035年远景目标

纲要》将新一代人工智能直接列为需要攻关的七大前沿领域之一，提出持续推进人工智能前沿基础理论和算法研究，研发专用芯片，构建深度学习框架等开源算法平台，并在学习推理决策、图像图形、语音视频、自然语言识别处理等领域创新与迭代应用等具体工作。

在场景培育方面，2022年8月，科技部等六部门印发《关于加快场景创新以人工智能高水平应用促进经济高质量发展的指导意见》，提出将围绕"高端高效智能经济培育、安全便捷智能社会建设、高水平科研活动、国家重大活动和重大工程"等打造重大应用场景。2022年8月15日，科技部发布《关于支持建设新一代人工智能示范应用场景的通知》，首批启动智慧农场、智慧港口、智慧矿山、智慧工厂等10个示范应用场景建设工作。

在算力优化方面，根据工信部发布的《新型数据中心发展三年行动计划（2021—2023年）》，中国算力基础设施建设将坚持布局合理、技术先进、绿色低碳、算力规模与数字经济增长相适应的发展格局，同时将区域协作和协调发展纳入考量范围。在此背景下，2021年5月，国家发展改革委联合中央网信办、工业和信息化部、国家能源局发布《全国一体化大数据中心协同创新体系算力枢纽实施方案》，启动"东数西算"工程，在京津冀、长三角、粤港澳大湾区、成渝、内蒙古、贵州、甘肃、宁夏启动建设8个国家算力枢纽，并围绕这8个算力枢纽，规划了张家口、长三角生态绿色一体化发展示范区、芜湖、韶关、天府、重庆、贵安、和林格尔、庆阳、中卫10个数据中心集群，将东部算力需求有序引导到西部，优化数据中心建设布局。

在伦理规范方面，2021年国家网信办等四部门联合发布《互联网信息服务算法推荐管理规定》，于2022年3月1日起正式施行，要求算法推荐服务提供者应当坚持主流价值导向，积极传播正能量，建立完善人工干预和用户自主选择机制，不得利用算法实施影响网络舆论、规避监督管理以及垄断和不正当竞争行为。2021年9月发布《新一代人工智能伦理规范》，将伦理道德融入人工智能全生命周期，积极引导全社会负责任地开展人工智能研发与应用活动。在"硬法"方面，网络安全、数据安全、个人信息保护等领

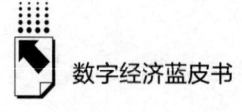

域的法制化进程加快，为人工智能伦理和安全提供法律保障（见图9）。此外，地方层面也在积极探索人工智能立法工作，上海、深圳先后发布了人工智能地方立法条例。

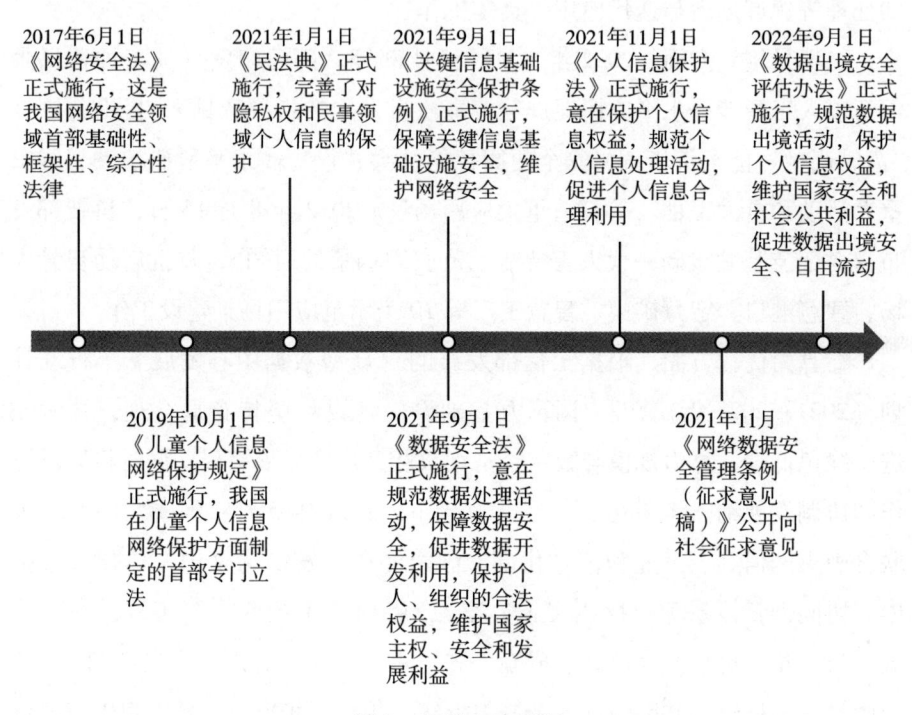

2017年6月1日《网络安全法》正式施行，这是我国网络安全领域首部基础性、框架性、综合性法律

2021年1月1日《民法典》正式施行，完善了对隐私权和民事领域个人信息的保护

2021年9月1日《关键信息基础设施安全保护条例》正式施行，保障关键信息基础设施安全，维护网络安全

2021年11月1日《个人信息保护法》正式施行，意在保护个人信息权益，规范个人信息处理活动，促进个人信息合理利用

2022年9月1日《数据出境安全评估办法》正式施行，规范数据出境活动，保护个人信息权益，维护国家安全和社会公共利益，促进数据出境安全、自由流动

2019年10月1日《儿童个人信息网络保护规定》正式施行，我国在儿童个人信息网络保护方面制定的首部专门立法

2021年9月1日《数据安全法》正式施行，意在规范数据处理活动，保障数据安全，促进数据开发利用，保护个人、组织的合法权益，维护国家主权、安全和发展利益

2021年11月《网络数据安全管理条例（征求意见稿）》公开向社会征求意见

图9　相关立法进程

在政策和市场的双轮驱动下，我国人工智能产业规模持续壮大。2022年8月15日，工信部公布的数据显示，我国人工智能核心产业规模超过4000亿元，比2019年同期增长6倍多，初步形成覆盖基础层、技术层、应用层的完整产业链。9月14日，IDC发布《全球人工智能支出指南》，预测2026年中国AI投资规模有望达到266.9亿美元，全球占比约为8.9%，位列全球单体国家第二。

从投融资来看，资本市场对国内人工智能发展有着积极预期。一方面，一级市场项目走向后期，巨额融资增多。2021年国内人工智能融资金额达到2442.2亿元，融资数量为821笔，人工智能单笔融资金额接近3亿元，同比增长17.5%。另一方面，人工智能企业迎来上市高峰，IPO所产生的募资体量明显增大。2021年，国内有11家人工智能企业成功上市，创历年高峰（见表3）。

表3 2021年中国人工智能上市企业

企业简称	所属领域	上市时间	融资金额
医渡科技	智能医疗	2021年1月15日	39.0亿港元
Appier	智能商务	2021年3月30日	未透露
图森未来	智能运载工具	2021年4月15日	13.5亿美元
利和兴	智能制造	2021年6月29日	3.4亿人民币
理想汽车	智能交通	2021年8月12日	115.5亿港元
海天瑞声	智能服务	2021年8月13日	4.0亿人民币
微创机器人	智能医疗	2021年11月2日	14.6亿港元
鹰瞳科技	智能医疗	2021年11月5日	15.7亿港元
志晟信息	智慧城市	2021年11月15日	未透露
迈赫股份	智能制造	2021年12月7日	8.8亿人民币
商汤科技	计算机视觉	2021年12月30日	55.5亿港元

数据来源：深圳人工智能行业协会。

从人工智能领域创新成果来看，全球51.69%的人工智能专利由中国申请，专利申请量约为美国的3倍。但与越来越多的人工智能专利申请和授权相比，中国的专利申请数量（2021年为87343件）远远大于授权数量（2021年为1407件），仅有6%的专利获得授权，美国的专利授权比例约为39.59%，是中国的6倍多。[1] 这说明中国的专利"多而不优"，在人工智能创新的重点方面亟须由量转质。此外，根据第三方分析，中国是全球唯一的大学和研究机构人工智能专利申请量高于企业的国家，由于高校和企业创新目标存在差异，国内人工智能技术创新与市场需求的有效结合值得关注。[2]

总体来看，无论是企业数量、投融资总额还是专利数量，我国都稳居全球第二，仅次于美国。但是，我们需要清醒地看到，我国人工智能整体发展

---

[1] 斯坦福大学HAI：《2022年人工智能指数报告》，https://finance.sina.com.cn/tech/2022-03-31/doc-imcwiwss9086664.shtml，2022年3月。
[2] 火石创造：《中国人工智能产业报告》，http://www.hibor.com.cn/data/968982a2d836b02205470906fb88471f.html，2022年9月。

水平与发达国家相比存在差距，在基础理论、核心算法、关键设备、高端芯片等领域缺少重大原创成果，科研机构和企业的创新仍然属于跟随性，创新能力较弱，缺乏系统的超前研发布局，人工智能尖端人才远远不能满足需求。

从产业方面来看，我国人工智能产业发展主要遵循李开复提出的"做最好的创新"，即"中国首先应把大部分精力集中在AI应用技术开发方面，迅速占据市场；其次通过全球化体系，从半导体制造技术领先企业购买AI芯片，弥补不足"。这种遵循比较优势的发展思路在短期形成了较好的发展势头，打开了中国人工智能发展的局面，但也造成中国人工智能产业链"发育"不完全的问题，即产业优势集中在技术相对成熟、场景比较清晰的应用领域，在长周期、高风险的基础层和技术层投入意愿和能力不足，存在短板和薄弱环节，导致对外国企业产生严重的依赖性（见表4）。在地缘政治局面紧张的情况下，中国人工智能产业长期发展易受到美国等发达国家制约。[①]

表4 中国人工智能产业相关情况

产业层级	发展现状	存在问题
基础层	人工智能基础层产业规模年均增速低于全球增速；2021年上半年中国人工智能芯片中，由国外公司寡头垄断的GPU芯片占有90%以上的市场份额	智能芯片依赖进口；国产化算力基础薄弱，算力需求与算力能力之间存在鸿沟；开源框架受制于国外科技巨头
技术层	计算机视觉和语音识别等应用技术垂直领域不断突破，技术层产业规模年均增速高于全球增速；大模型、多模态等前沿算法领域处于跟随状态；Aminer 2022年人工智能全球最具影响力学者榜单中，美国在机器学习领域顶尖科研学者数量上占据绝对优势，位居全球第一，而中国仅居第四	底层算法理论和开发平台等基础技术领域发展节奏缓慢；技术方面缺乏系统的超前研发布局；尖端人才储备不足
应用层	2022年应用层产业规模达到161亿美元，成为我国AI产业链中优势最突出的部分；我国AI应用层在智能安防、自动驾驶领域相对成熟，同时也加快与制造业融合发展	场景碎片化导致算法复用率低，难以形成标准化、规模化产品，落地成本较高

资料来源：刘晨，《我国人工智能产业竞争力评估：国内格局和全球比较》，《宏观观察》2022年第41期。

---

① 丁佳豪、赵程程：《中国人工智能政府策动行为分析》，https://mp.weixin.qq.com/s/EGJIRgKQeM0_bgXilfZYpQ。

（三）欧盟人工智能发展战略举措

> 为了释放人工智能的潜力，我们必须找到一条欧洲道路。①
> ——欧盟委员会主席乌尔苏拉·冯德莱恩

欧盟人工智能的国际竞争策略并非遵循通常的技术赶超路径，而是希望基于欧盟的立法能力和市场规模衍生出的规则力量来弥补欧盟在人工智能硬实力上的短板，为欧洲人工智能"技术主权"之路争取发展空间。② 在这一思路的指导下，欧盟密集出台了《欧洲人工智能战略》《人工智能协调计划》《可信人工智能道德准则》《人工智能白皮书》《人工智能协调计划2021年修订版》等一系列政策文件和伦理要求③，希望通过"以人为本""道德且值得信赖的人工智能"等原则，引领人工智能全球立法规制和标准建设。2021年4月，欧盟委员会通过《人工智能法案》提案，更是标志着全球人工智能治理从伦理原则等软性约束，迈向全面且具有可操作性的法律规制阶段。

作为世界范围内第一份综合性人工智能法案，《人工智能法案》围绕人工智能系统使用的原因和方式严格划定风险界限，将人工智能系统划分为不可接受风险、高风险、有限风险和最低风险四种类型，并对以上不同风险级别的人工智能系统使用采取不同的限制措施。例如将会对人的身心健康产生威胁的人工智能系统的风险等级划为不可接受风险，并予以明令禁止；对具有高风险的人工智能系统引进CE认证，为获取认证AI开发者和使用者需严格履行七种义务，包括：①完备的风险评估系统；②向系统提供高质量的数据

---

① Who will Benefit most from the Data Economy, *The Economist*, https://www.economist.com/special-report/2020/02/20/who-will-benefit-most-from-the-data-economy.
② 蔡翠红、张若扬：《"技术主权"和"数字主权"话语下的欧盟数字化转型战略》，《国际政治研究》2022年第1期。
③ 施雯、缪玉浩：《从两极到三强：欧盟人工智能的全球竞争战略分析》，《中国科技论坛》2022年第6期。

集,最小化风险和歧视性结果;③留存系统日志以确保结果的可追溯性;④提供有关系统及其目的的所有必要信息,以供政府评估其合规性;⑤向用户提供明确、充分的信息;⑥采取适当的人为监督措施最小化风险(如停止按钮);⑦高水平的安全性和准确性。除了严格的前置审查程序外,法案还要求对涉及高风险的人工智能系统进行全过程监督和合规评估(见表5)。①

表5 《人工智能法案》风险等级划分

风险程度	描述	监管措施
不可接受风险	• 威胁人的安全、生计和权利,包括违背自由意志操纵人类行为的人工智能系统(如鼓励未成年人危险行为)和允许政府使用社会信用评分的系统	• 禁止; • 若违反,处以前一财年全球营业额最高6%的罚款
高风险	• 重要基础设施(如交通),可能威胁人的生命和健康; • 教育或职业培训,可能决定某人受教育的机会(如考试评分); • 产品的安全零件(如人工智能在机器人辅助手术中的应用); • 就业、员工管理(如招聘软件); • 基本的私人和公共服务(如信用评分剥夺公民获得贷款的机会); • 可能干涉人的基本权利的执法(如评判证据可靠性的系统); • 移民、庇护和边境控制(如合适旅行文件真实性的系统); • 运用于司法和民主程序的人工智能系统	前置审查: • 完备的风险评估系统; • 向系统提供高质量的数据集,最小化风险和歧视性结果; • 留存系统日志以确保结果的可追溯性; • 提供有关系统及其目的的所有必要信息,以供政府评估其合规性; • 向用户提供明确、充分的信息; • 采取适当的人为监督措施最小化风险(如停止按钮); • 高水平的安全性和准确性。 全过程监督和合规评估 严格执法和处罚
有限风险	• 使用人工智能(如聊天机器人)时,使用者能意识到在与机器互动进而作出明智决定	• 实现透明公开
最低风险	• 允许自由使用人工智能的电子游戏或垃圾邮件过滤器等应用	• 不作干预

欧盟不仅对内不断完善自身在人工智能领域的法律法规,并保持成员国的行动一致性和整体性,还对外加强跨国界管辖和建立联盟与技术伙伴关

---

① 金玲:《全球首部人工智能立法:创新和规范之间的艰难平衡》,人民论坛,http://www.rmlt.com.cn/2022/0302/641113.shtml,2022年3月2日。

系。2018年，欧盟组建了人工智能高级专家小组与欧洲人工智能联盟，积极推动人工智能治理原则和标准的国际化。2021年4月，欧盟更新了《人工智能协调计划》，呼吁成员国之间以及成员国与他国建立人工智能技术合作关系，并提出了一套具体的联合行动方案。2021年6月，欧盟—美国贸易和技术委员会成立，欧美双方在确立可信和负责任的治理原则方面达成共识，提出欧美要合作开发和部署基于共同民主价值观的可信赖人工智能系统并制定全球规范。欧盟正通过制度性的合作框架在成员国层面、区域层面、全球层面建立各种多边、双边合作关系，一方面这可以减少人工智能关键技术方面的单边依赖性，确保"技术主权"[①]；另一方面，欧盟也正在利用其多边国际机制的优势在国际社会扩大欧盟监管体系和人工智能价值观的影响，以介入全球人工智能的规则制定[②]。

三 国际人工智能领域竞合关系变化

（一）美国在智能芯片领域对华打压力度加大

美国对人工智能战略意义的认识越深刻、追求科技领域全球霸权地位的意愿越强烈，其与正在崛起的中国的实力较量就越难调和。2018年以来，美国将人工智能芯片领域作为长期消耗中国竞争力的重要阵地，不惜一切代价放缓中国的技术发展。[③] 美国商务部工业和安全局（BIS）以"实体清单"为手段，针对人工智能高端芯片相关物项、软件和技术对华定向实施出口限制，打乱芯片技术流动和生产供应的原有秩序。受制于高端芯片领域的弱势地位，中国人工智能相关企业受到严重冲击。2018~2022年，实体清单中的

[①] 宋黎磊、戴淑婷：《科技安全化与泛安全化：欧盟人工智能战略研究》，《政治与经济》2022年第4期。
[②] 蔡翠红、张若扬：《"技术主权"和"数字主权"话语下的欧盟数字化转型战略》，《国际政治研究》2022年第1期。
[③] 阙天舒、闫姗姗、王璐瑶：《对美国人工智能领域政策工具的考察：安全偏向、结构特征及应用评估》，《当代亚太》2022年第1期。

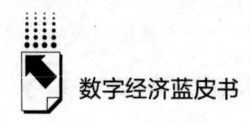

中国公司数量从130家增至532家。同时，美国《出口管理条例》包含域外适用性，即其他国家出口中国的芯片产品只要包含美国物项超过一定量，都会被列为管制对象。此外，美国还用政治手段向第三方国家施压，限制他国对华为销售人工智能芯片相关产品。

2022年8月12日，美国商务部工业和安全局（BIS）披露了一项新增的出口限制临时最终规则，对用于3nm及以下芯片设计的电脑辅助设计的EDA/ECAD软件实行出口管制。2022年9月1日，芯片厂商AMD和NVIDIA中国区称已接到总部通知，美国官员要求其停止对中国和俄罗斯出口高端GPU芯片。2022年10月7日，BIS针对《出口管理条例》更新内容，限制18nm制程DRAM、128层NAND Flash存储芯片、16/14nm逻辑芯片对华出口，并规定在未取得许可的情况下美国人不得向某些在中国境内从事半导体生产的企业、基地提供支持和咨询。

针对近期美国在人工智能芯片领域密集打压措施，美国战略与国际研究中心发布报告《切断中国通向人工智能未来的路径》，直接指出拜登政府正在通过管制高端人工智能芯片和芯片设计软件的使用权，以及限制中国对美国制造的半导体制造设备和零部件的使用，在算力方面限制中国人工智能产业的未来发展。美国在芯片领域赤裸的打压手段，也将对中美贸易、金融和科技合作等诸多领域产生寒蝉效应，造成更加混乱和对抗的局面。

（二）欧盟机会主义策略下的竞合行动

欧盟作为全球最大的单一数字市场，在人工智能发展上的道路选择和战略设计，成为影响人工智能"战局"的最大变因。中美战略竞争中，美国将技术问题"政治化"以及长臂管辖权的扩张压缩了欧盟人工智能发展的自主性空间。[①] 欧盟也表示应改变长期以来主要从经济角度看待技术问题的方

---

① 蔡翠红、张若扬：《"技术主权"和"数字主权"话语下的欧盟数字化转型战略》，《国际政治研究》2022年第1期。

式，而要优先遵从政治逻辑，将欧盟人工智能发展问题放到欧盟追求"技术主权"和地缘政治的大背景下考量，在中美之间的机会主义态度强化。①

从美欧关系来看，双方在人权、民主方面共同的价值主张推动了人工智能技术、标准方面实质性合作的开展。2021年6月，欧盟—美国贸易和技术委员会成立，欧美双方在确立可信和负责任的治理原则方面达成共识，提出欧美要合作开发和部署基于共同民主价值观的可信赖人工智能系统并制定全球规范。美国通过施加政治压力，希望欧盟参与抵制中国的行动，但欧盟深知贸然跟随会破坏全球供应链和合作关系，对欧盟自身的利益产生重大负面影响，同时也对美国强势的单边主义行径持犹疑态度，因此并未积极跟随。

从中欧关系来看，中欧之间合作与竞争长期并存。美国科技企业在欧洲的垄断地位威胁了欧盟技术自主权，因此在反垄断和平台经济治理等领域，欧盟存在同中国合作以制衡美国大型科技公司的空间。② 但与此同时，欧盟在安全领域对中国仍然持有不信任态度，在技术标准、安全供应链、信息通信服务安全和竞争力、出口控制和投资审查等方面加强了同美国的协调，在安全领域对中国保持防范心态。

（三）中国面临的挑战和应对策略

当前，地缘政治与科技脱钩成为人工智能发展的新语境，中美欧三方正在以不同的方式加入战局，我们所熟悉的和平时期的"对标"或"赶超"思维未必适合当前人工智能产业的国际竞争。华盛顿大学副教授罗伯·卡尔森与里克·韦伯林认为，从长远来看，美国科技脱钩只会在短期内减缓中国根据自己的战略发展科技的速度。③ 中美较量的核心将是科技实力的竞争，

---

① 施雯、缪其浩：《从两极到三强：欧盟人工智能的全球竞争战略分析》，《中国科技论坛》2022年第6期。
② 施雯、缪其浩：《从两极到三强：欧盟人工智能的全球竞争战略分析》，《中国科技论坛》2022年第6期。
③ 周琪：《高科技领域的竞争正改变大国战略竞争的主要模式》，《太平洋学报》2021年第1期。

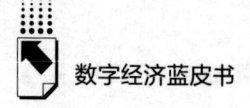

保持技术创新能力和产业增长势头是中国应对美国科技民族主义的最大内生动力。针对美国遏制中国发展的基础技术与前沿颠覆性领域，中国必须加大技术创新力度，实事求是、踏踏实实发展本国创新力量，尽可能克服基础领域技术代差。在6G技术、量子计算机、脑机接口等可能改变产业规则的前沿领域加大研究力量，并参与相关国际法律与规则标准制定。

美国技术民族主义政策严重冲击了世界贸易和科技流动秩序，国际竞合格局微妙的大背景下，中国应积极地同各国在人工智能技术领域展开深度对话，尊重各方合理安全关切[1]，努力维护全球产业链、供应链稳定，主动避免因中美关系紧张造成的全球性风险上升。在人工智能科技创新领域，中国应积极参与和发起国际合作平台与重大科技计划，通过提供国际科技公共产品，加强人工智能系统的区域互操作性以及在数据安全流动、数据集方面的合作，构建更广泛的利益共同体。同时，以生态治理、可信人工智能、算力"碳足迹"、自然灾害预防、气候变化等全球治理议题为切口，加强与欧盟在人工智能领域的合作。

---

[1] 宋黎磊、戴淑婷：《科技安全化与泛安全化：欧盟人工智能战略研究》，《政治与经济》2022年第4期。

附　　录
Appendix

B.18
《振兴美国半导体生态系统》报告

美国总统执行办公室　美国总统科学与技术顾问委员会　2022年9月

译者：王滢波[*]

关于美国总统科学与技术顾问委员会

美国总统科学与技术顾问委员会（PCAST）是一个由总统任命，旨在加强白宫内部和联邦机构向总统提供科学技术咨询能力的联邦咨询委员会。PCAST由30位在美国学术界、政府和私营部门表现杰出的思想领袖组成。PCAST就涉及科学、技术和创新政策的事项，以及影响经济、员工权利、教育、能源、环境、公共卫生、国家和国土安全、种族平等和其他主题的涉及科学和技术信息的事项，向总统提供咨询服务。

有关PCAST的更多信息，请访问www.whitehouse.gov/PCAST。

---

[*] 译者：王滢波，经济学博士，上海社会科学院信息研究所，主要研究方向为数字经济和宏观经济。

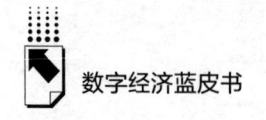

2022年9月20日，白宫

尊敬的总统先生，

美国人几乎没有意识到我们每天生活对于半导体的依赖。芯片不仅用于打电话、洗衣服或乘坐公共交通工具等日常生活，也用于为智能武器和自主监视提供"情报"等非日常任务。这些微型设备已成为现代生活的重要组成部分，支撑着全球经济和国家安全。半导体是美国第四大出口产品，该行业直接雇用了近30万美国人，间接创造了160万个就业岗位。

20世纪40年代以来，美国联邦政府与工业界和学术界建立了密切的合作关系，在半导体产业的发展中发挥了核心作用，使美国成为半导体领域的世界领导者，但这一领导地位正受到前所未有的挑战。美国制造的半导体在全球的份额已从1990年的37%下降到如今的12%，90%的尖端半导体制造业现在都在美国以外的地方完成，主要是在亚洲。

显然，保持美国在半导体领域的全球领先地位是确保美国经济繁荣和国家安全的国家优先事项。如果不采取行动，美国将面临失业、技术发展受阻、供应链风险巨大以及经济机会减少等问题。

《芯片与科学法案》的通过意味着美国将下定决心加强美国半导体生态系统建设，应对不断加剧的竞争。法案的通过表明美国将致力于维持和发展国内的半导体生态系统，促进美国的经济增长和就业。联邦政府和私营部门准备加速发展美国的半导体制造行业，启动一系列新项目。

因此，我们的报告将重点放在对美国半导体生态系统的长期健康和竞争力至关重要的研发、创业、教育和劳动力发展的变革性投资上。我们建议采取行动，最大限度地利用《芯片与科学法案》中为半导体研发拨付110亿美元的历史性承诺，方法是：

• 建立广泛的联盟：我们为拟建的国家半导体技术中心提供了一个框架，以便在美国各地分享良好的就业和教育机会。

• 关注教育和未来劳动力：我们建议将部分资金用于创建国家微电子培训网络。

- 促进创新：我们建议将一部分资金用于为初创公司和学术研究人员提供资金支持，并提供最先进的原型工具和设施。

制定国家研究议程：为确保美国在半导体创新方面领先世界，我们建议设立国家"重大挑战"。我们对《芯片与科学法案》在促进经济潜力和保障国家安全方面为美国人民提供的可能性感到兴奋。

美国总统科学与技术顾问委员会

联席主席

Frances H. Arnold
Linus Pauling 化学工程、生物工程和生物化学教授
加州理工学院

Francis S. Collins
总统白宫常务科学顾问

Maria T. Zuber
麻省理工学院研发副校长兼地球物理学教授

成员

Dan E. Arvizu
新墨西哥州立大学系统负责人

Dennis Assanis
特拉华大学校长

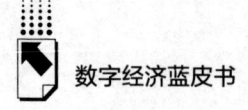

John Banovetz
3M 公司执行副总裁、首席技术官和环境责任官

Ashton Carter
哈佛大学贝尔弗科学与国际事务中心主任兼贝尔弗技术与全球事务教授

Frances Colón
美国进步国际气候中心高级主任

Lisa A. Cooper
约翰霍普金斯大学彭博社健康与医疗保健公平特聘教授兼健康公平中心主任

John O. Dabiri
加州理工学院航空与机械工程荣誉教授

William Dally
英伟达公司首席科学家兼高级研发副总裁

Susan Desmond-Hellmann
比尔和梅琳达·盖茨基金会前首席执行官

Inez Fung
加州大学伯克利分校大气科学教授

Andrea Goldsmith
普林斯顿大学工程与应用科学学院院长，阿瑟·勒格兰·多蒂电气与计算机工程教授

Laura H. Greene

佛罗里达州立大学、佛罗里达大学和洛斯阿拉莫斯国家实验室国家强磁场实验室首席科学家

Paula Hammond

麻省理工学院科赫综合癌症研究所教授、化学工程系主任

Eric Horvitz

微软首席科学官

Joe Kiani

Masimo 董事长兼首席执行官

Jonathon Levin

斯坦福大学菲利普·H. 奈特教授兼商学院院长

Stephen Pacala

普林斯顿大学弗雷德里克·D. 佩特里生态学和进化生物学系教授

Saul Perlmutter

伯克利数据科学研究所物理教授兼所长、加州大学伯克利分校高级科学家

William Press

得克萨斯大学奥斯汀分校 Leslie Surginer 计算机科学与集成生物学教授

Penny Pritzker

PSP Partners 主席

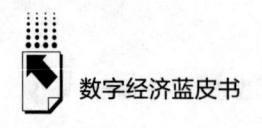

Jennifer Richeson
耶鲁大学菲利普·R. 艾伦心理学教授兼社会感知与交流实验室主任

Vicki Sato
哈佛商学院管理实践教授（退休）

Lisa Su
AMD 公司主席兼首席执行官

Kathryn D. Sullivan
前美国国家海洋和大气管理局局长、前美国宇航局宇航员

Terence Tao
加利福尼亚大学文学与科学学院教授兼詹姆斯和卡罗尔·柯林斯主席

Philip Venables
谷歌云首席信息安全官

Catherine Woteki
弗吉尼亚大学生物复杂性研究所特聘客座教授、爱荷华州立大学食品科学与人类营养学教授

执行摘要

半导体是当今信息时代的基础，也是全球经济的支柱。它们对美国经济和国家安全至关重要，为数据中心、通信、汽车、航空航天和国防、个人计算设备、工业、娱乐、医疗保健和许多其他市场提供"情报"。为了在经济和技术领域保持全球领先地位，半导体领域的领导地位至关重要。

目前，美国是全球半导体收入领域的领导者，但这种领导地位正受到前所未有的来自全球竞争对手的挑战。例如，美国制造的半导体在全球的份额已从1990年的37%下降到如今的12%。① 与此同时，亚洲国家尤其是中国，一直在半导体制造和研发方面大量投资，以提高其本土能力，巩固其在全球市场的地位。

美国要想保持在半导体行业的世界领先地位，就必须确保该行业的大部分增值过程发生在美国。PCAST积极支持通过《芯片与科学法案》，其中包括提供大量资金，以加强美国半导体生态系统建设。② 这项投资表明了美国对维持和发展国内半导体生态系统的承诺，并将为美国人民带来利益，包括高质量的工作、技术创新和科学发现。

行业和政府正在努力支持和发展半导体制造业：作为拜登政府扩大美国半导体制造业努力的一部分，一些新项目正在计划中，并准备破土动工。③ 然而，对于美国强大和健康的半导体生态系统同样重要的研发计划没有受到足够的关注。为了填补这一空白，本报告就拜登政府如何最大限度地利用《芯片与科学法案》中的半导体研发资金，通过创建强大的半导体研发基础设施，教育和培训下一代半导体劳动力，推动美国国家研究和创新议程，为美国半导体生态系统的长期健康和竞争力（实现最大利益）提出建议。

《芯片与科学法案》将通过美国商务部在5年内投资110亿美元用于半导体研发，包括建立国家半导体技术中心（NSTC）和推动国家先进封装制

---

① 半导体行业协会，"2022年概况"，https：//www.semiconductors.org/wp-content/uploads/2022/05/SIA-2022-Factbook_ May-2022. pdf，2022。
② 公法117-167第A部分（"2022年芯片法案"）（俗称，在本文中称为"芯片与科学法案"）为2021财政年度William M.（Mac）Thornberry国防授权法案（公法116-283）第XCIX篇［为美国生产半导体（芯片）创造有益激励］中授权的活动拨款（以下简称"美国芯片法案"）。
③ 白宫，"《芯片与科学法案》将降低成本，创造就业机会，加强供应链，对抗中国（情况介绍）"，https：//www.whitehouse.gov/briefing-room/statements-releases/2022/08/09/fact-sheet-chips-and-science-act-will-lower-costs-create-jobs-strengthen-supply-chains-and-counter-chin，2022年8月9日。

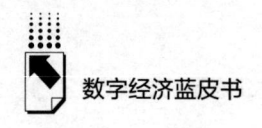

造计划（NAPMP）。[①]

此外，法案还将拨款390亿美元用于为国内半导体制造业提供财政援助。这是一项具有历史意义的重大半导体研发投资，可以决定性地加强美国半导体生态系统建设。为了实现这一目标，NSTC和NAPMP必须激发公共和私营部门之间的广泛合作，发展和培训美国的半导体人才，并推动雄心勃勃的研究和创新议程。

本报告概述的10项建议的实施将为振兴美国半导体生态系统奠定坚实基础。这些措施中的每一项都可以由拜登政府发起，采用全面的公私合作方式，以维持和发展国内半导体生态系统。我们相信，这些举措的实施可以改变我们目前的发展轨迹，重建我们在半导体领域的全球领导地位。

建议

（1）商务部长应在2023年底前以公私合作的独立法律实体形式设立NSTC。商务部长应选择一个董事会来监督NSTC和NAPMP，以确保投资的协同性和一致性。董事会成员应包括来自政府、行业和学术界的广泛代表。

（2）商务部长应确保NSTC成立章程中包括一个分散在不同区域，由不超过6个卓越联盟（COE）构成的模型。这些联盟关注不同的技术重点，如先进逻辑、高级记忆、模拟和混合信号、生命科学应用、设计和方法以及封装。封装COE应包含NAPMP倡议的预算和目标。

（3）商务部长应与国家科学基金会（NSF）主任协调，支持在2023年底前建立国家微电子教育和培训网络，并在未来5年内拨款约10亿美元，用于升级教育实验室设施、支持课程开发，并促进该领域的师资招聘。

（4）商务部长应确保NSTC资助的研究项目（来自建议8）每年提供2500个奖学金和研究助学金名额。

[①]《芯片与科学法案》第102条中的拨款；《美国CHIPS法案》第9906（c）条对NSTC的授权和第9906（d）条对NAPMP的授权。

（5）国土安全部应根据现有的法律和监管规定，为新提交的移民申请提供优质服务，以满足从事微电子工作的可以国家利益豁免的拥有高级学位人士移民的要求。

（6）商务部长应确保到2023年底，NSTC将创建一个约5亿美元的投资基金，为半导体初创企业提供资金支持以及获得原型和工具的途径。

（7）商务部长应确保NSTC在2025年底之前创建或资助创建一个具有完整软件堆栈的"小芯片"平台①，以便初创企业和学术机构能够将其定制的小芯片与NSTC支持的小芯片平台集成，从而显著减少创新所需的投资和时间。

（8）商务部长应确保NSTC创始章程中将年度资金的很大一部分（30%~50%）用于直接资助国家研究议程。该研究议程应包罗万象，并涉及以下领域：材料、工艺和制造技术，封装和互连技术，节能计算和特定领域加速器，设计自动化工具和方法，半导体和系统安全，半导体和生命科学。

（9）NSTC应确定一系列全国性的重大挑战，这些挑战可通过NSTC行业成员和NSTC资助的合作研究得以突破。这些重大挑战应跨越可从大规模的全国性合作中受益的三个互补领域：进入zettascale②时代的先进计算；显著降低设计复杂性；生命科学应用中的先进半导体。

（10）为了提高国家半导体投资的透明度，在国家层面衡量整个行业的进展，并最大限度地提高此类投资的杠杆率，我们建议如下：

a）从2023年开始，此后每年，网络和信息技术研发（NITRD）计划应整理并公布所有联邦机构的半导体年度投资数据。

b）NSTC应鼓励所有半导体研发投资机构充分利用NSTC的设施和能力。我们建议NSTC与其他机构以及公私合作伙伴扩大并共同资助项目，协同研究议程，例如国防高级研究计划局（DARPA）的电子复兴计划、NSF的计算机与信息科学和工程局赞助的半导体未来研究以及半导体研究公司促成的广泛的跨行业合作。

---

① 小芯片平台是一种集成电路，由多个较小的芯片组成，其中产品的通用、非创新部分经过专门设计，可以添加可定制组件（小芯片）以满足特定的应用、性能或功能。

② 1个zettaflop=103个exaflops=每秒1021个浮点运算。

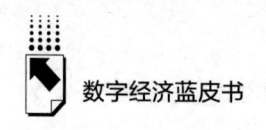

c）商务部长应制定并定期评估绩效指标，以评估 CHIPS 和科学法案倡议的进展、有效性、成果和影响，并每年向总统报告。

重振美国半导体生态系统

美国半导体生态系统现状

半导体对现代生活的各个方面都至关重要，是工作、学习、商业、通信、运输、航空航天、国防、医疗保健和许多其他行业得以发展的基础。20世纪40年代以来，联邦政府通过与工业界和学术界的深度合作，在半导体产业的发展中发挥了核心作用，并使得美国成为全球半导体收入最高的国家。半导体工业协会分析发现，全球半导体收入为5560亿美元，[①] 其中美国公司占市场的47%；半导体是美国第四大出口产品；该行业直接雇用了近30万美国人，间接增加了160万个工作岗位。半导体不仅对我们的经济实力至关重要，而且对我们的国家安全也至关重要。半导体为智能武器和精确制导弹药提供了"情报"，几乎所有军事系统都需要半导体。基于半导体的超级计算机用于密码分析、设计武器系统以及确保核储备的安全和可靠性。因此，我们的国防能力取决于我们在微电子系统设计和开发方面的全球领导地位以及从事这项重要工作的熟练半导体劳动力。

新冠疫情大流行导致对半导体产品的需求空前增加，而供应链中断则凸显了半导体的重要性和半导体生态系统的脆弱性。[③] 确保在半导体领域的领导力是保持我们经济繁荣和国家安全的国家优先事项，这一点从未如此明确。

[①] 半导体工业协会，"2022年概况"，https://www.semiconductors.org/wp-content/uploads/2022/05/SIA-2022-Factbook_May-2022.pdf，2022。

[②] 半导体工业协会，"美国半导体工业状况"，https://www.semiconductors.org/wp-content/uploads/2021/09/2021-SIA-State-of-the-Industry-Report.pdf，2021。

[③] Hsu, J., "巨大的芯片危机威胁着摩尔定律的承诺"，麻省理工学院技术评论，https://www.technologyreview.com/2021/06/30/1026438/global-microchip-shortage-problem-m1-apple-tsmc-intel，2021年6月30日。

虽然总部设在美国的公司在半导体收入方面居世界领先地位，但近年来，我们在半导体领域的领先地位一直在下降，而亚洲的能力一直在提高。亚洲许多国家政府认识到半导体的战略重要性，并通过产业政策开展大量投资，以扩大其布局和能力。例如，近年来，韩国的半导体收入增长迅速，目前占全球市场的21%，这得益于其在存储器和存储领域的技术进步。[1] 台湾现在是制造业强地，92%的全球先进半导体都由其制造。2014年6月，中国政府公布了一项雄心勃勃的计划，承诺在10年内投入1500亿美元，用于推进半导体研发和制造，目标是在2030年之前成为半导体领域的全球领导者。2019年，中国宣布成立第二家半导体基金，承诺再投资290亿美元。[3] 最近，韩国[4]和欧盟也宣布了大规模投资计划。[5]

今天，只有约12%的半导体在美国制造，而1990年这一比例为37%左右。[6] 2021年，85%的半导体制造设备运往亚洲国家（其中28%运往中国），而只有7%的制造设备运往北美。[7] 如果美国不增加对半导体制造业的投资，预计到2030年，美国的半导体制造业将不到全球的10%，而中国将制造全球供应量的近30%。[8]

---

[1] 半导体行业协会，"2022年概况"，https://www.semiconductors.org/wp-content/uploads/2022/05/SIA-2022-Factbook_May-2022.pdf，2022。

[2] 白宫，"建立弹性供应链，振兴美国制造业，促进基础广泛的增长：根据第14017号行政命令进行的100天审查"，https://www.whitehouse.gov/wp-content/uploads/2021/06/100-day-supply-chain-review-report.pdf，2021。

[3] Sutter, K., "中国的新半导体政策：国会议题（CRS报告编号R46767）国会研究服务"，https://crsreports.congress.gov/product/pdf/R/R46767，2021。

[4] Jaewon, K., "韩国计划投资4500亿美元，成为芯片'发电站'日经亚洲"，https://asia.nikkei.com/Business/Tech/Semiconductors/South-Korea-plans-to-invest-450bn-to-become-chip-powerhouse，2021年5月13日。

[5] 欧盟委员会，"数字主权：委员会提出《芯片法案》，以应对半导体短缺，加强欧洲的技术领先地位（新闻稿）"，https://ec.europa.eu/commission/presscorner/detail/en/ip_22_729，2022年2月8日。

[6] 半导体工业协会，"2022年概况"，https://www.semiconductors.org/wp-content/uploads/2022/05/SIA-2022-Factbook_May-2022.pdf，2022。

[7] Patel, D., "为什么美国会失去半导体"，https://semianalysis.substack.com/p/why-america-will-lose-semiconductors，2022年6月13日。

[8] https://semianalysis.substack.com/p/why-america-will-lose-semiconductors。

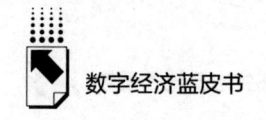

自半导体行业成立以来，创业公司一直是半导体行业成功的关键推动力。然而，美国半导体初创公司的资金没有跟上其他国家的步伐。2022年5月的风险投资报告[1]显示，只有18%的受资助半导体初创公司位于美国，而中国的这一比例为59%。[2] 与此相关的是，美国联邦资助半导体相关研发活动的速度和步伐在国内生产总值（GDP）中所占比例相对平稳，而在这一领域取得成功所需的投资规模应大幅增加。[3]

2017年1月，PCAST向奥巴马总统提交了一份报告，确定了确保美国在全球半导体生态系统中长期居于领导地位所需采取的行动。[4] 该报告的核心结论是，美国只有通过创新和更快的发展速度才能保持领导地位。今天情况依然如此，采取行动的必要性变得更加迫切。

为了扭转美国半导体领导地位下降的局面，拜登政府采取了大胆行动，投资、制定和实施了一项全面战略，以重建国内半导体生态系统，加强美国在日益激烈的全球竞争中的领导地位。2021年1月CHIPS作为2021财政年度国防授权法案的一部分正式成为法案。[5] 随后，拜登总统于2022年8月9日签署了《芯片与科学法案》，拨款507亿美元用于半导体投资，包括支持CHIPS法案[6]授权的美国制造业和半导体研发投资的激励措施。

《芯片与科学法案》是一项历史性的改变游戏规则的投资，它有可能扭转美国在全球半导体生态系统中地位下降的趋势，为我们提供了一次千载难逢的机会，以确保美国在未来几十年内成为半导体领域的明确领导者。本报

---

[1] Patel 2022指出，其他月份也呈现类似的趋势。
[2] Patel, D.,"为什么美国会失去半导体"，https://semianaly sis.substack.com/p/why-america-will-lose-semiconductors，2022年6月13日。
[3] 半导体工业协会，"激发创新：联邦政府对半导体研发的投资如何刺激美国经济增长和创造就业机会"，https://www.semiconductors.org/wp-content/uploads/2020/06/SIA_Sparking-Innovation2020.pdf，2020。
[4] "向总统报告：确保美国在半导体领域的长期领导地位"，https://obama whitehouse.archives.gov/sites/default/files/microsites/ostp/PCAST/pcast_ensuring_long-term_us_leadership_in_semiconductors.pdf，2017。
[5] 2021财政年度William M.（Mac）Thornberry国防授权法案（公法116-283）标题XCIX［为美国生产半导体（芯片）创造有益的激励］。
[6] 公法117-167（俗称"芯片与科学法案"）A部分（"2022年芯片法案"）。

告就拜登政府如何在整个美国半导体生态系统中最大限度地利用该法案拨付的110亿美元研发投资，以造福于经济发展和国家安全提出了建议。

组建国家半导体技术中心（NSTC）

在过去20年中，半导体技术变得越来越复杂，需要大量投资来开发下一代技术。半导体开发的成本现在接近数亿美元。① 由于成本高企，能够参与研发的公司和学术机构越来越少，这对美国半导体创新的未来产生了严重不良影响。

这个问题可以通过建立一个公司和学术界共享的国家研发基础设施来解决。② 如果没有共享基础设施，大多数公司、研究人员和企业家将继续面临重大的创新障碍。《芯片与科学法案》为商务部提供资金，以创建国家半导体技术中心（NSTC）和推动国家先进封装制造计划（NAPMP），为美国半导体研发提供所需的共享基础设施。③ NSTC将建立先进的半导体和封装原型设施，可供学术界、初创企业和成熟公司使用。该中心将在共享环境中实现快速、低成本的原型制作，同时推进美国的研究议程，加快半导体劳动力发展。与NSTC一起，NAPMP将建立一个国家计划，以加强美国的半导体先进测试、组装和封装能力。该基础设施将帮助研发人员和机构在不需要个人对设施进行大量投资的前提下开展创新，缩短创新周期。我们强烈支持这些倡议，并为其结构、治理和实施提供如下建议。

建议1：商务部长应在2023年底前以公私合作的独立法律实体形式

---

① Bauer, H., Burkacky, O., Lingemann, S., Pototzky, K., Kenevan, P.和Wiseman, B.，"半导体设计和制造：实现领先能力"，麦肯锡公司，https://www.mckinsey.com/industries/advanced-electronics/our-insights/semiconductor-design-and-manufacturing-achieving-leading-edge-capabilities，2020年8月20日。
② 作为NSTC一部分设想的研发工作将被视为具有竞争性，从而允许公司和学术界就共同解决方案开展合作。
③ 《芯片与科学法案》第102条中的拨款；《美国CHIPS法案》第9906（c）条对NSTC的授权和第9906（d）条对NAPMP的授权。

设立NSTC。商务部长应选择一个董事会来监督NSTC和NAPMP，以确保投资的协同性和一致性。董事会成员应包括来自政府、行业和学术界的广泛代表。

NSTC是美国半导体史上规模最大的同类机构。唯一一家类似的企业是SEMATECH，它是美国半导体公司和国防高级研究计划局（DARPA）于1987年成立的公私合作企业，最初投资5亿美元，规模要小得多。[①]

NSTC的成功实施需要正确的结构、治理和指导原则。PCAST建议NSTC采取公私合作的形式，以促进整个美国半导体生态系统的参与、合作和创新。商务部应鼓励学术界、行业和政府广泛参与NSTC。行业参与应涵盖半导体生态系统的各个方面，包括材料和设备供应商、电子设计自动化公司、无晶圆厂设计公司、集成器件制造商、制造厂和系统公司。联邦政府的参与应该包括在半导体领域具有深厚专业知识的机构，例如国家科学基金会（NSF）和DARPA等。

商务部长应合并NSTC和NAPMP的治理流程，以增强投资的协同效应，并减少基础设施可能的重复投资。监督这两项举措的董事会应由美国半导体行业的成员以及学术界和美国政府的代表组成。董事会应选择一名独立的NSTC首席执行官（CEO），并成立一个技术咨询委员会来指导研究议程。NAPMP可以作为NSTC内的一个独立实体进行管理，并有自己的预算，同时为更大的NSTC研究议程做出贡献并参与其中。图1说明了提议的NSTC治理和运营模型。

NSTC应尽可能与美国以外的类似组织（如欧洲大学间微电子中心和友好国家的半导体公司）合作，以充分利用资源、现有基础设施和能力。此类参与应体现互惠原则、研究安全原则以及共同价值观。然而，从全球竞争和国家安全的角度来看，由于这一计划的战略性质，任何外国实体都不应成为董事会或技术咨询委员会的成员。

---

① Wells Jr., J. E., Mininger, L., Cheston, R., Quicksal, J., Viola J., &Russell, C. B., "联邦研究：SEMATECH的经验教训"，政府问责办公室，https：//www.gao.gov/assets/rced-92-283.pdf, 1992。

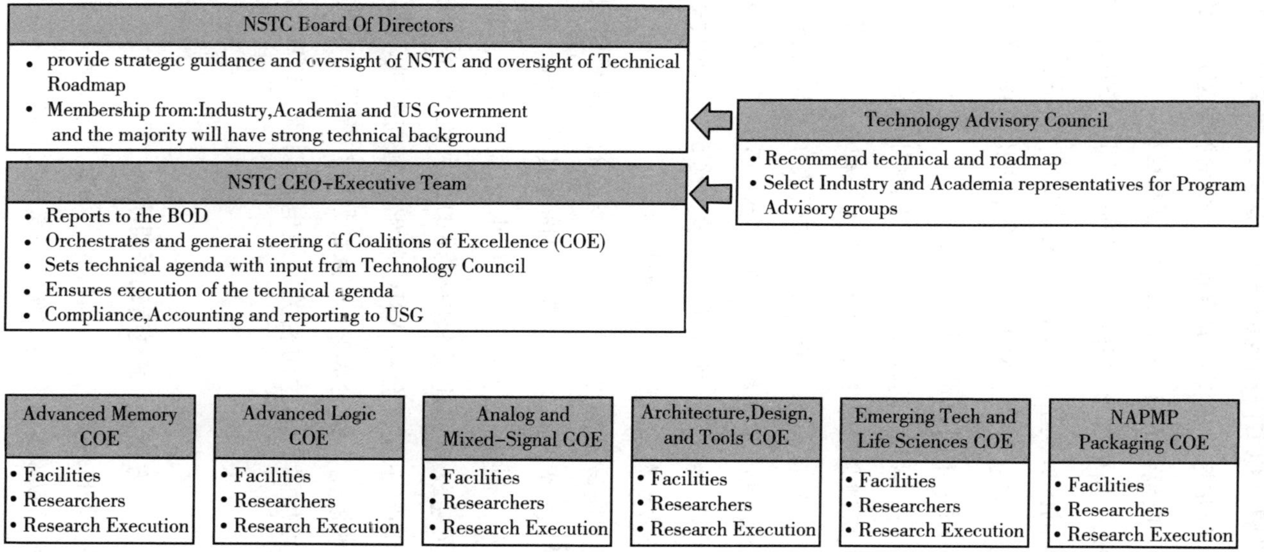

《振兴美国半导体生态系统》报告

NSTC Board Of Directors
- provide strategic guidance and oversight of NSTC and oversight of Technical Roadmap
- Membership from: Industry, Academia and US Government and the majority will have strong technical background

Technology Advisory Council
- Recommend technical and roadmap
- Select Industry and Academia representatives for Program Advisory groups

NSTC CEO-Executive Team
- Reports to the BOD
- Orchestrates and general steering of Coalitions of Excellence (COE)
- Sets technical agenda with input from Technology Council
- Ensures execution of the technical agenda
- Compliance, Accounting and reporting to USG

Advanced Memory COE	Advanced Logic COE	Analog and Mixed-Signal COE	Architecture, Design, and Tools COE	Emerging Tech and Life Sciences COE	NAPMP Packaging COE
• Facilities • Researchers • Research Execution	• Facilities • Researchers • Research Execution	• Facilities • Researchers • Research Execution	• Facilities • Researchers • Research Execution	• Facilities • Researchers • Research Execution	• Facilities • Researchers • Research Execution

图 1 NSTC 提议的结构

359

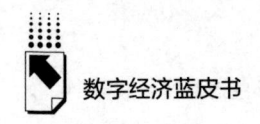

建议2：商务部长应确保NSTC成立章程中包括一个分散在不同区域，由不超过6个卓越联盟（COE）构成的模型。这些联盟关注不同的技术重点，如先进逻辑、高级记忆、模拟和混合信号、生命科学应用、设计和方法以及封装。封装COE应包含NAPMP倡议的预算和目标。

之前的SEMATECH集中部署基础设施，与此不同，NSTC的基础设施应该构建在一个分布式的区域模型中，因为要覆盖的技术非常广泛。这也将在全国范围内分配和创造就业机会。NSTC应与学术机构合作，以支持教育和劳动力发展，并为开展学术研究提供基础设施。

为了实现这些目标，NSTC基础设施应尽可能利用现有的生态系统和基础设施，必要时扩大区域和学术基础设施。作为一种模式，NSTC可以组织大约6个COE，包括广泛的学术、行业和区域代表：①高级记忆；②高级逻辑；③模拟和混合信号；④架构、设计和工具；⑤封装（包括国家行动方案倡议的任务）；⑥新兴技术，例如生命科学。这6个方面代表了强大而充满活力的美国半导体生态系统所需的关键技术。

每个COE本质上应该是高度多学科和跨职能的，具有原型能力和研究议程，涵盖材料、装置、设备、建模、测试和其他学科。每个COE的原型能力应支持学术、创业和行业活动。COE之间的强有力协调对于提供支持研究议程以及建议8和建议9中概述的重大挑战的集成系统和解决方案至关重要。COE还有机会将NSTC基础设施与其他联邦计划（如国防部的微电子技术极化）结合起来。① 该计划旨在提供"从实验室到工厂"的原型能力，以加强美国国防相关的微电子创新。COE活动示例见方框1。

方框1：卓越活动联盟示例

模拟和混合信号COE应具有下一代模拟、混合信号、电源管理和高压设备、射频和高速技术以及智能传感的研究和原型制作能力。这些活动可以

---

① 有关更多信息，参见 https://www.cto.mil/ct/microelectronics。

支持通信基础设施、智能城市、自动驾驶汽车、绿色能源以及医疗、保健和健康领域的广泛学术和商业应用。

高级逻辑 COE 应为下一代高级逻辑、存储器、小芯片以及 3D 和异构集成提供研究和原型制作能力。高级存储器 COE 专注于未来几代存储器的研究和原型制作能力、新的存储器技术概念以及存储器与计算和高级 3D 存储器概念的异构集成。这两项 COE 活动将支持广泛的学术和商业应用，以实现半导体工艺技术和产品的领先地位。他们还将在与 2.5D/3D 封装和异构集成相关的领域与封装 COE 密切合作。

一个包括专利、商标、版权和商业机密在内的强大知识产权（IP）框架对于保持美国半导体的领先地位和 NSTC 的长期成功至关重要。所有权和许可的知识产权框架对于降低初创企业和学术研究人员的进入门槛以及缩短从"实验室到制造厂"的周期至关重要。我们建议，由 COE 资助开发的所有知识产权（即会员费、政府资助、州或大学资助）应作为研究和商业产品的非排他性、免版税的永久许可证授予信誉良好的 COE 成员。知识产权的所有权将由发明人或发明人各自的机构保留。如果 NSTC 选择使用现有的 IP，则应以最佳条件将其许可给成员。在最终的 IP 框架和安全定义中，应采用半导体研究公司和欧洲大学间微电子中心等既定研究模型的最佳实践。

教育和劳动力发展

半导体集成电路"芯片"设计和制造的复杂性和精密性要求建立一支训练有素的微电子员工队伍，其知识和技能涵盖广泛的科学、技术、工程和数学（STEM）学科等教育领域。半导体行业超过 50% 的员工拥有学士以上学位。[1] 此外，与半导体行业相关的工作几乎都是高薪工作，需

---

[1] 半导体工业协会和牛津经济学，"插手：半导体行业对美国劳动力的积极影响以及联邦行业激励措施将如何增加国内就业"，https://www.semiconductors.org/wp-content/uploads/2021/05/SIA-Impact_ May2021-FINAL-May-19-2021_ 2. pdf，2021。

要熟练的技术员工。半导体行业协会[①]的一项研究估计,《芯片与科学法案》的制造业激励措施将在未来几年内为美国创造28万个新工作岗位,其中半导体行业直接创造4.2万个,为支持供应链创造10.1万个,其余工作岗位通过工资支出创造[②]。其中许多新工作将集中在高技能工程和技术人员岗位上,但美国大学、学院和贸易学校目前的毕业生数量远低于所需。

为了吸引更多的学生学习半导体,课程必须抓住他们的兴趣和想象力。要做到这一点,重要的是让学生团队能够创新,并获得制造半导体芯片所需的实践经验。这在当今的芯片设计方法中是不可能的,因为构建硬件需要很长的时间,并且芯片设计和原型制作过程过于复杂。构建团队快速展示想法的能力是20世纪80年代推动半导体革命的动力,也是推动学生进入当今计算机科学的关键力量。因此,迫切需要通过创造激励性课程体验和提供亲自设计芯片和制作原型的机会,重新激发学生对半导体的兴趣。这需要更新教育课程、学术研究和培训设施,以跟上芯片设计和制造技术的进步,还迫切需要通过有偿实习和学徒制为学生提供实际工作经验。

建议3:商务部长应与国家科学基金会(NSF)主任协调,支持在2023年底前建立国家微电子教育和培训网络,并在未来5年内拨款约10亿美元,用于升级教育实验室设施、支持课程开发,并促进该领域的师资招聘。

为了确保美国微电子生态系统有一个健康的人才管道,并保持在半导体研究、设计和制造领域的全球领先地位,美国需要新的方法来吸引和培训更大规模、更加多样化的劳动力。2021年的一项调查发现,在半导体劳动力中,黑人员工占4%,西班牙裔员工占13%,这既落后于制造业,也落后于

[①] 半导体工业协会和牛津经济学,"插手:半导体行业对美国劳动力的积极影响以及联邦行业激励措施将如何增加国内就业",https://www.semiconductors.org/wp-content/uploads/2021/05/SIA-Impact_May2021-FINAL-May-19-2021_2.pdf,2021。

[②] 这些新的工作岗位在没有《芯片与科学法案》新投资的情况下创造的工作岗位之外。

美国的整体水平。①② 此外，截至2019年，半导体领域不到25%的员工是女性，在大多数半导体公司中，女性担任领导职务的比例不到1%。③ 当我们期待半导体领域的员工总数增长时，我们必须从所有背景和地理区域中吸引所有人才。为了拥有一支广泛多样的劳动力队伍，我们必须接触学生所在的区域。有才华的学生遍布全国各地，他们在各种类型的学校就读。必须做出明确努力，为所有学生和员工创造机会，特别是那些在STEM和微电子教育方面历来服务不足的学生和员工，并在全国各地提供高薪工作。为此，国家微电子培训网络应为分布在全国各地的至少50所"枢纽"大学和学院升级实验室设施和设备，包括少数民族服务机构（例如，历史上的黑人学院和大学、西班牙裔服务机构、亚裔美国人和太平洋岛民服务机构以及部落学院和大学），面向大学、社区学院和贸易学校开发课程，以及在全国学术机构招聘新的微电子教师。

方框2提供了有关振兴美国微电子教育和支持劳动力发展的具体建议。

方框2：重振美国微电子教育和支持劳动力发展的建议

（1）5年7.5亿美元（每年1.5亿美元），用于升级现有的教育和研究实验室设施和设备，这些设施和设备对半导体设计、制造、封装和测试的实践学习和培训至关重要，并支付50个中心学术机构实验室的实践学习与培训项目的运营成本。

（2）5年1亿美元（每年2000万美元），用于支持全国学术机构网络（包括大学、社区学院和贸易学校）的课程开发和共享。大学课程将包括

---

① 半导体工业协会和牛津经济学，"插手：半导体行业对美国劳动力的积极影响以及联邦行业激励措施将如何增加国内就业"，https://www.semiconductors.org/wp-content/uploads/2021/05/SIA-Impact_May2021-FINAL-May-19-2021_2.pdf，2021。
② 美国劳工统计局，"2020年按种族和族裔划分的劳动力特征"，https://www.bls.gov/opub/reports/race-and-ethnicity/2020/home.htm，2021。
③ GSA和埃森哲，"GSA：半导体行业的女性（2019年调查简要结果）"，GSA妇女领导力倡议，https://www.gsaglobal.org/wp-content/uploads/2020/05/BRIEF-GSA-Women-in-the-Semiconductor-Industry-Survey-Results-2019.pdf，2020。

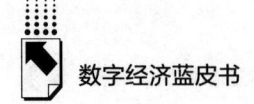

芯片设计和学生设计芯片的原型制作课程,而社区学院和贸易学校课程将包括技术培训。网络内的所有大学都将获得资金,以维护芯片设计和原型制作的软件工具和流程,网络内的所有学术机构都可以利用这些工具和流程。

(3) 5年5000万美元(每年1000万美元),用于支持大学获得行业标准电子设计自动化和技术计算机辅助设计软件工具、设计流程以及半导体铸造厂的多项目晶圆制造,用于教学和研究。类似于 Metal Oxide Silicon Implementation Service,Muse Semiconductor or europractice-ic.com 的组织可以作为多项目晶圆运行的聚合器,并提供工艺设计工具包、库和附带的培训材料。

(4) 5年内投入1亿美元(每年2000万美元),以激励至少100名新教师和教学人员的招聘,最终使美国高等教育系统的微电子专业每年能够增加10000名来自各个教育领域的新毕业生。这笔资金可用于支付前3至5年新教职员工的工资和福利成本,并为新教职人员提供启动资金。应该注意的是,对于以实验为导向的研究人员来说,启动成本很容易超过100万美元。①

建议4:商务部长应确保NSTC资助的研究(来自建议8)每年提供2500个奖学金和研究助学金名额。

因为高等教育的高成本可能会阻碍学生入学,②③ 商务部应确保 NSTC 每年通过研究助学金(研究生)和奖学金(本科生和社区大学生)资助2500名学生,以激励他们攻读和完成微电子相关学位。可以利用这些研究助学金和奖学金中的一些或全部与业界合作,以保证毕业后的相关工

---

① 例如,美国国家科学基金会量子计算与信息科学(QCIS)教员研究员计划提供资金,以支付QCIS新教员的工资和福利。
② Allen, D., Wolniak, G. C.:《探索学费上涨对公立大学种族/族裔多样性的影响》,《高等教育研究》2019年第1期。
③ Hemelt, S. W., Marcotte, D. E.:《学费上涨对公立高校招生的影响》,《教育评估和政策分析》2011年第4期。

作。NSF 有现成的奖学金和研究助学金的甄选和管理流程，可酌情用于 NSTC 资助的研究。

建议 5：国土安全部应根据现有的法律和监管规定，为新提交的移民申请提供优质服务，以满足从事微电子工作的可以国家利益豁免的拥有高级学位人士移民的要求。

虽然长期的教育投资对于培养半导体产业的下一代人才至关重要，但美国也必须制定政策，吸引和留住世界各地最有才华、最有动力、接受过高等教育的人才。2022 年 1 月，拜登政府①颁布了五项以招聘和保留国际 STEM 人才为重点的此类政策。为了确保美国公司能够接触到全球领先的人才，应优先处理首次提交微电子领域高级学位专家的签证申请。此外，还需要与时俱进地立法或更新国家的移民管理法规，包括根据其技能和教育选择移民时不应受到原籍国的影响。在等待这种全面改革的同时，一个中间步骤是根据现行法律为高级 STEM 学位持有者授予合法的永久居民身份，无须顾及每个国家或世界范围内从事微电子工作的数量上限。

创业公司

健康的创业生态系统对美国半导体行业的繁荣至关重要。事实上，当今领先的半导体公司都始于初创企业，从 20 世纪 60 年代末的英特尔、AMD 到 80 年代的高通，再到 90 年代初的英伟达和博通。初创公司比老牌公司更敏捷，更加聚焦新兴市场和新技术。初创企业是将大学和其他研究机构（如 DARPA）的研发推向市场的良好工具，也是在成熟公司的重要技术和产品不再符合公司战略方向时，将其从成熟公司中剥离出来的绝佳工具。

尽管创业公司很重要，但半导体开发成本和半导体市场整体规模的上升

---

① 2022 年 1 月 21 日，国土安全部和国务院宣布了五项新的国际 STEM 人才政策，如白宫情况介绍所述，https://www.whitehouse.gov/briefing-room/statements-releases/2022/01/21/fact-sheet-biden-harris-administration-actions-to-attract-stem-talent-and-strengthen-our-economy-and-competitiveness。

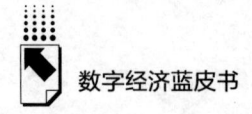

导致该行业不断整合，公司规模从 2010 年的 160 家公司减少到 2020 年底的 97 家。① 2013 年以来，半导体初创公司的投资金额每年都不到风险资本投资总额的 1%（见图 2）。

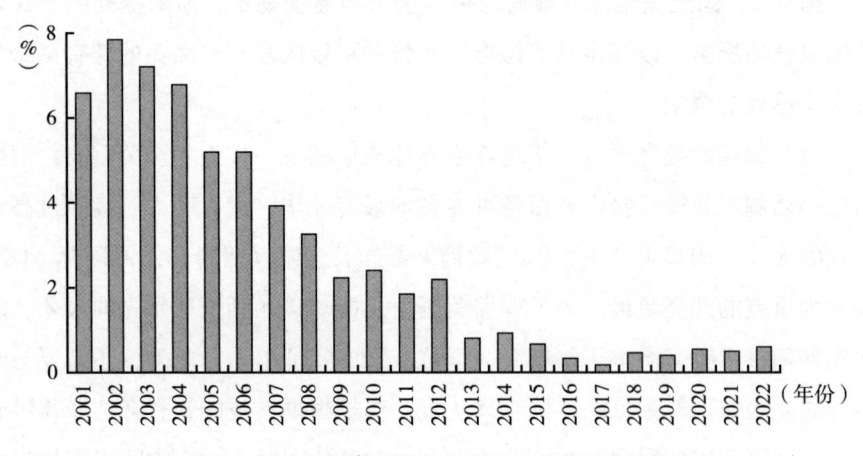

图 2　2001 年以来美国风险资本在半导体领域的投资占比

资料来源：Pear Ventures 使用 2022 年 8 月从 Crunchbase 检索的原始数据提供。

大多数风险投资机构都在关注那些投资金额不高，且有可能在 4~6 年内获得 10 倍以上收益的创业公司。② 与软件或服务类初创公司相比，半导体初创公司在上市或被收购之前需要更多的资金（数千万至数亿美元），需要更长的时间，投资回报率也要低几个数量级。例如，所需投资从简单的模拟、电源和传感组件的数千万美元到尖端半导体的 5 亿美元不等。③ 高成本主要是由于设计复杂性、电子设计自动化工具、IP 许可、工具和制造成本，

---

① Albert, G. 和 Alam, S.，"半导体并购：不断上升的估值值吗？"，高科技展望，埃森哲，https://www.accenture.com/us-en/blogs/high-tech/semiconductor-valuation，2020 年 11 月 19 日。
② Zider, Bob，"风险投资如何运作"，《哈佛商业评论》1998 年 12 月，https://hbr.org/1998/11/how-venture-capital-works。
③ Bauer, H., Burkacky, O., Lingemann, S., Pototzky, K., Kenevan, P., Wiseman, B.，"半导体设计和制造：实现领先能力"，麦肯锡公司，https://www.mckinsey.com/industries/advanced-electronics/our-insights/semiconductor-design-and-manufacturing-achieving-leading-edge-capabilities，2020 年 8 月 20 日。

这阻碍了新公司和新产品的创建。

在过去几年中，由于对人工智能和新应用的兴趣，对半导体初创企业的投资有所增加，2018~2020年每年约有60笔交易，2021年则上升到75笔交易。① 然而，中国在半导体领域的投资远远超过美国，中国在2020年为400多家企业提供了资金资助。②

为了降低门槛，鼓励设立更多的半导体创业公司，我们建议采取以下行动。

建议6：商务部长应确保到2023年底，NSTC将创建一个约5亿美元的投资基金，为半导体初创企业提供资金支持以及获得原型和工具的途径。

投资基金将帮助半导体初创公司满足高资本要求，以及实现正现金流所需的较长时间。这将创造公平的竞争环境，使这些投资更具吸引力，从而促进创建更多的半导体初创企业，并支持和加速半导体生态系统的创新。NSTC投资基金可以直接投资半导体初创公司或半导体孵化器，这些公司将提供行业专业知识、培育和指导以及资金支持。NSTC投资基金将通过在种子期前和种子期投资早期公司而产生最大的影响，这通常是风险最高的阶段。NSTC还应保留向合格初创企业提供实物支持的能力，以减少或零成本获得原型和工具。

建议7：商务部长应确保NSTC在2025年底之前创建或资助创建一个具有完整软件堆栈的"小芯片"平台④，以便初创企业和学术机构能够将其定

---

① Restagno, J.,"芯片短缺；没有资金短缺"，硅谷银行，https：//www.svb.com/industry-insights/hardware-frontier-technology/shortages-drive-record-investment-in-semiconductor-startups，2022年2月8日。
② Sheng, W.,"图表显示，中国在半导体领域的投资"，技术代码，https：//technode.com/2021/03/04/where-china-is-investing-in-semiconductors-in-charts，2021年3月4日。
③ 小芯片平台是一种集成电路，由多个较小的芯片组成，其中产品的通用、非创新部分经过专门设计，可以添加可定制组件（小芯片）以解决特定的应用、性能或功能。
④ Keeler, G.,"通用异构集成和IP重用策略（CHIPS）"，达帕，https：//www.darpa.mil/program/common-heterogeneous-integration-and-ip-reuse-strategies46；通用芯片互连Express，https：//www.uciexpress.org，2022。

制的小芯片与NSTC支持的小芯片平台集成，从而显著减少创新所需的投资和时间。

半导体设计中的复杂性很多体现在产品的非创新部分（尤其是尖端系统芯片）。许多初创企业和学术机构面临的挑战是，其必须获得并集成从微处理器到高速接口再到定制存储器等几个关键的IP组件，而这些组件只是工作系统所需的基本构成，然后才能添加创新的"秘制酱汁"。

软件开发通常通过将少量或适度的代码添加到一个复杂但现有且可工作的代码库中来避免类似的挑战。我们可以通过构建一个"小芯片"生态系统来为芯片设计做同样的事情，该生态系统将允许小型/中等规模但具有创新性的硬件和代码添加到已经运行的硬件/软件平台中，以快速且廉价地促进创新。要做到这一点，我们必须提供一个基于芯片的平台系统和一个支持软件堆栈。该堆栈提供一个接口，包含系统创新部分的"小芯片"可以使用高级封装连接到该接口。这样的生态系统将使初创企业或学术机构能够设计系统的创新部分（硬件和软件），同时大幅降低其开发成本和所需投资。

这类似于苹果的应用商店和Google Play，从而改变软件设计和交付流程，让更多的人更快、更简单、更低成本地创建和销售他们的程序。

我们预计，用软件创建"小芯片"生态系统将使得基于芯片系统的创业公司启动所需的资金减少一个数量级，产品推向市场所需的时间减少一半或更多。反过来，减少这些障碍将为半导体初创企业带来更多的开发产品的机会，也将使学术创新更简单、更快、更便宜。

NSTC应在与该"小芯片"生态系统相关的现有计划，包括DARPA正在进行的电子研究计划和其他行业计划的基础上构建。

国家研究议程和重大挑战

保持美国在全球半导体生态系统中的领导地位需要在多个相互关联的关键技术领域取得重大和持续进步。在每个领域都有许多技术挑战，需要基础研究和原型能力，以通过扩大规模和商业应用从研究原型中找到新的解决方案。

建议 8：商务部长应确保 NSTC 创始章程中将年度资金的很大一部分（30%～50%）用于直接资助国家研究议程。研究议程应包罗万象，并涉及以下领域：材料、工艺和制造技术，封装和互连技术，节能计算和特定领域加速器，设计自动化工具和方法，半导体和系统安全，半导体和生命科学。

尽管 NSTC 的大部分资金将用于急需的设备和基础设施，但我们认为，也应得很多资金应用于直接资助研究和合作。广泛而稳健的研究议程对 NSTC 的成功和美国的全球竞争力至关重要。

下面，我们确定了一些关键的研究主题，这些主题将作为 NSTC 研究议程的一部分，应予以高度重视。最终研究议程应由 NSTC 技术咨询委员会指导的 NSTC 执行团队提出。

（a）材料、工艺和制造技术

摩尔定律（Moore's law）已经统治了半导体行业 50 多年。然而，这一趋势近年来有所放缓。基本的物理极限阻碍了晶体管尺寸的持续减小和性能的提高。下一代材料、工艺技术和高产量需要持续创新制造解决方案，以继续缩小芯片尺寸，并在性能、能效和成本方面取得所需的进步。

NSTC 的研究议程应包括实现先进逻辑、先进存储器、模拟、混合信号和 RF 设备所需的材料、工艺和制造技术，这些都是构建完整系统所必需的。此外，异质集成（即在同一芯片上混合不同技术）和 3D 堆叠（即将芯片堆叠在一起，以创建更致密、更强大的芯片）的基础工艺技术至关重要。

为了确保从实验室的最初想法快速过渡到大批量生产，材料和设备应与设备和工艺技术一起开发。这些活动将主要在高级逻辑、高级存储器、模拟和混合信号 COE 中进行。

（b）封装和互连技术

近年来，随着用于缩小芯片尺寸的传统技术的发展放缓，封装和互连技术对于继续提高性能、密度和系统级别的创新变得更加重要。这需要在硅、

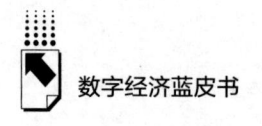

封装、设计、架构和系统层面进行创新和共同开发。NAPMP资助的封装COE是推进该领域研究和提供原型能力的关键资源。

需要跨多种工艺技术开发高效的晶圆键合技术、先进的建模能力和高效的电力输送系统，以实现异构集成和3D堆叠解决方案。还应考虑建立能够连接"小芯片"生态系统中逻辑、存储器和模拟组件的行业标准接口。

先进的封装和互连技术还必须提供安全的即插即用技术和标准，以实现各种半导体组件的无缝集成，这对未来美国半导体技术和供应链实力至关重要。

（c）节能计算和特定领域加速器

特定领域加速器，即专注于特定应用的专用芯片，在半导体技术发展放缓的情况下，具有继续扩展性能和能效的潜力，它们对于实现建议中所述的重大挑战至关重要。

该领域的一个挑战是研究特定领域的加速器架构和设计方法，这些架构和方法对算法与应用程序的快速变化更具弹性。弹性可以来自针对某个领域的可编程性。这些加速器可以推动几个领域的进展，包括人工智能和机器学习（云端和边缘的推理和训练）、图形分析、安全、通信、生物信息学以及连续和离散优化。此外，还需要对加速器与处理器、存储器系统以及其他芯片系统之间的接口进行标准化研究。

特定领域的硬件专用化通常需要对软件堆栈进行重大修改，以正确利用加速器。由于维护整个软件堆栈的开销很大，加速器的实际使用远远落后于其设计。因此，一个关键的挑战是将可编程加速器和应用到其上的编辑器进行自动化处理。我们建议进行投资，一个全面的软件生态系统能够使编写和执行新应用程序变得高效，并可供各种加速器使用。

（d）设计自动化工具和方法

自动化设计工具和方法的创新对于缩短上市时间并实现新的性能和系统集成水平至关重要。提高设计水平，使得芯片和IP可以在编译软件时根据高级描述（高于寄存器传输水平）进行编译，这有可能大大提高设计生产率。人工智能可以应用于设计过程的每一步，以提高生产率和最终质量。一些基于人工智能的设计工具可以极大地提高模拟、混合信号和RF电路的生产率，这些电路目前大多是手工设计的。

此外，下一代异构体系结构需要仿真和虚拟原型技术，支持验证硬件和软件指数级增长的复杂性。

（e）半导体和系统安全

网络犯罪和国家支持的网络攻击对美国构成了越来越大的威胁。为了实现系统安全，必须考虑系统的各个方面，包括传感器、数据转换器、计算、存储器、存储和通信，同时提供防范侧通道攻击的鲁棒性并确保供应链的安全。安全半导体芯片的设计拥有巨大的发展机会。为了最大限度地提高效率，必须将安全性作为设计的一个初始组成部分，而不是芯片设计后的附加组件。

学术界、行业和政府利益相关者有机会将可信的系统实施方法进行标准化处理。重点是要将算法和软件/系统设计师与芯片设计师聚集在一起，共同开发下一代安全系统。尽管开源安全方法最有利于创新和透明，但仍然不受行业欢迎。我们必须解决这一问题，使美国能够继续成为标准化安全方法的全球领导者。

我们认为这一领域的研究议程应包括但不限于以下内容：

①设计完全的端到端硬件和软件解决方案，以抵御各种形式对于操作、数据和通信的攻击；②芯片设计工具链中的安全性，使端到端安全解决方案能够通过设计验证；③涵盖芯片制造、封装和系统集成的安全硬件供应链；④后量子密码的实现；⑤为安全通信和交易实施低功耗密码；⑥实现用于处理加密数据的其他隐私保护硬件。

（f）半导体和生命科学

从可穿戴心脏监测仪、葡萄糖传感器、医疗机器人和超声成像，到起搏器和深部脑刺激器等植入式设备，半导体正在对人类健康产生越来越多的积极影响。新冠疫情大流行表明，生命科学的创新可以前所未有的速度发生，从生产快速检测技术到突破性的基于mRNA的疫苗，半导体有潜力在疾病的早期检测和预防、持续监测和治疗中发挥核心作用。美国是生命科学研发

371

的全球领导者，已经在利用微电子技术的潜力推动神经科学和生物医学研究。① 我们相信，鉴于机器学习、异构集成以及设备性能和尺寸改进的巨大能力，这一进程可以进一步加快。一些示例性研究方向包括但不限于：①能够监测、缓解或治愈各种疾病的多模态神经科学解决方案；②可植入和可摄取的电子设备；③将半导体与生物学结合，实现特定的传感功能；④下一代可穿戴生物传感器和致动器。

这些系统需要集成多种技术，例如基于各种材料甚至生物细胞的传感器、嵌入式机器学习和其他处理、存储器、安全通信和致动器，以及在恶劣环境（例如人体内部）下能够良好工作的材料。由于系统必须基于低能耗运行，甚至必须拥有能量收集能力，因此迫切需要开发超低功率解决方案。

材料实验是关键，但传统的半导体制造厂并没有引入生命科学所需的非标准或"脏材料"。还需要通过先进封装，以便在恶劣环境下使用新材料。NSTC COE 可以提供这些关键原型设施和封装解决方案。

最后，访问大型匿名数据集来训练机器学习模型，这将加速这些领域的研究，并有助于启动生命科学新硬件解决方案缓慢的审批过程。NSTC COE 应与政府机构、大学、医疗中心、健康技术与半导体和保险公司合作，改善研究人员对大型数据集的访问。

建议 9：NSTC 应确定一系列全国性的重大挑战，这些挑战可通过 NSTC 行业成员和 NSTC 资助的合作研究得以突破。这些重大挑战应跨越可从大规模的全国性合作中受益的三个互补领域：进入 zettascale 时代的先进计算；显著降低设计复杂性；生命科学应用中的先进半导体。

对于未来的大规模创新，需要在流程、设备、架构、设计、应用和系统层面进行广泛而深入的合作。NSTC 应积极推动 NSTC 资助的研究团队、NSTC 产业成员、初创企业和政府之间的大规模和全国性合作，以推动功能

---

① 现有倡议的例子包括大脑（https://braininitiative.nih.gov）和 SPARC 计划（https://commonfund.nih.gov/sparc）。

的逐步改进。我们建议 NSTC 将建议 8 中定义的研究经费的一部分分配给全国性的重大挑战项目。这些重大挑战将制定雄心勃勃的目标，其目标是在 5 到 10 年的时间范围内大幅提高性能和/或能力。我们建议这些重大挑战涵盖以下主题：

a）进入 Zettascale 时代的先进计算：美国应该率先建造一台 Zettascale 超级计算机，目标是比目前可用的最快超级计算机快 1000 倍，每运行一次系统的能量是目前可用系统的 1/100。① 这种令人难以置信的计算能力将使极为复杂的计算能够以不同于今天的规模和效率完成，并将在预测气候变化、理解和预测野火活动、设计疫苗、个性化癌症治疗和了解人脑等领域释放巨大潜力。此外，高效计算能力的大幅提升可能会带来新一代体验，如元宇宙和互联网上新形式的感官交互。实现这些目标需要在逻辑、存储器、混合信号和封装技术方面取得革命性进展，因此需要 NSTC COE 之间的跨学科研究。

b）降低设计复杂性：创建平台、方法和工具，以降低设计复杂性，并使芯片能够使用当今所需 1/10 的人时来制造。由于技术的扩展/集成以及对功率、性能、面积、可制造性、可靠性和安全性日益苛刻的要求，半导体设计成本和复杂性显著增加。劳动力短缺进一步加剧了这些问题。设计工具和方法的进步既可以提高员工生产力，也可以降低初创企业的进入壁垒，鼓励美国半导体行业纳入更多、更多样化的参与者。

c）生命科学中的半导体：创建一个节能、可扩展和安全的平台架构，用于监测健康和治疗疾病。该平台应无缝、微创，帮助患者和医生感知、启动、监测、缓解症状和治疗各种情况。创建一个这样的工具库将使我们的进步远远超出今天的预期。为了推动最具影响力的应用，需要在传感、计算和通信方面进行重大改进。例如，今天的神经探针可以记录数千个部位的电信号，并从数百到数千个神经元中收集数据。我们的目标是将能够记录信号的神经元数量增加 100 倍至 1000 倍。同样，我们需要从身体中收集大量数据，

---

① 橡树岭国家实验室，"前沿超级计算机首次亮相，成为世界上速度最快的，突破了超大规模的障碍"，https：//www.ornl.gov/news/frontier-supercomputer-debuts-worlds-fastest-breaking-exascale-barrier，2022 年 5 月 30 日。

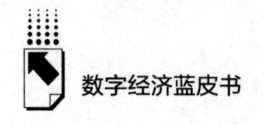

并且需要对这些数据进行保密，这将需要创建一套超低功耗的安全解决方案，其能耗是当今解决方案的1/100。

美国政府协调和指标

联邦政府对半导体的投资涵盖了商务部、能源部、国防部、国家科学基金会、卫生与公众服务部以及其他机构。美国政府已经并致力于对以下方面进行重大投资：

振兴美国半导体生态系统。有效协调对于减少重复工作、最大限度地利用纳税人的资金和回报至关重要。因此，美国应该制定一个有凝聚力的国家战略，加快向强大的、世界领先的半导体产业迈进。

建议10：为了提高国家半导体投资的透明度，在国家层面衡量整个行业的进展，并最大限度地提高此类投资的杠杆率，我们建议如下：

a）从2023年开始，此后每年，网络和信息技术研发（NITRD）计划应整理并公布所有联邦机构的半导体年度投资数据。

b）NSTC应鼓励所有半导体研发投资机构充分利用NSTC的设施和能力。我们建议NSTC与其他机构以及公私合作伙伴扩大并共同资助项目，协同研究议程，例如国防高级研究计划局（DARPA）的电子复兴计划、NSF的计算机与信息科学和工程局赞助的半导体未来研究以及半导体研究公司促成的广泛的跨行业合作。

c）商务部长应制定并定期评估绩效指标，以评估CHIPS和科学法案倡议的进展、有效性、成果和影响，并每年向总统报告。

NSTC的潜在指标可能包括但不限于：

• 年度审查NSTC COE和项目重要节点的绩效和进度，以及实现重大挑战目标的进展程度

• 非联邦会员每年的收入（包括实物捐助）

• 提交和授予的专利和版权数量

• 使用NSTC设施进行原型开发的组织（初创企业、大学、行业）数量

- 由 NSTC 直接或实物捐助资助的半导体初创企业数量
- 大学入学人数：
  - 赞助学生人数
  - 基于 NSTC 的研究发表的论文数量
  - 劳动力发展基金资助的学生人数
- 对美国经济价值的衡量标准为：
  - 技术领先地位
  - 美国半导体供应链稳健性
  - 支持和创造的直接和间接就业机会
  - 通过半导体实现国家安全

这一指标清单绝不全面；然而，非常重要的是，在建立 NSTC 的早期就确定投资阶段的成功指标，可确保明确和普遍理解的目标。

结论

我们正处于美国半导体创新和国际竞争的决定性时刻。两党通过的《芯片与科学法案》提供了一次千载难逢的机会，重申我们在这项对现代生活几乎每一个方面都至关重要的关键技术方面的全球领导地位。实施这 10 项建议将为振兴美国半导体研发生态系统奠定坚实基础，显著加快创新，增强我们在这一关键领域的经济竞争力，为下一代奠定坚实基础。

Abstract

The digital economy has become an important driving force for global economic development, and is also the core area that countries around the world focus on and develop. The competition in the field of digital economy among countries around the world is becoming increasingly fierce. In order to promote the development of China's digital economy, the Information Research Institute of the Shanghai Academy of Social Sciences, together with relevant external research forces, has established an evaluation model for the national competitiveness of global digital economy, an evaluation model for the competitiveness of global digital economy cities, and an evaluation model for the competitiveness of global digital economy enterprises, to conduct quantitative evaluation and feature analysis of the competitiveness of major countries, cities, and enterprises in the digital economy from multiple dimensions.

As the first blue book focusing on the development of the global digital economy, the Global Digital Economy Competitiveness Development Report (2022), based on the latest data of countries, cities and enterprises related to the global digital economy, comprehensively assesses the competitiveness level and structural characteristics of the global digital economy at the national, urban and enterprise levels, and outlines the development panorama of the global digital economy.

The report is divided into five parts: general report, country section, city section, industry section and appendix.

In terms of national competitiveness in the digital economy, the epidemic has accelerated the global digital revolution. The game of big countries in the digital economy is also shifting from competing for scientific research strength to competing for technical standards and international rule making power. The pattern of competitiveness in the digital economy among countries is being reconstructed. The study found that the United States is the most competitive country in the global digital economy, and it is difficult to be surpassed in the short term. China's digital economy competitiveness ranks second, and it is in the second echelon with Japan, South Korea and some Western Europe. The competitiveness of digital economy in Africa, South America and Central and Eastern European countries is still weak. The output of digital core technology, the improvement of digital infrastructure penetration rate and the competition for the dominant power of digital standards are the main factors for the change of national digital economy competitiveness pattern.

As far as the competitiveness of digital economy cities is concerned, there is a significant correlation between urban digital economy competitiveness and urban economic strength and scale. The comprehensive strength of North American cities is in the forefront, while that of European cities decreases from north to south. Traditional industrial cities have weak links in digital competitiveness. The cities in East Asia have already gone hand in hand with the major European and American cities in terms of digital development, and even surpassed them. Cities in Southeast Asia, South Asia, Africa, and Latin America are at an average level of development in terms of digitalization, and there is much room for improvement; The development of urban digitalization shows the trend of "strong will always be strong". The top three cities New York, London and Singapore have a solid position. Their advantages are comprehensive, and they are hard to be shaken by other cities. Some cities in developing countries, constrained by capital investment, are difficult to get rid of this dilemma and challenge the status of advanced cities. China's cities, Beijing and Shanghai, have significant advantages in some indicators and great development potential.

As far as the competitiveness of digital economy enterprises is concerned, global digital enterprises will continue to develop in 2021, and many enterprises with good competitiveness will emerge. The research group continued to pay attention to the development of global digital economy enterprises, continued the research methods of previous years, and made a new evaluation and ranking on the competitiveness of global digital enterprises in 2021. The results show that Apple,

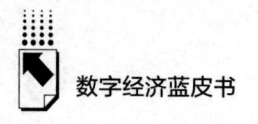

Microsoft and Amazon rank in the top three in terms of comprehensive competitiveness; In terms of scale competitiveness, Amazon, Apple and Microsoft ranked in the top three; In terms of efficiency competitiveness, VERISIGN, Nintendo and Apple ranked in the top three; From the perspective of innovation competitiveness, Samsung, Facebook and Huawei ranked in the top three; From the perspective of growth competitiveness, FORTUM, ZOOM and DOORDASH rank in the top three. The United States, China and Japan will continue to become the top three competitive digital enterprises in the world in 2021. Digital enterprises in the United States take the lead in the world in terms of scale, efficiency, innovation and growth. China is second only to the United States, but it also has a large number of excellent digital enterprises, especially enterprises with outstanding growth competitiveness.

Keywords: Digital Economy; Competitiveness; Digital Industry ; Digital Governance; Artificial Intelligence

Contents

I General Reports

B.1 Global Digital Economy National Competitiveness

Development Report (2022)   *Liu Shufeng, Wang Zhen* / 001

Abstract: The COVID-19 has accelerated the global digital revolution. The game of great powers in the field of digital economy is also shifting from competition for scientific research strength to competition for technical standards and international rule-making rights. The digital economy competitiveness pattern between countries is being reconstructed. This report builds an index evaluation system from four aspects: digital infrastructure competitiveness, digital industry competitiveness, digital innovation competitiveness, and digital governance competitiveness to evaluate the digital economy competitiveness of 50 countries. The study found that the United States is the most competitive country in the global digital economy, and it is difficult to be surpassed in the short term. China's digital economy competitiveness ranks second, with Japan, South Korea and some Western Europe in the second echelon. The digital economy competitiveness of African, South American and Central and Eastern European countries remains weak. The output of digital core technologies, the increase in the penetration rate of digital infrastructure and the competition for the dominance of digital standards are the main factors behind the changes in the competitiveness of the country's digital economy.

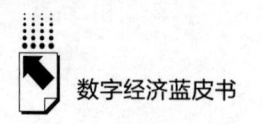

Keywords: Digital Economy; Digital Industry; Digital Innovation; Digital Governance; Digital Infrastructure

B.2 Global Digital Economy City Competitiveness Development Report (2022) *Zhao Fuchun / 023*

Abstract: Based on the framework and data of the city digital economy, the digital economy competitiveness of 30 global cities is analyzed. Specifically, the paper focuses on: (1) the scores and rankings of the digital economy competitiveness of major cities; (2) the relationship between city digital economy competitiveness, GDP and GDP per capita, and describe the scores of key cities; (3) the characteristics and dynamics of the digital indicators of each city; (4) Comparison of the cities digital input-output and productivity. Finally, the relevant policy recommendations are put forward.

Keywords: Global Cities; Digital Economy; Competitiveness; Digital Innovation; Digital Productivity

B.3 Global Digital Economy Enterprise Competitiveness Development Report (2022) *Xu Limei / 042*

Abstract: In 2021, global digital enterprises continue to develop rapidly, and many enterprises with excellent competitiveness have emerged. This research continues to pay attention to the development of global digital enterprises. Applying the research methods of the previous year, we have made a new evaluation and ranking about the competitiveness of global digital enterprises in 2021. The results show that from the perspective of overall competitiveness, Apple, Microsoft and Amazon are ranked in the top three; from the perspective of scale competitiveness, Amazon, Apple and Microsoft are also ranked in the top

Contents

three; from the perspective of efficiency competitiveness, Versing, Nintendo and Apple are in the top three; in terms of innovation competitiveness, Samsung, Facebook and Huawei are in the top three; in terms of growth competitiveness, Fortum, Zoom and Doordash are in the top three. The United States, China and Japan continue to be the top three in the competitiveness of world digital enterprises in 2021. Digital enterprises in the United States rank first in the world in terms of scale, efficiency, innovation, and growth. China ranks behind the United States, and has a large number of excellent digital enterprises, especially the growth competitiveness of enterprises is outstanding.

Keywords: Digital Economy; Digital Enterprise; Enterprise Competitiveness

II Regional Reports

B.4 US Digital Economy Development Report (2022)
Wang Yingbo / 081

Abstract: In 2021, the US digital economy will grow as strongly as the US overall economy in terms of nominal gross output value and added value. Different from the overall economy of the United States, the real growth of the digital economy is almost as strong as the nominal growth, indicating that the digital economy is not affected by inflation. All major digital economy industries have achieved strong growth, including infrastructure, e-commerce and fee based digital services. The digital economy in the United States shows a significant polarization effect, and wealth is concentrated to the head companies at a high speed.

Keywords: Digital Economy; Matthew Effect; Inflation; American Economy

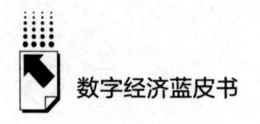

B.5 China Digital Economy Development Report (2022)

Hu Wen / 095

Abstract: In 2021, the overall growth rate of China's digital economy has accelerated significantly due to the slow recovery of the macro economy. Its proportion in GDP has further increased to 39.8%. At the same time, the quality and scale of the digital economy have developed simultaneously, new growth points have emerged in the intelligent manufacturing industry, and the growth rate of e-commerce transactions has reached a new high in recent years. In addition, the digital spillover effect of core urban agglomerations was significant, and the leading effect of first-tier cities remains unabated. In terms of innovation achievements, innovation investment and PCT patent applications have maintained continuous growth, and the ranking of leading companies in the international innovation field has risen. In terms of digital governance, the "Data Security Law" and the "Personal Information Protection Law" have been implemented successively, and the digital governance legal and regulatory system has been further improved. Affected by the technological strategic layout of the Biden administration and the long-term impact of COVID-19 epidemic, China's digital economy supply chain is facing severe challenges. Also, emerging technology application scenarios will become the key to the improvement of the conversion rate of economic effects in the future, and the research and upgrading of the digital economy governance system is urgent.

Keywords: Digital Economy; Digital Infrastructure; Digital Innovation; Digital Governance

B.6 India Digital Economy Development Report (2022)

Chen Yimo / 117

Abstract: Under the "Digital India" flagship programme, Inida's industry digitization, financial and digital inclusion have witnessed significant improvement. Coupled with the influence of COVID－19 and national lockdowns, the development of industries such as financial technology, e-commerce, and information technology have accelerated, and the application of cutting-edge technologies such as AI has become increasingly common. This article briefly introduced the history and current state of India's digital economy, the most recent status of five major industries, and analyzed the future trends of digital economy in India.

Keywords: India; Digital Economy; Digital Industries

B.7 Singapore Digital Economy Development Report (2022)

Cai Yujia / 141

Abstract: Singapore is one of the most digitalized countries in the world. It offers world-class infrastructure, talents and a vibrant partner ecosystem. It has excelled in digital transformation, digital governance, digital industries, digital trade and fintech. Since 2021, Singapore has focused on strengthening cooperation on digital economy and enforcing cyber security to expand the development pattern of digital economy and provide a secure and reliable environment for the development of digital economy.

Keywords: Singapore; Digital Competitiveness; Digital Economy; Cyber Security

B.8 Lsrael Digital Economy Development Report (2022)

Meng Fanyu / 157

Abstract: Israel's national territorial area is small and it has a shortage of natural resources, so it focuses more on the development of its high-tech

383

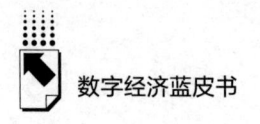

industries. After a decade of record-breaking achievements and prosperity, the development of Israel's high-tech industries slow down in 2022, which is also closely related to the outbreak of the COVID-19 and the Russia-Ukraine war that is raging around the world. This report summarizes the development and status quo of Israel's ICT industry, digital health sector, and cyber security sector, and analyzes Israel's digitalization level in the global competitiveness ranking. Also, this report introduces wide-ranging influences of its' digital economy on its' economic development, convenience for people and business patterns etc. At the same time, Israel has gradually realized the importance of sustainable development, and is constantly promoting the sustainable development of its industries to build a green city.

Keywords: Israel; Digital Economy; ICT; Digital Health

B.9 Russia Digital Economy Development Roport (2022)

Ni Wenqing / 173

Abstract: In the context of the epidemic, the Russian-Ukrainian conflict, and Western sanctions, Russia's digital economy has encountered many bottlenecks. Despite partial progress in 2021, the future of Russia's digital economy remains uncertain with the intensification of sanctions from western countries, the withdrawal of advanced technology companies from the Russian market, and fiscal tightening. This paper analyzes the development of Russia's digital economy and its prospects in four directions: the development of Russia's domestic digital economy, its changing position in international rankings, existing problems and development prospects, taking into account relevant data from Russia and international organizations.

Keywords: Russia; Digital Economy; Artificial Intelligence

Contents

B.10 Uzbekistan Digital Economy Development Report (2022)

Song Cheng / 188

Abstract: With the COVID-19 pandemic across the world, the role of digital technology has increased significantly, and the importance of digital transformation has become apparent, especially for developing countries, including Uzbekistan. This article first introduces the recent development of Uzbekistan's digital economy in the past two years, then analyzes the performance of Uzbekistan in a number of international ratings for evaluating information technology development in the past two years, then describes the digital areas that the Uzbekistan government focuses on in 2020-2022: digital finance and IT parks, and finally looks forward to the prospects for the development of Uzbekistan's digital economy through the new development strategy of Uzbekistan for 2022-2026 and short-term concrete measures in the ICT field.

Keywords: Uzbekistan; Digital Economy; Digital Finance; IT Parks

B.11 Mexico Digital Economy Development Report (2022)

Lyu Feifei / 213

Abstract: Mexico is a pioneer of the digital economy in Latin America, whose volume is ranked among the top of the world. This article aims to provide an overview of the present and future of the digital economy in Mexico, first introducing the country's development achievements in network connectivity, ICT industry, e-commerce, and startups during 2021-2022, then summarizing the global and regional competitiveness of the country's digital economy at the present stage, and finally analyzing the shortcomings of digital economy and making prospects for the development trend. In general, Mexico's digital economy is booming with its unique advantages, and despite the problems of unbalanced development and lack of international competitiveness, it has great potential and a bright future, and is expected to become a new pillar of country's economic growth.

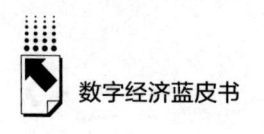

Keywords: Digital Economy; Mexico; Latin America

B.12　Hungary Digital Economy Development Report（2022）

Miao Yu / 231

Abstract: In recent years, the Hungarian government has attached greater importance to the country's comprehensive digital transformation, placing the digital economy, digital education, e-government and digital public services at the core of Hungary's competitiveness and modernization drive. In this paper, public government, market and private strategic documents and recommendations, basic EU resource allocation documents and the latest national and EU statistical data, research and analysis are reviewed over the past decade. Using the situation analysis method, the current situation and shortcomings of Hungary's digital economy are presented, and the development trend of Hungary's digital economy is summarized.

Keywords: Hungary; Digital Economy; Digital Governance

Ⅲ　City Reports

B.13　New York City Digital Economy Development Report（2022）

Feng Lingling / 248

Abstract: As a smart and innovative city, New York City actively develops digital technology, promotes the integration of digital technology and advantageous industries, and vigorously develops typical digital economy industries and unicorn companies. The overall competitiveness of New York City's digital economy ranks among the top in the world. This article introduces the development of New

York's digital economy from the aspects of digital infrastructure development, information industry, digital game industry, unicorns and technological innovation enterprises, and analyzes the overall competitiveness of New York's digital economy. Then, this article sorts out a number of policies that New York City has introduced in promoting the development of the digital economy, including upgrading digital infrastructure, promoting the integration and open sharing of data resources, and promoting technological innovation, etc. Finally, it looks forward to the development prospects of New York City's digital economy based on *Rebuild, Renew, Reinvent: A Blueprint for New York City's Economic Recovery*.

Keywords: New York City; Digital Economy; Digital Technology; New Infrastructure; Competitiveness

B.14 London Digital Economy Development Report (2022)

Li Yijie / 273

Abstract: As the world's top digital city, London ranks high in a number of international smart city evaluations in terms of digital industry, digital technology, information and communication technology, and digital creative industry. Focusing on digital development, London has made great efforts to develop digital technology and artificial intelligence, upgrade digital infrastructure and ICT infrastructure, and made remarkable progress. This report expounds the general development of London digital economy, analyzes the development of various industries of London digital economy and discusses the future prospect of London digital economy, so as to provide reference and reference for promoting the development of Chinese city digital.

Keywords: Digital Economy; Digital Technology; Digital Infrastructure; Artificial Intelligence; The Creative Industries

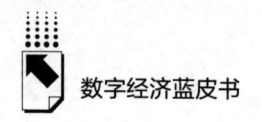

B.15 Tokyo Digital Economy Development Report (2022)

Jin Lin / 288

Abstract: Tokyo's digital economy is expanding. According to the estimate of Cabinet Office of Japan, the added value created by digital economy accounted for 7.56% of Japan's gross domestic product (GDP) in 2018, with an annual growth rate of 2% compared with 2015. In March 2022, the Economic and Social Research Institute of Cabinet Office published an estimate that the added value generated by the digital industry in 2018 was about 41.4 trillion yen. Last year, Tokyo Digital Service Bureau and Japan Digital Service Office were set up by Tokyo and the Japanese government respectively. For more than a year, the most advanced digital technologies including 5G have been used to realize "Smart Tokyo" with the goal of building a livable city by relying on three pillars (TOKYO Data Highway, digital transformation of public facilities and citizen services (digital transformation of cities) and digital transformation of administration).

Keywords: Tokyo; Digital Economy; Digital Technology; City Construction

B.16 Shanghai Digital Economy Development Report (2022)

Luo Li / 303

Abstract: With the wide application of emerging information technology, the upgrading of new infrastructure and the gathering of digital economy talents, Shanghai has firmly grasped the first position in the development of the domestic digital economy. Shanghai governments at all levels have created a forward-looking and leading legal and policy environment for the development of the digital economy, and have issued various laws, regulations and policies around urban digital transformation, 5G applications, artificial intelligence and metaverse. In the future, Shanghai's digital industrialization and industrial digitalization will be further improved, the development environment of artificial intelligence industry will be more friendly, and Lingang New Area will be built into a model area for Shanghai's development of digital economy.

Keywords: Digital Economy; Digital Industry; Digital Innovation; Digital Regulation

Ⅳ Industry Report

B.17 The Global AI Development Report (2022)

Gu Jie / 316

Abstract: Since 2021, the global competitive landscape of Artificial Intelligence (AI) has changed dramatically. Worldwide, AI technology continues to evolve and the industry is growing rapidly. At the same time, the decoupling of geopolitics and science and technology has become a new context for the development of AI, and the digestion and coping with exogenous risks has become a new proposition that countries, governments, and enterprises must face. This report first reviews the new technology trends and industrial changes in the field of AI since 2021, then reviews the competition measures of AI in the United States, China, and the European Union, and finally analyzes the exogenous risks of the global development of AI in view of the recent Sino-US AI competition events. Compared with the previous series of reports, this report will focus on the means of the United States to contain China's AI development and the opportunistic competition and cooperation behavior of the European Union, providing a window to understand the macro context of AI development.

Keywords: Artificial Intelligence; Technological Innovation; Technological Competition

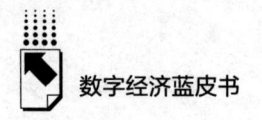

V　Appendix

B.18　Revitalizing the U. S. Semiconductor Ecosystem

Translated by Wang Yingbo / 345

社会科学文献出版社

皮 书

智库成果出版与传播平台

✤ 皮书定义 ✤

皮书是对中国与世界发展状况和热点问题进行年度监测,以专业的角度、专家的视野和实证研究方法,针对某一领域或区域现状与发展态势展开分析和预测,具备前沿性、原创性、实证性、连续性、时效性等特点的公开出版物,由一系列权威研究报告组成。

✤ 皮书作者 ✤

皮书系列报告作者以国内外一流研究机构、知名高校等重点智库的研究人员为主,多为相关领域一流专家学者,他们的观点代表了当下学界对中国与世界的现实和未来最高水平的解读与分析。截至2022年底,皮书研创机构逾千家,报告作者累计超过10万人。

✤ 皮书荣誉 ✤

皮书作为中国社会科学院基础理论研究与应用对策研究融合发展的代表性成果,不仅是哲学社会科学工作者服务中国特色社会主义现代化建设的重要成果,更是助力中国特色新型智库建设、构建中国特色哲学社会科学"三大体系"的重要平台。皮书系列先后被列入"十二五""十三五""十四五"时期国家重点出版物出版专项规划项目;2013~2023年,重点皮书列入中国社会科学院国家哲学社会科学创新工程项目。

皮书网

（网址：www.pishu.cn）

发布皮书研创资讯，传播皮书精彩内容
引领皮书出版潮流，打造皮书服务平台

栏目设置

◆ 关于皮书
何谓皮书、皮书分类、皮书大事记、
皮书荣誉、皮书出版第一人、皮书编辑部

◆ 最新资讯
通知公告、新闻动态、媒体聚焦、
网站专题、视频直播、下载专区

◆ 皮书研创
皮书规范、皮书选题、皮书出版、
皮书研究、研创团队

◆ 皮书评奖评价
指标体系、皮书评价、皮书评奖

◆ 皮书研究院理事会
理事会章程、理事单位、个人理事、高级
研究员、理事会秘书处、入会指南

所获荣誉

◆ 2008年、2011年、2014年，皮书网均在全国新闻出版业网站荣誉评选中获得"最具商业价值网站"称号；

◆ 2012年，获得"出版业网站百强"称号。

网库合一

2014年，皮书网与皮书数据库端口合一，实现资源共享，搭建智库成果融合创新平台。

皮书网　　"皮书说"微信公众号　　皮书微博

权威报告・连续出版・独家资源

皮书数据库
ANNUAL REPORT(YEARBOOK) DATABASE

分析解读当下中国发展变迁的高端智库平台

所获荣誉

- 2020年，入选全国新闻出版深度融合发展创新案例
- 2019年，入选国家新闻出版署数字出版精品遴选推荐计划
- 2016年，入选"十三五"国家重点电子出版物出版规划骨干工程
- 2013年，荣获"中国出版政府奖・网络出版物奖"提名奖
- 连续多年荣获中国数字出版博览会"数字出版・优秀品牌"奖

皮书数据库　"社科数托邦"微信公众号

成为用户

登录网址www.pishu.com.cn访问皮书数据库网站或下载皮书数据库APP，通过手机号码验证或邮箱验证即可成为皮书数据库用户。

用户福利

- 已注册用户购书后可免费获赠100元皮书数据库充值卡。刮开充值卡涂层获取充值密码，登录并进入"会员中心"—"在线充值"—"充值卡充值"，充值成功即可购买和查看数据库内容。
- 用户福利最终解释权归社会科学文献出版社所有。

数据库服务热线：400-008-6695
数据库服务QQ：2475522410
数据库服务邮箱：database@ssap.cn
图书销售热线：010-59367070/7028
图书服务QQ：1265056568
图书服务邮箱：duzhe@ssap.cn

社会科学文献出版社　皮书系列
卡号：912771486146
密码：

S 基本子库
SUB DATABASE

中国社会发展数据库（下设 12 个专题子库）

紧扣人口、政治、外交、法律、教育、医疗卫生、资源环境等 12 个社会发展领域的前沿和热点，全面整合专业著作、智库报告、学术资讯、调研数据等类型资源，帮助用户追踪中国社会发展动态、研究社会发展战略与政策、了解社会热点问题、分析社会发展趋势。

中国经济发展数据库（下设 12 专题子库）

内容涵盖宏观经济、产业经济、工业经济、农业经济、财政金融、房地产经济、城市经济、商业贸易等 12 个重点经济领域，为把握经济运行态势、洞察经济发展规律、研判经济发展趋势、进行经济调控决策提供参考和依据。

中国行业发展数据库（下设 17 个专题子库）

以中国国民经济行业分类为依据，覆盖金融业、旅游业、交通运输业、能源矿产业、制造业等 100 多个行业，跟踪分析国民经济相关行业市场运行状况和政策导向，汇集行业发展前沿资讯，为投资、从业及各种经济决策提供理论支撑和实践指导。

中国区域发展数据库（下设 4 个专题子库）

对中国特定区域内的经济、社会、文化等领域现状与发展情况进行深度分析和预测，涉及省级行政区、城市群、城市、农村等不同维度，研究层级至县及县以下行政区，为学者研究地方经济社会宏观态势、经验模式、发展案例提供支撑，为地方政府决策提供参考。

中国文化传媒数据库（下设 18 个专题子库）

内容覆盖文化产业、新闻传播、电影娱乐、文学艺术、群众文化、图书情报等 18 个重点研究领域，聚焦文化传媒领域发展前沿、热点话题、行业实践，服务用户的教学科研、文化投资、企业规划等需要。

世界经济与国际关系数据库（下设 6 个专题子库）

整合世界经济、国际政治、世界文化与科技、全球性问题、国际组织与国际法、区域研究 6 大领域研究成果，对世界经济形势、国际形势进行连续性深度分析，对年度热点问题进行专题解读，为研判全球发展趋势提供事实和数据支持。

法律声明

"皮书系列"（含蓝皮书、绿皮书、黄皮书）之品牌由社会科学文献出版社最早使用并持续至今，现已被中国图书行业所熟知。"皮书系列"的相关商标已在国家商标管理部门商标局注册，包括但不限于LOGO（ ）、皮书、Pishu、经济蓝皮书、社会蓝皮书等。"皮书系列"图书的注册商标专用权及封面设计、版式设计的著作权均为社会科学文献出版社所有。未经社会科学文献出版社书面授权许可，任何使用与"皮书系列"图书注册商标、封面设计、版式设计相同或者近似的文字、图形或其组合的行为均系侵权行为。

经作者授权，本书的专有出版权及信息网络传播权等为社会科学文献出版社享有。未经社会科学文献出版社书面授权许可，任何就本书内容的复制、发行或以数字形式进行网络传播的行为均系侵权行为。

社会科学文献出版社将通过法律途径追究上述侵权行为的法律责任，维护自身合法权益。

欢迎社会各界人士对侵犯社会科学文献出版社上述权利的侵权行为进行举报。电话：010-59367121，电子邮箱：fawubu@ssap.cn。

社会科学文献出版社